English Prepositions Explained

영어 전치사 해설

Authorized translation form the English language entitles
English Prepositions Explained by Seth Lindstromberg.
John Benjamins Publishing Company, Amsterdam/Philadelphia 1998.

English Prepositions Explained

영어 전치사 해설

세스 린드스트롬버그 지음

백미현 · 최혜원 옮김

KM 경문사

옮긴이의 글

이 책은 영어 전치사의 다양하고 복잡한 의미와 전치사 간의 미묘한 의미 차이를 설명한 Seth Lindstromberg의 *English Prepositions Explained*(1998)를 우리말로 옮긴 것이다. 영어전치사의 의미를 다룬 책은 이미 많이 나와 있다. 하지만 대부분의 서적이 영어 전치사를 내용어와 대비되는 기능어로 다루거나 특별한 노력을 들여 암기해야하는 불규칙한 숙어나 관용어로 정리하고 있다. 또한 전치사의 기본적인 공간 의미를 기술한 책들은 많지만, 복잡한 추상적 의미를 체계적으로 설득력 있게 설명한 것은 거의 없다. 각 전치사가 갖는 복잡한 다의어 체계는 외국인 학습자들에게는 암기를 요구하고 사전을 필수적으로 사용하도록 하는 분야로 인식되어 왔다. 하지만 전치사의 다양한 의미관계는 인지문법이라는 획기적인 방법에 기초하여 체계적으로 설명할 수 있게 되었다. 전치사는 가장 원형적인 공간적 의미로부터 다양한 추상적 의미들까지 은유나 환유와 같은 인지 기제로 인하여 서로 의미있게 연결되어 있는 것이다. 특히 Lindner(1981)의 *A Lexico-Semantic Analysis of Verb-Particle Constructions with Up and Out*과 Brugman(1981)의 *The Story of Over*는 영어 전치사의 의미를 이러한 인지 문법의 틀에서 체계적으로 보여준 아주 중요한 초기 논문이다. 이와 유사한 방법으로 다양한 전치사의 의미 분석이 시도되어 왔다. 한국에서도 이기동(1998)은 영어 전치사 전반을 인지문법에 기초하여 비교적 상세하게 다룬 아주 중요한 문헌이다. 인지문법에서는 인간의 신체 및 일상적 경험에 기초한 영상 도식(image schema), 원형(prototype)과 은유(metaphor) 등을 이용하여 전치사의 의미 확장을 설명함으로써 기존의 학교 문법으로는 설명할 수 없었던 대부분의 문제를 해결해 준다. 실제 영어 독해 수업 등의 현장 수업에서 학생들이 영어전치사에 대해 갖고 있는 일종의 공포심이 인지언어학적 설명으로 인해 일소되는 것을 경험하였다.

린드스트롬버그의 원저는 영어 전치사간의 미묘한 의미 차이를 영어모국어화자의 직관과 (비록 본문에서 적극적으로 밝히지는 않았지만) 인지언어학 이론의 기본 틀을 적용하여 적절하고도 풍부한 도식을 통해 설명하고 있다. 영어 전치사 용례를 모두 다루지는 않았지만, 유사한 전치사 의미 사이의 섬세한 차이를 구별함으로써 학습자가 전치사를 이해하는 데 많은 도움을 주고 있다.

두 역자는 번역이라는 것이 아주 어려운 작업임을 새삼 느끼게 된다. 번역원고를 여러 번 검토했음에도 불구하고 여전히 아쉬움이 남는다. 혹 번역이 미흡하여 원저자의 의도가 분명히 전달되지 않은 부분이 있다면, 추후 시정할 기회가 있길 바란다.

마지막으로 원저자 세스 린드스트롬버그(Seth Lindstromberg)에게 감사한다. 그리고 출판을 도와준 경문사와 색인목록 정리를 도와준 김형주에게 다시 한번 감사의 말을 전하고 싶다. 그리고 표지를 멋지게 그려준 이승엽에게 특별한 감사의 마음을 전한다.

2011년 4월
옮긴이 백미현과 최혜원

차례

옮긴이의 글 __ v

Chapter 1 서론 __ 1

Chapter 2 전치사와 방향부사 소개 __ 9

Chapter 3 Toward(s), to, in/into, inward, outward, through, out (of), from, away (from) __ 27

Chapter 4 On과 off, 그리고 이들의 다양한 대조관계; on top of, on the inside/outside (of) 등과 back, forward, backward, ahead, toward __ 55

Chapter 5 In 대 ont와 out; in 대 during; in 대 inside 대 within __ 75

Chapter 6 Along, beside, near, alongside, against __ 89

Chapter 7 Between, among, amid, inter- __ 99

Chapter 8 Across, opposite, cattycorner, on the other side, at the other end, beyond __ 109

Chapter 9 In front of, behind/in back of 대 near, before, after, in the front/back of __ 117

Chapter 10 Above, over, across, through, via, during, throughout __ 125

Chapter 11 Around/round, about 대 by/past, over, on __ 149

Chapter 12 By 대 near, past, around; near 대 close (to), next to __ 159

Chapter 13 Under, below, underneath, beneath 대 on the bottom (of), in __ 171

Chapter 14 Back, backward(s) __ 181

Chapter 15 At 대 in, on, toward, by, with __ 189

Chapter 16 Against 대 into, on, at, until/till __ 199

Chapter 17 Up 대 down, off, out __ 207

Chapter 18 Of 대 to, off, about, from __ 221

Chapter 19 With 대 without, of, from/out of, by, against, for, within, together, apart __ 235

Chapter 20 For 대 to, of __ 251

Chapter 21 To 대 with, for, against 추가설명 __ 263

Chapter 22 구동사의 전치사와 방향부사 __ 277

Chapter 23 주요 추상 개념들 __ 313

주석을 붙인 참고문헌 __ 333

용어의 주석과 색인 __ 339

전치사와 언어학 용어 색인 __ 343

추상 개념 색인 __ 349

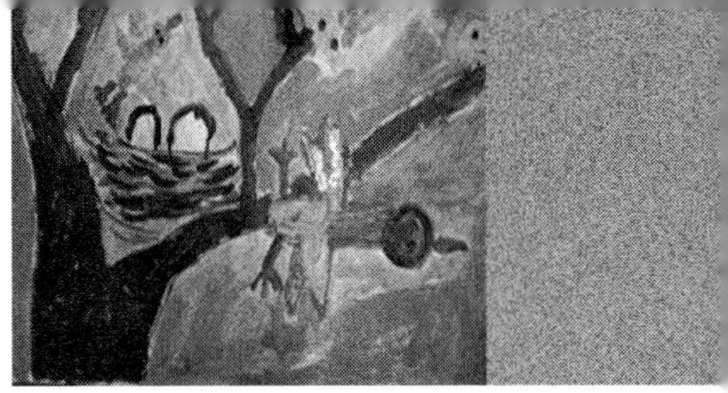

Chapter 1 서론

1. 발간 동기

수년간 많은 TESOL 교재가 발간되었지만 전치사 의미에 대해 만족할 만한 설명을 한 것이 거의 없다. 대부분의 인식과는 달리 필자는 전치사가 특별히 까다롭고 관용적으로 사용된다고 생각하지 않는다. 물론, 어떤 표현에서는 전치사 용법이 관용적으로 사용되어 일일이 학습하여야 할 때도 있지만, 그러한 용법은 극히 소수일 뿐이다.

참고할 만한 교재가 부족하여 필자는 그동안 전치사에 대한 설명 및 설명 방법과 학습 활동들을 많이 개발하였다. 이러한 노력은 학생들로부터 열성적인 호응을 이끌어 내어 그들이 전치사를 효과적으로 이해하고 사용하는 데 도움을 주었다고 생각한다. 필자는 다른 책(Lindstromberg, 1991, 1996)에서 전치사의 설명 방법과 학습 활동을 기술한 반면, 이 책에서는 전치사 설명에 중점을 두었다. 이 책은 (비모국어 화자인 교사와 번역가를 포함한) 영어 학습자가 영어 전치사 사용법을 배울 때 쏟아야하는 암기 작업의 양을 줄이는 것을 하나의 목표로 삼고 있다. 모든 사람에게 완벽하게 적용되는 접근법은 없겠지만, 필자는 이 책에서 구현된 접근법이 지금까지의 방법을 일보 진전시킨 것이라고 생각한다.

2. 대상

이 책은 다양한 종류의 독자에게 여러모로 도움이 되겠지만, 다음의 모두를 위해 집필

되었다.

- 교사
- 번역가
- 사전 편찬가
- 교과서 저자
- 대학 수준의 영어 학습자
- 영어 상용자

▸ 학생 독자는 인내를 통해 많은 것을 배울 것으로 생각한다.

▸ 번역가는 번역작업에서 확신이 서지 않을 때 필요한 통찰을 얻을 것이다.

▸ 사전 편찬가는 전치사에 대한 항목들을 다듬는 데 많이 도움이 될 것이다.

▸ 교과서 저자에게는 교과서 내용과 기술방법을 결정하는 데 유용한 자료가 될 것이다.

▸ 교사는 이 책이 수업에 직접 사용되는 강의 자료 모음집이 **아님**을 유의해야한다. 교사에게 단지 전치사에 대해 좀더 많은 것을 알려주어서, 다음과 같은 경우에 학생들에게 도움이 되도록 하는 게 필자의 목적이다.

- 강의 시리즈나 개별 강의를 계획하고 있을 때
- 예상되는 오류를 미연에 방지하고자 할 때
- 연습 문제지와 기타 유인물을 만들 때
- 착오에 당장 대응해야 할 때
- 전체 학급과 수업할 때
- 한 학생과 일대일 수업할 때
- (예를 들어, 과제지 여백에 의견을 달아줄 때처럼) 구두 과제나 필기 과제에 피드백을 써 줄 때 도움이 되었으면 한다.

이것은 언어학자를 위한 전문 교재는 아니다. 따라서 관심 있는 독자가 관련된 이론과 그 밖의 문헌에 대해 알 수 있도록 참고문헌에서 정보를 충분하게 제공하고 있지만, 그 목록이 완전하다고는 할 수 없다.

3. 용어

필자는 특히 학생들이 혼동할지도 모르는 용어 사용을 피하려고 노력했다. 그러나 학생들에게 불필요한 용어도 있지만 필요한 용어도 있을 것이다. 2장에서는 독자가 이 책의 나머지를 이해하기 위해 알아야 할 많은 용어들을 소개하였다. 그 밖의 용어들은 사용하게 될 때 정의하고 풀어 썼다. 독자는 **용어의 주석과 색인**(339쪽)에서 이런 저런 핵심 용어가 이 책 어디에서 정의되고 예시되었는지 알 수 있다. 만약 위첨자 G가 붙은 단어가 있으면, 이는 이 단어가 책의 뒷부분에 있는 용어 풀이에서 정의된다는 것을 뜻한다. 그런데 여기서 정의하고 넘어가야할 용어가 두 가지 있다.

4. 도상

다음 장들에서 독자는 상형문자(hieroglyphs), 그림문자(pictographs), 혹은 **도상**(icons)으로 부르는 것을 많이 보게 될 것이다. 필자는 **도상**이라는 단어를 사용한다. 왜냐하면 길이가 짧고, '형태가 의미를 암시하는 매우 도식적인 그림'이라는 의미로 요즘 많이 쓰이기 때문이다.

여기 도상 →● 의 예를 보자.

이것이 필자에게 암시하는 의미는 어쨌든 'toward(－을 향해)'이다.

필자가 도상을 사용하는 이유는 다음과 같다.

- 도상은 의미의 핵심적 차이를 쉽게 살펴 볼 수 있게 묘사한다.
- 도상을 그리는 데는 어떤 특별한 기술이 요구되지 않는다. 학습자나 교사 누구든지 사용할 수 있다.
- 도상은 완전히 그림처럼 그리는 것보다 (예컨대, 공책이나 보드에서) 공간을 훨씬 덜 차지한다. 여기서 도상을 사용하여 필자가 포함할 수 있었던 예시의 양이 상당히 증가되었다.
- 학습에 관한 과학적 문헌에 단어와 그림 형태를 연결하면 기억을 증진시킨다는 많은 증거가 있다.
- 필자가 사용하는 도상에서 비본질적인 세부사항이 없는 것은 어떤 특정 도상이 다른 (그러나 의미상으로는 관련되는) 많은 용법들을 규명하는 데 사용될 수 있다는 것을 의미한다. 따라서 '-toward'의 도상은 *toward the house*(집을 향해), *toward the town*(마을을 향해), *toward the moon*(달을 향해), *toward a better life*(더 나은 삶을 향해) 등의 *toward*를 나타낼 수 있다.

물론, 학생들에게 의미를 보여주기 위해 도상을 사용할 때, 우리는 항상 도상의 여러 부분이 무엇을 나타낼 수 있는지 분명히 해야 한다. 예컨대, 'toward' 도상에서 원은 집을 나타낼 수 있고 화살표는 그 집에 점점 가깝게 걸어오고 있는 누군가가 밟아온 경로를 보여줄 수도 있다. 어쨌든, 필자의 도상에서 세부적인 설명이 부족하다고 생각되면, 독자 자신의 도상을 만들면 된다.

5. 예문

이 책을 통틀어서 필자는 대부분 문장의 형태로 용법의 예를 제시한다. 논란의 여지가 전혀 없는 용법의 경우에는 간단하게 예문을 만들어냈다. 그러나 어떤 용법(usage)[G]이 논란의 여지가 있다고 생각했을 때는, 어딘가에서 읽거나 들은 예를 제시했다. 직접 만들지 않은 예들은 출처에 대한 정보가 같이 제시된다.

6. 이 책에서 사용된 구두점과 철자

- 필자는 본문에서 단어나 구를 언급할 때마다 이탤릭체를 사용했다. 어떤 의미나 의미 요소를 언급할 때는 작은따옴표 안에 써넣었다. 즉, *toward*는 '–의 방향으로(in the direction of)'를 의미한다.
  *Near*는 '접촉하지 않은(not touching)'을 함의한다.
- 작은따옴표는 특정 전치사와 연관된 개념을 표시하기 위해 사용된다. 즉, *With*는 보통 '불특정 근접성(non-specific proximity)'을 표현한다.
- 작은따옴표는 새로운 용어를 돋보이게 하기 위해 사용된다.
- 이탤릭체 단어와 구가 많기 때문에, 강조를 나타내기 위해 보통의 이탤릭체를 추가로 사용하면 혼동을 일으킬 수도 있다. 따라서 굵은 활자가 적절해 보이지 않는 곳에서는 때때로 강조의 목적으로 이탤릭체가 사용되지만 강조는 일반적으로 굵은 활자로 표시된다.
- 번호가 표시된 예문 안에서 초점이 되는 항목은 이탤릭체를 사용하여 부각시킨다. 즉
  (1) The cat is *on* the mat. (고양이가 매트 위에 있다)
- 번호가 표시되지 않은 예문 안에서, 전치사는 굵은 활자를 사용하여 부각시킬 수 있다. 예컨대, ***on** the mat.*
- 굵은 활자는 예에서 특정 단어를 부각시키기 위해 사용된다.

- 필자는 미국식 철자를 사용하는데 이는 훨씬 규칙적이고 덜 혼란스럽기 때문이다.
- 필자는 날짜에 유럽식의 일/월/년 차례를 사용한다. (예 1.12.47 = 1947년 12월 1일).

7. 전치사 의미의 관용성 여부

영어 전치사(와 여기서 필자는 방향부사(directional adverbs)를 포함한다)의 많은 관용적 용법은 다음과 같이 발생했다.

전치사 의미는 때로는 몇 세대를 두고 상당히 변해왔다. 그러나 종종 옛 의미는 잊혔지만 어떤 고정 표현(set expressions)에 살아남아 있기도 하다. 예를 들어, 오래전에 *with*는 '－에 맞서(against)'를 의미했다. 즉 우리가 '－에 대항하여 싸우다(fight *against* someone)'를 의미할 때 여전히 *fight* ***with*** *someone*(－와 함께 싸우다)으로 말할 수 있는 이유이다. 또는 관용성 정도는 단어의 의미가 바뀌었기 때문에 존재할지도 모른다. 예를 들어, 단어 *depend*는 라틴어 단어 'from'(*de*)과 'hang'(*pendere*)에서 파생되었다. 따라서 분명 *X depends* ***on*** Y보다는 X *depends* ***from*** *Y*라고 말해야 한다. 프랑스어의 *X depend* ***de*** *Y*와 독일어 *X hängt* ***von***(= 'from') *Y* ***ab***(= 'off')를 비교해보자. 그러나 보통의 영어 화자는 라틴어에 대한 깊은 지식이 전혀 없다. 프랑스어와 라틴어에서 차용된 다른 많은 단어들과 마찬가지로 *depend*는 '재해석(re-understood)'되었고 더 이상 거는(hang) 것과 어떤 관계가 있다고 생각되지 않는다. 프랑스어 모국어 화자에게 *depend* 다음에 *on*을 사용하는 것은 분명 관용적으로 보인다. 그럼에도 *on*을 사용하는 이유는 우리가 *X depends* ***on*** *Y*라고 말할 때 Y는 X에 필수적인 기초라는 것을 의미한다는 것이다. 즉, 사건 X의 발생은 사건 Y의 발생에 '기초한(based on)' 것이다.

이것은 전치사에 관용적 용법이 없다는 것을 말하려는 것은 아니다. 그러나 아래(2장 8절)에서 논의하듯이, 관용성은 정도의 문제로 완전한 관용적 용법의 전치사는 비교적 드물다. 예를 들어, 사람들은 우리가 다음과 같이 말하는 데는 어떤 이유도 없다고 생각한다.

> *come* ***by*** *car/train/plane/boat* (차/기차/비행기/보트로 오다)지만 *come* ***on*** *foot* (걸어오다)
>
> *pay* ***by*** *check/credit card/direct debit* (수표로/신용카드로/직불로 지급하다)이지만 ***in*** *cash*(현금으로)

이들은 영어 전치사 체계가 얼마나 비논리적이고 혼돈스러운가를 보여주는 너무나도 전형적인 예들이다. 그러나 늘 그렇듯이 여기에는 눈에 띄는 것 이상의 더 큰 규칙이 있다.

*By*의 일반적 용법은 '수단(means)'을 나타내는 것이다. 수단은 원인과 결과 **사이**(between)에 오는 어떤 것이다. 그래서 걷는 것은 개입하는 교통수단 없이 우리가 땅에 접촉하여 **직접** 움직이는 것을 의미하기 때문에 ***on*** *foot*을 사용한다. 마찬가지로 현금 지불은 **직접적이기** 때문에 *pay* ***by*** *cash*라고 말하지 않는다. 현금은 거래를 마감하고 나면 더 이상의 거래가 필요치 않다. 신용카드나 수표는 구입과 최종 거래완료 과정을 바로 연결하지 않는다.

8. 다룬 내용과 다루지 않은 내용

In, out, to, from, of, for, with, on, under 등과 같은 단어, 즉 모든 사람이 전치사라고 생각하는 단어들이 이 책의 주제이다. *Worth, like, as, than, pending* 같은 단어들과 통사적 토대에서 전치사라고 간주될 수 있는 그 밖의 많은 단어들은 다루지 않는다.

이 책은 현대 표준 미국 영어에 초점을 둔다. 이런 저런 현대적 전치사를 설명하기 위해 몇 군데에서만 표준 영어에 흔하지 않은 전치사나 용법을 다룬다. 예를 들어, 필자는 *betwixt* (='between')와 *astern, aloft, athwart* 등과 같이 항해와 관련된 전치사에 대해서는 아무 것도 말하지 않는다. 필자는 또한, 예컨대 고대 영어에서 *on*은 '위(on)'뿐만 아니라 '안(in)'도 의미했는데, 이런 사라진 의미에 대해서도 거의 말하지 않을 것이다. 이런 종류의 정보는 *OED(The Oxford English Dictionary,* ***옥스퍼드 영어사전***)를 보라. 또한 대부분 표준 영어 전치사의 방언적 용법(예컨대 *I'm after doing the dishes* 같은 *after*의 아일랜드어 용법)은 물론 (스코틀랜드어의 *outwith* = '–밖의(outside of)' 같은) 방언들에서 주로 발견되는 전치사들도 무시한다.

필자는 또한 *circum-* (= 라틴어의 'around')와 *peri-* (= 그리스어의 'around') 같이 라틴어 및 그리스어에서 파생된 전치사적 접두사에 대해서도 상세히 다루지 않는다. 그러나 하나의 라틴-그리스어 접두사가 흔히 두 개 이상의 영어 전치사의 의미를 포함한다는 사실에 대한 예를 보여주기 위해서 7장에서 *inter-*를 간단히 살펴본다.

필자가 무심코 생략했을지도 모를 부분은 독자가 지적해주시길 기대한다.

9. 역사적 관점

필자는 방금 이 책이 어원적 정보를 거의 포함하지 않는다고 말했다. 즉 이는 필자의 목적이 현대적 의미 및 의미 관계를 기술하는 것이었기 때문이다. 그럼에도, 의미 기술에 어떤 종류의 논리가 관여되었는지에 대한 전반적 아이디어를 얻기 위해서는 의미 변화를 보여주는 두 가지 예를 생각해볼 만하다.

필자는 위에서 *with*가 '–에 맞서(against)'의 의미로 쓰였다고 지적했다. 어떻게 이런 의미가 오늘날의 의미로 변화했을까? 문자 그대로 어떤 것에 대고(against) 있다는 것은 그것과 접촉하고 있다는 것을 암시한다. 따라서 당신이 벽에다 등을 기대고 쉬고 있다면 당신의 등이 벽과 접촉하고 있는 것이다. 그런데 신체적 접촉(contact)은 신체적 연합(association)을 함의한다. 즉, 어떤 것이 다른 어떤 것과 접촉하고 있다면, 이 둘은 문자 그대로 같이 있는 것이다. 따라서 *with*가 '대항하여(against)'에서 '같이(with)'로 의미가 변한 것이 그리 놀랄 일은 아닐 것이다. 이러한 변화가 불가피했음을 암시하는 것은 아무것도 없다. 그렇다고 이유가 완전히 없는 것도 아니다.

*And*는 그리스어 전치사/접두사 *anti* (='against, opposing')와 친척이다. 오늘날 단어 *and*와 *anti*는 발음상으로만 관련된다. 그러나 아주 초기의 고대 영어에서 *and*는 'against, opposing'도 의미했다. *With*처럼 *and*는 몇 세대를 지나면서 직접적인 신체적 접촉이나 반대보다는 연합의 아이디어를 표현하는 데 더욱더 많이 사용되기 시작했다. 그러나 *with*와 달리 *and*는 전치사가 아니라 접속사로 연합을 표현하게 되었다.

*With*와 *and*의 경우, 생존하는 어떤 영어 화자도 고대 영어를 배웠거나 상세한 어원을 공부하지 않았다면 이러한 옛 의미를 알지 못한다. 그러나 옛 의미를 잃지 않고 새로운 의미를 발달시킨 전치사도 있다. 역사적 사고는 때때로 이러한 의미들이 같은 가지에 붙은 다른 잔가지처럼 서로 어떻게 연결되는지 시사해줄 수 있다.

10. 감사의 말

이 책의 이론 부분은 특별히 Lakoff & Johnson(1980)과 Lakoff(1987)에 의존했다. *Over*와 *above*에 대한 필자의 분석은 대부분 Brugman(1981)에 기초한다. 필자는 또한 Lindner(1981)에서 *out, up, down*에 대해 많은 것을 배웠다. Bolinger(1971)는 구동사(phrasal verbs)에 대해 통찰할 수 있는 주요 출처가 되었다. 그 밖의 출처는 언급된 부분에서 인용된다. 마지막으로, *Oxford English Dictionary*(1989)는 모든 전치사에 대한 통찰력과 영감을 얻는 데 있어서 귀중한 출처가 되었다.

*OED*와 마찬가지로, *Shorter Oxford English Dictionary*(**옥스퍼드 영어 소사전**) 또한 오랜 시간에 걸친 전치사 의미 발달을 참고하는 데 매우 좋은 자료이다. *Collins Cobuild English Dictionary*(**콜린스 코빌드 영어사전**)는 필자가 각 전치사의 모든 일상적 현대적 용법을 포함했는지 검토할 때 유용했다. 특히 *BBI Combinatory*

Dictionary(BBI **연어 활용 사전**)는 가장 흔한 연어(collocations)에 대한 정보를 읽기 쉬운 형식으로 제공한다는 점에서 또한 유용했다.

필자는 작업 초기의 불완전한 초고를 주의 깊게 읽고 필자가 펼친 주장에 서 의심스러운 점을 유익하게 제시해준 Michael Swan에게 감사하고 싶다. John Benjamins 출판사의 익명 독자에게도 감사드린다. 필자는 또한 Karl-Gunnar Lindkvist의 논문인 *AT versus ON, IN, BY*를 무료로 보내준 Stockholm대학의 언어학과와 큰 도움이 된 논문 4편을 관대하게 제공한 Alberta대학의 Sally Rice에게도 감사한다. 마지막으로 최종전 원고를 상세히 읽어주고 이 책을 좀더 쉽게 사용할 수 있는 방안을 제안한 필자의 아내에게도 감사하고 싶다. 집필과 교정은 필자의 책임이고 독자가 발견할지도 모르는 모든 오류도 필자 탓이다.

세스 린드스트롬버그

1997년 캔터베리에서

Chapter 2 전치사와 방향부사 소개

독자는 시간을 내서 이 절을 주의 깊게 읽기를 바란다. 이 절의 목적은 다음과 같다.
- 기초 용어 정의
- 전치사 의미의 핵심적·기본적 전제 서술
- 접근방법의 기초 설명
- 목표 명시
- 책 구성 기초 제시

1. 전치사의 기초

1.1 주어와 지표

어떤 전치사는 한 물체가 또 다른 것과 물리적 관계에 있는 장소를 말한다.

(1) There was *a candle* **on** *the table*. (탁자 위에 양초가 있었다.)

이 예문에 대해 다음과 같이 말할 수 있다.

- *a candle*은 전치사의 '**주어**(Subject)'이다.
- *the table*은 전치사의 '**지표**(Landmark)'이다.
- 전치사는 **주어**가 **지표**와의 관계에서 어디에 있는지를 말해준다.
- (1)에서 *on*은 '장소 전치사(preposition of place)'이다. 또한 **주어**와 **지표** 모두 구체적인 물건이기 때문에, 우리는 *on*이 '문자 그대로' 사용되고 있다고 말할 수 있다.

간결한 문체를 위해, 필자는 **주어**와 **지표**가 문장이나 구에 있는 단어(예컨대, 위의 예문 (1)에서 단어 *a candle*과 *a table*)와 그 단어가 지시하는 물건(예컨대, 실제의 물리적 양초와 실제의 물리적 탁자) 모두를 지칭하는 데 사용한다. 이 둘의 구별이 중요한 경우, 문맥이 이 두 용어가 지칭하는 것이 무엇인지를 분명하게 밝혀 주리라 믿는다.

어떤 저자는 **주어** 대신 ***위치된 물건***(*located object*)과 ***탄도체***(*trajector*)와 같은 용어를 사용했다. 필자는 글자가 짧기 때문에 **주어**를 사용한다. ('**주어**'는 절/문장의 주어(*subject*)라는 용어와의 혼동을 막기 위해 고딕체로 썼다.)

지표를 고딕체로 쓰지 않으면, 이것은 "위치상으로 현저한 물리적 특징"이라는 일상적인 의미로 사용되고 있는 것이다.

1.2 시간 전치사

예문 (2)는 **주어**와 **지표**가 항상 초와 탁자처럼 구체적인 것을 지칭하지 않는다는 것을 보여준다. 이들은 파티와 한 주의 요일처럼 구체적이지 않은 것을 지칭하기도 한다.

(2) There's a party *on* Friday. (금요일에 파티가 있다.)

(2)에서 *on*은 '시간 전치사(preposition of time)'로 사용된다. 어떤 문법학자들은 장소 전치사와 시간 전치사 사이의 구별을 강조한다. 이러한 구분은 (적어도 역사적으로) 장소의 의미가 시간의 **지표**를 갖는 거의 모든 전치사 용법의 기초가 되기 때문에 잘못된 구분일 수 있다. 그럼에도, 때로는 구별이 도움이 된다. 필자는 그때그때 사항별로 구별하겠다.

1.3 복수

당연히, **주어**와 **지표**는 복수(plural)일 수 있다.

(3) There were *some candles* on the tables.
(탁자 위에 양초 몇 개가 있었다.) [주어/전치사/지표]

1.4 주어와 지표의 배열

(1)−(3) 각각의 예문에서 **주어**와 **지표** 모두 동사 다음에 온다. 그러나 이것이 **주어**, 전치사, 동사, 그리고 **지표**가 배열될 수 있는 유일한 방법은 아니다.

(4) *A fly* landed ***in*** *my soup.*

(파리 한 마리가 내 스프 속에 떨어졌다.) [주/동/전/지]

(5) ***In* our garden** there are plenty of birds.
(우리 정원에는 새가 많다.) [전/지/동/주]

(6) *A shop* ***in*** *town* burned down.
(마을에 있는 가게가 불에 타 무너졌다.) [주/전/지/동]

1.5 의문문에서의 주어와 지표

*Who, what, where*가 있는 의문문에서, 의문사는 (7)처럼 **주어**(*who* 또는 *what*)를 나타내거나, (8)에서처럼 **지표**, (9)에서처럼 전치사 + **지표**를 나타낼 수 있다. 마지막 경우에서 의문문의 기능중 하나는 전치사를 없애는 것이다.

(7) *Who/What* did you see ***in*** *the kitchen*?
(부엌에서 누구를/무엇을 봤니?) [주/did you see/전/지]

(8) *What* did you see it ***on***?
(그것을 어디 **위**에서 봤니?) [지/did you see/주/전]

(9) *Where* did you see *it*?
(그것을 어디에서 봤니?) [지/did you see/주]

(9)에서, *where*는 대체로 'at/in/on what place'에 해당한다. 질문에 대답할 때까지는 어떤 전치사가 사용될 지 아는 것이 보통 불가능하기 때문에, 어떤 전치사도 *where*와 함께 쓰이지 않는다.

의문사는 때때로, (7)−(9)와 달리, 의문문의 첫 자리 이후에 놓인다. 이는 특히 화자가 들은 것에 놀라서 체크하기를 원할 때이다. 이러한 경우, 의문사는 관련된 서술문에서 대응되는 **주어**나 **지표**가 있을 곳에 남게 된다.

(7^1) You saw *who in the kitchen!?*(너 부엌에서 누구를 봤다고!?)
: You saw X in the kitchen.과 유사 [You/동/주/전/지]

(8^1) You saw *it on what!?* (너 그것을 어디에서 봤다고!?)
: You saw it on X.와 유사 [You/동/주/전/지]

(9^1) You saw *it where*!? (너 그것을 어디에서 봤다고!?)
: You saw it in/at/on...X.와 유사 [You/동/주/지]

1.6 경로 전치사

어떤 문법학자들은 장소(place)(또는 '위치(location, position)')의 전치사와 '방향(혹은 '이동(movement)' 또는 '동작(motion)')' 전치사를 분명하게 구별한다. 필자는 후자의 유형에 속하는 전치사를 '경로 전치사(prepositions of path)'로 부를 것이다. 이들은 다음 개념 중 하나와 관련된다.

▸ 경로의 종점

(10) Put *it* ***in*** *there*. (그것을 거기에 넣어라)

(10)에서 *there*는 종점(endpoint)을 명시한다.

▸ 경로의 출발점

(11) I heard *a sound* coming ***from*** *that bush*.
(나는 저 덤불에서 나는 소리를 들었다)

(11)에서 *that bush*는 소리가 추적되는 경로의 출발점을 명시한다.

▸ 경로의 종점이나 출발점보다는 경로의 방향

(12) *They* headed ***toward*** *town*. (그들은 마을로 향했다)

여기서, *town*은 경로의 방향을 명시하지만 꼭 완료될 필요는 없다.

▸ 경로의 중간 어느 점

(13) Did *you* drive ***by*** *our house*? (우리 집을 운전해서 지나갔니?)

*By*는 경로의 처음, 끝, 혹은 전반적 방향에 대해서는 아무것도 말해주지 않고 'our house'가 처음과 끝 사이의 경로 어디인가 가깝게 있다는 것을 말해줄 뿐이다.

▸ 출발점과 종점

(14) *That bus* runs ***between*** *London and Paris*.
(저 버스는 런던과 파리 사이를 운행한다.)

대부분의 '공간(spatial)' 전치사는 의미에 중요한 변화 없이 장소나 경로 전치사로 사용된다. (*spatial*은 *space*의 형용사이고 공간에 있는 사물들의 배열과 경로를 묘사할 수 있는 전치사를 지칭한다.)

1.7 지표의 생략

지표가 텍스트(즉 대화, 이야기 등)에서 앞서 언급되었거나 상황으로부터 쉽게 추측될 수 있다면 생략될 수 있다.

(15) Is *she* ***in*** [지표]? (그녀는 [지표] 안에 있니?)

[동사/주어/전치사, 지표 = her home, office 또는 어디든지]

1.8 추상적 지표

지표는 종종 물리적 사물이나 장소대신 추상적 개념을 지칭한다.

(16) *You*'re ***in*** *trouble* now. (너는 지금 곤란에 처해있다)

[주어/동사/전치사/지표]

이러한 경우, 전치사는 보통 지표가 물리적 사물이나 장소를 지칭할 때 갖는 의미와 유사하거나 같은 의미를 갖는다. 따라서 (16)에서 *in*을 사용하면, 우리가 주위를 마치 안개, 새장, 구름처럼 **둘러**싸고 있는 것(sur*round*ings)처럼 생각하는 습관(많은 표현에서 입증되듯이)과 잘 맞아들어 간다. *Circumstance*의 *circum-*이나 *surroundings*의 *-round* 어떤 것도 우연한 것이 아님을 주목하자.

주어 역시 *The economy is under pressure.*처럼 추상개념을 지칭할 수 있다.

1.9 전치사의 자연 부류

지표는 갖고 있다고 생각되는 형상에 따라 네 부류의 전치사로 나눌 수 있다.

지표가 용기, 공간 혹은 매개체로 보인다.

- It's *in/out of* the room. (그것은 방 안에/밖에 있다.) [위치]
- It went *into/out of/through* the room.
  (그것은 방 안으로/밖으로/을 통해 갔다.) [경로를 따라 이동]
- It scattered papers *throughout/all through* the room.
  (그것은 종이를 방 도처에/전체에 흩어 놨다.) [분포]

지표가 표면으로 보인다.

- It's lying *on/off/across* the carpet.
  (그것은 카펫 위에/에서 떨어져/을 가로질러 놓여 있다.) [위치]

- It went *onto/off/across* the carpet.
  (그것은 카펫 위로 갔다/에서 떨어졌다/을 가로질러 갔다.) [경로를 따라 이동]
- It scattered papers *all across* the carpet.
  (그것은 카펫 도처에 종이를 흩어놓았다.) [분포]

지표가 길고 좁게 보인다.

- There's a ditch *along* the road. (길 따라 도랑이 있다.) [위치]
- Go *along* the road. (그 길을 따라 가시오.) [경로를 따라 이동]
- They scattered litter *all along* the road.
  (그들은 쓰레기를 길 따라 죽 흩어놨다.) [분포]

지표가 잠재적 경로 또는 실제 경로 위에 있는 점으로 보인다.

- It's *toward/at/away from* the school.
  (그것은 학교로 향해/에/에서 멀리 있다.) [위치]
- We went to/from/via the school.
  (우리는 학교에/에서/를 경유해서 갔다.)
  [경로를 따라 이동] (Hawkins, 1993에서 수정)

다른 전치사들은 흔히 **지표**의 형상이나 속성을 특별히 암시하지도 않으면서 개념 패턴을 구성한다.

2. 전치사, 방향 부사와 불변화사

어떤 문법학자들은 전치사와 방향 부사를 뚜렷이 구별한다. 이러한 구별은 대개 의미보다는 통사적 용법에 근거한 것이며 이 책의 주제와 대부분 벗어나 있다. 그러나 구동사를 다루는 22장에서 이 분야를 좀더 자세하게 다루기 전에 여기에서 간단히 살펴볼 만한 가치가 있다.

방향 부사는 의미상 경로 전치사와 같다. 그러나 방향 부사가 명사 바로 앞에 오면, 그 명사는 **지표**가 아니고 동사의 직접 목적어이다. 방향 부사 *away*를 예로 들어보자.

우리는 다음처럼 말할 수 있다.

(17) The dog walked *away* // from the cow. (개가 소한테서 떠나버렸다.)

여기서, 개는 움직였지만 소는 아마도 움직이지 않았을 것이다. *The dog*은 **주어**이고 *the cow*는 *from*의 지표일 뿐만 아니라 *away*의 지표이기도 하다. *away*가 소에 대한 개의 경로에 관해 정보를 추가시켜주기 때문이다. 그러나 다음과 같이 말할 수도 있다.

(18) The dog drove *away* the cow. (개는 소를 내몰았다.)

여기서, 개(예컨대, 짖거나 따라가면서)가 소를 (어딘가로부터) 멀리 움직이게 했다. 구 *the cow*는 **지표**가 아니고 동사 *drove*의 직접 목적어이다. 더구나, *The dog*은 **주어**가 아니고, *away*는 개가 소를 기준으로 어디에 있었고 혹은 어디에 있는지에 대해 아무것도 알려주지 않는다.

그러나 — 그리고 이점이 중요하다! — 문장 (18)은 **지표**를 **함축**하지 않는다.

(18^1) The dog drove *away* the cow (*from* where the cow had been). 또는

(18^2) The dog drove the cow *away* (*from* where the cow had been).

(개는 (소가 있던 곳에서) 소를 쫓아버렸다)

누군가가 (18)처럼 말할 때, 보통 처해진 맥락과/이나 상황이 의도된 의미를 분명하게 할 것이다. 따라서 (18)과 같이 말할 때 다음을 의미할지도 모른다.

(18^3) The dog drove the cow *away from* the flowerbed.

(개는 화단에서 소를 내몰았다.)

여기서 *the cow*는 여전히 *drove*의 직접 목적어이다. 그런데 이것은 *away from*의 **주어**이기도 하다. **지표**는 *the flowerbed*이다. 그리고 우리는 그 끝이 꽤 멀어진 경로의 시작점이나 시작과 가까운 지점에 꽃밭이 있었다는 것을 안다. 다시 말해서, *away*는 물리적인 참조점이나 **지표**에 대한 경로의 방향에 대해 의미를 추가한다.

요약: 통사적으로 방향 부사는 정말로 전치사와 양식이 다르다. 그러나 이들의 함축의미를 생각한다면, 전치사와 의미가 매우 비슷하다는 것을 발견할 것이다.

전치사와 방향 부사의 의미가 유사하기 때문에, 어떤 문법가들은 두 종류의 단어 모두를 포함하는 포괄적 용어인 **불변화사**(particle)를 사용한다. 이 책에서 의미가 아니라 통사가 중요할 때는 전치사와 방향 부사를 구별할 것이다. 그러나 보통은 통사가 아니라 의미가 주요 관심사이기 때문에, 필자는 일반적으로 두 종류의 단어를 하나의 용어로 묶을 것이다. **불변화사**는 보통 사람들에게 널리 친근한 용어가 아니기 때문에, *duck*을 *ducks*(암오리)와 *drakes*(수오리) 모두 지칭하는 데 사용할 수 있는 것처럼 전치사와 방향 부사 둘 다 포함하기 위해 **전치사**라는 용어를 사용할 것이다. (그러나, 22장에서는 이유가 있어서 ***불변화사***라는 용어가 사용된다.)

3. 복습 및 문자적 용법과 은유적 용법에 대한 서언

지금까지 언급된 가장 중요한 용어와 분류는 다음과 같다.

- ***전치사***는 **주어**와 **지표** 간의 관계를 표현한다. **지표**와 **주어**는 (항상은 아니지만) 종종 명사, 명사구, 대명사이다.
- 전통적으로, 전치사는 세 가지 범주인 ***장소***, ***방향***(또는 동작 혹은 이동), **시간** 전치사로 나뉜다.
- ***전치사***라는 단어는 이 책에서 보통 전치사와 방향 부사 둘 다 포괄하는 용어로 사용된다.
- **주어**와 **지표**는 문장 *He's in bed.*에서처럼 물리적 신체나 장소를 나타낼 수 있다. 이러한 경우, 우리는 전치사가 문자적으로 사용되고 있다고 말할 것이다.
- *He is in trouble*(그는 곤란에 빠져있다)이나 *The economy is in trouble* (경제가 곤란에 빠져있다)에서처럼, **주어**와/또는 **지표**가 물리적 사물이나 장소를 나타내지 않을 때, 우리는 전치사가 은유적으로 사용되고 있다고 말할 것이다. 즉, '곤란 안(in trouble)'에 있는 것은 반드시 진짜로 어떤 것 **안**(in)에 있다는 것을 의미하지 않는다. (어떤 사람들이 'in the dog house'라고 말해서 이들이 누군가의 미움을 산다는 것을 의미해도, 우리는 *in*을 특별히 은유적으로 사용하고 있지 않다는 점에 주의해야 한다. 실제의 개집과는 분명 상관없기 때문에 오히려 은유적으로 사용되고 있는 것은 *be in the dog house*라는 전체 구문이 된다.)

이러한 용어와 분류는 그 자체가 명확하고 엄격한 법이라기보다는 이해를 돕기 위함이라는 것을 이해하는 것이 중요하다. 예를 들어

- 전통적으로 전치사를 장소, 방향, 시간 전치사로 구분하는 것은 특히 모호하다. 장소 전치사 대부분은 또한 어떤 주요 의미 변화 없이 방향과 시간을 말하는 데 사용된다.
- 물리적 **지표**와 추상적 **지표**사이의 구별은 추상화가 정도의 문제라는 것을 이해하는 것과 비슷할 것이다. 예를 들어, 우리가 집이 골짜기 안에 있다(a house is in a valley)고 말한다면, 단어 ***골짜기***(valley)를 완전히 물리적인 것을 나타내는 데 사용한다. 그러나 우리는 집이 좋은 상황에 있다(a house is in a favorable situation)고 말할 수도 있다. 여기서 ***좋은 상황***(in a favorable situation)이 물리적 상황의 구체성뿐만 아니라 TV수신이 좋은지 여부와 같은 문제들도 나타낼 수 있기 때문에 **지표**는 덜 문자적이다. 더욱이, 정당이 좋은 상황에 있을 수도 있는데, 이 경우에는 **지표**

(좋은 상황)가 매우 추상적이다.

- **주어**와 **지표** 개념을 적용하는 것 또한 정도의 문제이다. 예컨대, 어떤 부정사(infinitive)구문에는 분명한 **주어**가 없다.

(19) To believe that, is stupid. (그것을 믿는다는 것은 어리석다.)

[지표 = *believe that*]

때로는 **주어**를 쉽게 추론할 수 있다.

(19^1) For one to believe that, is stupid.
(사람이 그것을 믿는 것은 어리석다.) [주어 = *one*/전치사/지표 = *believe that*]

그러나 때로는 **주어**를 추론하는 것이 좀더 어려운 경우가 있다. 따라서 혹자는 (19^1)에 대해—"좋아, *one*은 *to*의 **주어**인데 *for*의 **주어**는 무엇이지?"라고 물을 수 있다. 예 (19^2)가 그 답을 제시한다.

(19^2) It is stupid for anyone to believe that.
(누구든지 그것을 믿는 것은 어리석다.) [주어 = *It is stupid*/지표 = *anyone*]

어쨌든 (19^2)의 **주어**(*It is stupid*)처럼, (19)−(19^1)에서 **지표**(*believe that*)는 극도로 추상적이다. 이런 경우, *to*와 *for*가 도대체 (순수하고 단순한 문법적 기능어가 아니라) 전치사인지에 대한 또 다른 의문은 20장과 21장에서 다뤄진다.

4. 묘사할 수 있는 의미 대 묘사할 수 없는 의미

전치사를 포함하는 두 문장을 살펴보자.

(20) Go *to* town. (마을로 가라.)

(21) That's too big *for* me. (그것은 나에게 너무 크다.)

- (20)에서 *to*의 의미는 →●로 묘사될 수 있다.
  이 도상에서 화살표는 경로를 따라가는 **방향**(direction)을 나타내는 반면 까만 동그라미는 경로의 **종점**(endpoint)을 나타낸다. 이 경우에는 마을이 된다.
- 그러나 (21)에서는 *for*의 의미가 어떻게 묘사될 수 있는지 전혀 분명치 않다. 사실 *for*는 결코 충분히 묘사될 수 있을 것 같지 않다.

다른 전치사들은 때때로 묘사될 수도 있고 그렇지 않을 수도 있다. 예를 들어 (22)에서 *by*는 묘사될 수 있지만(12장 참조), (23)에서는 그렇지 않다.

(22) We live *by* the sea. (우리는 바다 근처에 살고 있다.)

(23) It was broken *by* vandals. (그것은 기물 파손자들에 의해 파괴됐다.)

앞으로 살펴보겠지만, 항상 묘사될 수 있는 전치사(예 *past*)가 있는가 하면, *for*와 *of* 같은 전치사는 만족할 정도로 묘사될 수 없을 것 같다.

묘사가능성을 이용하여 더 나은 설명을 하는 것이 이 책의 주요 관건 중 하나이다.

5. 연어와 의존 전치사

둘 이상의 단어가 종종 같이 나타날 때, 우리는 이들이 연어를 이룬다거나(collocate) 연어(collocation)를 형성한다고 말할 것이다(*col-*이 '－와 같이(with)'라는 라틴어에서 왔으므로, *collocation*은 'location with'를 의미한다). 예를 들어, *umbrage*는 거의 항상 *take* 다음에 나와서 *take umbrage*(－에 분개하다)라는 연어를 만들고, *kith*는 거의 항상 *and kin* 다음에 와서 연어 *kith and kin*(친척)을 만든다.

잘 알려진 것처럼, 전치사는 많은 연어에 포함되어 *rely* 뒤나(즉, *on*) *random* 앞에(즉, *at*) 어떤 전치사를 사용하는지 알아야하는 것과 같은 문제로 영어를 배우는 외국인 학습자를 괴롭힌다.

*Rely*의 예를 계속해서 보면, (24)의 *on*과 (25)의 *on*의 의미가 관련된 것인지 분명하지 않다.

(24) Can we rely *on* them? (우리는 그들을 신뢰할 수 있을까?)

(25) The apple is *on* the table. (사과는 식탁 위에 있다.)

만일 누군가가 라틴어를 알거나 이탈리아어나 프랑스어처럼 라틴어에서 파생된 언어를 구사한다면, 연어 *rely on*은 특히 혼동될 것이다. 왜냐하면 영어 단어 *rely*는 *re*가 '다시(again)'을 의미하고 *ligare*가 '묶다(bind)'를 의미하는 라틴어 *religare*에서 프랑스어의 *relier*를 거쳐 왔기 때문이다. 그러나 (24)를 '우리는 그들에게 다시 묶일 수 있을까?(Can we bind again on them)'으로 해석하면 전혀 말이 되지 않아 보인다.

그래서 의존 전치사가 골칫거리일 수 있다는 것은 당연하다. 그러나 영어에서 전치사 연어가 정말로 복잡함에도 불구하고, 여기에는 보통 생각하는 것보다 대단한 체계와 논리가 있다. 이 책에서 이루고자 하는 필자의 목표중 하나는 정글처럼 보이는 것을 통과하여 길을 개척하는 것이다. 이렇게 설명하려는 작업이 3장부터 21장에서 하나씩 이뤄졌고, 가능할 때마다 이런 저런 의존 전치사의 용법이 앞서 논의된 의미와 어떻게 관련되는지를 보여줌으로써 이들 전치사의 용법 배후에 있는 논리를 밝혀내려고 한다. 22장 '구동사의 전치사'에서는 연어에서 전치사가 무엇을 의미하는지에 대한 문제에 전적으로 전념하였다.

6. 문자적 의미

이 책에서 계속 언급되는 **문자적 의미**(literal meaning(s))라는 표현은 다음을 나타낸다.

- 모국어 화자 아이들이 가장 먼저 배우는 것처럼 보이는 전치사의 의미(들)
- 물리적 세계를 가리키는 전치사의 용법에 관련된 의미, 즉 물체들의 서로에 대한 배열과 방향 그리고 이들이 서로에 대해 따르고 있는 경로를 지칭한다.

따라서 다음 예문에는 문자적 의미를 갖는 전치사가 포함된다.

(26) The cat is *on* the mat. (고양이는 매트 위에 있다.) [매트에 대한 고양이의 위치]

(27) The cat jumped *over* the mat. (고양이는 매트를 건너뛰었다.) [매트에 대한 고양이의 경로]

다음 예문들은 시간이나 한계(예컨대, 허용된 결석일수)가 물체가 아니기 때문에 문자 그대로 사용된 전치사를 포함하지 않는다.

(28) Wow! You're *on* time! (와우! 네가 정각에 오다니!)

(29) You've gone *over* the limit. (너는 한계를 넘어갔다.)

*On*과 *over*와 같이 묘사할 수 있는 전치사(depictable prepositions)의 경우, 문자적(literal) 의미와 은유적(metaphorical) 의미를 구별하기는 비교적 쉽다. *Of*와 *for*같이 묘사할 수 없는 전치사(non-depictable perpositions)의 문자적 의미와 비문자적 의미 사이를 구별하는 것은 훨씬 더 쉽지 않다(각각 18장과 20장을 보라).

7. 원형적 의미와 이차적 의미

대부분의 전치사는 다르지만 연관된 의미들을 가진 것처럼 보인다.

- *On*을 예로 들어보자. 우리는 이 전치사가 *on the table*에서처럼 ● 로 나타낼 수 있는 문자 그대로의 의미가 있다는 것을 이미 살펴보았다.

이런 의미—그 요지는 '위 표면과의 접촉(contact with an upper surface)'으로—가 아마도 가장 기본적이고, 개념적으로 '원형적(prototypical)'일 것이다. 즉, 이 의미가 거의 확실하게 영어 모국어 화자가 아이 때 제일 먼저 배우게 되는 의미이다. 또한 어떤 사람이 모국어 화자에게 '문장에서 단어 *on*을 사용하시오'라고 말했다면 마음속에 가장 먼저 떠오르게 되는 *on*의 의미가 될 것이다.

- 위의 의미와 밀접히 관련된 의미는 *St Leonard's-**on**-Sea*(영국 남부 해안가 헤이스팅스(Hastings) 근처)라는 마을 이름이나 *I live on D Street*(나는 D가에 산다)라는 문장(미국/캐나다 영어)에서 보게 되는 의미이다. '표면 가장자리와의 접촉(contact at the edge of a surface)'과 관련된 이러한 '이차적(secondary)' 의미는 도상적으로 ●— 로 표현될 수 있다.

이 책에서 필자는 가장 원형적으로 보이는 전치사의 의미를 논하고, 계속해서 이차적인 문자적 의미를 살펴보고, 그 다음에 주목할 만한 은유적 용법들을 다룰 것이다. 공간을 절약하기 위해, 필자는 때때로 ***원형적 의미***(prototypical meaning) 대신 ***기본 의미***(basic meaning)와 ***중심의미***(central meaning)라는 용어를 사용한다.

8. 전치사의 추측 가능한 용법 대 관용적인 용법

우리는 관용어(idioms)를 생각할 때, 흔히 구(phrase)를 생각한다. 관용어의 결정적인 특징 하나는 그 의미가 구를 구성하고 있는 개별 어휘들의 의미로부터 추측될 수 없다는 것이다. 그러나 관용성(idiomaticity)은 부분적으로 개인적 문제이다. ***당신***이 추측할 수 있는 것을 ***나***는 할 수 없거나, 그 반대의 경우도 있다. 또한 관용성은 정도의 문제이다. 다음의 도표를 살펴보자.

관용성 정도(degrees of idiomaticity)

구성 단어로부터 금방 추측할 수 있는 전반적 의미
*go **up** the chimney* (굴뚝을 올라가다) *fill **up** the bag* (백을 가득 채우다) *break **up** the ice* (얼음을 쪼개다) *make **up** with your girl/boyfriend* (네 여자친구/남자친구와 화해하다)
구성 단어로부터 추측하기 어려운 전반적 의미

그림 2.1

위에서 아래로 가면서…

1. *Go, up, the, chimney*를 아는 영어 학습자는 전체 구의 의미를 이해하는데 거의 어려움이 없을 것같이 보인다.
2. 학습자는 단어 *up*이 왜 들어있는지 몰라도 어떤 것을 채우면 그 내용물의 수위가 자연스럽게 올라가기 때문에—즉 내려가는 것이 아니라 올라간다—두 번째 구에 대해서도 마찬가지로 말할 수 있다.
3. 세 번째 구 *break up the ice*에서 유일하게 관용적인 부분은 *up*으로 이 경우는 ↑를 의미하지 않는다. 대신 '완전히(thoroughly)' 같은 것을 의미한다.
4. 마지막 구가 가장 관용적인데 그 이유는 학습자가 *make*와 *up*의 의미는 알지만 *make up with*가 '–와 좋은 관계를 회복하다'라는 것을 추측할 수 없기 때문이다.

아마도, 세 번째와 네 번째 구의 *up*의 용법이 학생들이 배우기 가장 어려울 것이다.

그러나 세 번째와 네 번째 구의 *up*이 의미적으로 첫 번째 구의 *up*과 연관된 것으로 보일 수 있다면 어떤가? 그렇다면 필자의 추측으로는 이 두 가지 관용 표현이 어느 정도는 관용적이 아니어서 훨씬 더 배우기 쉽게 될 것 같다.

이 책의 중심 목표중 하나는 세 번째 구의 *up*이 두 번째 구를 통해 첫 번째 구의 *up*과 관련되었다는 식으로 관용적 용법들이 좀더 앞서 배운 문자적 의미와 어떻게 관련되는지를 보여주어 전치사 관용어를 훨씬 배우기 쉽게 하려는 것이다(11절과 17절 참조). 그렇게 되면 당연히, 어떤 관용어는 그대로 남겠지만 많은 관용어는 사라질 것이다.

9. 의미의 은유적 확장

*Over*를 예로 들어보자. 이것의 문자 그대로의 의미중 하나는 다음과 같이 묘사될 수 있다.

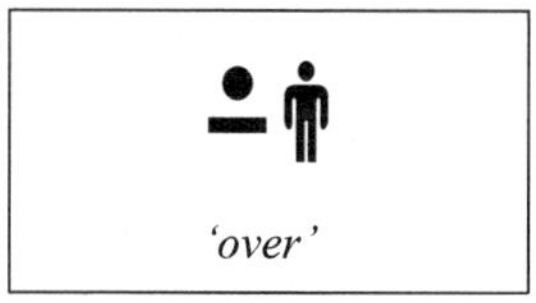

그림 2.2

(30) You'll find *the mirror* **over** *the sink.* (너는 싱크대 위 거울을 발견할 것이다.)

여기서 **지표**(*a sink*)는 구체적이다. 그러나 *over*의 같은 의미가 만질 수 없거나 추상적인 **지표**에도 적용될 수 있다.

(31) Dale is *over*weight. (데일은 과체중이다.) [*weight*이 **지표**]

이것은 '은유적으로 의미가 확장된(metaphorical extension of meaning)' 예이다. 즉, 어떤 사람의 몸무게를 마치 물체처럼 생각하여 문자 그대로 그 위에 다른 물건/무게가 있을 수 있다고(over) 하는 것이다.

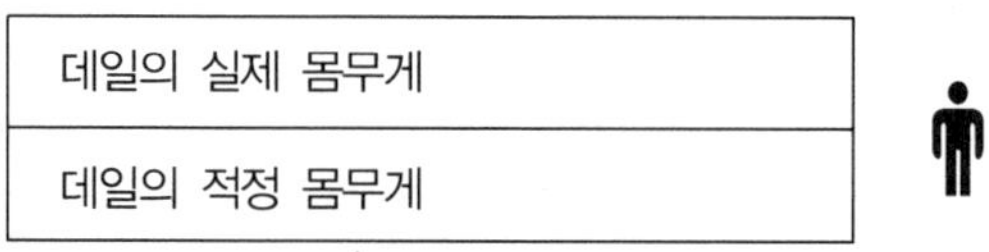

그림 2.3

은유는 다음과 같이 작용한다.

- *over*는 '－보다 높은(higher than)'의 개념을 포함한다.
- 영어 및 아마도 모든 언어에서 '높다'라는 개념은 흔하게 '많다'의 개념과 동일시된다. 그래서 *higher than*(보다 높은)이라는 어휘는 종종 '보다 많은(more than)' 것을 의미한다.
- 그러나 우리가 어떤 사람이 몸무게가 ***초과***(*over*weight)되었다고 말할 때, 우리는 이 사람이 나가야 하는 적정 몸무게보다 더 나간다는 것을 의미한다. (31)에서 *over*의 이러한 추가적인 부정적인 요소가 유일하게 관용적인(즉, 추측 불가능한) 면이다.

'은유적으로 확장된' 의미와 '이차적(secondary)(혹은 '주변적(skirt)')' 의미는 같지 않다. 이런 저런 전치사의 이차적 의미는 전치사의 원형적 의미보다 심리적으로 덜 기본적인 문자적 의미이다. 따라서 (32)에서 우리는 *on*의 원형적 의미의 은유적 확장을 보지만, (33)에서는 이차적(그러나 문자적) 의미를 보게 되는 것이다.

(32) What are you basing your argument on?
(너의 논의는 무엇에 기초하고 있니?)

(33) My parents have a house right on the Pacific.
(나의 부모님은 태평양에 바로 접한 집이 있다.)

명확하게 해둘 점: 이차적 의미 역시 은유적으로 확장될 수 있다. 전치사 *over*는 특히 이것의 좋은 보기가 된다(10장을 보라).

10. 구동사

10.1 구동사 용어

구동사(phrasal verb)(또는 ***다어 동사***(multi-word verb))라는 용어는 ESOL(English to Speakers of Other Languages) 교사들이 사용하는 용어로 동사에 전치사가 결합하여 문자적 의미 없이 대체로 관용적 의미를 갖는 것을 지칭한다. 따라서 이러한 정의에 따르면, (34)의 *pick up*은 *pick*과 *up*이 일반적인 문자적 의미를 갖기 때문에 구동사가 아니다.

(34) *Pick up* the pencil. (연필을 집어 올려라.)

그러나 (35)에서는 *pick*과 *up* 모두 일반적인 문자적 의미와 다른 의미를 갖는다.

(35) *Pick up* speed. (속도를 높여라.)

즉,

- 딸기를 집듯이 속도를 집을 수 없다.
- 속도는 높이가 변할 수 없고, 사물만 높이가 변할 수 있다.

더구나, *pick up*이라는 구 전체는 단일 어휘인 *increase*로 풀어 쓸 수 있다.

비문자성(non-literality), 관용성(idiomaticity), 한 단어 축약가능성(paraphrasability-in-one-word)은 구동사에 대한 임시변통적인 정의 기준이지만, 지금으로서는 그걸로 충분하다.

10.2 추측 가능성

Pick up speed(속도를 내다)에서 *pick up*이 완전히 관용적이 아니라고 지적할 필요가

있다. 즉, *up*의 의미는 특히 추측해내기 어렵지 않은데 그 이유는 *up*이 종종 높이뿐만 아니라 어떤 것의 증가를 나타내기 위해 사용되기 때문이다. 예를 들어, 가격, 범죄, 실업, 기분과 그 밖의 많은 것들을 올라가다(go up) (또는 내려가다(go down))로 말할 수 있다. 따라서 학습자가 *pick*의 의미를 추측할 수 없다 해도, 단어 *up*은 여전히 구 *pick up speed*의 전체 의미에 대한 힌트를 줄 것이다.

10.3 구동사 유형에 대한 용어

어떤 문법학자들(예 Quirk 외, 1985)은 동사 다음에 전치사구(예 *get* <u>*over an illness*</u>(병을 극복하다)), 방향 부사(예 *get* <u>*away*</u> = '달아나다(escape)'), 전치사구 다음에 부사(예 *get* <u>*away/with murder*</u>)가 오는가에 따라, 구동사를 각각 '전치사 동사(prepositional verbs)', '구동사(phrasal verbs)', '구-전치사 동사(phrasal-prepositional verbs)'로 하위 분류했다. 필자는 의미를 설명할 때 이러한 용어를 기억하는 것이 유용하지 않다고 생각하기에, 이 책에서는 '구동사'가 방금 언급한 이 세 가지 모든 통사 유형을 포함하는 것으로 사용한다. 그런데 필자가 이러한 표준 용어들을 사용하지 않는 한, 독자들은 구의 통사적 구조 차이를 구별할 필요가 거의 없다.

11. 완료 구동사

때때로 ***완료***(perfectives)라고 불리는 부류의 구동사가 있다. 이들은 주동사에 *up, down, out, off* 또는 *through*(예 *wash up, calm down, chill out, cool off, think through*)가 더해져 만들어지는 매우 흔한 표현이다.

문법 용어와 마찬가지로 보통 사람들은 보는 것만으로는 단어 *perfective*(완료)가 무엇을 의미하는지 이해하기 어렵다. 우선, *per-*는 라틴어로 '—을 통해(through)'지만 *-fect*는 'done'이나 'made'에 해당하는 라틴어에서 파생되었다. *Perfect*는 따라서 '[끝까지] 해낸(done through [to the end])', 즉 '완전한(complete)'을 의미한다. 현대 영어에서도 어떤 것이 완벽하면(perfect) 그것에 대해 더 이상 할 것이 없는 것이다.

어쨌든, 완료 동사는 모두 완벽성이나 철저함의 개념과 관련 있다. 예를 들면,

(36) Type this letter *up*, please. (이 서안을 타이핑 해주세요.)

(37) They've closed *down* their business. (그들은 사업을 폐업했다.)

(38) Mammoths died *out* a long time ago. (매머드는 오래전에 멸종했다.)

(39) Let's finish this job *off* and go home. (이 일을 끝내고 집에 가자.)

(40) I've read it *through*. Now let's talk about it.
(나는 그것을 전부 읽었다. 이제 그것에 대해 얘기하자.)

독자는 핵심이 요약되는 22장에서뿐만 아니라 이들 전치사가 논의되는 여러 장에서 *up, down, out, off*와 *through*의 용법에 대해 더 많은 것을 발견할 것이다.

12. 도식적인 마음속 영상

George Lakoff(1987)는 '영상 도식 의미(image schematic meaning)'(예 271-278, 300, 453-461쪽)를 갖는 단어에 전치사를 포함시킨다. 그가 의미하는 것은 다음과 같다.

- 각 전치사의 원형적 의미는 (그러나, 예를 들어 *of*는 아닐 것이다) 마음속 영상이다.
- 이러한 마음속 영상은 '도식적(schematic)'이다. 즉, 필수적이지 않은 세부사항이 부족하다.
- 전치사의 이차적 의미 역시 영상 도식적(image schematic)이다. 즉, 이차적 의미(또는 이차적 '마음 도식'(secondary 'image schema'))는 우리가 *on*에서 살펴 본 것처럼, 보통 그에 상응되는 원형적 의미와 한두 가지 세목에서만 다르다(즉, 원형적 의미는 '위 표면과의 접촉(contact with the upper surface)', 이차적 의미 하나는 '위 표면 가장자리와의 접촉(contact with an edge of the upper surface)').
- 마지막으로 매우 중요한 점은 이러한 마음속 영상 도식이 일차적으로 우리의 시각 감각과 연관되어 있는 것 같지 않고 오히려 근본적으로 '운동감각적(kinesthetic)'으로 보인다는 것인데, 다시 말해 방향, 이동, 형상에 대한 우리의 감각과 관련되어 보인다. 이에 대한 증거로서, Lakoff는 날 때부터 볼 수 없는 사람들이 문제를 해결할 때 마음속 영상을 회전하고 주사할 수 있는 능력이 요구되는 것으로 보이는 일에 (비록 속도는 조금 느리지만) 정상적으로 눈이 보이는 사람과 같은 정도로 수행해 냈다는 것을 보여주는 마음속 영상에 대한 (즉, 특별히 전치사에만 초점을 두지는 않은) 연구를 언급한다(ibid: 445-446).

필자가 이 모든 것을 언급하는 이유는 이 책에서 사용되는 도상의 중요성을 분명하게 하려는 것이다. 즉, 이들은 완전히 충실하지는 않지만 마음속 영상을 도식적으로 보여준다. 예를 들어, 필자는 *to*의 의미, 또는 마음속 영상을 표현하기 위해 도상 →●을 사용한다. 그러나 사실상 *to*의 의미 일부는 이동의 의미이다. 그리고 이동은 (예를 들어, 화살표로) 그려진 도상에 암시만 될 수 있다. 이것은 직접적으로 보일 수 없다.

13. 주요 개념들

TESOL의 영역에서 동사 체계에 대한 집착은 최근에서야 확장되기 시작하여 언어의 다른 요소에 대해 더 많은 관심을 갖게 했다. 그러나 영어 전치사 체계는 여전히 매우 과소평가되고 있다. 이는 공간과 시간의 관계를 규명하는 데 전치사가 중요한 역할을 하는 것을 고려하면 정말 의아한 일이다. 뿐만 아니라 전치사는 개념 표현에서 동사만큼 핵심적 역할을 한다.

개념	예
동작주(agent)	written *by Shakespeare*(셰익스피어가 쓴)
목적(purpose)	went *to buy bread*(빵을 사기 위해 갔다)
기능(function)	*for sitting on*(착석용)
양태(manner)	*with flair*(맵시 있게), *in style*(멋있게)
수단(means)	*by cutting*(잘라서), *through hard work*(열심히 일해서)
도구(instrument)	*with a hammer*(망치로)
원인(cause)	die *of/from TB*(폐렴으로 죽다)

이들 및 그 밖의 기초 개념들은 개별 전치사와 관련되어 이 책 여러 곳에서 논의된다. 이들에 대한 여기저기 분산된 설명을 23장에서 묶어 요약한다. 기타 설명은 **추상 개념 색인**(349쪽)에서 언급된다.

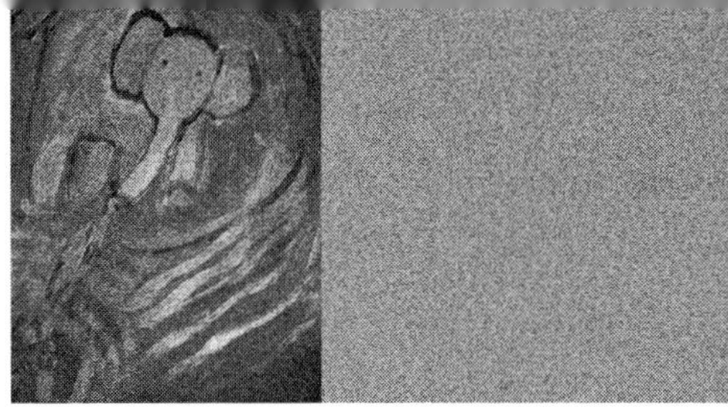

Chapter 3 *Toward(s), to, in/into, inward, outward, through, out (of), from, away (from)*

1. 개요

이번 장에서는 경로(path)를 나타내는 몇 가지 전치사의 의미에 대해 처음으로 살펴본다. 다음 장들에서 이곳에서 다뤄진 전치사 대부분에 대해 좀더 자세하게 다루게 될 것이다.

> 독자를 위한 메모:
> - 3장이나 다른 장을 읽기 전에 2장을 먼저 읽는 것이 도움이 될 것이다.
> - 교사들은 이 책이 교재용으로 쓰이지 않았음을 유의해야 한다.

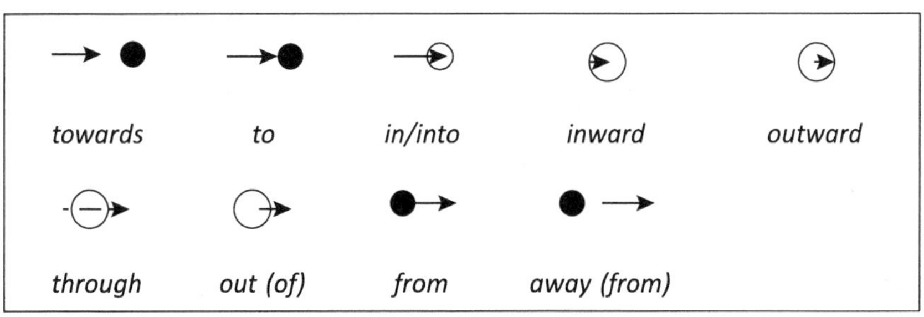

그림 3.1 예상되는 원형 의미

반대 표현들:

Toward 대 *away (from); to* 대 *from; in(to)* 대 *out (of); inward* 대 *outward*

2. *Toward (s)*

2.1 *Toward*의 의미

Toward(또는, 특히 영국 영어에서는 *towards*)는 '–의 방향으로 좀더 가깝게'를 의미한다. **지표**는 반드시 경로의 종점일 필요가 없는데, 그 이유는 경로가 종점에 절대로 도달하지 않기 때문이다. 예를 들어, 다음과 같은 문장이 가능하다.

(1) The giant snowball rolled *toward* the house, but broke apart before it got there. (거대한 눈덩이가 집을 향해 굴렀는데, 집에 도달하기 전에 부서졌다.)

2.1 접미사 –*ward*(*s*)

*-Ward(s)*는 *in-, out-, down-, up-, to-, on-*과 같은 몇몇 전치사와 *way-*(원래, *away-ward*), *home-, sky-, land-, west-*와 같은 많은 명사 끝에 올 수 있다. 예를 들어, *homeward*는 '집을 향해'를 의미한다. 심지어 다음과 같은 유머러스한 표현도 발견할 수 있다.

(2) He tottered off *pigwards*.
(그는 돼지가 있는 방향으로 비틀거리며 출발했다.) ['돼지의 방향으로']
[PG Wodehouse, Summer Lightning, 24쪽(Barrie & Jenkins 1924)]

*Toward*의 의미는 이번 장의 뒷부분과 다른 장에서 다른 전치사와 비교될 때 구체적으로 드러날 것이다. 예를 들어, 4장에서 *toward*는 (*move* ***on toward*** *something*(어떤 것을 향해 계속 움직이다)에서처럼) *on*과 비교된다. *Toward*와 다른 전치사가 논의되는 곳에 대한 정보를 더 알고 싶다면 **전치사 색인**을 보라.

3. *To*

3.1 *To*: 중심의미

*To*는 경로의 종점을 명시한다. 따라서 *go to her house*(그녀의 집에 가다)는 경로의 종점이 'her house'임을 의미한다.

3.2 이차적 의미: to = '-을 향해(toward)'

*OED*에 따르면, 초기 고대 영어시기에 현재는 사라진 전치사 (*oth*)가 'to'를 의미했고 *to*는 보통 '-을 향해(toward)'를 의미했다. 마침 *to*가 ***to*** *the left/right/rear/east/west of something*(무엇의 왼쪽/오른쪽/뒤/동쪽/서쪽으로)과 *near/close/next* ***to*** *something*(무엇 가까이)의 예에서 보듯이 몇몇 현대 표현에서도 'toward'를 의미한다.

*To*에 대해서 좀더 보려면 21장을 보라. 또한 색인은 *to*가 비교되어 논의되는 위치를 더 보여준다. 예를 들어.

- 본장의 다음 절에서 *to*는 *into*의 의미와 비교되면서 더욱 분명해진다.
- 15장에서 *to*가 *at*과 비교된다.
- 18장에서 (*a good friend* ***of*** *mine*(나의 좋은 친구) 대 *a good friend* ***to*** *me*(나에게 좋은 친구)처럼) *to*가 *of*와 비교된다.
- 20장에서는 (*appropriate to something*(-에 적절한) 대 *appropriate for something*(-에 적절한)의 예에서처럼) *to*가 *for*와 비교된다.

4. *In*/*Into*

4.1 *In*/*Into* 대 *to*

4.1.1 기본 차이

우리는 에워싸는 경계와 내부로 이뤄진 목적지에 대한 마음속 영상 ······▭→을 가질 때 *in*이나 *into*를 사용한다.

*To*의 도상, →●은 속이 찬 동그라미를 종점으로 갖는다. 동그라미가 채워졌다는 것은 경로가 **지표**의 표면이나 가장자리에 멈추든지 아니면 **지표** 가장자리나 경계를 가로질러 가든지에 대해 *to*가 중립적이라는 것을 보여주는 것이다. 따라서 (3)이나 (4) 모두 말할 수 있다.

(3) She walked *to* the tree and touched it.
(그녀는 나무로 걸어가서 나무를 만졌다.) [안에 없음]

(4) She went *to* the library this morning.
(그녀는 오늘 아침 도서관에 갔다.) [안에 있음]

In/*into*는 특히 경로가 **지표**의 표면이나 경계를 ***가로지르는*** 것을 의미한다. *In*/*into*의 도

상은 다음과 같다.

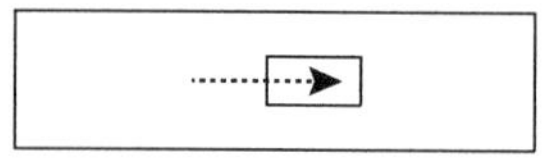

She walked *into* the house and shut the door.
(그녀는 집으로 걸어 들어가서 문을 닫았다.)
그림 3.2

4.1.2 영상의 규모

우리가 어떤 맥락에서 *to* 혹은 *in/into*를 사용하는지의 여부는 **지표**가 도서관처럼 들어갈 수 있는 것이나 아니면 나무처럼 들어갈 수 없는 것인가와는 결정적으로 상관없다. 오히려 우리가 **지표**에 대해 갖고 있는 ***마음속 영상의 규모***(the scale of the mental image)에 따라 동일한 **지표**와 동일한 경로에 대해서 *to*나 *into*중에서 하나를 사용할 수 있다.

예를 들어, 사람들이 시카고와 같은 대도시에 비교적 가깝게 있다고 생각하면 다음처럼 말할 것이다.

(5) I'm going *into* town/the city to do some shopping.
(나는 쇼핑하러 마을/도시 안으로 들어가고 있다.)

그러나 사람들이 비교적 멀리 50 혹은 100마일 혹은 그 이상 멀리 떨어져 산다면 대신 다음과 같이 말할 것이다.

(6) I'm driving/flying/taking the train *to* Chicago.
(나는 시카고로 운전해 가고 있다/비행기를 타고 가고 있다/기차를 타고 가고 있다.)

이는 우리가 예정된 목적지보다 훨씬 멀리 있기 때문에 이 목적지를 경계와 내부가 있는 영역으로 말할 것 같지 않기 때문이다. 대신, 목적지가 훨씬 멀리 있으면, 우리는 그 목적지를 상대적으로 꽉 찬 공간으로 그릴 것 같다. 이런 경우 우리는 *in/into*가 아니라 *to*를 사용한다.

여기 또 다른 예가 있다.

(7) If you go *into* the front room, you'll see it.
(앞방으로 들어가면 그것이 보일 것이다.) [매우 가깝다]

(8) Why don't we go *to* my place?
(우리 집으로 오지 않을래?) [가깝지 않다]

4.2 *In* 대 *into*

'안(in-ness)'에 대한 우리의 원형적인 마음속 영상은 확실히 **지표**가 **주어**를 둘러싸고 있는 것이다. 종종, 둘러싸기 전에 이동이 있었다는 것이 문맥에서 분명해질 수 있다. 이런 문맥에서 *in*을 사용하면 먼저 이동이 있었다는 분명한 영상 없이 '결과적으로 둘러싸임(resultant enclosure)'을 강조하게 된다.

(9) We got *in* the car. (우리는 차에 탔다.)

반면 *into*의 의미는 이동과 결과를 모두 강조하는 것처럼 보인다.

(9^1) We got *into* the car. (우리는 차에 탔다.)

이러한 의미 차이는 '결과(result)' 동사 *get*보다는 이동 동사(verbs of movement)와 쓰일 때 훨씬 분명히 드러난다. 따라서 (10)은 외부에서 내부로의 이동이 분명하지만 (10^1)은 사람들이 (*We jumped for joy on the platform and they jumped for joy in the train*(우리는 플랫폼에서 기뻐 날뛰었고 그들은 기차 안에서 기뻐 날뛰었다)에서처럼) 이미 기차 안에 있다가 그 후에 뛰었다는 것을 의미할 수도 있다.

(10) They jumped *into* the train. (그들은 기차 안으로 뛰어 들어갔다.)
(10^1) They jumped *in* the train. (그들은 기차 안에서 뛰었다)

어떤 문맥에서는 *into*만이 자연스러운 선택이 된다. 즉, (11^1)과 달리 (11)은 분명 이상하다.

(11) *We got in France after some delay.
(11^1) We got into France after some delay.
(우리는 조금 지체한 후 프랑스에 들어갔다.)

이는 한 나라에서 다른 나라로 가는 것에 거의 항상 상당한 이동이 관련되기 때문이다. 따라서 *-to*를 생략하면 부자연스럽다.

한편, *in*과 달리 *into*는 **지표**가 명시될 때만 사용될 수 있다.

(12) We got in. (우리는 들어왔다.)
(12^1) *We got into.

(13)은 지표인 *that*이 명시되기 때문에 괜찮다.

(13) That needs looking into. (그것은 조사되어야 한다.)
[즉, '누군가가 그것을 조사해야 한다(Someone should look into that)']

*Into*는 (경로 전치사로 쓰이는) *in*과 다음 두 가지에서 더욱 다르다.

우선, (14)는 말할 수 있어도 (14^1)은 말할 수 없다(Taylor 1993).

(14) We drove deeper into the forest.
(우리는 숲속으로 점점 깊이 운전해 들어갔다.)

(14^1) *We drove deeper in the forest.

즉, 침투가 계속되는 문맥에서는 (*in*이 아닌) *into*가 경계를 가로지르지 않은 경우에서도 쓰일 수 있다.

둘째, *into*와 *in*은 둘 다 경로를 나타내는 전치사이지만, 오직 *into*만이 추상적 **지표**와 반추상적인 **지표**와 사용될 수 있는 것 같다(Bolinger, 1971:30).

(15) He jumped *into*/*in* the water.
(그는 물에 뛰어 들었다.) [구체적인 지표]

(16) He broke *into*/**in* our meeting/conversation.
(그는 우리의 회의/대화에 끼어들었다.) [반추상적 지표]

(17) He broke *into*/**in* my reveries.
(그는 내 몽상에 끼어들었다.) [추상적 지표]

5. *Inward* = '중심을 향해'

*Inward*는 '보다 안으로'를 의미하고 원형적으로 어떤 것의 경계를 가로지르는지의 여부에 상관없이 바로 중심을 향한 이동을 표현한다. 만일 경계가 없다면, 이동은 여러 다른 방향에서 중심에 집중되어야 한다.

그림 3.3

6. *Through* = '안으로 그리고 다시 밖으로'

6.1 문자적 기본 의미

*Through*의 기본 의미는 위의 그림 1.3에서 보여준 —⊟→이다. *Through*의 의미는 경로의 일부가 **지표**에 둘러싸여 있다는 것을 함의한다. 이 경로는 (18)처럼 **지표**와 직접 접촉하거나, 아니면 (19)처럼 접촉하지 않을 수도 있다.

(18) The worm ate its way *through* the apple.
(벌레가 사과를 뚫어 먹었다.)

(19) The bird finally flew *through* the window out into the sunshine.
(새는 결국 창문을 통과해 나가 햇빛 속으로 날아갔다.)

*Through*의 의미를 좀더 명확하게 이해하려면, (10장) *over*와 *across*와 비교하여 생각해야 한다.

6.2 은유적 *through*

*Through*는 (들어간 후에) '-의 밖으로 나오는 것'을 함의하기 때문에 종종 무언가를 끝마친다는 개념을 표현하는데 쓰인다. 예를 들어.

(2) I'm glad I'm *through*[= finished] with that job.
(나는 그 일을 끝내서 기쁘다.)

우리가 상황과 경험에 대해 들어가고, 떠나고, 돌아갈 수 있는 등, 마치 물리적 공간이나 사물처럼 종종 말하는 것을 주목하자. 이런 종류의 은유는 전통적으로 '구체화(reification)'[G]라 불려 왔다. 구체화는 우리 자신을 표현하는 방식에서 너무 기본적이라서 추상적인 개념을 비은유적으로 표현하려고 생각하는 게 어려울 것이다. 따라서 (21)은 (21^1)처럼 바꿔 말할 수 있다.

(21) He's been *through* two bitter divorces.
(그는 두 번의 쓰라린 이혼을 경험했다.)

(21^1) He's *experienced* two bitter divorces.

그런데 *experience*(경험)의 라틴어 어근이 다음과 같은 것은 우연이 아니다.

- *per* = 'through' + *ire* = 'go'가 *perire* = 'try'로 됨 (즉, 뭔가를 시도하는 것은 은유적으로 그것을 일단 통과하는 것이다)
- *-entia*는 명사 어미
- *ex* = 'out of'/'from'
- 따라서, *experientia* = '－을 통과해 나가는(out of going through)', 또는 (은유적으로) 우리가 사물을 통과해 나가면서 배운 것이다.

다시 말해, 구체화는 영어 화자에게만 독특한 것이 아니다.

6.3 은유적 *through* = '－에 의해', '－에 때문에'

다음의 (22)와 (23) 또한 경험의 구체화를 보여주는 예문이다.

(22) I did it *through* hard work. (나는 열심히 일해서 그것을 해냈다.)

(23) ... and *through* smoking and that, I lost my leg.
(⋯ 그리고 흡연과 그 때문에, 나는 다리를 잃었다.)

[사지 절단자, *Meridian Evening News*, 3.3.95]

7. *Out*(*of*)

7.1 *Out of*의 *of*

*Out (of)*는 지표가 명시될 때마다 *of*가 필요하다는 점에서 좀 특이하다. 지표가 구멍이면 *of*가 불필요하다는 것이 예외이다. (예문 (24)와 (25)는 Bolinger, 1971:34에서 수정되었다.)

(24) He walked *out*/?*out of* the door]. (그는 문밖으로 걸어 나갔다.)

[*door*는 '출입구(doorway)'를 의미하고 문 자체가 아니라 구멍을 가리킨다.]

(25) He walked *out of*/*out the house. (그는 집 밖으로 걸어 나갔다.)

(24[1]) Termites crawled *out of*/*out the door.
(흰개미들이 문밖으로 기어 나갔다.)

[여기서 *door*는 '출입구'를 의미하지 않는다. 즉 흰개미는 문의 나무 안에서 살았다.]

이런 *of*는 *of*가 종종 'from'을 의미했던 (고대 영어) 시기로부터의 잔재이다. 따라서 *out of*는 원래 'out from'을 의미했다.

Bolinger는 *out*과 *of*가 연어적으로 '융합되어' *of*가 *out* 바로 다음에서만 사용된다는 것을 지적한다.

(26) They pushed the piston *out of* /**out from* the cylinder.

(26[1]) They pushed out the piston *from* /**of* the cylinder.

(그들은 피스톤을 실린더 밖으로 밀어냈다.) [Bolinger]

7.2 *Out*: 중심의미, 근접 중심의미, 확장의미

7.2.1 *Out*의 원형적 의미('둘레를 가로질러 멀리 나아가는')

이러한 의미는 위 그림 3.1에 예시되었다.

(27) We both fell *out of* the boat. (즉, ⊟→)

(우리는 둘 다 보트 밖으로 떨어졌다)

이 의미는 처음에는 은유적으로 보일지 모르지만, 사실은 문자적 의미 요소가 강한 아주 많은 표현에서 나타난다.

(28) Watch *out*! Look *out*! (조심해!)

즉, '공상에 잠기지 마라, 속으로 생각만 하지 마라. ***밖으로*** 눈을 돌려 세상을 보라(look *out* into the world)!'의 의미가 된다.

(29) Could you read the recipe *out* for me?

(나한테 조리법을 소리 내어 읽어줄 수 있겠니?)

화자의 목소리는 문자 그대로 그의 머리에서 나온다. 물론 그 반대는 아무 소리도 나지 않게 조용히 읽는 것이다.

7.2.2 *Out*의 이차적 의미: '중심으로부터'

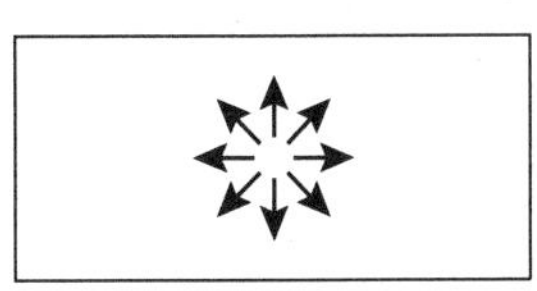

Butter spreads *out* as it melts on a griddle. (버터가 철판에서 녹자 퍼진다.)

We gave/dealt/shared/sent/portioned *out* a little bit for everybody.

(우리는 모두를 위해 약간씩 주었다/분배했다/나누었다/보냈다/분배했다.)

그림 3.4

여기서, *out*은 *outward*와 의미가 유사하나 덜 강하다.

7.2.3 원형적 의미의 분명한 은유적 확장

어떤 언어학자들은 전치사가 보통 의미가 전혀 없어서 '탈어휘적(delexical)'이라고 주장한다. 그러나 사실, 대부분의 전치사의 기본 의미는 매우 생생하여 우리가 이들을 일상에서 은유적으로 사용하여 비신체적 경험 감각을 이해할 수 있게 도와준다 — 만일 전치사가 대체로 의미가 없다고 한다면 이는 좀처럼 하기 어려운 일이다.

(30) She did it *out of* love. (그녀는 사랑하니까 그것을 했다.)

(30)에서 그녀가 한 일을 마치 빛이 전구에서 나오거나 물이 샘에서 나오는 것처럼 사랑에서 나오는 것으로 말하고 있다.

(31) Bill helped Jack *out* [*of* a difficulty]
(빌은 잭을 [어려움으로부터] 도와주었다.)

(31)은 누군가가 새장이나 깊은 구멍에 빠질 수 있는 것처럼 잭이 어려움에 있었던 것으로 말을 한다. 이러한 은유로 생각하면, 빌이 잭에게 도움을 주어서 기어나올 수 있게 된 것이다.

(32)에 유사하게 사용된 예가 예시된다.

(32) He talked her *out of* (vs *into*) quitting her job. (그는 그녀에게 말해서 일을 그만두지 않게 했다.(대 그만 두게 했다.))

다시 말해, 이 모든 용법은 구체화의 결과이다.

7.3 그 밖의 *out* 의미와 용법

7.3.1 '원래의 경계를 넘어선 확장'을 의미하는 *out*

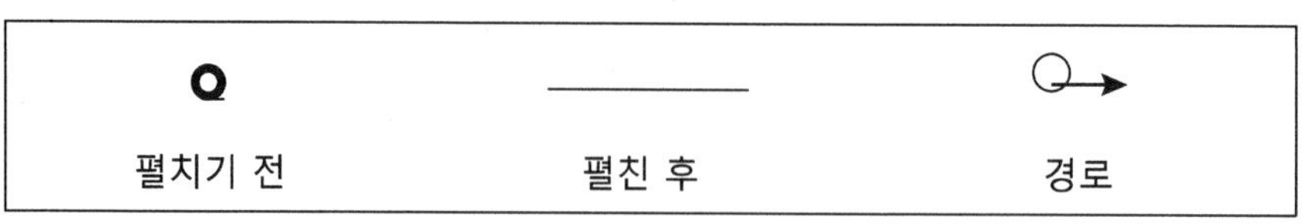

Let's roll out the new carpet and see what it looks like.
(새 카펫을 펼쳐서 어떻게 생겼는지 보자.)
그림 3.5

그림 3.5에 보여준 의미와 기본의미 ⊟→와의 관계는 다음과 같다. 카펫을 펼치기 전에는 단단히 말린 원통형의 공간을 차지한다. 일단 카펫이 펼쳐진 후 카펫은 이 공간을 넘어 확장 된다. 카펫이 원래의 경계를 지나가서 벗어나간 것이다.

여기 같은 의미의 또 다른 예문이 있다.

(33) The goldsmith beat the gold *out* into sheets of foil.
(금 세공자가 금을 두드려 금박지로 펴냈다.)

다음 예문은 추상적 **지표**에 대해 같은 생각을 나타내는 *out*을 보여준다.

(34) The two boxers fought it *out* for 15 rounds.
(두 권투선수는 15회 동안 끝까지 싸웠다.)

즉, 시합 시간이 점진적으로 늘어났다. 필자는 (35)가 비슷한 의미를 예시한다고 생각한다.

(35) They held *out* until their supplies were exhausted.
(그들은 비축된 것이 소모될 때까지 버텼다.)

여기서 다시, 경계—이번에는 인내의 경계—가 기대를 넘어 확장된 것이다.

덜 추상적인 *out*의 용법이 (36)에 예시된다.

(36) She was skinny when she came but filled *out* after a couple of weeks of grandma's cooking.
(그 여자가 왔을 때는 말랐었지만 할머니의 음식을 2주 동안 먹은 후에는 살이 쪘다.)

여기서 *filled out*은 살이 쪘다는 것을 의미한다. 우리가 살이 찌면, 사이즈—즉, 표면면적—가 증가한다. 우리의 몸이 차지하고 있던 공간의 경계가 이제 예전의 경계를 넘어 ***밖에***(*out*side) 있다.

*Out*이 (33)-(36)에서처럼 사용되었을 때, *out*과 동사(즉, *fought, hold, fill*)는 '완료(perfective)' 동사가 된다고 문법학자들이 말한다. (2/11장 참조).

7.3.2 *Out* = '처음부터 끝까지'

*Out*의 이러한 용법은 소위 '완료' 의미의 훨씬 더 좋은 예가 된다. 이는 방금 위에서 논의한 의미, 즉 '원래 경계를 넘어 확장'이라는 의미와 연관된다.

(37) OK, everyone, tap *out* the rhythm with your feet.
(좋아, 모두, 발로 그 리듬을 두드려라.)

(37)에서는 *out*에 대해 동시에 두 가지 생각을 하게 된다. 하나는 음악이 리듬을 '담고', 발을 가볍게 차면서 리듬을 표현해***내고***(*ex*press), 즉, 그 리듬을 끌어'내는'(bring 'out') 것을 의미한다. 다른 생각은 금 세공자가 금 조각을 두드려 펴서(beat out) 기다란 호일 조각으로 만들어내는 것처럼 리듬을 쳐내는(beat out) 것이다(즉, 처음부터 끝가지 리듬을 늘여***내***는(*ex*tend) 것이다).

다음 예문은 이 두 생각을 더욱 추상적으로 적용한 것을 보여준다.

(38) You just need to sit down and try to think/puzzle/figure this problem *out*.
(너는 그냥 앉아서 이 문제를 생각해낼/알아낼/이해할 필요가 있다).

하나는, 리듬이 음악 안에 있거나 동전이 주머니 안에 있을 수 있는 것처럼 답이 문제 상황 속에 놓여있다고 생각하기 마련이다. 그리고 (이렇게 은유가 돌아간다), 우리는 충분히 생각하면 답이 보이고 이해될 수 있는 곳에서 그 답을 꺼'낼'(get *out*) 수 있다. 다시 말해, 우리는 답을 찾아 '낼'(find *out*) 수 있다. 동시에, *out*은 문제가 카펫처럼 펼쳐질 수 있거나 털실 뭉치처럼 풀릴 수 있는 것이어서, 원래의 뭉쳐진 형상에서 펼쳐져 '나올'(roll *out*) 때 모든 것이 공공연하고 명백하게 드러나 이해될 수 있다고 생각하게 하는 것 같다. (영어 단어 *explicate*가 '펼쳐**내다**(fold **out**)'에 해당하는 라틴어에서 파생된 반면 *explain*은 '편편하게 만들다(make flat)'를 의미하는 라틴어, 즉 주름지거나 접힌 것을 편편하게 하거나 펴'내'다(spread *out*)에서 파생되었음에 주목하자.)

7.3.3 '보다 나은'을 뜻하는 *out*

만일 당신이 누군가보다 노래를 '*out*sing' 하다면, 당신은 그들보다 노래를 잘한다는 것이다. 만일 당신이 누군가를 '*out*perform' 한다면, 그들보다 일을 잘 한다는 것이다. *Out*의 이러한 용법은 다음과 같이 원형적 의미와 관련되는 것 같다.

능력은 경계가 있는 공간으로 구체화된다. 더구나, 두 사람의 능력이 비교된다면, 한 사람의 능력은 다른 사람의 능력을 에워싸는 것으로 시각화될 수 있다. B라는 사람의 능력이 A라는 사람의 능력보다 낫다면, B가 가진 능력의 경계 혹은 한계는 A가 가진 능력의 한계 ***밖***(*out*side)에 있는 것이다.

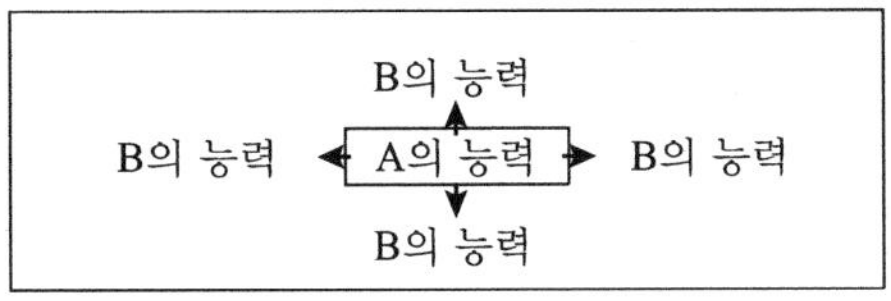

So Person B can ***out*** *do Person A.* (따라서 B라는 사람이 A라는 사람을 능가할 수 있다.)

그림 3.6

라틴어를 아는 사람에게는 *excel* '뛰어나다(*out*speed)'와 *exceed* '넘어서다(*out*go)'가 아주 유사한 은유를 표현하고 있는 것이다.

다음의 (영국식) 예문은 방금 논의한 것과 의미에서 매우 연관이 높을 것 같다.

(39) The horse was jumping *out of* his skin. (말이 놀라서 펄쩍 뛰고 있었다.)

[20.8.92 BBC 텔레비전, Hickstead Derby 실황중계]

즉, 말이 그가 가진 원래 능력의 한계를 넘어, 혹은 밖으로 뛰어나가고 있다는 것이다.

7.4. *Out* 의 은유적 용법에 대한 추가 설명

7.4.1 관찰자의 관점

C라는 사람이 집을 떠난다고 가정하자. 집안에서 머무르고 있는 A라는 사람은 "C has *gone out*(C가 나갔다.)"이라고 말할 것이다. 집 밖에서 기다리고 있던 B라는 사람은 "C has *come out*(C가 나왔다.)"고 말할 것이다. (C라는 사람은 나왔으므로 두 관점을 알고 있을 것이다.) *Out*의 어떤 은유적 용법은 A라는 사람의 관점만을 반영하는 반면 다른 용법은 오직 B라는 사람의 관점만을 반영한다.

7.4.2 *Out* = '여기에 없는/저기에 없는' = '존재하지 않는/죽은'

(40)−(43)에서 결과로 생긴 상황은 원래 상황에서 어떤 것이 사라진 경우로 간주된다. 이는 집안에 있는 관찰자의 관점이다.

(40) He's *out* [= not here]. Phone later. (그는 나갔다 [여기에 없다]. 나중에 전화해.)

(41) He's *out* [= unconscious]. Keep him warm until the doctor comes. (그가 정신이 나갔다 [무의식이다]. 의사가 올 때까지 그를 따뜻하게 해라.)

(42) The lamp went/fizzled/died *out.* (램프가 나갔다.)

(43) The Air Force has taken *out* [=destroyed] twelve bridges.

(공군이 12개의 다리를 없앴다.)

▸ (40) 어떤 사람이 (예를 들어 사무실에) 있었지만 지금은 없다.
▸ (41) 어떤 사람이 깨어있고 의식하는 상태에 있었지만, 지금은 이런 의미에서 사라졌다.
▸ (42) 처음엔 램프가 불을 밝혔지만, 이제는 그렇지 않다. 불빛이 사라졌다. (*the lamp*는 환유적으로(metonymically)[G] '빛'을 의미한다는 점 참고)
▸ (43) 처음에는 다리가 있었으나 더 이상 없다.

또한 내부 관찰자의 관점을 표현하는 것은 *expunge*(지우다), *extirpate*(제거하다), *extinguish*(끄다), *eliminate*(없애다) 등에서의 *-e(x)*이다.

예문 (44)는 작은 변이를 보여준다. 다시 한번, '전(before)'과 '후(after)' 상황이 추정된다. 그러나 이번에는 '후 상황(after situation)'이 결과로 나타난 상황이 아니라 결과가 예상되었지만 실제로는 발생하지 않은 상황이다. 구체적으로 말하면, 문장 '안(in)'에 있으리라고 예상된 단어가 없다('out').

(44) You've left *out* a word here. I'll write it *in* by hand.
(네가 여기서 한 단어를 빠뜨렸어. 내가 손으로 적어 넣을게.)

7.4.3 *Out* = '노출된', '숨겨지지 않은' = '이해할 수 있는', 혹은 '가용한'

예문 (45)−(47)은 이전에 안에 있어서 숨겨진 것이 밖으로 나와 보이는 경우나, 은유적으로 좀더 확장되어, 이해될 수 있거나 가용한 경우의 사건을 묘사한다. 이는 집 밖에 있는 관찰자의 관점이다.

(45) I think we should get our differences *out* in the open.
(나는 우리의 차이점들을 드러내 놓아야 한다고 생각한다.)
(46) Her new book is *out*. I think I'll buy it.
(그녀의 새 책이 나왔어. 난 그 책을 살 생각이야.)
(47) She told him right *out* she didn't like his ugly face.
(그녀는 그의 못생긴 얼굴이 싫다고 그에게 대놓고 말했다.)

외부 관찰자 시점은 *explain*과 *explicate*(설명하다)의 예에서처럼 *ex-*의 기본이 된다. 만일 내가 (47[1])로 말하면, C라는 사람의 관점에서 *out*을 사용하는 것이 될 것이다.

(47[1]) I told him right *out* I didn't like his ugly face.

(나는 그의 못생긴 얼굴이 싫다고 그에게 대놓고 말했다.)

7.4.4 '결핍'과 '소멸'의 *out*

*Out of*는 갖고 있는 것에서 갖지 않는 것으로의 변화와 관련된 몇몇 표현에 나타난다.

(48) He cheated/swindled/talked me *out of* a day's pay.

(그는 나를 속여서/사기쳐서/설득해서 일급을 빼앗았다)

(49) We're out of/We've run out of bread. (우리는 빵이 떨어졌다)

이런 표현은 내부 혹은 외부 관찰자의 관점 중 한 쪽에서만 나오는 것 같지 않다. 이것의 기본 개념은 우리가 닫힌 공간 안이나 밖에 있을 수 있듯이 누군가가 어떤 것을 갖고 있는 상태 '안(in)'에 있다가 나중에 '밖으로(out of)' 나올 수 있다는 것이다. 이러한 은유적 개념은 *We're in the money*(우리는 돈이 있어요)라는 노래 가사에 아주 분명히 표현된 것 같다.

8. *Outward*: '중심에서 멀리'

Outward(밖으로 향하는)는 *inward*(안으로 향하는)의 반대이다. *Outward*는 어떤 것이 **지표**(밖으로 나가서)를 실제로 떠나지 않고 (**지표**의 중심으로부터 멀리) 밖을 향하여 나갈 수 있다는 점에서 *out*과 다르다.

그림 3.7 *Outward*의 의미

*Outward*가 은유적으로 사용되면 어떤 종류의 경계가 밀려 ***나거나***(pushed **out**) 확장된다(*ex*tend)는 것을 암시한다. 예를 들어, 젊은이들이 전에 해보지 못한 것(예를 들어, 급류 래프팅과 등산)을 하도록 그들의 자신감을 '펼치도록(extend)' 지원하는 Outward Bound(국제 청소년 야외 활동 지원 단체)라고 불리는 조직이 있다.

9. *From*

9.1 문자적 *from*

9.1.1 기본 의미

From (●→)은 *to* (→●)와 정반대이다. *From*은 출발점에서 경로를 기술하는데 사용된다. 지점은 (50)에서처럼 분명히 명시되거나 (51)-(53)에서처럼 다소 모호하게 정해질 수 있다.

(50) Draw a line *from* point A to point B. (점A에서 점B까지 선을 그려라.)

(51) Draw a line *from* somewhere on line A to line B.
(선분A 어딘가로부터 선분B까지 선을 그려라.)

(52) The rocket slowly rose *from* the surface of the moon.
(로켓은 달의 표면으로부터 천천히 올라갔다.)

(53) The noise came *from* the cave. (소리가 동굴로부터 나왔다.)

9.1.2 '분리' 전치사 체계에 속하는 *from: out* 대 *off, off from* 대 *off, from* 대 *out*

경로 전치사로서 *out*은 항상 출발점이 어떤 영역이나 공간 안에 있지만 종점은 그 안에 있지 않은 경로를 지칭한다. *Out*은 다음처럼 특히 이런 경로가 어떤 영역이나 공간의 경계 하나를 **횡단할**(cross) 때 사용된다.

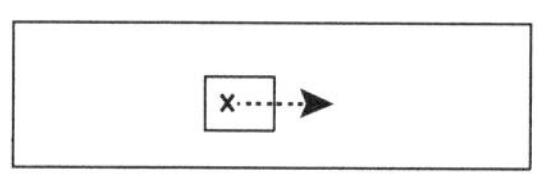

A dog ran *out of* the field. (개 한마리가 들판 밖으로 달렸다)

그림 3.8 새의 관점

반면 *off*는 두 가지 경우에서 사용될 것 같다.

- (*fall off the table*(탁자에서 떨어지다)에서처럼) **지표**가 높은 경우
- 경로가 어떤 영역의 경계를 수평으로 가로지르지 않고 위로 올라갈 때

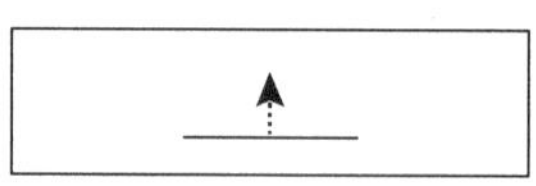

A rocket is taking off. (로켓이 이륙하고 있다.)
A rocket is taking off from Cape Canaveral.
(로켓이 케이프 커내버럴에서 이륙하고 있다.)

그림 3.9 측면 관점

만일 우리가 *off*의 **지표**를 명시하고 싶다면 *from*을 사용하게 된다는 것을 주목하라. 구 *off from*에서 *off*는 분리의 최초 방향(즉 '위로(up)')에 대해 말해주는 반면 *from*은 출발점을 명시한다.

그러나 *off* 다음에 항상 *from*이 따라올 필요는 없다. *Off from*과 그냥 *off*와의 차이는 다음과 같다. *From*은 *off*보다 **지표**로부터의 분리가 훨씬 크다는 것을 암시한다. 따라서 우리는 a rocket is taking off **from** Cape Canaveral for the moon(로켓이 달을 향해 케이프 커내버럴로부터 이륙하고 있다)라고 말할 것이다. 우리는 또한 어떤 특별한 순간에 the rocket has lifted only 3 meters **off** the launching pad(로켓이 발사대에서 3미터만 솟아 올랐다)고 말할 것이다.

*From*의 중요한 특징은 *out*과 달리 경로가 공간이나 영역 안에서 시작하는지 혹은 외부 경계에서 시작하는지에 대해 중립적이라는 점이다. 다음 두 예문을 살펴보자. 이 예문들은 *from*과 *out*이 동일한 **지표** 앞에 사용되어 의미가 어떻게 다른지를 보여 준다.

(54) She's finally *out of* Bosnia. (그녀는 드디어 보스니아에서 나왔다.)

(55) She's *from* Bosnia. (그녀는 보스니아 출신이다.)

*Out*은 '경계를 통해 나왔다(exit through a boundary)'는 의미를 부각시킨다. 따라서 (54)는 (1995년경에) 보스니아를 떠나기를 원하다가 드디어 성공한 사람에 대해 말하는 경우에 전혀 놀랍지 않을 것이다. 이러한 경우 국경을 넘는 것은 아마도 생사가 달린 중요한 문제가 될 것이다.

*From*은 이러한 개념을 부각하지 않는다. 오히려 이것은 (55)처럼 국경을 넘는다는 생각이 강조될 만하지 않는 상황을 말하는 데 사용된다. 따라서 (56)에서 *from*을 사용하면 부적절하다.

(56) The nightmare is over. I'm finally *out of/*from* Country X.
(악몽은 끝났다. 나는 드디어 X라는 나라에서 탈출했다.)

9.1.3 문자적 *from* 대 *of*

*From*은 그림이 로마에 있었으나 지금은 없다는 것을 의미한다는 점에서 예문 (57)과 (57^{1})은 의미가 다르다. 이는 중심의미(central meaning) ●→을 보여주는 간단한 예이다. 반면 *of*는 ●→이 로마의 광경을 보여준다는 것을 의미한다.

(57) Here is a picture from Rome. (여기 로마에서 온 그림이 있다.)

(57^{1}) Here is a picture of Rome. (여기 로마 그림이 있다.)

(58)과 (58^1)의 의미 차이도 근본적으로 같다.

(58) Ann's heard from Judy. (앤은 주디로부터 소식을 들었다.)
(58^1) Ann"s heard of Judy. (앤은 주디의 소식을 들었다.)

예문 (58)에서는 우리가 메시지에 어떤 내용이 있는지 알지 못하더라도 메시지가 주디로부터 (앤에게) 왔다는 것을 의미한다. 다시 한번, *from*은 분명히 ●→을 의미한다. 예문 (58^1)은 우리에게 메시지의 출처를 알려주지는 않지만 대신 그 안에 무엇이 있었는지, 즉 주디에 대한 것 — 적어도 그녀의 이름 — 을 말해준다. 좀더 간단히 말하면, (58^1)은 로마가 로마 그림 '안(in)'에 있는 것과 마찬가지로 주디가 메시지 '안(in)'에 있다는 것을 말해준다.

또 다른 예를 들면, the people **of** China(중국사람)는 그 사람들이 중국에 있는지 여부와 상관없이 중국 국민이 된다. 이들은 어떤 의미에서 중국에 속하고 중국은 이들에게 속한다. the people **from** China(중국에서 온 사람)는 지금은 중국에 없지만 전에는 있었던 사람들이다. 이들은 중국인일 수도 있고 아닐 수도 있다. 다시 한번, *from*은 ●→을 의미한다.

다음의 (미국 상원의원의 자서전에서 발췌한) 예문은 *from*과 *of*간의 이런 유사한 의미 차이가 어떻게 출신지역 대 소속지역에 대한 생각을 분명하게 밝히는 데 사용될 수 있는지를 보여준다.

(59) Wayne Morse was *from* Wisconsin but *of* Oregon.
(웨인 모스는 위스콘신 주 출신이지만, 오리건 주 사람이다.)

[Wayne Morse, Tiger in the Senate]

즉, 모스는 위스콘신 주에서 태어났지만 훨씬 더 동질감을 가졌던 오리건 주에서 살았다. 그런데 이러한 *of*의 사용은 의외로 흔하다(18장 2.6절 참조).

*From*과 *of* 사이에는 다양한 의미차이가 있다. 그럼에도 어떤 맥락이든지 *from*의 의미 ●→ 또는 이 의미의 은유적 적용이 유지된다는 것을 주목하는 것이 중요한다. 반면 *of*의 의미는 매우 다양하다. 18장에서 좀더 자세하게 보여주겠지만, *of*는 일반적으로 **지표**에 관한 **주어**의 위치나 이동과 거의 상관없거나 전혀 무관한 추상적인 개념을 표시한다.

여기 예문은 마지막으로 **지표**가 단순히 (은유적) 경로의 출발점이라는 것을 보여주는 *from*과는 반대로 **주어**와 **지표**의 강력한 동일성을 암시하는 *of*의 용법을 보여준다.

(60) An increase of ￡12. (12파운드의 인상)

(60[1]) An increase from ￡12. (12파운드에서 인상)

즉, (60)의 *of*는 **주어**와 **지표**간의 동일한 관계를 보여준다. (60[1])에서 *from*은 **지표**가 출발점이라는 것을 보여준다.

9.2 은유적 확장

9.2.1 득점의 순위를 말함

예를 들어 영국 스포츠해설자는 여러 팀이나 사람들의 순위를 말할 때 흔히 (61)처럼 말한다.

(61) It's United *from* Liverpool *from* Arsenal.
(아스널 팀에서 리버풀 팀에서 유나이티드 팀의 순서이다.)

또는 다른 식으로 말하면, '유나이티드 팀 ← 리버풀 팀←아스널 팀'이다. 즉 유나이티드 팀이 첫째, 리버풀 팀이 둘째, 아스널 팀이 셋째이다.

9.2.2 *From* 대 *of*

(62)에서 *from*을 사용하는 것이 어떤 사람에게는 관용어 표현으로 보이는 이유는 **지표**(사과 주스)에서 **주어**(식초)의 분리가 문자적이라기보다는 은유적이라는 사실 때문이다.

(62) vinegar made *from* apple juice (사과 주스에서 만들어진 식초)

(63) a chair made *of* wood (나무로 만든 의자)

문맥 *something made ____ something*은 *from*이 실제 공간 분리(spatial separation)를 나타내는 것으로 해석되는 것을 허용하지 않는다. 그러나 우리는 청자나 화자로서 이런 문맥이 허용하는 한 *from*의 기본 의미를 유지하려할 것이다. 즉, 그림 3.10에서 예시되듯이, 공간 분리라는 생각은 처음 상태(사과 주스)에서 나중 상태(식초)로의 '변화의 정도(extent of change)'라는 생각이 된다. (여기서 다시, 상황이 마치 물리적 위치인 것처럼 이야기된다.)

반면, *of*는 **주어**가 **지표**로부터 '분리'된다는 개념을 전혀 전경화(foreground)시키지 않는다. 만일 전경화가 일어난다면, 그것은 그 반대상황을 전경화한다. 따라서 *of*는 (의자 같은) 어떤 것을 만드는 과정에서 (나무 같은) 어떤 것이 모양이 변해 만들어지지만 그 외에는 거의 변하지 않는 경우를 지칭하는 데 적절하다.

상태1 　　　　　　　　 from 　　　　　　　　 상태2
사과 주스 ——————————————————→ 식초
[즉, 상태1과 상태2 사이에 큰 변화가 있다]

그림 3.10

9.2.3 원형의 변이: *keep from... -ing*

어떤 동사(예 stop)는 흔히 *from*이 뒤에 온다. (64)에 예시된 것처럼 *from*의 출현이 어떻게 기본 의미 ●→ 와 연관되는가?

(64) We've been trying to keep the cat *from* scratching the furniture.
(우리는 고양이가 가구를 긁지 못하게 해왔다.)

(64)와 (65)를 비교해보자.

(65) Keep away *from* that dog. It bites! (개에서 멀리 떨어져라. 문다!)

다음과 같이, (65)에서 *keep away from*의 의미는 *away from*의 중심의미의 '역의 부정(negation of the reversal)'이다.

1단계: *away from*의 중심의미 : ●→, 또는 '출발점보다 **지표**에서 좀더 먼 종점'
2단계: 이 의미의 역(reversal) : ●←, 또는 '출발점보다 **지표**에 좀더 가까운 종점'
3단계: 역의 부정은(negation of the reversal) : NOT(●←), 또는 'NOT(출발점보다 **지표**에 좀더 가까운 종점)'

이제 ●← 은 *toward*(-쪽으로)의 도상이다(그림 3.1참조). 그래서, NOT ●← 은 '–을 향하지 않는(not toward)'을 의미한다. 그리고 (65)는 (65^1)을 의미한다.

(65^1) Don't go *toward* that dog. It bites! (그 개한테 다가가지마, 문다!)

(64)의 *keep from*에 대해서도 똑같이 말할 수 있다. 즉

1단계: *from*은 ←● 을 의미한다.
2단계: 이것의 역은 →● 으로, 'to'를 의미한다(그림 3.1참조).
3단계: →● 의 부정은 'not to'이다. 즉, '가구를 긁지 못하게(not to scratching the furniture)'이다. 이렇게 바꾸어 쓰는 것이 멋지지는 않지만 *keep from scratching the furniture*(가구 긁는 것을 막다)의 의미를 잘 포착해준다.

(64)가 원치 않는 종점이 물리적 사물이나 장소가 아니라 행위(가구에 상처 내는 것)라는 점에서 은유적이다.

9.3. *From*의 구어체 대안형 *out of*와 *off*

9.3.1 *Out of*와 *from*의 문체차이

우리는 *vinegar is made from apple juice*(식초는 사과 주스에서 만들어진다) 또는 vinegar is *out of* apple juice(식초는 사과 주스로 만든다)라고 말할 수 있는데, 후자는 분명히 좀더 톤이 구어적이다. 왜 그럴까?

세밀하고 동적인 영상(예 *snap*(뚝 부러지다))을 떠올리는 단어는 구체적인 영상이 덜 떠오르는 단어(예 *fracture*(균열, 골절되다))와 비교될 때 학술서 같은 담화 유형에서는 보통 너무 투박하거나 격이 없어 보인다. 이는 *from*의 의미에는 없는 '경계를 침투하거나 가로질러간다'는 세부적 개념을 포함하는 *out of*의 경우에 그렇다.

9.3.2 *Off*와 *from*의 문체차이

어떤 문맥에서 *off*와 *from*의 톤 차이에 대해서도 마찬가지로 말할 수 있다.

*Off*는 **지표** 개념이 상당히 분명하다. 즉, **지표**는 표면(surface)이다. 게다가, 주어의 경로는 **지표**의 표면에서 시작되는 것이지, 예컨대 단순히 **지표** 밑에서 시작되는 것이 아니다.

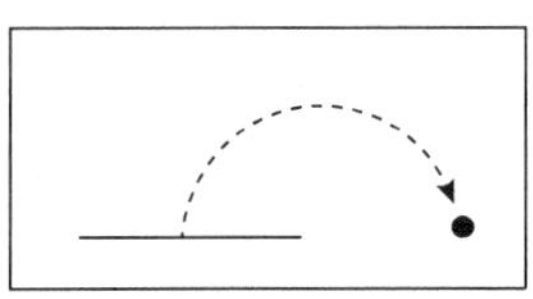

A picture fell *off* the table.
(그림이 탁자에서 떨어졌다)
그림 3.11a

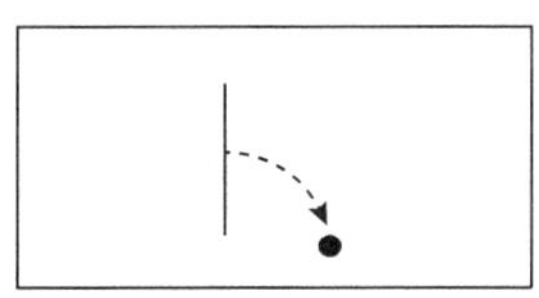

A picture fell *off* the wall.
(그림이 벽에서 떨어졌다)
그림 3.11b

따라서 3.11ab의 그림에서처럼, 실제 물리적 표면인 **지표**가 지칭될 때, *off*가 형식적인 용법과 비형식적인 용법 모두에서 표준적인 전치사이다.

우리가 이미 보았듯이 *from*은 경로의 출발점이 **지표**의 표면에 있는지 그 안에 있는지에 대해 모호하다. 따라서 *from* 의미의 중요한 요소는 이에 대응하는 *off* 의미 요소보다 모호하다. 우리는 때때로 (66)에서처럼 사용된 *from*을 읽고 듣게 된다. 그러나 톤은— 마치 무엇이 부러졌다(snap)보다 골절되었다(fracture)고 말하면 (너무) 과하게 들리는 것처럼—좀 과한 표현이다.

(66) The picture fell *from* the wall. (그림이 벽에서 떨어졌다)

그러나 만일 지표가 살아있는 것이라면 *from*이 표준이 된다. 반대로 *off*는 살아있는 것을 단순하게 표면이 있는 물건처럼 생각하는 것이 우리의 정서에 맞지 않기 때문에 톤이 좀 거칠다.

(67) It's like taking candy *from* a baby.
(그것은 아기한테서 사탕을 가져가는 것과 같다.)
(67[1]) It's like taking candy *off* a baby.
(그것은 아기한테서 사탕을 빼앗는 것과 같다.)

10. *Away* (*from*): '-로부터 멀리'

10.1 *Away*와 *away from*

Away from the door(문에서 멀리)에서처럼, **지표**가 명시될 때 *away*는 반드시 *from*이 뒤에 와야 한다. *Away from*은 보통 *from*자체와 의미가 상당히 다르다. 즉, *from*은 ●→을 의미한다. 반면 *away from*은 보통 ● →을 의미한다. *Away from*은 경로가 **지표**에서 시작되지 않았다는 가능성을 열어 둘 뿐 아니라, 또한 상대적으로 큰 거리가 이동되었음을 *from*보다 훨씬 많이 암시하는 것 같다. (강조사 *way*는 *away*의 축약형으로 *It flew way up in the air*(그것은 공중에서 아주 높이 날았다)에서처럼 'far'를 뜻한다.) 흥미롭게도 *away*와 *away from*는 보통 의미가 같다. 즉, *from*은 *away* 다음에 올 때 의미의 한 조각(경로가 **지표**에서 시작되었다는 것을 나타내는 부분)을 잃는다. 따라서 이번 절에서 필자는 *away*와 *away from*을 동일한 단어로 생각할 것이다.

10.2 문자적 의미

*Away*는 *toward*와 정반대이다. *Toward*처럼, 출발점의 위치에 대해서는 중립적이다. 예를 들어, ㅁ가 집이고, 다음 중 하나의 상황일 때 당신은 집으로부터 멀리 걸어갈 수 있다(walk away from).

1. 다음과 같이 당신이 집안에서 출발해서, 나와서, 계속해서 집을 등지고 걸어갈 때

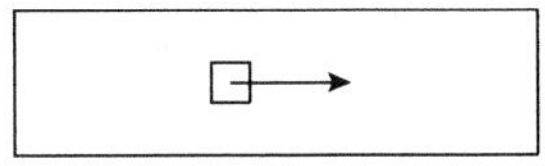

그림 3.12

2. 아니면 당신은 집안에 없었고 앞문을 두드리기만 했다. 아무도 집에 없어서 방향을 바꿔 그 집으로부터 점점 더 멀리 걸어갈 때

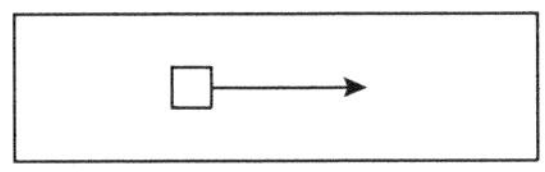

그림 3.13

3. 아니면 당신이 집안에도 정문에도 없었고 집 가까이, 아마도 정원 문에 있을 때: 어쨌든 다음 그림에서처럼 정원 문이 있는 지점에서 당신이 점점 더 가까이 걸어간 것이 ***아니라*** 점점 더 멀리 걸어갈 때

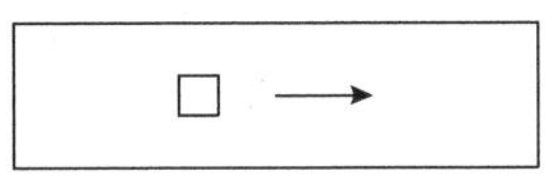

그림 3.14

4. 아니면 당신의 경로가 (위에서부터 집을 내려다보는) 다음과 같을 때

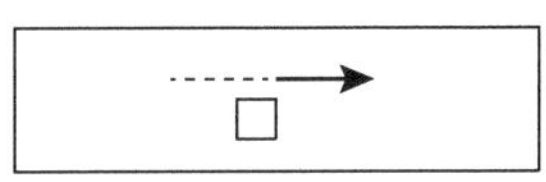

그림 3.15

즉, 그림 3.15에서 진한 줄은 당신이 처음에 곧장 집을 향하여 오지 않았어도 집에서 멀어져 간 것을 보여준다.

필자는 *away*의 중심의미가 3.13-14에서 예시된다고 믿는다. 그림 3.12와 3.15는 예상되는 이차적인 의미를 보여주고 있다.

필자는 출발점이 **지표**와 접촉하고 있거나 아니면 단지 **지표**와 가깝게 있다는 것: ●···▸ 을 암시하기 위해서 그림 3.1에서 보여준 *away*에 대한 도상(즉 ● →)을 다듬을 것이다.

여기서 점선은 지나왔거나 지나오지 않았을 지도 모를 경로의 일부를 나타내려는 것이다.

10.3 *Away*의 은유적 용법

1. *Away*의 가장 흔한 은유적 용법은 (68)에서처럼 행동이나 행위가 언급되거나 암시된 참조점(reference point)에서 멀어지는 이동인 것처럼 말하는 것에 있다.

(68) In the second half, the Bulls simply ran *away* with the game.
(후반부에, 불스 팀은 그야말로 경기를 압도적으로 이겼다)

(68)의 의미는 다음과 같다.

- 상대팀이 암시된 지표이다.
- 승리는 경로를 따라 보다 빠른 이동으로 묘사된다. (경주의 경우에는 문자 그대로 정말 그렇다.)
- 따라서, 승리는 반대편으로부터 점점 더 멀리 움직이는 것으로 말할 수 있다.
- 경기 그 자체는 환유적으로 상(prize)이라고 할 수 있다.
- 따라서 승리는 반대편으로부터 상을 점점 더 멀리 (즉, 'away from') 가져가는 것이다.
- 마지막으로, 동사 *ran*은 불스 팀과 상대팀간의 거리가 빠르게 증가했다는것을 제시하는 것이다.

2. 다음 예시된 용법은 더욱 추상적이다.

(69) They were firing *away* for hours.
(그들은 몇 시간 동안 총을 쏘고 있었다.)

(70) Don't bother them. They're chatting *away* as happy as clams.
(그들을 귀찮게 말라. 그들은 아주 즐겁게 한담하고 있다.)

(69)와 (70)에서 *away*는 그 의미가 종점을 포함하지 않기 때문에 '한계 없는 지속(continuation without limit)'을 의미한다. 진짜로, (69)에서 대충 시간의 지속 정도를 *for hours*로 명시했다. 그러나 *away*의 의미는 이 기간 내에 사수가 지속적일뿐만 아니라 적어도 비교적 무제한으로 총을 쏘고 있었다는 것을 의미한다. 마찬가지로 (70)에서 *away*는 수다가 지속적이고 방해받지 않았다는 의미를 더하고 있다.

이러한 *away*의 용법은 '생산적(productive)'[G]이다. 즉, 모국어 화자에게 이것은 관용적이 아니라는 것이다. 이는 또한 매우 흔하다. 들어 볼 수 있는 좀더 많은 예 중에서 *to* *hit away*(번트를 치려다 못하고 풀스윙을 하다)라는 (타자에 관한) 야구 표현을 들 수 있다. 코치에게 어떤 지시도 받지 않은 타자가 'hitting away'한다고 말할 수 있다.

3. 4장 8.1절에서 설명되듯이, *on* 또한 문자적, 은유적 지속의 경우를 말하는 데 사용된다. 그러나 *on*과 다른 점은 *away*의 의미에 이미 시작된 경로가 지속되는 것이 포함될 필요가 없다는 것이다. 따라서 *Go on!*은 '계속해서 가라'를 의미하는 반면 *Go away!*는 '가라. 그리고 멈추지 마'라는 의미가 된다.

11. 은유 확장에 대한 마지막 고찰

이번 장에서 다뤄진 모든 경로 전치사는 추상적인 **지표**와 함께 나타난다.

(71) I'm tending *toward* acceptance of their offer.
(나는 그들 제안을 수용하는 방향으로 기울고 있다.)

(72) He finally came *around* to our way of thinking.
(그는 결국 우리의 사고방식을 이해하게 되었다.)

(73) We'll look *into* the possibility of doing that.
(우리는 그렇게 할 가능성을 검토할 것이다.)

(74) The frog changed *into* a handsome prince.
(개구리가 잘생긴 왕자로 변신했다.)

(75) They've come *through* some very hard times.
(그들은 아주 어려운 시기를 살아남았다.)

(76) Well, we managed to get *out of* that mess!
(자, 우리는 간신히 이 엉망진창에서 벗어났다!)

(77) *Out of* energy came matter; *out of* matter came life.
(에너지에서 물질이 나오고, 물질에서 생명이 나왔다.)

(78) *From* my standpoint, it's a good idea.
(내 관점에서 보면, 그것은 좋은 생각이다)

(79) Then the music died *away.*
(그리고 음악이 사그라졌다)

(80) All is over. He merely slept *away.*
(모든 게 끝났다. 그는 그냥 영면했다.)

(81) Now, a summary of tonight's news *away* from the election.
(이제, 선거상황으로부터 나온 오늘의 간추린 소식입니다.)

각각의 경우에서 강조된 전치사는 가장 기본적인 문자적 의미처럼 보이는 것과 완전히 일치되어 사용되고 있다. 은유는 행위(예 '그들의 제안을 수용하는 것', '그것을 두 번하는 것'), 상황(예 '어려운 시기', '엉망진창'), 가능성(예 '그렇게 할 가능성'), 사고방식(예 '나의 사고방식', '나의 관점'), 등등이 마치 물리적 장소나 공간처럼 말해진다는 사실에 있다. (다시, 이에 대한 전통 용어는 **구체화**이다)

좀더 자세하게 위에서 세 예문을 살펴보자.

- (72)에서 물리적 목적지가 도달가능하듯이 마치 '사고방식(way of thinking)'을 도달가능한 것처럼 말하는 것이다. (전치사 *around*는 이런 목적지로 가는 길이 직행이 아니라, 즉 곧 바로가 아니라는 것을 추가로 의미한다.)
- (74)에서는 모양이나 형태를 마치 용기처럼 말하는 것이다. 모든 이차원 혹은 삼차원적 형태는 윤곽(outline)을 갖고 있고, 모든 삼차원적 공간은 외부 표면(outer surface)을 갖고 있다. 따라서 형태의 어떤 변화도 결과로 나타난 형태 '안으로(into)'의 이동 또는 원래 형태 '밖으로의(out of)' 이동으로 말할 수 있다(*make/develop X into/out of Y*(X를 Y로 만들다/ X를 Y에서 만들다), *evolve into/out of X*(X로 진화하다/X에서 진화하다), *change/transform/mutate/evolve into X*(X로 변화/변형/돌연변이/진화하다), *be/get in/out of shape*(몸상태를 좋게 유지하다/엉망이 되다) 참조).
- (79)에서, *died away*(서서히 사라지다)는 '존재하는 것은 여기에 있는 것이고 존재하지 않는 것은 여기서 멀어진 것이다(to exist is to be here; not to exist is to be away from here)'이라는 체계적 은유의 표현이다. 이 은유의 다른 많은 표현 중에서 *pass away*(돌아가시다), *depart this life*(이승을 떠나다)가 있으며, (80)의 *sleep away*(영면하다)같이 좀 덜 흔한 표현이 있다.

12. 시간

이번 장에서 초점을 두었던 대부분의 경로 전치사는 시간의 **지표**와 함께 사용될 수 있다.

사람들이 시간을 다음 두 방식 중 하나로 생각한다는 것이 오랫동안 인정되어 왔다.

1. 우리를 과거에서 미래로 데리고 가는 시냇물, 조수 혹은 길 같은 존재로 생각한다 (예 *as we move into the next millenium*….(우리가 새 천년으로 움직이면서…)).

2. 사건과 시간을 데리고, 미래에서 우리를 향해 이동하는 바람이나 조류 같은 존재로 생각한다. (즉, *the upcoming meeting*(다가오는 회의), *the coming week*(내주)).

두 경우 모두에서, 시간에 관한 우리의 이해는 물리적 세계의 친근한 면에 기초한다. 따라서 대부분 우리가 물체, 장소, 공간을 말할 때와 마찬가지로 동일한 전치사를 시간의 **지표**와 함께 사용한다. 더구나 아래의 예에서 볼 수 있듯이 경로 전치사의 시간적 용법은 보통 아주 분명하게 중심의미에 기초한다.

(82) As it got *toward* winter, we began to think of leaving.
(겨울이 다가오자 우리는 떠날 생각을 하기 시작했다.)

*Toward*의 중심의미 '점점 가까이(*nearer and nearer*)'는 여기서 표면에 아주 가까운 것이다.

(83) We plan to stay *from* May *to* October.
(우리는 5월에서 10월까지 머무를 계획이다.)

From(●→)과 *to*(→●)의 중심의미는 추상적인 (시간적) **지표**에 간단하게 적용된다. *To*는 *from*과 짝을 이룰 때 대부분 시간의 전치사로만 사용된다는 점을 주목하라. 아니면 *to*는 보통 *until*이나 *till*(미국 영어에서는 종종 *til*)로 대체된다.

(84) He's liked fishing *from* a boy. (그는 소년 시절부터 낚시를 좋아했다.)
[='그가 소년일 때부터(from when he was a boy)']

(영국 영어에서 가장 흔한) 이 용법은 *from when* (=*since*) *he was a boy*(그가 소년이었을 때부터)의 개념적인 축소를 보여주는 예이다. 또한 *from*의 중심의미가 시간을 말할 때 적용되는 약간 더 추상적인 방법을 보여준다.

*Into, through, out (of)*와 *away*의 중심의미는 (85)−(88) 각각에서 예시된 용법의 명백한 기초가 된다.

(85) If you stay *into* winter, you'll need more coal.
(당신이 겨울까지 머무른다면, 석탄이 더 필요할 것이다.)

(86) If you stay *through* winter, you'll need 15 bags of coal.
(겨울을 나려면, 석탄 15봉지가 필요할 것이다.)

(87) We're moving *out of* the past into the future.

(우리는 과거에서 미래로 움직이고 있다.)

(88) We have moved *away from* the Age of Steam.

(우리는 증기시대에서 벗어났다.)

*Out of*가 지표와 함께 사용된 용법 중 일부는 *into*보다는 *in*의 반대라는 점을 주목하라.

(89) He's a man born *out of* his time.

(그는 그의 시대에 맞지 않게 태어난 사람이다)

예문 (90)은 암시된 지표가 반드시 '지금(now)'이 되는 *away (from)*의 흥미로운 용법을 보여준다.

(90) Disaster is seconds away [from now].

(재앙이 [지금으로부터] 가까이 임박했다.)

NOW→처럼 우리가 현재에서 미래로 멀리 움직여간다면, 재앙에 도달할 것이라는 생각이다.

(시간 전치사로 쓰이는 *in*은 5장을 참조하라.)

Chapter 4 *On* 과 *off*, 그리고 이들의 다양한 대조관계; *on top of, on the inside/outside (of)* 등과 *back, forward, backward, ahead, toward*

1. 개요

*On*과 *off*는 둘 다 경로나 장소 전치사로 기능할 수 있다. *On*은 상당히 다른 두 개의 문자적 의미가 있다는 점에서 영어 전치사 중에서 특이하다. 이 하나의 의미는 'off'의 반대이다. 두 번째 의미는 'back'의 반대이다. 필자는 이 두 의미를 각각 on^{t}와 on^{c}로 부르겠다. On^{t}는 '**주어**가 **지표**와 접촉한다'는 것을 의미하기 때문에 위첨자 't'는 *touch*의 *t*를 나타낸다. 위첨자 'c'는 on^{c}이 '이동의 지속(continuation of movement)'과 관련되어야 하기에 ***지속***을 나타낸다. (*On*의 다양한 용법을 가르치는 방법에 대한 논의는 Lindstromberg 1996을 참조하라.)

2. On^{t}: '표면과의 접촉'

2.1 원형적 on^{t}

On^{t}의 중심의미는 ● 으로 표현될 수 있다. 다시 말해, **주어**가 ((1)과 같이) 위에서 선과 접촉해있거나 ((2)처럼) 평면이나 고체의 위 표면과 접촉하고 있다.

(1) A capital 'P' sits *on* the line; a little 'p' is partly below it.
(대문자 'P'는 선위에 있고, 소문자 'p'는 약간 그 밑에 있다.)

(2) The cat's sitting *on* the car. (고양이가 차 위에 앉아 있다.)

On[t]는 또한 지표 표면이 경로의 끝이라는 것을 말할 때 쓰인다.

(3) Put the cat *on* the floor. (고양이를 마루 위에 놓아라.)

2.2 *On*[t]의 비원형적 용법

주어와 지표(●̲)의 원형적 방향은 바뀔 수 있는 것 같다. 그림 4.1은 *on*[t]의 비원형적 용법을 보여준다.

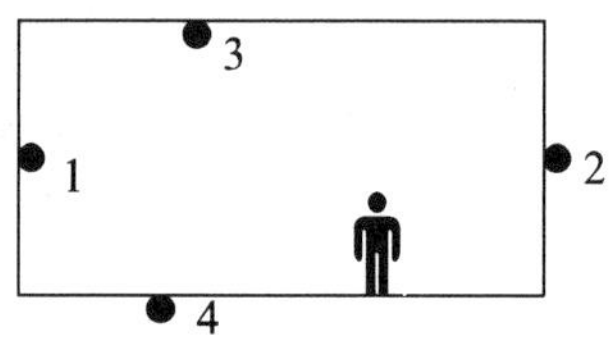

1. 벽에 2. 외벽에 3. 천장에 4. 마루밑면에

그림 4.1

이러한 용법들이 뚜렷한 이차적 의미를 나타내는지는 불분명하다.

2.3 *On*[t]: '가장자리와 접촉'

뚜렷한 이차적 의미(●_)를 나타내는 비원형적 용법 하나는 다음과 같은 예문에서 예시된다.

(4) Malibu is *on* the ocean; Hollywood isn't.
(말리부는 바닷가에 접해있지만, 할리우드는 그렇지 않다.)
(5) a house *on* the park (공원에 접한 집)
(6) a pub *on* the road to London (London으로 가는 길에 있는 선술집)
(7) City Hall is *on* Main Street. (시청은 메인가에 있다.) [미국/캐나다 영어]

3. *On*[c]: '마주보는 방향으로' 그리고/또는 '전과 같은 방향으로'

back, forward (대 *backward*) 대 *ahead*

On[c]는 경로와 방향 전치사이다. 우리는 다음처럼 이 전치사를 사용한다.

1. 사람들이 당신을 마주보고 앞에 서있다고 상상해보자. 만일 그들이 당신에게 좀더

가깝게 움직여 오기를 원한다면, 당신은 "Come *on*(이리와)"이라고 말할 것이다. 만일 사람들이 너무 가까우면, 당신은 "Move *back* a bit(= 원래 있던 출발점을 향해)(조금만 뒤로 이동해)"라고 말할 것이다.

2. 사람들이 당신을 외면하고 앞에 서있다고 가정하자. 이제 사람들이 당신에게 (몸을 돌리지 않고) 좀더 가깝게 오기를 원한다면, 당신은 "Come *back* a bit. Come *on back* a bit more(좀더 뒤로 와)"라고 말할 것이다.
3. 누군가가 집에서 우체국으로 갔다가 집으로 돌아온다고 가정해보자. 그 사람은 "I walked to the post office and *back*(나는 우체국으로 걸어갔다가 돌아왔어)."라고 말할 수 있다.

따라서, *on*^{c}는 경로가 이미 시작된 경우를 제외하고는 (*Come on*에서처럼) '마주보는 방향으로'를 의미한다. 그 경우, *on*^{c}는 (*Come on back a bit more*에서처럼) 뒤로 걷는 것을 의미하더라도 '전과 같은 방향으로'를 의미한다.

- *Back*은 위의 1과 2에서처럼 '향하는 방향과 반대로(*opposite the direction being faced*)'를 의미한다. 아니면 (*I walked to the post office and back*에서처럼) 출발점으로/을 향해 되돌아올 때, *back*은 '출발점으로/출발점을 향하여(to/toward the starting point)'를 의미한다. *Back*은 주어가 (앞으로 걸으며) 목표를 바라보든지 (뒤로 걸으며) 목표를 바라보지 않던지 간에 출발점으로 향하는 의미를 가질 수 있다.
- *Forward*는 항상 '향하는 방향으로'를 의미한다. 예를 들어, 당신은 집을 떠나면서 앞으로 걸을 수 있다. 당신은 또한 집으로 되돌아올 때도 앞으로 걸을 수 있다. *Foward*는 당신의 발가락이 먼저 가는 것을 의미한다.
- *Backward(s)*는 항상 '향하는 방향과 반대로'나 '보통 방향의 반대로'를 의미한다. 따라서, 당신이 뒤로 걸으면(walk backward), 발가락이 아니라 발꿈치를 맨 먼저 디디게 될 것이다. 당신이 *like this*를 거꾸로(backwards) 말하면, 'siht ekil' 같이 말하는 것이다.

*Ahead*의 의미는 *on*^{c}와 *foward*의 중간쯤에 놓일 것 같다. 그래서 우리를 바라보고 있는 누군가에게 "Come ahead(앞으로 와)"라고 말한다면 이들은 우리가 "Come on(이리와)"이나 "Come forward(앞으로 와)"라고 말했을 때처럼 우리 방향으로 발을 떼게 될 것이다.

우리 쪽으로 후진하려고 하는 운전자에게 길을 알려 줄 때도, 우리는 여전히 'Come on'이라고 말할 수 있다. 우리는 (비록 "Go *forward*"가 '후진하지 말고, 기어를 1단에 놓고 움직여라'를 의미한다고 말해도) "Come *forward*"라고 말하지 않을 것이다.

필자에겐 이상하게 들리지만 어떤 사람들은 "Come ahead"가 '계속 후진해라(keep reversing)'를 의미한다고 할지도 모르겠다.

14장은 *back*과 *backward*의 의미에 대해 좀더 자세하게 들어간다. *On*^{c}에 대해 좀더 알고 싶으면 23장 12절을 보라.

4. '강력한 접촉'의 *onto*

*Onto*는 경로 전치사로서 *on*^{t}의 강조형이다. 특히 주어가 지표와 강력한 접촉을 하게 된다는 생각을 더할 것 같다.

(8) The cat leapt off the top of the fridge and crashed *onto* the table top. (고양이가 냉장고 위에서 뛰어내려 식탁 윗면과 충돌했다.)

만일 위에 강력한 접촉이 없다면 *against*가 좀더 적절할 것이다.

5. *On*^{t}의 반대인 *off*

5.1 경로 전치사 *off*

*On*과 달리 *off*는 단 하나의 중심의미를 갖는다. *Back*이 *on*^{c}의 반대인 반면, *off*는 아래에서 예시되는 것처럼 *on*^{t}과 반대이다.

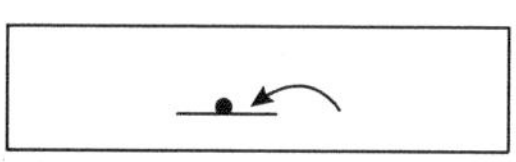

(9) Put it on(to) the mat.
(그것을 매트에 올려놓아라.)

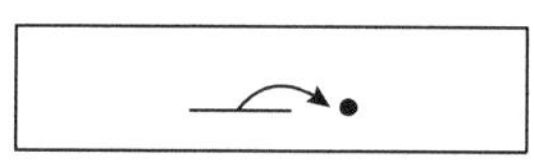

(10) Take it off the mat.
(그것을 매트에서 떼어라.)

혹자는 *off of the mat*(비표준)라고 말하는 것을 주목하라.

5.2 장소 전치사 *off* (대 *near*)

장소 전치사로서 *off*는 '접촉하지 않은(not in contact with)'을 의미하지만, 주어와 지표의 접촉이 과거에 일어났거나 미래에 일어날지도 모른다는 것을 암시하는 경향이 있다.

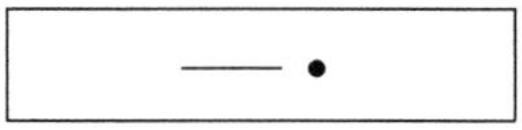

(11) The cat's *off* the mat. (고양이가 매트에서 떨어져 있다.)

어떤 문맥에서 *off*는 전이나 앞으로 가능한 접촉을 의미하지 않고 대신 단순히 분리 사실을 부각한다. 이러한 *off*의 의미는 (12)에서처럼 주어가 지표에서 수평적으로 분리될 때 가장 흔한 것 같다.

(12) Jersey is an island *off/near* the coast of France.
(저지는 프랑스 해안에서 떨어진/가까운 섬이다.)

*Off*가 지표로부터 주어의 분리를 뚜렷하게 강조하는 것 때문에 (13)에서 *near*는 쓰일 수 있지만 *off*는 불가능하다는 것을 주목하라.

(13) Sandwich is a town *near/*off* the Channel coast.
(샌드위치는 채널 해안에 가까운/*떨어진 마을이다.)

6. *On top of*

6.1 문자적 용법

On top of(－위에)는 특히 지표가 높이가 있을 때, 특히 지표의 높이가 좌우 넓이보다 클 때 사용된다.

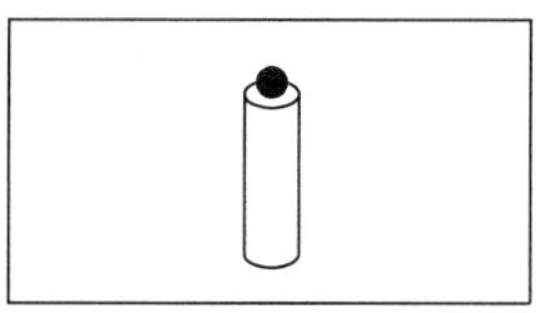

그림 4.2

그러나 *on top of*는 *on*[t]에 대한 강조형으로 평평한 지표와도 함께 사용될 수 있다.

(14) Open your eyes! There it is right *on top of* the newspaper.
(눈을 떠라! 그것이 신문 거기 바로 위에 있다.)

6.2 은유적 용법

*On top of*는 간단히 문자적 의미에 기초해서 은유적으로 사용된다.

6.2.1 '또한'을 강조하여 말하는 방법의 *on top of*

(15) He was late. *On top of* that, he had forgotten to bring the contracts!
(그가 늦었다. 게다가, 그는 계약서를 가져오는 것을 잊었다!)

6.2.2 *On top of* = '제어하는'

(16) I'm finally *on top of* [= '할 수 있는(able to do)'] my job.
(나는 결국 내 일을 잘 처리해 낼 수 있다.)

(17) I can't get *on top of* all this work I have to do.
(나는 해야 할 이 모든 일을 다 처리할 수 없다.)

***On** top of*의 이러한 용법은 ***under** stress*(−스트레스를 받는)/*pressure*(-의 압력을 받는)/*the weather*(몸이 안 좋은) 같은 표현과 대조된다.

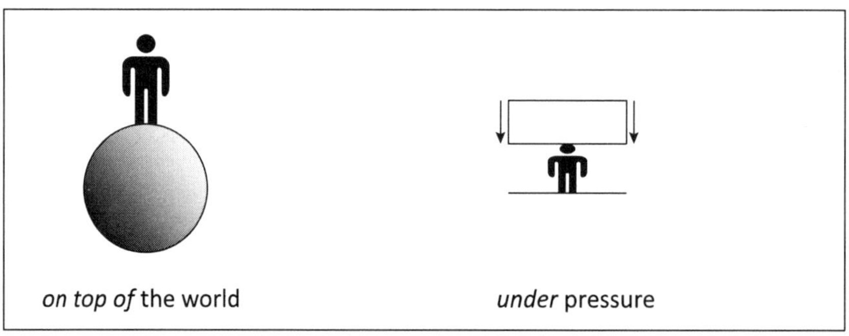

그림 4.3

7. *On the inside of*, *on the outside of* 등

On[t]는 *inside, outside, bottom, top, side*와 같은 **지표**와 함께 종종 사용된다. 결과로 나타나는 표현은 엄밀히 말해서 관용적이지는 않지만, 학습자들은 때때로 이들이 무엇을 의미하는지 알기 위해 도움이 좀 필요하다.

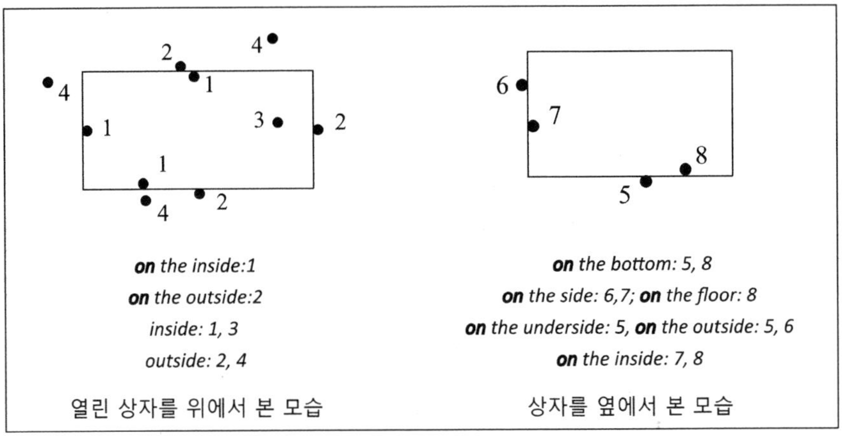

그림 4.4

8. *On*^{c}의 추가적인 문자적 의미

8.1 *On*^{c} 대 *off* 대 *away*

The car sped on(그 차는 계속 속도를 냈다.)/*off* (그 차는 빨리 떠났다)/*away* (그 차는 서둘러 떠났다.) 모두 가능하다. 그러나 각 전치사는 다른 의미를 갖게 된다! (Lindstromberg, 1996)

- *Sped on*: 이것은 *on*^{c}이다. 차가 이미 시작된 길을 따라 계속 진행하고 있음을 의미한다. 여기에는 이동이 (부분적으로) 중단되었다는 함축이 있다. 아마도 차가 A장소에서 B장소로 가는 도중 멈췄을 것이다. 아니면 길에 놓인 나뭇가지 때문에 속도를 늦추다가 다시 운전을 계속했을 것이다.
- *Sped off*: *off*는 *on*^{c}보다는 *on*^{t}의 반대임을 기억하라. 따라서 위 5.1절에서 보여준 의미가 된다. "**Off** what(어디에서 떠나)?"으로 묻게 될 지도 모르는데, 그 대답은 "**Off** the spot the car had been standing on(자동차가 서있던 곳을 떠나)"가 된다. 그래서 *off*는 차가 멈추었었거나 아니면 상당히 속도를 늦췄었다는 것을 암시하게 된다. *On*^{c}와 달리, *off*는 가던 길을 계속 간다는 것을 의미하지 않는다. 사실, 길 **지표**가 추가되면(예 *The car sped* ***off*** *the road*(차가 길에서 빨리 떠났다)), 차가 길에서 벗어나게 된 것을 의미한다.
- *Sped away*: *Off*처럼 *away*는 길이 계속되는지 여부에 대해 중립적이다. *On*과 달리 *away*는 차가 멈췄는지 아니면 속도를 줄였는지에 관해서 전적으로 중립적이다. 아

래 예문에서 보듯이 *away*는 *off*와 *on*과 달리 차가 화자 위치로 암시된 **지표**에 실제로 있었는지 여부에 대해서 중립적이다.

(18) The car was coming toward us far across the plain but then, speeding up, it veered north and sped *away* (from us).
(그 차는 평야를 가로질러 우리를 향해서 멀리서 오고 있었지만, 속력을 내더니 북쪽으로 방향을 바꿔 (우리로부터) 금방 멀어졌다.)

이것은 그림 3.1(즉, ●→)에 보여준 *away*의 의미이다.

간단히, *sped on/off/away*에서 이들 전치사 모두 ***비***관용적으로(*un*idiomatically) 사용되었다.

8.2 *On*^{c} 대 *out*

'가자(Let's go)'를 의미하는데 사람들은 *Let's move **on***!또는 *Let's move **out**!*을 말할 수 있다. 그러나 *on*^{c}와 *out*의 의미차이 때문에 이 두 권고문은 서로 바꿔 사용될 수 없다.

*Move **out***은 군대 이동을 지칭할 때 군 사람들이 사용한다. 그러나 어디서 나와 이동한다는 말인가? 그 대답은 군대 베이스와 야영지가 분명 방호되는 한계선이나 경계선이 있다는 것이다. 따라서 *move out*은 '경계선을 통과해 나간다'를 의미한다. 이런 *out*의 용법은 3장에서 논의된 *out*의 중심의미, 즉 ⊟→를 포함하는 것이다.

*Move **on***은 여정이 시작된 것이 아니라 지속되고 있다는 것을 말한다. 이는 '경계선을 통과해 나가는 것'을 의미하지 않기에 군사적 함축이 없다. 이런 용법 모두는 *on*^{c}의 의미에서 나온다.

다시 한번 말하지만, 이러한 용법 중 어느 것도 관용적인 표현이 아니다.

8.3 *On*^{c} 대 *toward*

*Toward*는 이동의 방향이나 방위가 있다는 것만을 의미한다. 이런 이동이 실제로 언급된 어떤 **지표**에 도착했을 것이라는 함축은 없다. 그러나 *on*^{c}는 목적지를 전제한다.

On^{c}과 *toward*가 너무 쉽게 함께 쓰이는 이유는 부분적으로 이러한 의미 차이 때문이다. 즉, 각 단어는 전체에 자기 고유의 의미를 더하게 된다. 또한 *on*^{c}는 보통 **지표**가 바로 다음에 올 수도 없다. 즉, 우리는 *go on town*이라고 말할 수 없고 *go on to/toward/away from...town*으로 말해야만 한다.

아래 예문에서 *on*^{c}는 화자가 사람들을 (비록 맞는 길이 아닐지라도) 그 끝이 목적지인 길 위에 있는 것으로 생각하고 있다는 개념을 더해준다. 반면, *toward*는 **지표**에 대한 **주어**의 방향을 말할 뿐이고, **지표**가 목적지가 될 필요는 없다.

(19) As they carried *on toward* the setting sun, the travelers kept gazing back over their shoulders *toward* a rising yellow moon. (지는 태양을 향해서 계속 나아가면서, 여행자들은 그들 어깨 너머로 떠오르는 노란 달을 향해 계속 바라보았다.)

(19)에서 첫 번째 *toward*는 이동의 방향을 말해준다. 두 번째 *toward*는 보는 방향을 말해준다. 이 두 개의 *toward*는 해나 떠오르는 달도 목적지가 아니라는 것을 말해준다. *On*은 이 목적지가 예문에 명시되지 않을 지라도 여행자가 목적지를 향해 여정의 중간에 있다는 것을 말해준다. (19)대신 (19^1)로 말하면 매우 이상하다는 것을 주목하라.

(19^1) *As they continued *on toward* the east, the travelers kept gazing over their shoulders *on toward* the setting sun.

On^{c}은 단순한 방향보다는 이동이 있음을 의미하기 때문에 이 문장은 바로 이상하게 들린다.

9. *On*^{t}와 *off*의 은유적 확장

9.1 은유적 접촉의 *on*^{t}

9.1.1 *On*^{t} = '–에 관한'

On^{t}는 **주어**와 **지표**의 접촉을 함축하기 때문에, **주어**가 어떤 말이나 보고서와 같은 것이고 **지표**가 주제(topic)일 때 사용하면 적합하다.

(20) an article *on* holidays in France (프랑스 휴일에 대한 기사)

중심의미 ● 는 **주어**와 비교하여 비교적 넓은—땅이나 탁자와 같은—**지표**의 마음속 영상(mental image)으로 이뤄져있다. 즉, 마루는 전형적으로 마루 위에 놓이는 것으로 생각할 수 있는 어떤 물건보다도 넓듯이, 주제는 그 '위(on)'에 있는 어떤 물건이나 보고서보다도 거의 항상 넓다.

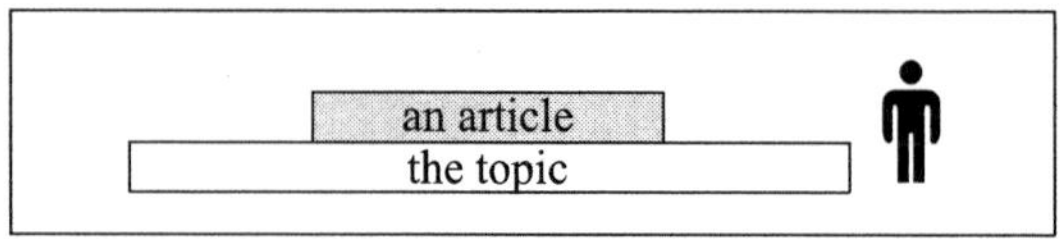

그림 4.5

반대로 소견, 논문 등이 문제의 주제와 (은유적) 접촉이 이뤄지지 않으면 '주제에서 벗어났다(off the subject)'고 말한다.

9.1.2 *On*[t] 짐 은유

다음 영상(그림 4.6)은 (21)−(32)와 같은 경우에 이용된다.

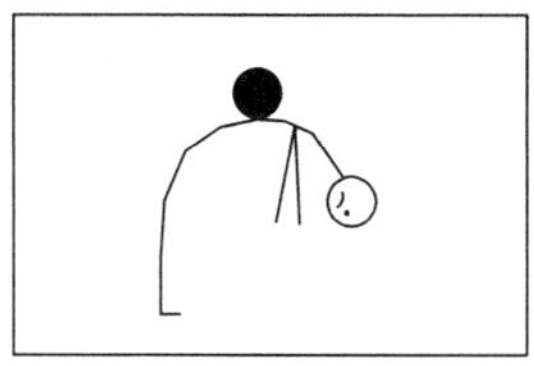

그림 4.6

예를 들어, 당신 마음 '위에(on)' 무언가가 있다면, 은유적으로 당신은 걱정으로 짐을 진 것이다. *In*은 마음을 생각, 의도 등과 같은 용기로 생각하는 것과 관련되기 때문에 무언가가 마음 '안(in)'에 있는 것과 매우 다르다.

이런 종류의 표현에서 *on*의 주어는 (21)처럼 자발적으로 짐을 진 것이나 (22)처럼 그렇지 않거나에 상관없이 지표의 짐으로 보이는 사건이나 환경을 나타낸다.

(21) This round's *on* me. (이번엔 내가 낸다)

(22) It is incumbent *on/upon* you to act. (너는 의무적으로 행동해야 한다)

[*incumbent* (의무가 있는)는 의미 톤이 매우 형식적이어서, 구식의 형식적인 *upon*을 끌어들인다.]

짐은 종종 반갑지 않기 때문에, 좀더 은유적으로 짐은 불행(표 4.1)을 시사한다.

표 4.1

짐 → 불행		짐꾼 → 피해자	
(23) The car died	on	us.	(차가 서 버렸다.)
(24) Give up	on	me.	(나를 포기해라.)
(25) They put the blame	on	him.	(그들은 그를 비난했다.)

(26) She's always dumping	on*	me.	(그녀는 항상 나를 헐뜯는다.)
(27) That's not fair	on	her.	(그것은 그녀에게 공정치 않다.)
(28) Am I imposing	on	you?	(내가 너한테 강요하니?)
(29) They had soldiers billeted	on	them.*	(그들은 군인들에게 임시숙소를 배정했다.)
(30) He grassed/finked/squealed/ told/tattled/ratted/spied	on***	me.	(그들은 나를 밀고했다.)
(31) That guilt will come back	on	you.	(그 죄책감이 너에게 돌아올 것이다.)
(32) Don't you think it's a bit funny that someone comes and just lives on a family like that?			(누군가 와서 그렇게 가족에게 얹혀사는 것이 조금 웃기다고 생각하지 않니?)

설명:

- (26) *dump on* = 헐뜯다
- (27) 여기에서 *to*가 표준적인 전치사이지만 덜 진심 어리게 보이는 메시지를 낳는다. *Be fair to her*에서처럼 (27)에서 *fair*를 부정하지 않고 쓸 때는, *to*가 *on*보다 훨씬 더 적절해 보인다. 이 모두는 *not fair on*에서 *on*은 불행을 암시하고 단순히 연어 습관에서 비롯된 것이 아니라는 시각과 일관된다. 또한 *That's tough on Gustafsson* (그것은 구스타프썬에게 힘겹다)[윔블던 실황 중계 BBC2, 1.7.96, 18:5)]과 *Don't be so hard on her*(그녀에게 그리 심하게 대하지 말라) 같은 흔한 표현들을 주목하라.
- (29) *Thought for Today,* BBC 라디오 4, 15.9.95. (*live with someone* (−와 살다)처럼) *with*는 짐의 개념을 전달하지 않는다.
- (30) *Told on* 등 = '고발하다'. 그런데, *fink*는 노래하는 새인 *finch*라는 독일어에서 파생되었다.
- (31) [*Gunpower* USA, 채널 4, U.K., 3.7.96; 네브라스카 주 오마하의 주행중 총격자]
- (32) 공짜로 먹는 친척에 대해 말하고 있는, 말이 유창한 스코틀랜드 여자

9.1.3 위로부터의 강한 접촉

짐 은유와 관련하여 '덮치는 은유(pouncing metaphor)'라 불리는 것이 있는데, 이는 마치 **지표**에 달려들거나 덤비는 것 같이 갑작스런 놀람과 공격에 대해 말할 때 사용된다.

(33) The reporters jumped/leapt/pounced on him as soon as he came into the

room.

(기자들은 그가 방으로 들어오자마자 그에게 달려들었다.)

[즉, 그들은 그 남자에게 갑자기 다가가서 말을 걸었거나 말로 공격했다.]

(34) When shall we spring the surprise *on* them? (언제 그들을 놀래줄까?)

9.1.4 모든 각도로부터의 역동적인 접촉

*On*은 역동적인 표면 접촉을 표현하는 많은 동사와 나타난다. 예를 들면, *beat/pound/hammer/drum/knock/rap/tap/step (on) the table* (테이블을 두드리다)과 *pat/stroke/rub/scrub/touch someone on the head* (누군가의 머리를 쓰다듬다/때리다/비비다/만지다) 따위이다. *On*의 용법은 동작을 부각시키고 **지표**에 대한 영향은 중시하지 않는다. (*hammer the table*이나 *pat... someone's head*의 예처럼) *on*이 없으면 목적어(즉 *the table, someone's head*)가 동작의 수용자로 부각된다.

다음 예문에서 *up*은 완료[G] 의미를 갖는데, *beating up on*(때리기)은 문자적 의미일 수도 있고 은유적일 수도 있다. 후자의 경우에서는 과장법(hyperbole)(즉, 과장)에 의해, *beat up on*은 '비판하다(criticize)'를 의미한다.

(35) Will you stop beating up on your brother? (네 형/동생을 그만 좀 때릴래?)

흥미롭게도, (*beat*처럼 좀더 묘사적인 동사와 달리) *hit*이 문자 그대로 사용될 때 *on*은 거의 그 다음에 오지 않는다. *Hit on*(= '유혹하려 들다') 같은 표현에서 *hit*은 접촉이 세련되지 않아서 환영 받지 못함을 의미한다.

(36) He kept hitting *on* her and she kept giving him the cold shoulder.
(그는 계속해서 그녀에게 수작을 걸었지만 그녀는 계속해서 그를 냉대했다.)

9.1.5 행위의 토대 또는 대상으로서의 지표

On[t]는 접촉의 개념을 부각시키는 다른 용법들을 갖는다.

(37) He scratched his name *on* the wall. (그는 벽에 자기 이름을 새겼다.)

[자국은 실제로 벽 표면 **안**(in)에 나있는 것이지 벽 표면 **위**(on)에 있는 게 아니다.]

(38) This acid acts *on* plastic. (이 산은 플라스틱에 작용한다.)

(39) I'm working *on* a math problem. (나는 수학문제를 풀고 있다.)

이러한 용법들은 **지표**가 주제(topic)인 9.1.1에서 본 것과 밀접하게 관련된다.

9.1.6 근거 은유

다음과 같은 *on*의 용법 역시 *on*^{t},  에서 파생된 것이다.

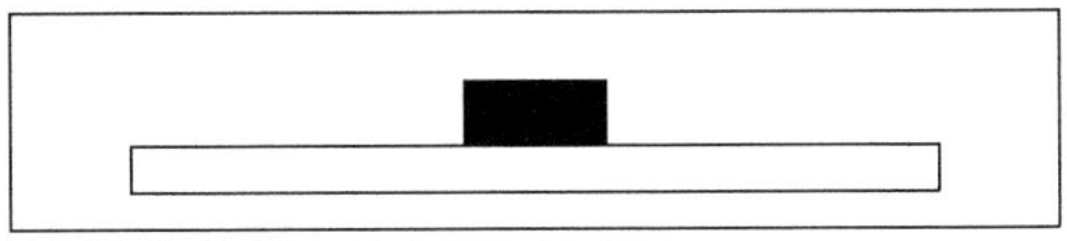

그림 4.7

(40) a statue *on* a broad plinth (넓은 초석 위의 동상)

(41) an argument based *on* copious data (풍부한 자료에 근거한 논의)

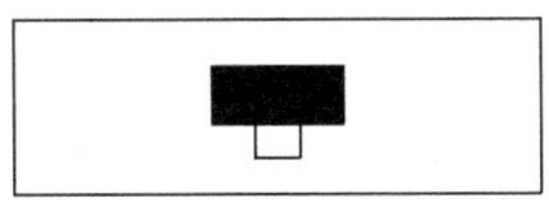

그림 4.8

(42) That house/argument rests *on* a poor foundation.
(그 집은/논의는 부실한 토대에 기초한다.)

이런 은유의 다른 표현들은 다음과 같다.

- **지표**는 행위의 '근거(basis)'이다.
  do X ***on*** *purpose/a whim/impulse/dare* (일부러/즉흥적으로/충동적으로/모험적으로 X 해라.)
- **지표**는 행위나 사태의 '근거'이다.
  X depends ***on*** *Y*. (X는 Y에 의지한다.)
- **지표**는 발전의 '근거'이다.
  capitalize/build on one's strengths(장점을 이용하다/장점에 의지하다) (**지표**는 발전의 근거로 보인다).
- **지표**는 다른 종류의 결과에 대한 '근거'이다. *judge/assess someone* ***on*** [*the basis of*] *their merits*(누군가를 그들의 공적에 기초하여 평가하다), *rely/count on Y*. (Y에 의존하다.)

우리는 영국 영어에서 이와 같은 폭넓은 은유를 보게 된다.

(43) [They] started out the morning *on* 56 not out.

([그들은] 56점에서 아침(경기)을 시작했다.) [크리켓 경기 실황 중계, 23.6.95]

즉, 56점은 좀더 가능한 점수의 누적에 대한 기초로 말하는 것이다. (미국인 아나운서는 점수 합계를 연속선상에 있는 점으로 묘사할 것이다. 즉, *started out...**at** 56.*(56점에서 시작했다.)

9.2 *On*과 *off*: 광범위하고 체계적인 관습적 은유

On[t]와 *off*는 일상적인 은유 체계에 두드러지게 나타난다. 예를 들어, 사물 A가 (탁자와 같은) 무언가 **위에**(on) 있다는 것은 A가 보일 뿐만 아니라 쉽게 접근할 수 있다는 것을 암시한다. '보이고(visible)' '접근가능하다는 것(accessible)'은 결국 ('존재하지 않는(defunct)'의 반대인) '존재하는(existing)', '현재의(current)'를 의미한다. 더욱더 의미가 확장되면, '좋은(good)'을 의미한다. 사물 A가 (탁자와 같은) 무언가로부터 **떨어져**(off) 있다는 것은 A가 덜 보이고 덜 접근가능하다는 것을 의미한다. (탁자에서 마루위로 떨어진 물건을 생각해보라.) 의미가 확장되면 *off*는 '현재가 아닌(not current)', '존재하지 않는(defunct)', '나쁜(bad)'을 암시하게 된다.

9.2.1 'On'는 가용할 수 있고, 정당하고, 유효하고, 일어나는 것인 반면, 'off'는 가용할 수 없고, 비정당하고, 일어나지 않고, 존재하지 않는 것이다

(44) That ale isn't *on* tonight. (그 맥주는 오늘 밤 없다.)

[영국 영어 = '없는(not available)', *on/off the menu*(메뉴에 있는/없는) 참조]

(45) Can we put it *off* till later?

(우리가 그것을 나중으로 연기할 수 있나요?)

[= '미루다(delay it)', *on/off the agenda/timetable*(안건/시간표에 있다/없다) 참조]

(46) A : Is Julie's party *on* tonight? (오늘 줄리의 파티가 있나요?)

[= '일어나는(happening)']

B : No, it's *off*. She's sick. (아뇨, 없어요. 그녀가 아파요.) [(45)와 관련됨]

(47) This car is a write-*off*. (이 자동차는 수리가 불가능하게 파손된 차량이다.)

[= '전파(a total wreck)'; *on/off a list of assets*(자산 목록에 있다/없다)]

(48) Turn *on/off* the light. (불 켜라/꺼라)

(49) *on/off* duty/call/guard (비번의/당번의)

(50) What time do you clock *on/off* work? (너는 몇 시에 출근카드/퇴근카드를 찍

니?)

(51) Dinosaurs died *off* (or *out*) a long time ago. (공룡은 아주 오래전에 사멸했다.)

(52)의 기초가 되는 은유의 연쇄(chain of metaphor)는 약간 덜 확장된 것 같다. (52)는 의미상 중간점을 나타내는 (52^1)과 (52^2)의 *off* 의 의미에서 쉽게 파생된 것 같다.

(52) I told him *off*. [= '나는 그를 꾸중했다.(I reprimanded him)']

(52^1) I saw him *off*. [= '나는 그를 그 장소에서 단호하게 쫓아냈다. (I firmly made him go off(= leave) the property)']

(52^2) I drove him *off*.

[즉, '나는 그를 이곳에서 쫓아 냈다.(I drove him off this spot)' = '여기에서 멀리(away from here)']

(*Sign off*와 *sign up*의 의미차이에 대해서는 17장을 보라.)

9.2.2 'on'은 좋고, 'off'는 나쁘다

(53)-(56)에서 *on/off* 의 의미는 매우 추상적이고 보다 더 은유적으로 확장되어 나온 결과이다. On은 단순히 위(up)이고, 그렇기에 좋은 것이다(good). Off는 아래(down)여서 나쁘다(bad).

(53) This cheese is *off*. It stinks. (이 치즈는 상했다. 냄새가 고약하다.)

(54) His behavior toward me was really *off*.
(나에 대한 그의 행동은 정말로 퉁명스러웠다.) [= '차가운 친절하지 않은']

(55) That kind of talk puts me *off*. (그런 종류의 말은 흥미를 잃게 한다.)
['내 취향이 아닌']

(56) Sorry, that's just not *on*. (미안, 그건 불가능해.)
[영국 영어 = '수용할 수 없는(not acceptable)']

9.2.3 *On fire/watch/guard/patrol...* : *on* = (대략) '-ing'

이러한 오래된 표현에 대해 어떤 활동을 마치 행위자(doer)가 접촉할 수 있는 것처럼 말한다는 느낌을 갖기는 어렵다. 아마도 주어가 더 넓고, 낮은 것 — 활동 — 과 위에서 접촉하고 있다고 상상하는 것이 필요할 것이다. 그러나 사실상, ***on** fire*(불타는)와 같은 표현은 하나씩 외워야하는 진짜 관용어이다. 예를 들어, 우리는 *on fire*라고는 말하지만 *off fire*라고는 말하지 않는다. *On fire*가 '불타는(burning)'을 의미하듯이 (비록 *alight*이 고대 *on*의 약형인 *a-*를 보존하고 있긴 하지만) *on light*이 '빛나는(*shining*)'을 의미하지는 않는다.

On the go/move/run(가는 중/이동 중/뛰는 중)과 *on the wane/increase*(감소되는 중/증가하는 중)와 같은 구문 역시 같은 오래된 은유의 표현이 될 수 있다. 아니면, 이런 표현들은 대신 (또한?) *be on the way*(도중에)에서 보이는 양식의 변이로 들어온 것일 수 있다.

10. *On*^{c}의 은유 확장

On^{c}는 많은 구동사에서 비유되어 나타난다. 즉,

(58) How are you getting *on*? (어떻게 지내고 있니?)

[= '네 목표를 향해서 어떻게 움직이고 있니(How are you moving in the direction of your goals)?']

(59) Go *on*, please. (계속하세요.) [= '계속하다(continue)' = '계속 말해라(keep talking).']

11. *On*^{t}+*on*^{c}, 운송수단 은유

이 은유는 근거 은유(basis metaphor)와 밀접히 연관되어 있다. 지표, 또는 기초가 움직인다는 점이 차이점이다. 기초는 따라서 탈 것이 된다. 우리가 보았듯이, *on*은 '위로부터의 접촉'이나 '이동의 계속'을 의미할 수 있다. 이 은유의 표현에서 on은이 두 의미를 동시에 전달하는 것 같다.

이 은유가 '인생은 여행(life is a journey)'이라는 체계적 은유의 한 요소라는 것을 주목하라. (Lakoff, 1944을 참고하라. 그리고 다음 예문들은 Lindstromberg, 1991과 1996에서 수정되었다.)

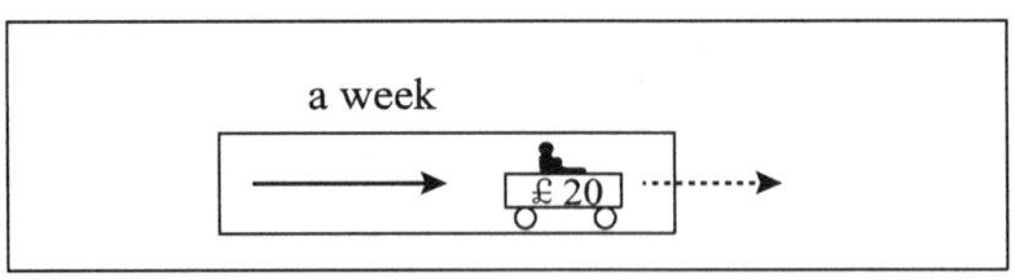

It's hard to get through a week *on* £ 20.
(20파운드로 한 주를 지내는 것은 어렵다.)
그림 4.9

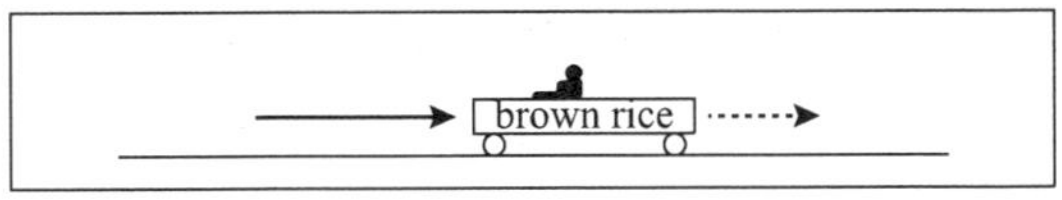

He thinks he can live *on* brown rice.
(그는 현미를 먹고 살 수 있다고 생각한다.)
그림 4.10

이와 관련된 표현에 *thrive/feed/survive/diet/dine/get by on (fruit and nuts)*(과일과 견과를 즐기다/먹고살다/먹다, 과일과 견과로 그럭저럭 살다)), *freak / trip out / get high / overdose on* (*LSD / heroin*) (엘에스디/헤로인 환각에 빠지다/취하다/과잉투여하다)이 포함되고, 좀더 어려운 표현인 *choke on* (a chunk of steak)((스테이크 덩어리로) 목이 메다)가 포함된다.

12. *On*ᶜ와 *on*ᵗ의 의미 관계는 무엇인가?

*On*의 주요 의미 둘 다 고대 영어 시기 이후로 존재해 왔다. 아마도 우리는 *on the/one's way*(－중에)라는 구에서 이 둘 간의 의미 연결을 보게 될 것이다.

(60) She's *on* her way here. (그녀는 여기로 오는 길이다.)

즉, 우리는 길이나 경로, 시작과 끝 사이를 우리가 접촉해있거나 떨어져있는 좁은 줄 같은 표면으로 생각한다. 만일 당신이 길 '위(on^{t})'에 있지 않으면 목적지를 향하여 움직이고 있는 것이 아니다. 그러면 *being **on**^{t} the way*는 당연히 어떤 목적지를 향하여 길을 따라 이동하고 있는 것, 즉 *on*^{c}을 의미하는 것처럼 보인다.

13. 어떤 *on*이 어떤 것인가?

전치사가 나타나는 구에서 전치사가 기여하는 의미가 무엇인가를 알아내는 것이 거의 항상 가능하다. *On*의 경우, 첫 번째 단계에서 *on*^{t}이나 *on*^{c}를 다루고 있는지, 아니면, 동시에 둘 다를 다루고 있는지를 결정해야한다. 여기 필자가 의미하는 바를 보여주는 몇 가지 예문이 있다.

(61) Get *on* with your work. (네 일을 계속 해라.)

[*on*^{c} : 일의 지속은 이동의 지속으로 얘기된다.]

(62) I look *on* her as a friend. (그녀를 친구로 바라본다)

[*on*^{t} : 생각하는 것을 마치 시각적 접촉처럼 얘기한다.]

이 전치사를 포함하는 구동사에 대해 좀더 알고 싶으면 22장에서 *on*에 대한 목록을 보라.

14. 시간

14.1 *On*^{t} 대 *at*과 *in*

On^{t}는 중간 크기의 시간 단위에서 '위치(location)'를 보여주는 데 아주 흔하게 사용된다.

(63) The meeting's *on* Friday the 13th. (13일 금요일에 미팅이 있다.)

(64) The meeting's *on* the weekend. (미팅이 주말에 있다.) [미국/캐나다인]

(65) We wish you well *on* this happy occasion.
(우리는 이 행복한 자리를 맞아 네가 잘되기를 바란다.)

만일 시간 단위가 매우 작다면, 우리는 이를 점으로 생각한다. 그리고 만일 장소나 시간의 지표를 점으로 생각한다면, 우리는 전치사 *at*을 사용할 것이다(즉, **at** this moment, **at** 5 :00(현재, 5시에). 표현 *on time*은 보통 시계에서의 시간을 지칭하기 때문에 예외이고, 다시 말해서 관용어이다.

만일 시간 단위가 매우 크다면, 우리는 이것을 경계와 내부를 가진 틀이나 공간과 같은 존재로 생각한다. 그래서 우리는 *in*을 사용하기 쉽다(*in March/winter/1927/the 21st century*(3월에/겨울에/1927년에/21세기에)).

On^{t}는 또한 다음과 같은 표현의 형식적 영어에서 사용된다.

(66) *On arriving/On arrival* [= 'when we arrived'], we went straight to the front desk. (도착하자마자 우리는 곧장 프런트 데스크로 갔다.)

14.2 *On*^{c}

다음과 같이 사용될 때, *on*^{c}는 '그/이 시간 후로(after that/this time)', '먼 미래에(farther into the future)'로 바꾸어 쓸 수 있는 의미를 만들어 낸다.

(67) Five years *on*, he was/will be working in the same dull job.
(5년을 계속해서, 그는 같은 지루한 일을 하고 있었다/있을 것이다.)

14.3 *Off*

*Off*는 (*Jersey is some miles off the coast of France*(저지는 프랑스 연안에서 몇 마일 떨어져있다)에서처럼) 수평으로 분리된 영상이 시간에 적용될 때 '먼 미래에'를 의미할 수 있다.

(68) In 1855 the American Civil War was still five years off.
(1855년에는 남북전쟁이 여전히 5년 남아 있었다.)

(69) Your next promotion is a few years off, I think.
(내 생각에, 너의 다음 승진은 몇 년 후이다.)

다시 말하면, *off*와 *on*^{c}는 반의어로 기능하지 않는다. 시간에 있어서 *on*^{c}는 어떤 상황의 지속을 의미한다. 따라서 위 예문 (67)은 어떤 상황이 어떤 시간에서 나중까지 확장되면서 (적어도) 5년이 계속되는 것을 묘사한다. 그러나 *off*는 '아직 아님(not-yetness)'을 의미한다.

14.4 *Ahead (of)*

적어도 영국 영어, 특히 방송언어에서 *ahead*는 흔히 (70)에서처럼 '전에(before)'의 의미로 사용된다.

(70) The government must resolve this strike *ahead of* any election.
(정부는 어느 선거 이전에 먼저 이 파업을 해결해야만 한다.)

여기에는 두개의 은유가 기저를 이룬다. 하나는 바람이나 조류가 미래로부터 우리를 향해 흐르는 것처럼 시간을 생각하는 것과 관련된다. 다른 은유는 사건을 마치 물건이나 위치 같은 존재로 생각하는 것과 관련된다. 이 두 은유가 합쳐져서 사물들이 시간의 조류에 의해 우리를 향해 이동된다고 생각하게 한다. 따라서 (70)에서, 사물 1(파업의 끝)은 조류를 타고 사물 2(선거) 전에 도착해야 한다.

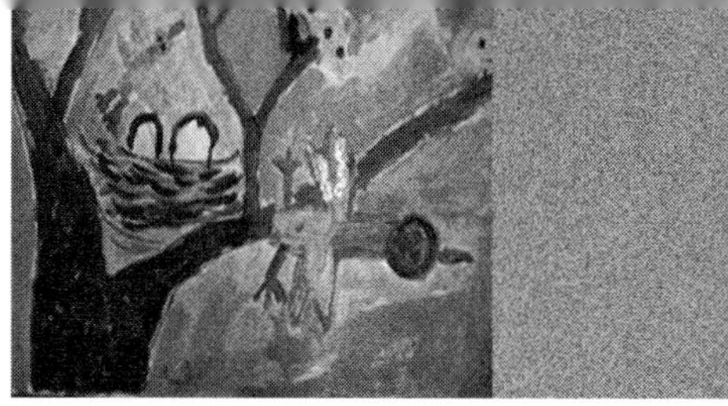

Chapter 5 *In* 대 *on*^{t}와 *out*; *in* 대 *during*; *in* 대 *inside* 대 *within*

1. 개요

이 장은 대부분 *out*에 반대인, 장소 전치사로서의 *in*에 대해 다룬다. 경로 전치사로 사용되는 *in*에 대한 논의는 3장을 참고하라. 또한 이번 장에서는 때로 *in*과 혼동될지도 모르는 *on*^{t}, *inside, within* 같은 세 개의 장소 전치사를 다룬다.

2. *In* 대 *on*^{t} 그리고 *out*

2.1 의미 경계

*In*과 *on*의 관계는 근본적으로 다음과 같다.

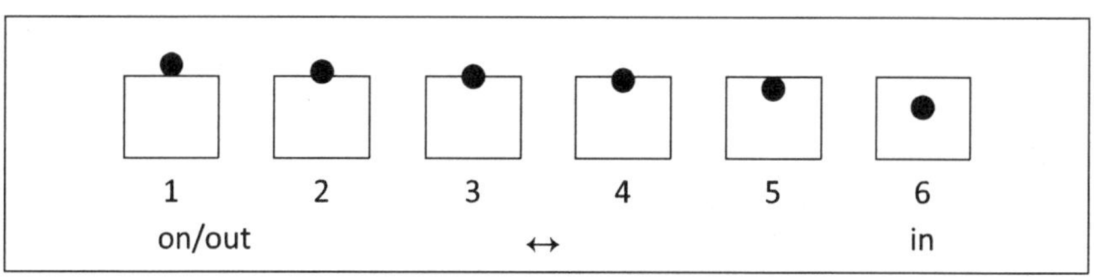

그림 5.1 ***In*이 끝나고 *on*과 *out*이 시작되는 곳**

- 그림 5.1에서 (1)은 *sitting on a block of ice*(얼음덩어리 위에 앉아 있는)에서처럼 *ont*의 원형 의미를 묘사한 것이다. 이것은 또한 밖에 있거나 또는 더 이상 안에 있지

않다는 것을 보여준다.

- (2) 역시 '위(on)'를 보여준다. 그러나 우리가 공(또는 무엇이든지) (예컨대) 이 얼음 덩어리를 뚫고 들어갔다는 사실을 표현하기를 원한다면, "*The ball has sunk* ***a bit*** *into the block*(공이 덩어리 안으로 조금 가라앉았다)"과 같이 말할 필요가 있다.
- (3)은 '반쯤은 안(half in)' 혹은 '반쯤은 밖'(half out)을 보여준다. *On*으로 말할 것 같지 않다.
- (4)는 '대부분 안(mostly in)', '부분적으로 밖(partly out)', 또는 '약간 튀어나옴(protruding a bit)'을 보여준다.
- (5)는 '안(in)'을 보여주지만 *in*이 원형적으로 의미하는 것은 아니다. 정확히, 우리는 "It's in, but lying just under the upper surface(그것은 안에 있지만 위 표면 바로 아래 놓여있다)"로 말할 필요가 있을 것이다.
- (6)은 *frozen* ***in*** *a block of ice*(얼음 덩어리 안에서 얼은)처럼 *in*의 원형적 의미를 묘사한다.

분명히, *on*[t]와 (장소 전치사의) *out* 사이의 차이점은 *out*이 훨씬 더 일반적이라는 점이다. 확실히 *out*은 단순하게 '안에 없는(not in)', 따라서 '위[t](on[t])', '위(above)', '아래(under)', '뒤(behind)', '앞(in front of)', '둘레(around)', '가까이(near)' 등을 포함한다.

2.2 선형 지표를 갖는 *in*: 이차적 의미

*In*은 또한 지표가 선 일 때도 사용될 수 있다. 따라서 예를 들어 글자들의 열(즉, *aaxaaa*)에 대해 '글자 열에서 셋째 글자(the third letter in the line)'라고 말할 수 있다. 이러한 비원형적 의미는 나란히 있는 물건(1)과 은유적으로 (2)와 (3)처럼 어느 연속물에든 적용된다.

(1) They're standing *in* line/a queue for a movie.
(그들은 영화를 보려고 줄을 서고 있다.)

(2) Next *in* line for promotion is Dale Smith.
(다음 승진 차례는 Dale Smith이다.)

(3) Candidates will speak *in* alphabetical order.
(후보자는 알파벳 순서로 말할 것이다.)

2.3 *In*과 '게스탈트 완성'

예를 들어 가장자리 위까지 복숭아로 가득한 사발이 있다고 가정해보자. 우리는 복숭아가 사발 **안**(in)에 있다고 말한다. 이제 우리가 복숭아 위에 바나나 하나를 놓는다고 가정해보자. 흥미롭게도 우리는 바나나 역시 위 끝부분에서 몇 인치 높이 놓여있다 해도 역시 사발 **안**(in)에 있다고 말한다. 왜 이런가? 결국, 바나나는 사발의 어떤 부분에 의해서도 둘러싸이지 않았다. Hottenroth(1993)는 인지심리학자들에게 잘 알려진 인간 성향인 '게스탈트 완성(gestalt completion)' 때문에 *in*으로 말한다고 제안하고 있다. 즉, 우리가 사발을 바라볼 때, 우리는 마음속으로 가장자리 선을 따라 위로 아치모양을 계속해서 만들고 있다는 것이다. 그 결과 우리는 에워싸인 공간(그릇 안의 움푹 꺼진 곳)을 위로 불룩하게 나온 것으로 생각한다(그림 5.2). 우리의 바나나처럼, 움푹 꺼진 곳이 마음속으로 투사된 위쪽으로 확장된 곳에 있는 어떤 물건이든지 사발 ***안***(in)에 있는 것으로 생각한다.

그림 5.2

우리가 Hottenroth의 설명을 수용한다면, *in*이 때때로 '위(above)'을 의미한다는 것을 말할 필요가 없다.

2.4 원형적 *in*과 지표의 기능

우리가 복숭아로 가득한 사발을 뒤집어서 그릇이 지붕처럼 복숭아들을 덮도록 탁자위에 놓는다고 가정해보자. 이제 우리는 복숭아들이 전처럼 사발로 둘러싸여 있을 지라도 사발 안에 있다고 말하지 않을 것이다. 오히려, 우리는 복숭아들이 사발 **아래**(under)에 있다고 말할 것이다. 왜? Cuycken(1993)은 다음과 같은 설명을 제시하고 있다.

만일 사발이 똑바로 서있다면, 이것은 그릇일 수 있다. 사발에 대한 우리의 마음속 영상은 이런 기능을 고려하고 움푹 꺼진 곳을 그릇의 일부로 포함한다. 따라서 만일 복숭아들이 바로 놓인 사발의 우묵한 곳에 있다면, 이들은 이렇게 그릇의 기능을 하는 우묵한 곳에 있는 것이다. 만일 사발이 거꾸로 서있다면, 우묵한 곳은 자기의 전형적 기능을 잃는 것이다. Cuyckens의 설명을 좀더 확장하면 — 위아래가 뒤집히면, 사발은 더 이상 그릇이 아니라 후드나 보닛처럼 덮개가 된다. 그래서 우리는 “The engine’s under the hood/bonnet(엔진이 후드 아래에 있다)”으로 말하는 것처럼 복숭아가 사발 아래(under)에 있다고 말하는 것이다. 혹자는 집이 유사한 종류의 덮개여서 집 ***아래***(under)에 산다고 말할 수 있다는 가능성을 부인할지도 모른다. 그러나 집은 단순히 지붕과 벽으로만 이뤄지지 않는다. 사발과 달리, 집은 마루도 있다. 따라서 집이 완전하게 서있으면, 이것은 어떤 방향으로도 여전히 그릇이다.

3. *In*과 이와 유사한 전치사들

3.1 *In* 대 *inside* 대 *within*

*Inside*는 *in*의 강조적 대체형이다. *Within*은 *inside*와 유사하지만 그 톤에 있어서는 훨씬 고상하다. 예를 들어,

(4) Step *inside*! (안으로 드세요!)

는 (5)보다 현관에 서있는 손님에게 좀더 따뜻하고 훨씬 확실한 초대가 된다,

(5) Step *in*!

반면,

(6) Step *within*!

은 훨씬 고딕풍으로, 드라큘라 백작이 그의 성문에 있는 손님에게 말할 것 같은 것이다.

*Insdie/within*과 *in*은 훨씬 더 기본적인 의미 차이가 있다. (7)이나 (7^1)을 말하게 될 벽으로 둘러싸인 중세 마을을 상상해 보자.

(7) There are rats *in* the town wall. (마을 벽 안에 쥐가 있다.)

(7^1) There are rats *inside/within* the town wall. (마을 벽 안쪽에 쥐가 있다.)

처음 읽을 때 모국어 화자는 분명히 (7)과 (7^1)을 다르게 이해하는 경향이 있다.

- 즉, (7)은 쥐들이 마을의 건물과 거리보다는 벽 그 자체의 안에 있다는 것을 의미하게 된다. 즉, 쥐들이 벽을 이루고 있는 벽돌과 돌 사이의 구멍에 살고 있다.
- 예 (7^1)도 같은 식으로 이해될 수 있지만 이것이 가장 두드러지는 해석은 아니다. 오히려, 분명케 하는 문맥이 없으면, (7^1)은 벽으로 만들어진 주변 안에서 쥐가 발견될

것이라는 의미를 가장 강하게 의미하려는 경향이 있다. 즉, 마을에 쥐가 있다.

예문을 좀더 살펴보자.

(8) Our land is *inside/within* the boundaries laid out in Abe Lincoln's original survey. (우리 영토는 에이브 링컨의 원래 측량에서 지정된 경계선 안쪽에 있다.)

[*In*은 여기서 가능하지 않다.]

(9) Before the attack, the refugees were able to get *inside/within/?in* the ramparts/defensive ring, etc.

(공격전에 피난민들은 성벽/방어선 안으로 들어갈 수 있었다.)

이로부터 어떤 결론을 내릴 수 있는가?

Inside/within: **지표**가 어떤 종류의 경계나 틀이건 간에 *inside*와 *within*은 다음 영상 ⧆ 처럼 상자가 별을 둘러싸고 있듯이, 전체가 **주어**를 둘러싸고 있는 틀의 영상을 불러일으키는 경향이 있다. **주어**가 경계나 틀과 접촉하고 있다는 함축은 없다. 만일 있다 해도, *inside*와 *within*은 **주어**가 둘러싸인 것의 중심과 가깝다는 것을 의미한다. 좀더 정확히 말해, *inside*와 *within*의 강조적 특성은 이들이 공유하는 의미의 두 가지 관련된 측면에서 파생한다. (1) 이들은 *in*이 갖는 이차적 의미의 영역이 없다. (2) 따라서, 이들은 그림 5.1의 6번째 상자에서 보여준 원형적 영상, 즉 ⧆과 강하게 연관된다. 예를 들어, 만일 누군가가 글자의 열(예컨대 *aa**x**aaa*)에 대해 말하고 있다면, 하나의 글자(즉 *x*)를 지칭해서 "It's the 3rd letter *in* the line(그것은 열에서 3번째 글자이다)."라고 할 수 있다. 그러나 다음처럼 말할 수는 없다 "*It's the 3rd letter within, or inside, the line." 이는 *inside*와 *within*이 주어가 단순히 묶인 것이 아니고 에워싸인 것을 의미하기 때문이다.

In: *in*은 *inside*와 *within*와 의미를 공유한다. 그러나 *in*은 *inside*와 *within*에 없는 (비중심적) 의미를 갖는다. *In*이 틀인 **지표**와 함께 나타날 때, *in*은 (*inside*와 *within*과 달리) ***중심***, 즉 틀의 가장자리 구성원들 사이의 중간지점에 강하게 초점을 두지 않는다. 오히려 우리는 *in* X를 그야말로 문자 그대로 'X로 둘러싸인 영역에(in the area enclosed by X)'보다는 'X의 내용에(in the substance of X)'를 의미하는 것으로 해석한다.

그렇다면 왜 *in*은 위의 (8)에서 불가능한가? 경계선은 내용물이 없기 때문이다. 경계선은 단지 측량자의 표지들 사이의 시선(sight lines)일 뿐이다. 따라서 우리가 벽 안(in)에 있는 쥐를 시각화하는 것처럼 경계선 안(in)에 있는 땅을 시각화할 수 있는 방법은 없다.

그러면 왜 (9)에서 *in*은 이상한가? 왜냐하면 — 비록 우리는 쥐가 벽 안(in)에 있듯이 성벽(등) 안(in)에 있는 난민을 시각화할 수 있지만 — 그럼에도 이것은 포위된 사람들에게 적절한 피난처가 될 것 같지 않다는 것을 알기 때문이다.

예를 좀더 살펴보자.

(10) They live *in/inside/within* that mansion over there.
(그들은 저 너머 저택 안에 살고 있다.)

여기서 (비록 [6]에서처럼 *within*은 유난히 고어체 같이 들리지만) 세 전치사 모두 가능하고, 이들 모두 같은 의미를 갖는다. 이것은 (*house, castle*처럼) 단어 *mansion*(저택)이 외부 벽(과 지붕과 마루) 뿐만 아니라 내부 벽과 둘러싸인 공간을 지칭하기 때문이다. 우리는 사람들이 집에서 어떻게 거주하는지에 대해 알고 있기 때문에, *in that mansion*이 '벽의 내용물 안에서'보다는 '벽의 내부 공간 안에서(즉, 방과 복도)'를 의미하는 것으로 이해한다.

3.2 *In, within, inside* 대 *outside*와 *without*

*Inside*와 *within*의 현대적 반의어는 *outside*이다. 그러나 'outside'는 *without*의 사라진 의미이기도 하다. 이 의미는 다음처럼 *within and without*라는 고정구(set phrase)에서 볼 수 있다.

(11) Soldiers were camped both *within and without* the town wall.
(군인들은 마을 벽 안팎에서 야영했다.)

*Without*의 이러한 옛 의미의 또 다른 흔적은 *Thanington Without*(타닝톤 위다우트)(캔터베리 바로 남쪽)같은 영국 지명으로, 이것은 아마도 타닝톤 본토와 달리 어떤 경계 밖에 있기 때문에 그렇게 불렸을 것이다.

4. 은유적 *in/into*

일부 구동사에서 다소 관용적으로 나타나는 것 이외에도(22장 참조), *in*은 다음과 같은 체계적인 관습 은유에서 두드러지게 나타난다.

- ‘상황은 장소이다(circumstances are places)’, 예컨대, *He's* **in** <u>*trouble,*</u> *He got* ***in(to)*** <u>*trouble.*</u> (그는 곤란에 처했다.)
- ‘감정은 장소이다(emotions are places)’, 예컨대, *I live* **in** <u>*hope*</u> *of better fortune* (나는 보다 나은 행운을 바라며 산다), *They're* **in** <u>*love*</u>(그들은 사랑에 빠져있다.), *She's* **in** <u>*a deep depression*</u>(그녀는 깊은 우울증에 빠져있다.), *She fell* **into** <u>*a deep depression*</u>(그녀는 깊은 우울증에 빠졌다.)
- ‘언어표현은 용기이다(linguistic expressions are containers)’와 ‘의미는 만질 수 있고, 담은 수 있는 내용물이다(meaning is a tangible, containable substance)’, 예컨대, *There's no sense* **in** *what you say,* **In** *a nutshell,* **In** *summary,* **In** *other words,* **In** *my talk I'm going to cover...*(네가 말하는 것에 일리가 없다. 아주 분명히/요약하자면/다른 말로/내 발표에서, 내가 다루고자 하는…)

이러한 은유는 대단히 중요하지만 너무 많아서 여기서 논의할 수 없다. 특히 Reddy(1979/1994)와 Lakoff와 Johnson(1980)을 보라.

5. 시간

5.1 *In* 대 *on* 그리고 *at*

앞장의 끝에서 언급했듯이, *in*은 특히 **지표**를 쉽게 틀(frame)로 생각할 수 있을 정도로 긴 시간을 나타낼 때 사용된다. 반면 우리가 시간을 점(points)으로 생각할 때는 *at*을 사용한다. 아침, 오후, 저녁, 밤, 낮과 같은—중간의 경우 우리는 연어적 요인(collocational factors) 뿐만 아니라 의미에 의거하여 *on*이나 *in*을 사용할 수 있다.

5.1.1 장기간

주, 월, 년 등은 충분히 길어서 우리가 항상 이들을 시간의 틀이나 시간의 범위로 생각하는 것 같다. 따라서 *on*은 (12)에서 자연스럽지 않다.

(12) *In/*On* what week/month/year/decade did it happen?
(어느 주/달/해/십년 대에 그것이 일어났니?)

5.1.2 날

날에 대해서 우리가 *in*을 쓸지 *on*을 쓸지에 대해서는 적어도 부분적으로 연어적 습관의 문제로 보인다. 따라서 만일 날이 어떤 식으로 이름이 붙여지고 지정된다면 우리는 *in*보다는 *on*을 사용한다.

(13) *On* Christmas Day/my birthday/Thursday. (크리스마스 날/내 생일/화요일에)
(14) *On* the first day/the morning I arrived, it snowed.
(내가 도착한 첫날/아침에 눈이 왔다.)
(15) *On* the day of the earthquake... (지진이 일어난 날에)

아침, 점심, 저녁, 밤에 대해서도 마찬가지로 말할 수 있다.

(16) *On* the morning of the Sabbath, we put on our best clothes.
(안식일 아침에 우리는 가장 좋은 옷을 입는다.)
(17) *On* the afternoon/evening I arrived, there was a storm.
(내가 도착한 오후/저녁에 폭풍이 있었다.)
(18) *On* the twelfth night of Christmas my true love said to me...
(열두 번째 크리스마스 밤에 나의 진실한 사랑이 나에게 말했다…)

그러나 여기에는 단지 연어적 습관 이상의 뭔가가 더 있을 지도 모른다. 우리가 *on*을 사용할 때는 우리가 마음의 눈으로 날이나 아침(등)을 아주 멀리서 보기 때문에 경계와 내부가 있는 시간의 범위로 식별하지 않기 때문이다. 대신, 우리는 지표를 일련의 단단한 자그마한 시간 블록의 하나로 본다.

5.1.3 낮(시간)에/밤(시간)에

구 ***in*** *the day*는 *Bats sleep in the day and fly around at night*(박쥐는 낮에 자고 밤에 날아다닌다)에서처럼 '낮 시간에/동안(in/during the daytime)'을 의미한다. ***In*** *the night*은 '밤 시간에/동안(in/during the night-time)'을 의미한다.

5.1.4 낮과 밤의 일부를 나타내는 명시적인 구를 갖는 in과 on

우리는 ___*the morning/afternoon/evening*과 같은 틀에서 *the 9th*(아홉 번째) 또는 *that she came*(그녀가 온)과 같은 명시적인 구가 따르지 않으면(이 경우는 *on*이 사용되는 경향이다) *in*을 사용한다.

(19) *In* the evening we sat around and drank beer.
(저녁에 우리는 둘러앉아 맥주를 마셨다.)
(19[1]) *On* the evening of the 9th we were sitting around and drinking beer,

suddenly. (9일 저녁에 우리는 갑자기 둘러앉아 맥주를 마시고 있었다.)

(20) It's beautiful here *in* the evening, with the cool breeze and all the crickets chirping. (시원한 산들바람과 귀뚜라미 우는 소리로 이곳 저녁은 아름답다.)

(20^1) It was beautiful here *on* the evening that she came...
(그녀가 온 저녁 이곳은 아름다웠다.)

(21) Tomorrow, *in* the evening, let's play tennis. (내일 저녁에 테니스 치자.)

(19^1), (20^1)에서 *on*의 효과는 **지표**를 좀더 작게 만드는 것임을 유념하자. 반면, 우리가 (1) 시간을 비교적 생생하고 자세하게 기억하거나 상상하고, (2) 시간을 하나의 사건 이상을 포함하는 것으로 생각하거나, 그리고 (3) 우리 자신을 시간 '안(in)'에 실제로 있는 것으로 상상하면 특히 *in*이 가장 적절할 듯하다. 어쨌든, 우리는 시간의 한 점보다는(예컨대, *If **at** any time/moment you hear a beep, call an assistant*(언제고 삐 소리를 들으면 조수를 불러라)) 시간의 폭(***In** the daytime/*moment, it was always hot*(낮에는 항상 더웠다))을 생각할 때 단어 *time*앞에서 항상 *in*을 사용한다.

5.2 고정구

학습자가 단순히 암기해야할 많은 고정구가 있다.

이 중 하나가 *on the dot*(정각에)이다. *Dot*은 정말 점과 같은 것이기에, 혹자는 이 구에서 *on*보다는 *at*을 예상할 지도 모른다. 또 다른 표현은 *on time*(정각에)으로, 마찬가지로 정확성을 강조하는 것이다.

이들과 대조를 이루는 것이 표현 *in time*(시간 맞춰)인데 5.4절에서 논의한다.

5.3 *In* 대 *during*

During(동안)은 '지속되다(to last)'를 의미하는 프랑스어 동사에서 파생된 시간의 전치사이다. 그림 5.3a는 *in*의 원형적 의미를 보여준다. 그림 5.3b는 *in*의 이차적 의미와 *during*의 원형적 의미를 보여준다.

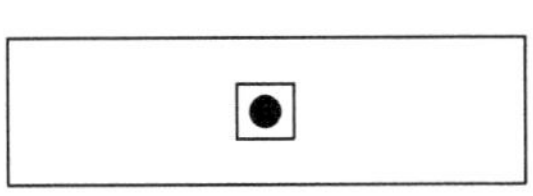

원형적 *in*

그림 5.3a

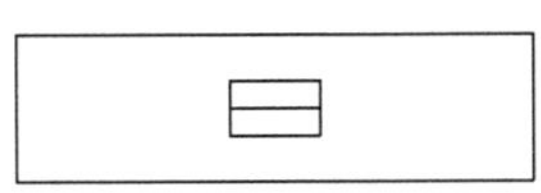

원형적 *during*: 이차적 *in*

그림 5.3b

다음 예는 *in*과 *during*이 명시된 틀 안에서 시간의 길이를 어떻게 지칭하는지를 보여준다.

(22) I slept for about an hour *during/in* the morning.
(나는 아침에 한 시간 가량 잤다.)

(22^{1}) I slept for about an hour *during/*in* the movie.
(나는 영화 상영 중 한 시간 가량 잤다.)

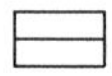

(24) I slept *all during* the movie. (나는 영화 상영 내내 잤다.)

(24^{1}) I slept *throughout/?all during* the morning. (나는 아침 내내 잤다.)

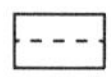

(25) I dozed off several times *during/in* the morning.
(나는 아침에 몇 번 졸았다.)

(25^{1}) I dozed off several times *during/*in* the movie.
(나는 영화 상영 중에 몇 번 졸았다.)

해설 :

- *In*은 (22)에서 매우 자연스럽고 (25)에서는 수용될 것 같다.
- 그러나 시간 전치사로서 *in*은 (22^{1})과 (25^{1})에서처럼 *movie*(영화), *film*(영화), *show*(공연물), *game*(게임), *exhibition*(전시), *speech*(연설), *process*(과정) 등과 같은 **지표**와는 전혀 자연스럽지 않다. 즉, 필자는 "She appeared *in* a movie(그녀가 영화에 출현했다)"라고 할 수 있어도 ('그녀'가 대본에 의해 카메라 앞에서 잠이 들도록 요구되지 않으면) "She fell asleep *in* the movie we saw the other night(최근 어느 날 밤에 우리가 본 영화에서 잠이 들었다)"라고 말할 수 없을 것이다.
- *All during*은 *minute*(분), *hour*(시간), *morning*(아침), *day*(날), *week*(주) 같은 '순수한' 시간의 **지표**와 자연스럽게 어울리는 것 같지 않다. 이러한 지표들 앞에서 우리는 보통 *throughout*같은 다른 전치사를 사용하는 것 같다(10장 참조).
- 예문 (22)−(25)와 동반되는 도상에서 보여준 마음 속 영상에 맞는 어느 상황에서도, *during*이 *in*보다 훨씬 정확하다.
- 반면, *in*은 다음 예처럼 도상 ⊡으로 제시된 마음속 영상에 맞는 어떤 상황을 지칭하는 데 있어서도 *during*보다 훨씬 정확하다.

(26) There was an explosion *in/?during* the morning. (아침에 폭발이 있었다.)

그러나 *during*은 (26^{1})에서처럼 *sometimes*가 앞에 나오면 완벽하게 괜찮다.

(26^{1}) There was an explosion *sometime during* the morning.
(오전 중 한때 폭발이 있었다.)

5.4 *In X seconds, minutes, hours...* 어떤 것을 완수하는 데 걸린 시간 동안

여기서 보여준 *in*의 용법은 매우 흔하다.

(27) I ran around the block *in* less than a minute.
(나는 구역을 1분 안에 뛰어 돌았다.)

이러한 *in*의 의미는 그림 5.3b에서 보여준 주변적 의미(skirt meaning)와 같은 종류이다. 즉, (27)에서 *in*은 ⊟이지 ⊟가 아니다. 다시 말해서, 경계(아니면, 이 경우에는 시간적 한계) '밖으로 나간' 것이 아니다. 우리는 이러한 의미를 표현하는 데 *during*보다는 *in*을 사용하는데 그 이유는 *during*은 *out*의 반의어(antonym)가 아니기 때문이다. 그 일을 하는데 시간이 더 걸렸을지도 모른다고 예상했을 때만 (27)처럼 말할 것이기 때문에 이점이 중요하다. 즉, 시간의 틀 '밖으로' 벗어날지도 모른다고 생각했을 때만 가능하다.

(28)의 표현 *in time*에서 *in*의 의미는 위의 (27)에서 보여준 의미와 관련 된다.

(28) You've come *in time* for lunch. (너는 점심 먹으러 제때 왔다.)
[='밖이 아닌', '-에 너무 늦지 않은']

즉, (28)에서 *in*은 ⊠이지 □×가 아니다. 다시 말해서, 그림 5.1과 5.3a에서 묘사된 의미와 분명히 같은 종류이다.

5.5 *In X seconds, minutes, hours...* '이후', '발화시점 이후'를 의미

(29)에 보여준 *in*의 의미는 그림 5.1에서 보여준 배열에서 중간쯤의 하나와 비슷하다.

(29) Can you come back *in/*after* an hour, I'll be free then?
(한 시간 후에 다시 올 수 있니? 난 그때면 자유로울까?)

즉, 여기서 *in*은 □•나 ⊡보다는 □•을 의미한다. 말로 하면, '많이 앞이 아닌(not a lot before)'(즉, 시간의 틀 안에 제대로 있지 않은)과 '많이 뒤가 아닌(not much after)'(즉,

시간의 틀 밖에 제대로 있지 않은)을 의미한다. 따라서 이러한 *in*의 용법은 (28)에 보여준 것과 관련되는데, 여기에서 초점은 또한 시간 틀의 뒤 끝에 있다.

흥미롭게도, (30)과 같은 용법은 잠재적으로 중의적이다. 이 용법은 (27)과 같은 것 — 즉, '일분이 지나기 전(before a minute has elapsed)' — 이나 (29)와 같은 것 — 즉 '일분이 지났을 때(when a minute has elapsed)'를 의미할 수도 있다.

(30) I'll do it *in* a minute. (나는 그것을 곧 하겠다.)

그러나 사실 거의 예외 없이 의미는 (30)이 발화되는 상황에서 분명해진다.

5.6 *Inside*와 *within*

*Inside*와 *within*은 ⊟으로 나타낼 수 있는 모든 상황을 포함해서, 확실히 비원형적 상황을 지칭하는 데 사용될 수 없다. 다시 말해, *inside*와 *within*은 '진짜로 안(really in)'을 의미한다. 따라서 우리가 이 두 단어중 하나를 위의 (30)에서 대체한다면, 의미는 '경계의 끝'에서 '경계의 끝 앞'으로 변한다.

(29¹) Can you come back *within/inside* an hour? (한 시간 안에 돌아올 수 있니?)

*Inside*와 *within*은 위 (29¹)와 (27¹)과 같은 문장에서 흔히 *in*의 강조적 버전으로 사용된다. 후자의 경우에서 *less than*과 같은 명확한 구는 매우 불필요함을 주목하자.

(30¹) I ran around the block *within/**inside*** a minute.
(나는 구역을 1분 안에 뛰어돌았다.)

5.7 *In...-ing = while...-ing* 대 *on...-ing*

상당히 격식을 차린 영어에서 혹자는 다음과 같은 문장을 접하게 될 것이다.

(31) *In* forcing his way through the gate, he ripped his shirt.
(억지로 문을 통해 나가다가, 그의 셔츠가 찢겼다)

여기서 *in*의 의미는 유사한 맥락에서 *on*의 의미와 미묘하게 대조된다.

(32) *On* coming through the gate, he tripped over a brick.
(문을 통해 나올 때, 그는 벽돌에 걸려 넘어졌다)

*In*은 원형적으로 주어가 지표에 완전히 둘러싸이는 상황을 지칭하는 반면, *on*의 원형적

의미는 **주어**가 하나의 점이나 가장자리에서 **지표**와 접촉한다는 점을 기억하자. 에워싸려면 **지표**(여기서는 시간)는 접촉만 하는 **지표**보다 훨씬 더 커야만 한다. 따라서 *on*은 '짧음'을 *in*은 그 반대를 암시한다. 따라서 (31)은 들어가는 행동이 길어지거나 어떤 점에서 복잡한, 과정을 좀더 묘사하는 이야기에 더욱 잘 들어맞을 수도 있다.

- *In forcing* 대신 바꾸어 쓸 수 있는 표현에는 *in the course/process of forcing, while forcing, during the time he was forcing*이 포함된다.
- *On coming*을 바꾸어 쓴 표현엔 *When/As he came*이 포함된다.

동명사 **지표**와 *in*이 관련된 용법이 (33)에 예시되었다.

(33) [*West Side Story*] was four years in the writing.
([웨스트사이드 스토리]는 쓰는 데 4년 걸렸다.) [레너드 번스타인]

여기서, 저술 행위를 마치 정확히 4년을 담을 만큼 커다란 틀, 즉 ⊟처럼 말하고 있다.

Chapter 6 *Along, beside, near, alongside, against*

1. 개요

Beside(－옆에)와 *along*(－을 따라)은 장소나 경로 전치사이다. 둘 다 '근접성(nearness)'의 개념을 포함하는데 (1) *near*보다는 훨씬 더 구체적이지만 (2) *near*처럼 '비접촉(no contact)'을 함의하고 있지는 않다. 따라서 *beside* X는 'X ***옆*** 가까이, 아마도 그 ***옆***을 접촉하면서(by, perhaps touching, a side of X)'를 의미한다. X의 앞이나 뒤 또는 꼭대기 또는 바닥 가까이에 있는 어느 것도 *beside* X가 아니다. 마찬가지로, *along* X는 'X의 ***가장 긴*** 쪽 가까이(near the longest side of X)'라는 의미가 포함된다. 가장 긴 쪽 가까이 있지 않으면 어느 것도 *along* X가 아니다. 그러나 *along*은 '가깝지는 않고 안이나 위(not near but in or on)'를 의미할 수도 있는 반면 *beside*는 절대로 이런 의미가 없다.

Alongside(곁에)는 아래서 보여줄 *along*과 *beside*의 자질을 결합한다.

2. 문자적 의미

2.1 *Along* 대 *beside*

Along(*on*+*long*에서 나옴)은 길, 냇물, 또는 울타리 같이 긴 것과 평행으로 이동하는 것을 함의한다.

구성요소들이 암시하듯이, *beside*는 *be*-(= *by*) + *side*, 즉 '－의 옆에(by the side of)'

를 의미한다. 이것은 어떤 모양의 **지표**하고도 사용될 수 있다.

지표가 긴 옆면이 있는 것일 때, *beside*는 때때로 경로(그림 6.1)나 장소(그림 6.2)의 전치사로서 *along*과 완전히 대체될 수 있는 것 같다. 그러나 아래에서 전개시킬 이유 때문에 필자는 그림 6.1은 *along*의 원형 의미를 보여주지만 *beside*은 비원형적 의미를 보여준다고 믿는다.

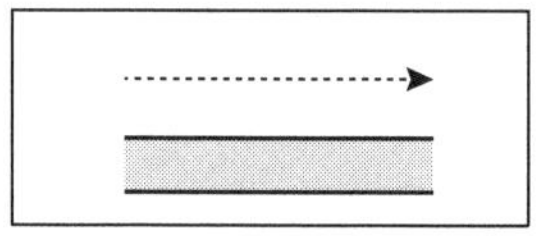

We walked *along/beside* the stream. (우리는 개울을 따라/옆을 걸었다.)

그림 6.1 새의 관점

그림 6.2는 *along*이 또한 (비록 비원형적이지만) 경로－모양의 배열을 나타낼 수 있다는 것을 보여준다.

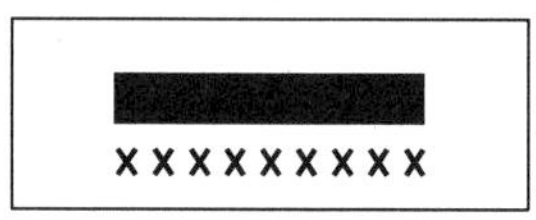

They're sitting *along/beside* the wall. (그들은 벽을 따라/옆에 앉아있다.)

그림 6.2 새의 관점

They're sitting ***beside*** *the wall*은 또한 그림 6.3과 같은 배열을 나타낼 수도 있음을 유념하자. (*Along*은 그림 6.3에서 다섯 개의 x의 비경로 모양의 배열을 벽과의 관계로 묘사하는 데 사용될 수 없다.)

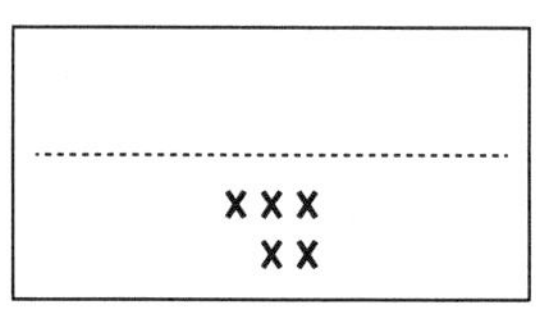

그림 6.3

중요한 차이는 (*along*이 아니라) *beside*가 옆이 짧은 **지표**와 어울린다는 점이다.

Could you sit *beside/*along* Fred? (Fred옆에/*를 따라 앉아주실래요?)

그림 6.4

여기서 우리는 *along*을 사용할 수 없다.

요약하면, *along*은 (1) 길쭉한 **지표**와 (2) 경로(그림 6.1) 또는 대체로 경로 모양의 집합체(그림 6.2)나 단일한 경로 모양의 물건인 **주어**를 나타내는 상황을 나타낸다.

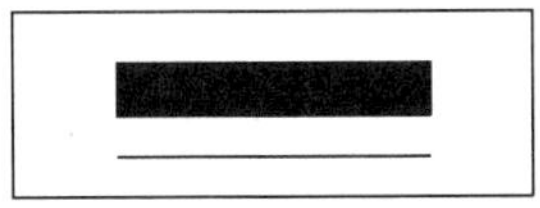

A rope lay stretched out *along/beside* the wall.
(밧줄이 벽을 따라/벽 옆에 펼쳐져 놓여있었다)
그림 6.5

*Along*과 *beside*의 좀더 중요한 차이는 *beside*는 **주어**가 **지표** 안에 있지 않고 위에도 붙어 있지 않다는 것을 의미한다는 점이다. 반면 *along*은 **주어**가 **지표** 안에 있는지 바깥에 있는지, 위에(on) 있는지 떨어져(off) 있는 지에 대해 중립적이다. 따라서 만일 당신이 도로 **옆을**(beside a street) 걷고 있다면, 도로 **안에**(in the street) 있지 않다. (아마도 당신은 보도에 있을 것이다.) 왜냐하면 (*along*이 아니라) *beside*는 '가깝지만 위에 있지도 않고 안에 있지도 않은(near but not on, not in)' 것을 함의하기 때문이다. 반면, 당신이 도로를 **따라**(along a street) 걷고 있다면, 당신은 (차가 있는) 도로에(in the street) 있거나 도로 옆(next to the street)에 있을 것이다. 따라서 *along*은 그림 6.1이나 그림 6.6에서처럼 사용될 수 있다.

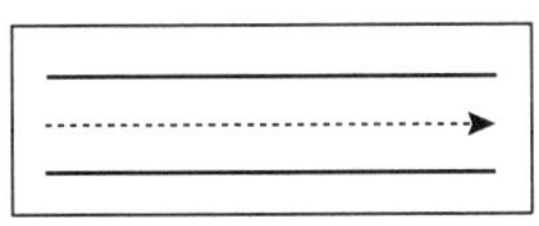

I love to row along quiet English canals.
(나는 조용한 영국 운하를 따라 노 젓는 것이 좋다.)
그림 6.6

*Beside*는 '위도, 안도 아닌(not on, not in)'을 함의하기 때문에, 아래 예문 (1)에 들어맞지 않는다. 왜냐하면 울타리 위 옆(beside)을 걷고 있는 고양이는 공중에서 걸을 수 있어야 하기 때문이다.

(1) The cat walked *along/*beside* the top of the fence.
(그 고양이는 울타리 위를 따라/*위 옆을 걸었다.)

이런 관찰에 단서를 달자면, (1)에서 *beside*는 어떤 접촉도 있을 수 없다는 것을 의미하지는 않는다. 더 정확히 말하면 **지표**는 **주어**를 지탱하는 것이 아니다. 다시 말해, *beside*는 '비접촉(no contact)'을 암시하지만 *near*가 암시하는 정도까지는 아니다.

(2)를 고려하면 아마도 *along*과 *beside*가 어떻게 다른지에 대해 좀더 알게 될 수 있을 것이다.

(2) She walked *beside* the fence, tapping it as she went *along*.
(그녀는 울타리 옆으로 걸었는데, 주욱 따라가면서 울타리를 툭툭 쳤다.)

혹자는 *along*을 두 번 말할 수 있지만 문체상의 이유로 그렇게 하지 않을 것이다. 세 번째 가능성은 다음처럼 말하는 것이다.

(2^{1}) She walked *along* the fence, tapping it as she went *beside* it.
(그녀는 울타리를 따라 걸었는데, 그 옆으로 가면서 울타리를 툭툭 쳤다.)

왠지 이것은 아주 좋게 들리지 않는다. 필자는 여기엔 두 가지 이유가 있다고 생각한다.

첫째, *along*은 우리가 보아왔듯이, 그림 6.1과 6.6에서 보여준 의미 사이에서 중의적일 수 있다. 따라서 혹자가 *she walked* ***along*** *the fence*(그녀가 울타리를 따라 걸었다)로 말을 시작하면, 이는 다소 중의적이다. 그러나 *she walked* ***beside*** *the fence*(그녀는 울타리 옆을 걸었다)로 시작하면, 그녀가 울타리 윗면을 따라 걷고 있는 것이 아님을 아주 분명하게 해준다.

둘째, *beside*는 원형적으로 **주어**와 **지표**의 근접성에 초점을 주는 장소 전치사이다. 즉 (아래에서 설명하겠지만) *beside*는 그림 6.7의 짧은 점선으로 나타낸 차원에 초점을 둔다. 대조적으로 *along*의 원형적 의미는 긴 실선 화살표로 나타낸 차원에 초점을 둔다.

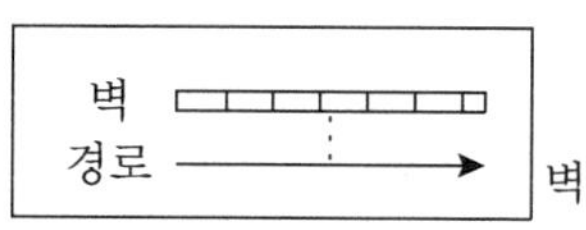

그림 6.7 새의 관점

어떤 이유에선지, *beside*와 *along*의 원형적 의미 차이는 이 두 전치사가 (tapping it as she went...에서처럼) 동사 *go* 다음에 올 때 특히 분명하게 드러난다. 따라서 *go along* X는 'X와 나란한 방향으로 움직이다(move in a direction parallel to X)'를 의미하는 반면 *go beside* X는 'X 가까운 위치로 움직이다(move to a position that is near X)'를 의미한다. 그래서 (2^{1})의 마지막 절(*as she went beside it*)에서, *beside*는 [그림 6.7에서 나타낸 것과 아래 그림 6.8에서 보여주는 것같이] 동시에 두 개의 모순적인 영상을 불러일으킨다.

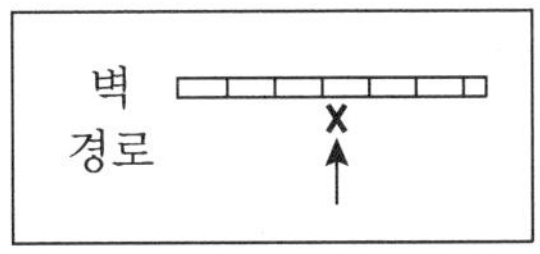

그림 6.8 새의 관점

2.2 *Along*과 *beside* 대 *against*

2.2.1 장소나 경로의 종점

*Against*는 종종 **주어**가 **지표**를 접촉하고 있거나 적어도 (3)에서처럼 매우 가깝다는 것을 강조하는 것이 적절할 때 사용된다.

(3) They were pressed right up *against* each other.
(그들은 서로에 바싹 밀착되었다.)

*Along*은 안되고 *beside*가 (3)에서 가능하지만 *beside*는 *against*처럼 직접적이고 심지어 강력한 접촉의 이미지를 전달하지 않는다. *Along*과 *beside* 모두 (4)에서 대체될 수 있지만 의미는 조금 달라질 것이다.

(4) Line everyone up *against/along/?beside* the wall.
(벽을 대고/벽을 따라/?벽 옆에 모두를 줄 세워라.)

즉, *against*는 모든 사람이 벽에 닿거나 벽에 닿을 정도로 극히 가까이 있다는 것을 의미한다. *Along*은 이러한 근접성을 의미하지도 부정하지도 않는다. 대조적으로 *beside*는 모두가 벽 옆(즉 가까이)에 있지만 벽을 건드리지는 않는다는 것을 암시한다. 그런데 더욱 주목할 만한 것으로 *beside*는 모든 사람이 벽의 앞이 아니라 벽 한쪽 끝 옆에 서있다는 것을 나타낸다.

(*Against*에 대한 좀더 자세한 논의는 16장을 참조. 구 *up against*에서 *up*의 의미를 논의한 17장 참조.)

2.2.2. 경로의 방향

만일 **주어**가 움직이는 매개체 안에 있고 매개체와 ***반대 방향*으로** 움직이거나 그에 대항하고 있다면, 보통 *against*가 사용된다. *With*는 종종 바람이나 조류와 같은 방향으로 움직일 때 사용된다.

(5) They sailed *against* (대 *with*) the current/wind/tide.

(그들은 해류/바람/조류를 거슬러(따라) 항해했다.)

Along (*with*)는 또한 어떤 맥락에서 가능한데 이것은 분명 **주어**가 **지표**에 의해 움직이고 있다는 것을 암시한다.

(5[1]) They drifted/?sailed *along* (*with* the current/tide/?wind).
(그들은 (해류/조류/?바람을) 따라 표류했다/?항해했다.)

2.3 *Along*과 *beside* 대 *alongside*

*Beside*와 마찬가지로 *alongside*는 가깝지만 안에 있지는 않다는 것을 의미한다. *Along*과 마찬가지로, 같은 정도는 아니지만, *alongside*는 작은 **지표**보다는 비교적 긴 **지표**와 사용된다. *Beside*와 마찬가지로 *alongside*는 (경로 전치사보다는) '－쪽과 가까운(near the side of)'으로 바꾸어 쓸 수 있는 장소 전치사가 될 수 있다. 대체로 더 역동적인 *along*은 이러한 장소 전치사의 의미를 갖지 않는다.

몇 예를 살펴보자.

(6) The cars were parked *beside/alongside/*along* each other.
(그 차들은 서로 옆에/나란히/*를 따라 주차되었다.)

예문 (6)에서 **지표**(차)는 경로 모양이 아니기에 *along*은 맞지 않는다. 차는 길쭉하기에 *alongside*가 맞을 것이다. 그러나 아래 (7)에서 **지표**(앉아 있는 사람)는 모양이 그다지 짧지 않아서 *alongside*도 확실하지는 않지만 가능할 수 있다. *Along*은 확실히 불가능하다. 왜냐하면 **주어**나 **지표** 어느 것도 적절한 차원에서 길지 않기 때문이다.

(7) Could you sit *beside/?alongside/*along* me?
(내 옆에/*나와 나란히/*나를 따라 앉을 수 있니?)

옆(sides)과 가장자리(edges)는 선이기 때문에 본질적으로 경로 모양이다. 그래서 *along*의 **지표**가 단어 *side*이고, *side*가 선 가장자리를 지칭할 때 *along*이 가장 적합한 선택이다.

(8) There was a scape *along* the left side of my car.
(내 차 왼편을 따라 배기관이 있었다.)

*Alongside*는 (8)에서 매우 어색한 선택인데 이는 단어 *side*의 반복 때문만이 아니라 *alongside*가 '가깝지만 위가 아닌(near, not on)'을 의미하는 경향이 있기 때문이다.

*Beside*는 분명히 '가깝지만 위가 아닌'을 의미하기 때문에 (8)에서 절대 가능하지 않다. 그리고 마지막으로,

(9) We paddled *along/*beside/*alongside* the river.
(우리는 강을 따라 노를 저었다.)

여기서 *beside*와 *alongside* 중 어느 것도 **주어**가 **지표**에 포함되는 것을 허용하지 않기 때문에 수용될 수 없다.

3. 은유적 확장

3.1 *Along*

*Along*은 *get along with someone*(−와 잘 지내다), *go along with someone's suggestion*(−의 제안에 동조하다)과 같은 많은 구동사에서 사용된다. 이러한 표현에서 우리는 '평행 이동(parallel motion)'이 포함되는 *along*에 대한 기본 영상 도식(그림 6.1)에서 은유적으로 확장된 것을 보게 된다. *Get along with*와 *go along with* 모두 평행한 경로의 영상과 관련된다. 즉, 우연히 마주치거나(즉, 충돌) 갈라지는 것(즉, 서로 무시하기)보다는 같은 방향으로 걷고 있는 두 사람의 경로를 연상시킨다. (이런 표현에서 *with*는 '와 동반하여(in the company of)'의 의미를 준다.)

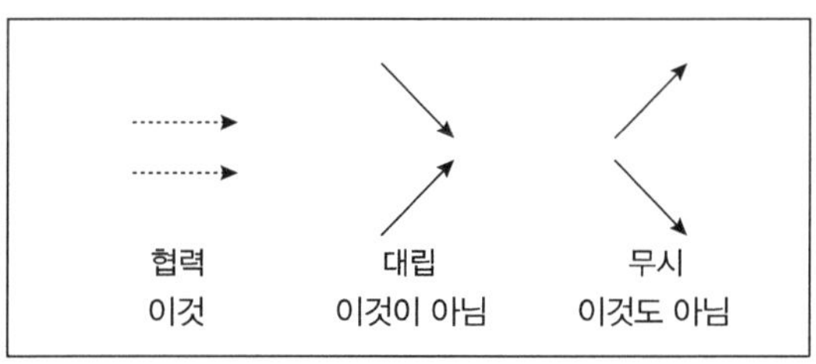

그림 6.9

3.2 *Along with* = '**게다가**'

구 *along with*는 *with*의 강조형으로 매우 흔하다.

(10) I'll have cake *along with* my tea.
(나는 차와 함께 케이크를 먹을 것이다.)

이러한 용법은 *with*가 '−와 동반하여'를 의미한다는 사실에서 나온다. **지표**를 '따라

(along)' 있다는 것은 — 최소한 지표와 가까이 있다는 것을 의미한다. 비슷한 의미를 중복하면 강조를 낳는다. (*Together with*는 같은 것을 훨씬 더 강조적으로 말하는 방법이다.)

3.3 *Besides*와 *along with* = '게다가'

*Besides*는 그 자체가 전치사는 아니지만 형태(철자와 소리)와 의미에서 모두 *beside*에서 파생되었다.

물건 A를 물건 B 옆에 두는 것은 A를 B에다 더하는 것의 좋은 보기이기 때문에, *besides*는 은유적으로 '게다가(in addition to)'의 의미로 쓰이게 되었다.

(11) *Besides* tea, I'll have cake too.
(차뿐 아니라 나는 케이크도 먹을 것이다.)

*Along*은 *with*와 결합될 때만 '게다가'를 의미할 수 있다. 이는 아마도 '근접성'보다는 '평행한 경로(parallel path)'가 그 의미에서 압도적인 요소이기 때문일 것이다. 반면 *beside*는 '근접성'의 개념을 두드러지게 전경화(foreground)한다. (또한 23.3장 참조.)

3.4 *Alongside* = '−와 협력하여'

만일 두 사람이 협력한다면, 우리는 전형적으로 그 둘이 함께 일을 하고 있다고 생각한다. 따라서 *alongside*는 보통 '−와 협력하여(in corporation with)'라는 의미를 갖는다.

(12) We worked *alongside* each other for years.
(우리는 몇 년 동안 서로 함께 일했다.)

Work hand in hand(같이 일하다)는 '협력은 가까워지는 것(cooperating is being near)'이라는 동일한 전반적 은유의 더 선명한 표현이다.

3.5 *Beside oneself with anger*

*Beside*는 '위에도, 안에도 없다는(being not on, not in)' 것을 함의한다는 것을 상기하자. 따라서 당신이 화가 나서 '제 정신이 아니라면(beside yourself)', 당신은 너무 화가 난 나머지 당신의 정상적 성격 밖에 있고 아마도 (역시 은유가 적용되어) 강력한 감정의 폭발로 인해 분출될 것이다. 이러한 감정은 그자체가 밖으로 나올 수도 있다. 대체로 당신이

화가 나서 제정신이 아니라면, 당신의 분노는 모든 이들이 볼 수 있을 정도로 '밖에(out)' 나와 있는 것이다. (*Don't hold your anger in. Let it out.* (화를 참지마라. 내보내라.)과 같은 표현 참조.)

4. 시간

위의 어떤 전치사도 보통 시간의 지표와 사용되지 않는다.

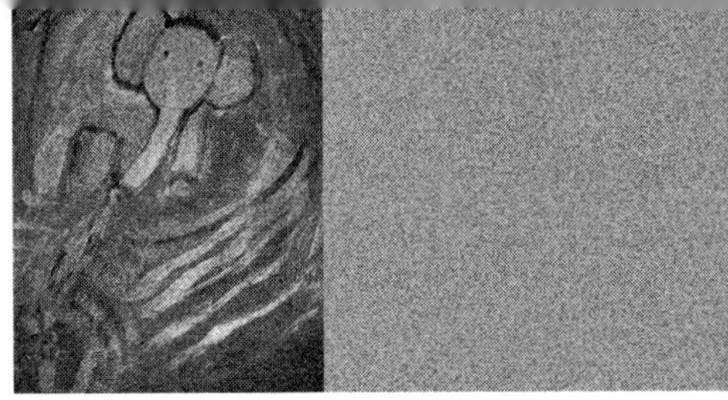

Chapter 7 *Between, among, amid, inter -*

1. 개요

*Between*은 이번 장에서 다루는 전치사 중에서 가장 다양하고 중요하다. *Among*(*st*)와 *amid*(*st*)는 매우 전문적인 의미를 갖는다. *Inter-*는 여전히 분명하고 일관성 있게 전치사적 의미를 전달하는 소수의 라틴어 '전치사' 접사중의 하나이다. 따라서 필자는 영어에서 전치사 의미를 표현하는데 이러한 접사들이 담당하는 역할의 한 가지 예를 보여주기 위해 이 접사도 다룰 것이다.

*Between*과 *among*에 대한 특이한 점은 이들이 각각 두 개의 **지표**와 여러 개의 **지표**를 함의한다는 것이다.

2. 문자적, 은유적 *between*

2.1. 장소 전치사로서의 *between*

어떤 것이 두 개의 다른 것들 사이에(between) 있다고 말할 때, 우리는 흔히 다음 예문에서처럼 ● ○ ●와 같은 사물들의 배열을 생각하고 있는 것이다.

(1) The little ball is *between* two big balls.
(작은 공이 두 개의 큰 공 사이에 있다.)

이런 의미는 다음과 같이 많은 은유적 확장으로 나타난다.

(2) I'm *between* jobs right now. (나는 현재 실직상태이다.)

[= '실직한(umemployed)']

도상 ● ○ ●은 원형적 의미를 나타낸다. 이와 관련된 비원형적인 배열은 그림 7.1에 나타난다.

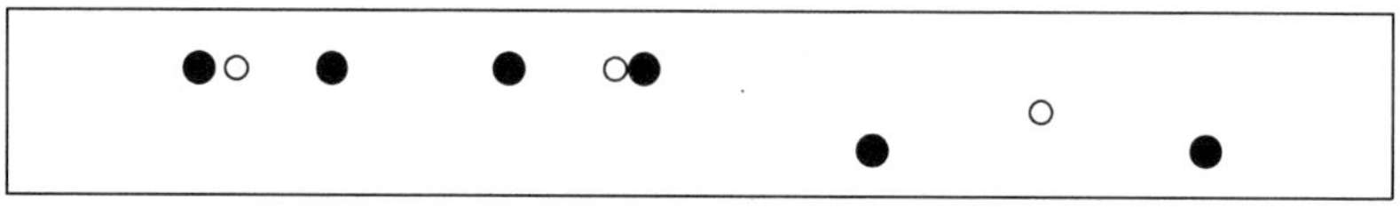

그림 7.1

여기에 비원형적 배열이 하나 더 있다.

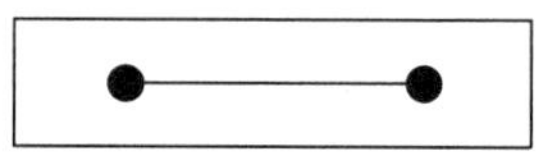

There was a clothes line stretched *between* two trees.
(두 개의 나무 사이에 빨랫줄이 늘어져 있었다.)
그림 7.2

2.2 중간에 있는 종점을 향한 이동

종점을 향한 이동을 함의하는 동사(예 *put*) 다음의 *between*은 다음 그림을 의미한다.

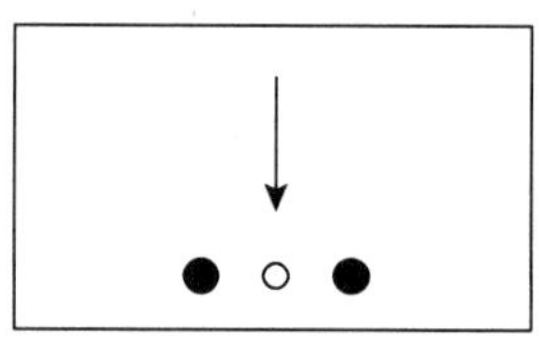

Let's put the rosebush *between* these two trees.
(이 두 나무 사이에 장미나무를 놓자.)
Don't try to come *between* us. (우리사이를 끼어들지 마라.)
그림 7.3

(두 번째 예문은 은유적 확장을 보여준다. 그 의미는 '우리의 관계를 막거나 방해하지 말라(Don't block or thwart our relationship)'이다.)

경로의 종점을 묘사하는 데 사용될 때 *between*은 위의 그림 7.1과 7.2에 예시된 것과 같은 비원형적 배열에도 적용될 수 있다.

2.3 경로 전치사로서의 *between*

경로 전치사로서의 *between*은 그림 7.4와 그림 7.5에서 보이는 것과 같이 두 개의 다른 유형의 경로를 언급할 수 있다.

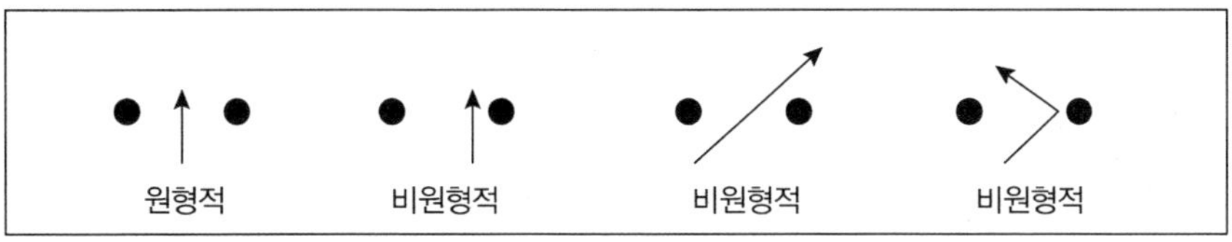

The ball's gone *between* the goal posts! (그 공이 골대 사이로 갔다!)

그림 7.4

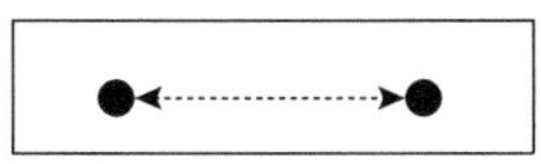

This train runs *between* Paris and London.
(그 기차는 파리와 런던 사이를 운행한다.) [그림 7.2 참조]

그림 7.5

아니면 은유적으로:

The relationship *between* me and my boss is pretty good.
(나와 내 상사와의 관계는 매우 좋다.)

그림 7.5에 예시된 의미의 은유적 확장은 종종 한 방향으로만 이어지는 경로가 관여되는 것처럼 보인다.

(3) The relationship *between* lung cancer and smoking is well established. (폐암과 흡연 사이의 연관성은 잘 입증되어 있다.)

2.4 나누고 공유하는 의미의 *between*

이와 같은 용법은 그림 7.4에 보여준 중심의미에 근거한다. 특히 경로는 절단선이다.

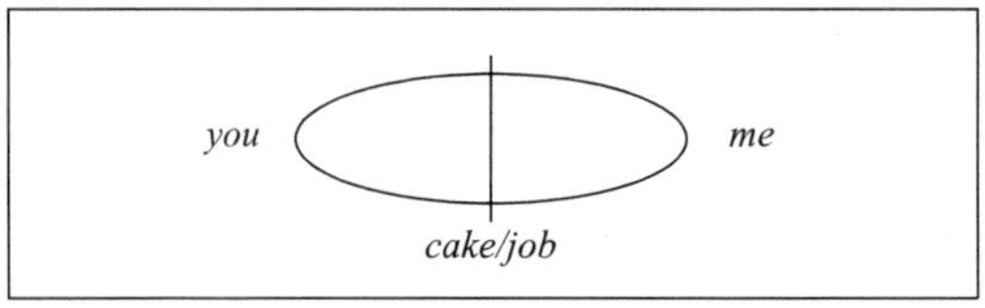

Let's divide the cake *between* us. (우리 서로 케이크를 나누자.) [문자적 절단선]
Let's divide the job *between* us. (우리 서로 일을 나누자.) [은유적 절단선]

그림 7.6

만일 나눌 사람이 둘 이상이 되면 도형은 좀더 복잡해지지만 기본적 생각은 동일하다.

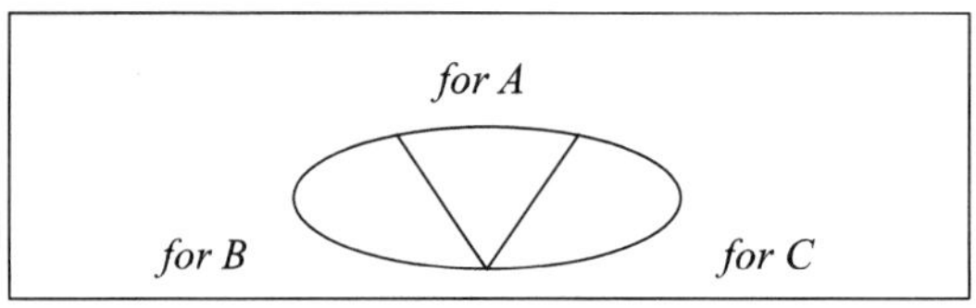

The three children divided the cake up *between* them.
(세 명의 아이들이 서로 케이크를 나누었다.)

그림 7.7

2.5 선택의 *between*

필자에게는 아래의 (4)에서 *between*의 의미가 좀 관용적으로 보인다. 선택이란 (은유적으로) (7.6에서처럼) 두 물건 사이를 나누는 선을 그리고 마음속으로 "This side for me (이쪽은 내 것)"이라고 말하는 것과 같다고 생각된다.

(4) It's not easy to choose *between* these two things.
(이 둘 사이에서 선택하는 것은 쉽지 않다.)

2.6 구별의 *between*

그림 7.2(즉 ●———●)로 나타낸 특별히 흥미로운 의미의 은유적 확장은 다음과 같은 문장에서 예시된다.

(5) I can't see what the difference is *between* a small trout and a small salmon.
(나는 작은 송어와 작은 연어 사이에 어떤 차이가 있는지 알 수 없다.)

여기서, **주어**는 *difference*이고 **지표**는 *small trout*와 *small salmon*이다. 이 은유는 차이를 마치 간격처럼 생각하는 것과 관련된다.

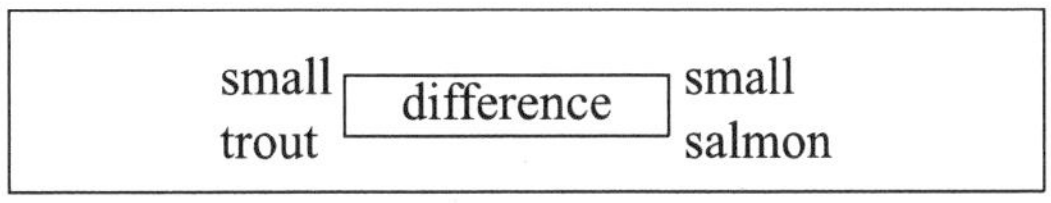

그림 7.8

만일 당신이 그 간격을 볼 수 없다면 아마도 두 개체가 분리되지 않거나 전혀 다르지 않다고 생각할 것이다. *Distinguish/differentiate* ***between A and B***는 또한 '무엇이 A와 B를 구별하는지 알다(see what separates A and B)'를 의미한다. 아주 흔한 어법 하나가 *tell the difference between X and Y*로, 여기서 가장 관용적인 요소는 *tell*로 예전과 같은 의미가 더 이상 없다. 한때는 *tell*이 '계산하다(count)' (*bank teller* 참조)를 의미해서 *tell the difference*는 원래 '차이의 크기를 계산하거나 측정하다'와 같은 것을 의미했을 것이다.

3. 문자적, 은유적 *among(st)*

3.1 *Among(st)* = '군중에서'

*Among*에서 *-mong*은 고대 영어에서 파생되었고 한때 독일어 단어 *Menge*와 같은 것, 즉 '그룹(group)' 또는 '군중(crowd)'을 의미했다. 반면 *between*에서의 *-tween*은 키플링(Kipling)의 'East is East and West is West and never the twain shall meet(동쪽은 동쪽이고 서쪽은 서쪽이어서 절대로 둘은 만날 수 없네)'에서처럼 *twain*(= 둘)이라는 단어와 연관된다. 이러한 의미 어근과 부합되어 *between*은 주로 두 개의 지표가 있을 때 사용되는 반면 *among*은 다수의 지표에 사용된다.

*Amongst*는 가끔 *among*의 영국식 변이형으로 쓰인다. 필자에게 이는 또한 약간 더 문학적으로 보인다.

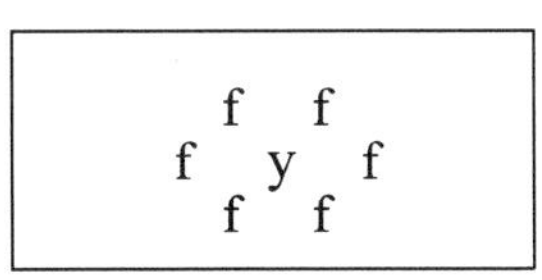

You're *among* friends now. (너는 지금 친구들 사이에 있다.)
Among my thoughts on the new project is the worry that it might cost too much. (새로운 프로젝트에 대한 내 생각 중에 너무 비용이 많이 들 거라는 우려가 있다.) [은유적]

그림 7.9 *among*: 원형적 의미

하나 이상의 주어가 있을 수 있다.

bbbbbbxbbbxb
bxbbbbbbbbbb

문자적: *Among* all his books there are only a couple I think I might like.
(그의 모든 책 중에서 내가 좋아할 것 같은 것은 두 권 밖에 없다.)
은유적: *Among* all my duties there are only a couple I really dislike.
(내 모든 의무 중에서 내가 진짜로 싫어하는 것은 두 개 밖에 없다.)

그림 7.10

이와 같은 두 예문에서, *among*은 *of*로 대체될 수도 있으나, *of*는 의미가 *among*보다 훨씬 추상적이다. 즉 *of*는 우리 마음에서 *among*의 의미로 (즉, 그림 7.9와 7.10처럼) 묘사될 수 있는 어떤 영상과도 연관되지 않는다. (*Of*의 이러한 면에 관해서는 18.3장을 보라.)

3.2 *Among* = '둘 이상의 사이에서'

그림 7.11로 나타낸 의미는 단순히 그림 7.5(즉 London ↔ Paris)의 *between*에 대해 보여준 것의 복수형이다.

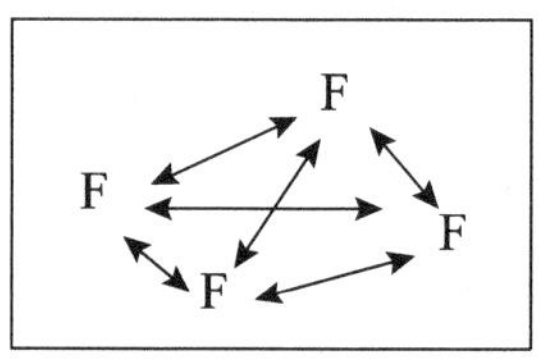

The French spoke *among* themselves. (프랑스 사람들이 서로 이야기 했다.)

그림 7.11

(영어 교사들이 유감스럽게 생각함에도 불구하고 많은 영어 모국어 화자들은 위와 같은 문장에서 *between*을 사용할 것이다.)

4. *Between* 대 *among*에 대한 추가 설명

필자는 방금 보통 사람들과 영어 교사들이 *between*과 *among*을 언제 사용할까에 대해 항상 동의하지 않는다는 것을 지적했다. 정확히 말하면, 영어 교사는 사실 지표가 둘 이상 있을 때 *between*을 사용하는 것이 틀린다고 말하고 일반인은 이러한 충고를 무시한다. (사실, 영어 교사도 때로는 자신의 충고를 무시한다.) 그러나, 영어 교사처럼 *among*과 *between*을 이해하는 사람은 의미를 달리 해석하며 (6)의 두 전치사를 모두 허용할 것이다.

(6) Dale's out in the garden wandering *among/between* the rosebushes.
(데일은 정원에 나가 덤불 사이를 거닐고 있다.)

언어순수주의자에게 *between the rosebushes*는 다음 중 하나를 의미한다.

- 덤불이 드문드문 짝을 지어 모여 있고 각각 짝을 이루는 두 개의 덤불 사이로 데일의 경로가 이어진다.
- 전체 덤불더미가 두 개의 분명한 부분으로—두 개의 선이나 두 개의 구역으로—나뉘어 있고 데일은 두 부분 사이를 걷고 있다.

우리의 순수주의자는 *among the rosebuds*를 단순히 데일이 장미덤불에 둘러싸여있다는 것을 의미한다고 여길 것이다.

5. *Amid(st)*='중간에', *amid(st)* 대 *among(st)*와 *in the midst/middle of*

Amid—또는 *amidst*(문학적)—는 **주어**가 둘러싸여 있다는 점에서 *among*과 의미가 비슷하다. 그러나 둘러싸고 있는 **지표**를 분리되는 물체들로 생각할 때 우리는 *among*을 사용한다. *Amid*는 둘러싸고 있는 **지표**를 나눌 수 없는 덩어리로 그릴 때 사용된다.

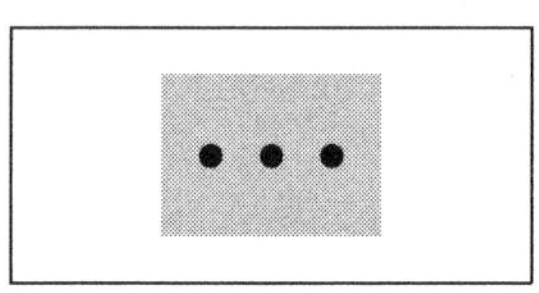

The geese flew on *amid* the raging storm.
(거위는 맹렬한 폭풍 중에도 계속 날아갔다.)
They seem able to concentrate *amid* any kind of commotion.
(그들은 어떤 종류의 소란 중에서도 집중할 수 있는 것처럼 보인다.)
그림 7.12

때때로, 화자는 둘러싸고 있는 것을 작은 것들이 많이 있는 것으로 보느냐 아니면 좀더 통일된 덩어리로 보느냐에 따라 *among*과 *amid*(또는 *in the middle of*) 사이를 선택한다.

(7) She stood *amid/among* the waving leaves and tassels of waist high corn.

(그녀는 허리높이의 옥수수의 흔들리는 잎과 수염 사이에 서있었다.)

(7)에서 *amid*는 아마도 관찰자가 훨씬 멀리 서있을 때 사용될 것 같다. 만일 개개의 나뭇잎과 수염이 자세하게 보일만큼 가깝다면, 아마도 *among*이라고 말할 것 같다.

*In the middle of*는 단순히 '－의 중심에 가깝게(near the center of)'를 의미한다(예를 들어, *in the middle of a line/square/cube(*선/정사각형/정육면체의 중간에).

*In the midst of*는 '모든 쪽에서 둘러싸인(surrounded by on all sides)'을 의미하고, 은유적으로 가장 흔하게 쓰인다(예. *in the midst of all his troubles*(그의 모든 문제 가운데)).

6. *Inter*－

*Inter*는 'between(의 모든 의미)'이나 'among'을 의미하는 매우 흔한 라틴어 파생 접두사이다. 즉 이에 상응하는 어떤 영어 전치사보다 의미가 광범위하다는 점에서 전형적인 라틴어 접두사이다. *Inter-*는 [여전히] 새로운 단어를 만드는 데 사용된다. 즉, ***Inter**net* (인터넷).

여기 이런 의미를 보여주는 예들이 조금 있다.

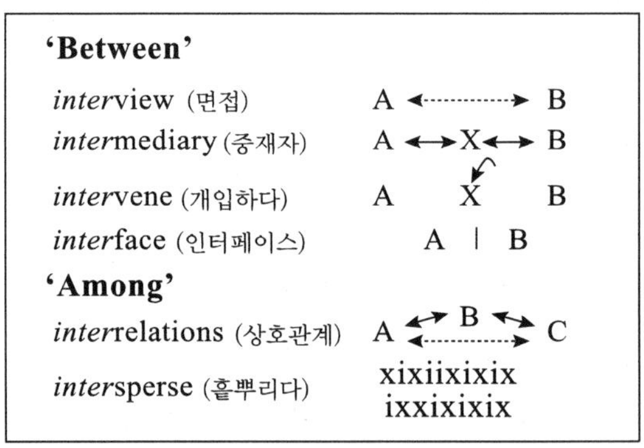

그림 7.13

7. 시간

*Between*과 *inter*(= 'between')는 시간을 말할 때 쉽게 사용된다.

(8) It happened *between* 4 and 5 o'clock. (그것은 4시와 5시 사이에 일어났다.)

(9) The *inter*war years saw great turmoil in several industrialized countries. (양 대전 사이의 시기에 몇몇 산업화된 나라에서 큰 혼란이 있었다.)

우리는 시간을 마치 선처럼 생각한다. *Amid*와 *among*은 '둘러싸는 것'과 상관있으므로, 시간에 대해 말하는 데는 매우 드물게 사용된다.

Chapter 8 Across, opposite, cattycorner, on the other side, at the other end, beyond

1. 개요

의미에 있어서 이 여섯 전치사들은 상당히 단순하다. 통사적으로 *across*(−건너), *opposite*(−맞은편의), *cattycorner*(−대각선상의)는 지표가 있을 때 *from*이 그 다음에 나오는 반면, *on/at the other side*(−반대쪽에/ −다른 쪽에)는 유사한 환경에서 *of*가 다음에 온다.

여기서 *across*는 장소 전치사로 논의된다. 경로 전치사로서의 용법에 관해서는 10장을 참조하라. *On the other side (of)* 역시 *behind*와 관련하여 9장에서 논의된다.

2. *Across* 대 *opposite*

2.1 중심의미

*Across*는 이것의 주요 성분인 *cross*(십자)의 의미와 관련이 있고 십자가 같은 배열을 말할 때 사용된다(그림 8.1).

*Opposite*에서 *op*-은 'against' (*ob*)를 의미할 수 있는 라틴어 전치사에서 파생되었고, *posit*-은 라틴어의 'put' (*positus*)에서 나왔다. 그러나 *opposite*은 *opposed*(반대의, 적대의)와 *against*(맞서, 반대하여)에서 발견되는 '적대감(antagonism)'이나 '저항(resistance)'과 같은 의미를 갖지는 않는다. 오히려, 단순히 얼굴을 마주본 배열을 나타내기 위해 사용된다(그림 8.1).

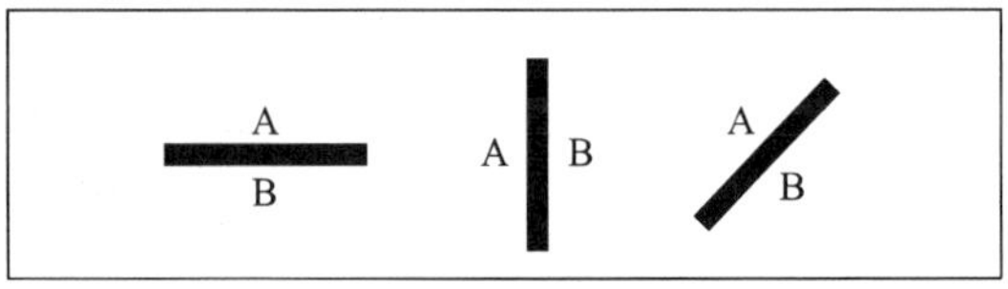

The art shop is *across* the street from the bank.
(미술상점은 은행으로부터 길 건너편에 있다.)
The art shop is *opposite* the bank. (미술상점은 은행 반대편에 있다.)

그림 8.1 'Across' 새의 관점

*Opposite*은 그림 8.2에서 예시된 것 같이 십자형이 아닌 배열은 좀처럼 나타내지 않는다. *Across...from*은 *opposite*보다 그림 8.2에서 훨씬 더 어색하다. (아래에서 그림 8.2에 훨씬 적합한 선택이 되는 *at the opposite end...from*의 논의를 살펴보라.)

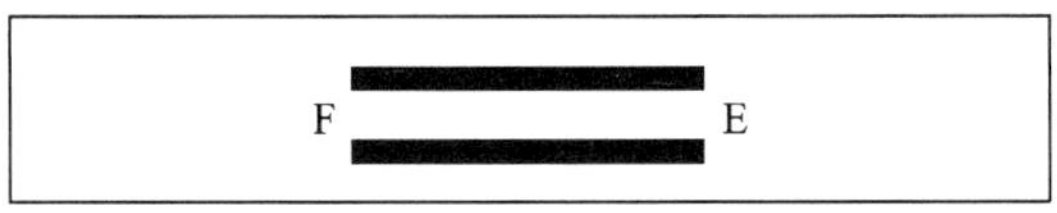

Fred and Ethel sat *?opposite/*across from* each other at the banquet table.
(프레드와 에셀은 연회 탁자에서 서로 ?반대편에/*건너편에 앉았다.)

그림 8.2 새의 관점

2.2 통사적 차이

통사적으로 *across*와 *opposite*은 조금 다르게 행동한다.

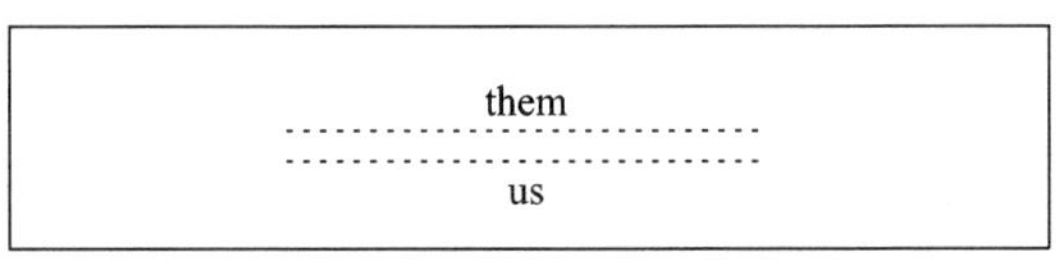

그림 8.3 새의 관점

(1) They live *opposite/*across*. (그들은 반대편/*건너편에 산다.)

(2) They live *opposite* us (on the same street).
(그들은 (같은 거리에서) 우리 집 반대편에 산다.)

(2^1) They live *across* (the street) *from* us.
(그들은 우리 집으로부터 (길) 건너편에 산다.)

(2^2) They live *across from* us (on the same street).
(그들은 (같은 거리에서) 우리 집 건너편에 산다.)

- (2)에서 *they*는 *opposite*의 **주어**이고 *us*는 **지표**이다.
- (2^1)에서 *they*는 *opposite*의 **주어**이고 *street*은 **지표**이다. They는 또한 *from*의 **주어**이고 *us*는 **지표**이다.

따라서 열십자형 요소(예컨대, *street*)는 *across*의 **지표**이지만 *opposite*의 **지표**는 아니다.

2.3 의미에 대한 추가 설명

*Across*와 *opposite*의 가장 좋은 예는 그림 8.1에서 보여준 것 같은 배열이다. 아래 그림 8.4는 **주어**에서 **지표**까지 그려진 상상의 선이 사이에 낀 길을 직각으로 가로지르지 않는 덜 중심적인 배열을 보여준다.

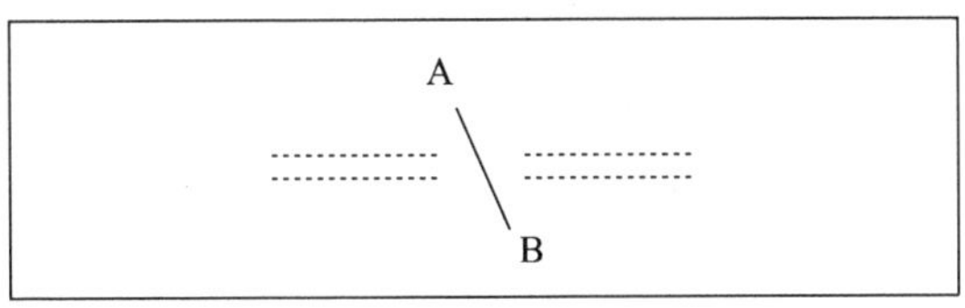

그림 8.4 새의 관점

아래 그림 8.5는 *across from*의 원형적 용법에서 약간 변형된 것을 보여주는데, 여기서 **주어**와 **지표**는 거리 같은 물리적 구조에 의해 분리되는 것이 아니라 빈 공간, 예컨대 통로 같은 것으로 분리되기 때문이다. 또한 이런 배열은거의 그다지 십자 모양은 아니다:

xxxxxxxxxxxxSxxxxxxxxxxxx
xxxxxxxxxxxxLxxxxxxxxxxxx

When the two lines of soldiers had formed up, one row facing the other, Private Sub found himself across *from/opposite* his old nemesis Sergeant Land.
(한 열이 다른 열을 마주보며 두 줄의 군인들이 정렬해 있었을 때, 섭 이등병은 자신이 그의 오랜 숙적 랜드 상사 건너편에/맞은편에 있다는 것을 깨달았다.)

그림 8.5 새의 관점

*Opposite*의 중심의미는 뚜렷한 십자 모양의 배열에만 적합한 것이 **아니라**는 점에서 *across*보다 훨씬 범위가 넓다. 따라서 그림 8.5는 *opposite*의 주변의미를 보여주는 것이 아니라 중심의미 그 자체를 보여준다. 그림 8.6 역시 *opposite*의 중심의미를 묘사하는

데, 이 점을 훨씬 더 분명히 보여준다.

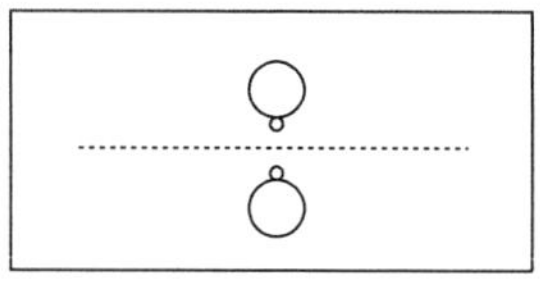

*Opposite*의 원형적 의미와 위에서 본 두 개의 머리

그림 8.6

그림 8.6에서 양쪽으로 연장된 점선은 이러한 분할이 꼭 필요하지는 않지만 두드러지는 십자형 분할의 존재와 *opposite*이 양립한다는 것을 보여준다. 그러나 *across*의 **지표**는 바로 이 분할이다. *Opposite*에서는 십자형 분할이 (하나라도 있다면) **주어**도 **지표**도 아니다. *Opposite*이 부각하는 것은 '마주보는 것(face-to-faceness)'이다.

그림 8.7은 또 다른 비원형적 배열을 보여준다. 여기서 A와 B가 (*across*의 경우) 분할선이나 (*opposite*의 경우) 서로에게서 더욱 멀어질수록 두 전치사 어떤 것도 적절하지 못하게 된다.

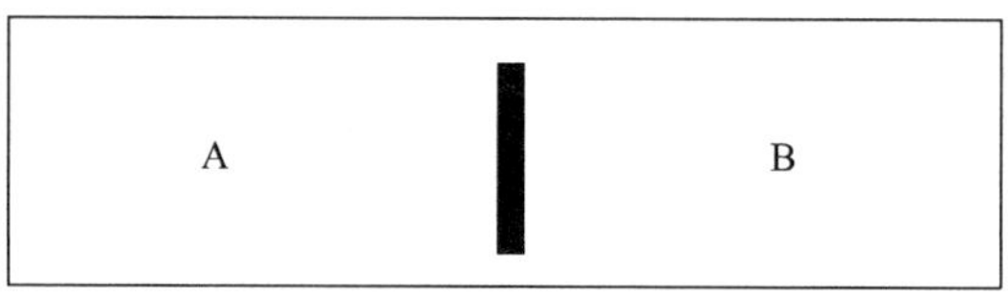

A is ?across (the street) from B. (A는 B로부터 (길) 건너편에 있다.)
A is ?opposite B. (A는 B 맞은편에 있다.)

그림 8.7 새의 관점

2.4 마주봄의 의미

주어와 **지표**가 얼굴 또는 앞면이 있다면, *across*와 *opposite* 둘 다 **주어**와 **지표**가 서로를 마주보고 있다는 것을 의미하는 경향이 있다. 이는 특히 *opposite*의 경우 두드러진다. 반면 *across*는 마주봄이 완전히 배제되는 맥락에 들어맞을 것이다.

(3) Fred and Ethel were *across* the street *from* each other. Neither wished to appear to have noticed the other and so both pretended to study the contents of a shop window.
(프레드와 에셀은 서로 길 건너편에 있었다. 누구도 다른 편을 알아챈 것처럼 보이고 싶지 않아서 둘 다 가게 진열장의 내용물을 살피는 척했다.)

*Opposite*은 마주본다는 강력한 함축이 있기에 (3)에 그다지 잘 들어맞지 않으리라는 게 필자의 생각이다.

3. *On the other side* (*of*) 대 *across*와 *opposite*

On the other side(또는 on the *opposite* side)(다른 쪽에) 또한 두 (집합의) 사물이 어떤 종류의 선의 각각 다른 쪽에 배열되어 있음을 나타낸다. 그러나 *on the other side*는 두 (쌍의) 사물이 선에서 옆으로 떨어져 있는지 아닌지에 대해서 훨씬 더 모호하다.

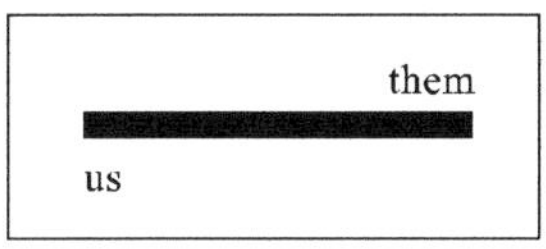

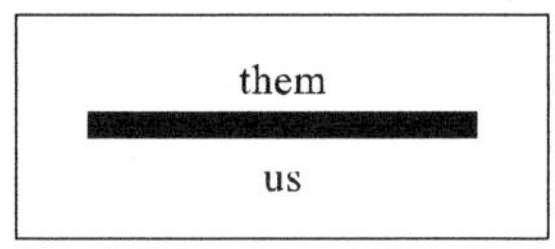

They live *on the other side of* the road (*from* us).
(그들은 우리 집 길 건너편에 산다.)

그림 8.8a **그림 8.8b**

그림 8.9에서 보여준 두 배열 모두 *on the other side (of)*에 대체로 적합하다.

통사적으로 *on the other side of*는 *opposite*보다는 *across*와 패턴이 유사하다.

*On the other side*와 *across/opposite*간의 큰 차이는 문제의 두 물건이 서로 눈에 보이지 않을 때 우리는 보통 *on the other side*를 사용한다는 사실이다. 따라서 그림 8.8a에서는 우리가 길에서 반 마일 아래에 살고 있기 때문에 우리는 우리 집에서 그들의 집을 볼 수 없을 것이다. 아니면, 한쪽에는 빨간 집이 있고 다른 쪽에는 녹색집이 있는 50피트 높이의 돌담을 상상해보자. 우리는 다음처럼 말할 수 있다.

(4) The red house is *on the other side of* the wall *from* the green house.
(빨간 집은 녹색 집과 담의 반대쪽에 있다.)

아니면 우리는 다음과 같이 말해서 좀더 정확하게 할 수 있다(그림 8.8b비교).

(4^{1}) The red house is *directly opposite* the green house but is *on the other side of* the wall. (빨간 집은 바로 녹색 집 맞은편에 있지만 담의 반대쪽에 있다.)

두 집을 서로가 볼 수 없기 때문에 그냥 다음처럼 말하면 이상할 뿐더러 위치에 대해 별 정보를 주지 못한다.

(4^2) The red house is *across* the wall *from* the green house.
(빨간 집은 녹색 집에서 담 건너편에 있다.)

(4^3) The red house is *opposite* the green house.
(빨간 집은 녹색 집의 맞은편에 있다.)

그림 8.9를 언급하면서 *across, opposite, on the other side*간의 의미 차이를 요약할 수 있다.

*Across*는 십자 모양의 분할선이 없으면 적절하지 않다. (그리고 여기에서 스타디움이 선모양이 아니므로 이런 십자 모양의 분할선은 없다).

*Opposite*은 버스정거장과 기차역이 서로 마주보는 방향이 아니어서 부적절하다.

스타디움이 한 역에서 다른 역으로 보는 시각을 막아버리고 기차역과 버스역이 스타디움에서 상당히 떨어져 있다면 어떤 것도 적절하지 않다.

만일 *across*와 *opposite* 어느 것도 방금 언급한 이유 때문에 부적절하다면, *on the other side of*가 적절할 것이다(그림 8.9).

The bus station is *on the other side of* the train station.
(버스역은 기차역 반대쪽에 있다)

그림 8.9 측면 관점

4. *At the other/opposite end* 대 *on the other side*

*Across*도 *on the other side (of)*도 그림 8.2에서 예시된 것 같은 배열을 기술할 때 사용될 수 없다.

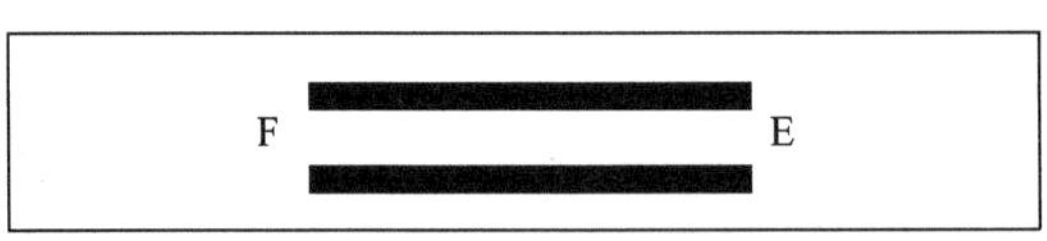

그림 8.2 (반복)

이런 배열은 (이미 언급했듯이) *opposite*이나 보다 묘사적인 *at the other/opposite end (of X) (from Y)*((Y로부터) (X의) 다른 쪽/반대 쪽 끝에) 또는 *at the opposite ends (of*

X) (*from Y*)((Y로부터) X의) 반대쪽 끝에)를 사용하여 묘사될 수 있다.

(5) Ethel sat *at the other/opposite end of* the table *from* Fred.
(에셀은 프레드와 탁자의 반대편 끝에 앉았다.)

(5[1]) Ethel and Fred sat *at opposite ends of* the table (*from* each other).
(에셀과 프레드는 (서로) 탁자 반대편 끝에 앉았다.

5. *Beyond*

5.1 문자적 *beyond*

Beyond(저쪽에)(*by*+*yond* (yonder(저쪽)과 관련됨))는 '–의 다른 쪽 아주 멀리(far away on the other side of)'를 의미한다. 보통 주어는 눈에 보이지 않는다.

(6) There's another river *beyond* those hills.
(저 언덕들 너머에 또 다른 강이 있다.)

5.2 은유적 *beyond*

요즘 *beyond*는 은유적으로 가장 흔하게 사용될 것이다. 예를 들어, *B is beyond A*는 '행위 B는 행위 A 다음에 온다'는 것을 의미하는 데 사용될 수 있다.

(7) *Beyond* [A] repairing the roof, [B] what else are you going to do to make the house look nice enough to sell?
([A] 지붕을 수리한 다음, [B] 집이 팔릴 수 있게 멋지게 보이려고 무엇을 더 하려고 하니?)

또 다른 은유적 용법은 *beyond*가 갖는 '거리(distance)' 함의에서 파생된다.

(8) Chess is *beyond* me. (체스는 나한테 어렵다.)

다시 말해, '체스는 멀리 있어서 내가 도달할 수 없다(chess is far away; I cannot get to it)'.

6. *Cattycorner*

이것은 '대각선으로 맞은편(diagonally opposite)'을 의미한다. 이것은 미국 영어에서 아주 흔하여 *catercorner*나 심지어 *kittycorner*로도 나타난다. (*cattycorner* 등은 프랑스어의 *quatre* = 'four' + *corner*(4개의 모서리)에서 파생되었다.)

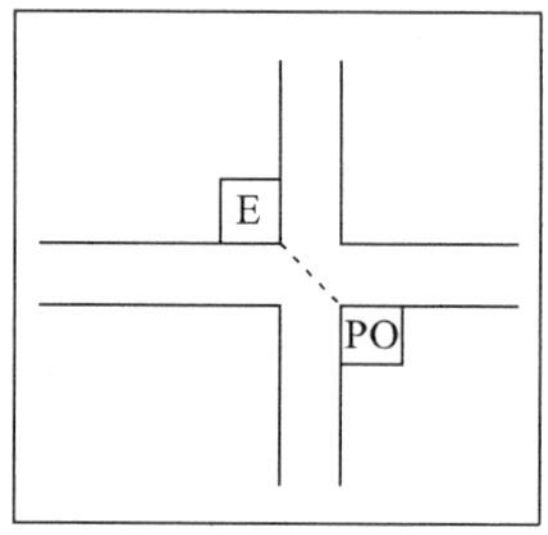

The Embassy is *cattycorner from/to* the Post Office.
(대사관은 우체국에서/에 대각선상에 있다.)
그림 8.10 새의 관점

7. 시간: *beyond*

위의 전치사 중에서 시간 **지표**에 적용되는 유일한 전치사는 (종점 초점(endpoint focus)이 있는 경로 전치사인) *beyond*이다. 처소 의미 '—의 저편에(to the far side of)'는 '—보다 늦게(later than), —후 까지(until after)'의 시간적 의미가 되었다.

(9) Do you think you'll stay *beyond* winter?
(너는 겨울이 지난 후에도 머무를 생각이니?) [=봄, 아마도 여름 … 까지]

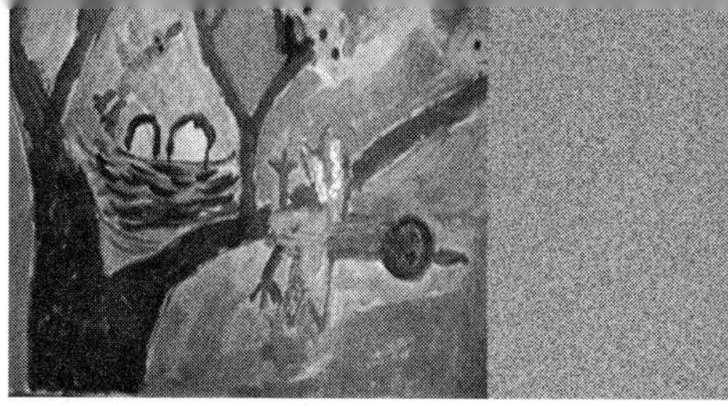

Chapter 9 *In front of, behind/in back of* 대 *near, before, after, in the front/back of*

1. 개요

In front (*of*)(－앞에), *in back* (*of*)(－뒤에), *in the front/back* (*of*)(－의 앞부분에/뒷부분에)는 — *on the other side* (*of*)(－다른 편에), *on top* (*of*)(－위에) 등처럼 — '복합 전치사(compound prepositions)'이다. *In front of*를 예로 들어보자. 형식상 이것은 전치사 (*in*), 명사 (*front*), 전치사 (*of*)로 구성된다. 이 정도로 자세하게 우리는 *The pig is in front of the barn.*을 다음처럼 분석할 수 있다. *In*은 **지표** 'front'에 대한 **주어** 'pig'의 위치를 나타내는 반면 *of*는 **지표** 'barn'에 (두 개의 역할을 갖는) **주어** 'front'를 연결한다.

주어 ←→ 전치사 ←→ 지표 ←→ 전치사 ←→ 지표

The pig is in front of the barn.

(돼지가 축사 앞에 있다.)

그러나 이런 수준으로 분석하면 *in front of*가 *before*와 *behind*와 비슷한 단일한 의미 단위로 행동한다는 사실을 감추기 쉽다.

*Before, after, next*를 제외하고, 이번 장에서 논의될 전치사는 장소와 종점과 관련이 있다. *Before, after, next*는 (대부분) — 예컨대 시간과 수의 단위를 나타내는 — '연속 전치사(prepositions of sequence)'이다

2. *Behind*

2.1 *Behind* 대 *on the other side* (*of*)

Behind(−뒤에)는 다음의 차이가 있지만 *on the other side* (*of*)와 유사하다. *Behind*는 **주어**에 비해 상대적으로 높은—반드시 더 높거나 같거나 할 필요는 없지만, 평평하지 않는—**지표**를 지칭해야만 한다. 따라서 우리는 (1)은 말하지만 (1^1)처럼 말하지 않는다.

(1) Their house is *on the other side of* the pond from ours.
(그들의 집은 우리 집으로부터 연못의 반대쪽에 있다.)

(1^1) Their house is **behind* the pond. (그들의 집은 연못 뒤에 있다)

그러나 이 문장들은 문제없다.

(2) The rabbit hid just *behind/on the other side of* some bushes.
(토끼가 풀숲 바로 뒤에/반대쪽에 숨어있다.)

(3) Their house is *behind/on the other side of* the stadium.
(그들의 집은 스타디움의 뒤/반대쪽에 있다.)

*Behind*는 특별히 (2)에서처럼 **지표**가 누군가의 시야에서 **주어**를 가릴 때 그리고/혹은 **주어**가 **지표**와 멀지 않고 가까울 때 적합하다.

*On the other side of*는 **주어**가 **지표**보다 멀고, 또한 '관찰자'(이에 대해서는 아래서 좀더 논의됨)가 **지표**에서 멀면 더욱 적합하다. 따라서 (3)에서 만일 그들의 집이나 우리 집이 스타디움에서 몇 마일 떨어져 있다면, 우리가 집에 있을 때 스타디움이 그들의 집을 시야에서 가리는 데 큰 역할을 하지 않을 것이기 때문에 *behind*는 적절한 선택이 아니다. 오히려 스타디움은 단순히 지역의 지표(local landmark)로 지칭된다. 여기서 같은 종류의 또 다른 예가 있다.

(4) We live to the west of Canterbury. Mario lives *on the other side of/*behind* Canterbury in Faversham. (우리는 캔터베리 서쪽에 산다. 마리오는 파버샴에 있는 캔터베리의 반대편/*뒤에 산다.)

2.2 *Behind*: 얼굴, 앞면, 그리고 관점

세상에는 각각 하나의 얼굴(예 사람, 일부 동물, 일부 시계)이 있거나 하나의 앞면(예 자동차, 거울, 대부분의 건물)이 있다고 생각되는 것들이 많이 있다.

이런 어떤 것이라도 *behind*의 **지표**가 될 때, 우리는 **주어**가 **지표**의 얼굴이나 앞면의 ***반대쪽***(opposite) 근처에 있다고 이해할 것이다. 따라서 우리가 (5)라고 말하면 그림 9.1로 나타난 것과 같은 상황을 말하는 것이다 :

그림 9.1

(5) The ball is *behind* that woman. (공이 저 여자 뒤에 있다.)

그러나 이 세상에는 우리가 얼굴이나 앞면이 있다고 생각하지 ***않는*** 것들도 많다(예 나무, 돌, 공, 전봇대, 울타리, 골무, 줄, 굴). 특히, *behind*의 **지표**가 앞이 없거나 얼굴이 없을 때, 우리가 *behind*를 사용할지 아니면 다른 전치사를 사용할지에 대한 문제는 (5)와 그림 9.1에 대해 위에서 기술한 것처럼 그렇게 단순하지 않다.

어떤 여자가 나무 근처에 서있다고 가정해보자. 만일 나무가 그 여자와 나 사이에 있다면, 나는 (***내가*** 나무에서 가깝거나 비교적 멀리 있든지 상관없이) *She is* ***behind*** *the tree*라고 말할 것이다.

She's *behind* the tree. (그녀는 나무 뒤에 있다.) (나의 관점에서)

그림 9.2

그러나 내가 한쪽으로 떨어져 서있다면 — 즉, 나무가 그 여자와 나 사이에 없다면 — 대신 나는 *She's* ***near/by*** *the tree*(그녀는 나무 근처에 있다)라고 말할 것이다.

그러나 좀더 부연할 말이 있다. 당신과 내가 어떤 여자와 어떤 소녀가 나무를 사이에 두고 있는 것을 보면서 한쪽으로 떨어져 서있다고 가정해보자. 내가 유난히 학구적으로 말하고 싶다면 이렇게 말할 것이다.

From our point of view the woman isn't *behind* the tree, but from the girl's point of view the woman is *behind* the tree. (우리 관점에서 그 여자는 나무 뒤에 있지 않지만, 소녀의 관점에서 그 여자는 나무 뒤에 있다.)

그림 9.3

간단히 말해, *behind*는 잠재적으로 매우 중의적이다. 그러나 *this, that, here, there* 등과 같은 비슷한 직시어(deictic words)[G]의 경우에서처럼, 우리가 문맥을 알고 있으므로 혼란에서 벗어나게 된다.

2.3 은유적 *behind*

다시 말해, *behind*는 지표가 주어를 시야에서 가릴 때 특히 적절하다. 이는 *behind*가 가진 중심의미의 뚜렷한 요소를 반영할 것이다. 어떤 경우라도, 이러한 '감춤(concealment)'의 개념은 *behind*가 은유적으로 사용될 때 흔히 분명하다.

(6) Who was *behind* [= Who secretly orchestrated] Robert Kennedy's assassination? (로버트 케네디 암살 배후가 누구인가?)

3. *In back (of)*

*In back (of)*는 *behind*에 대한 미국/캐나다식 대안형이다. 이것은 *in front (of)*와 같은 통사 구조를 갖는다.

4. *In front (of)* 대 *before*

4.1 기본 의미

*In front (of)*는 *behind*의 반대이다. 이것은 '얼굴이나 앞면 근처(*by the face or front*)'를 의미한다. *Before*는 항상은 아니지만 보통 *after*의 반대로 사용된다.

4.2 위치를 나타내는 *in front of* 대 연속을 나타내는 *before*

*Before*는 '－앞에(in front (of))'를 의미하는 오래된 단어이다. 비록 원래는 *before*가 보통 장소와 종점 전치사로 사용되었지만, 요즘은 대부분 시간의 **지표**와 함께 사용된다. 장소나 종점 전치사로 쓰일 때 *before*는 *in front (of)*와 전혀 꼭 같은 것을 의미하지 않는다.

(7) The train station is *in front of* the post office. (기차역은 우체국 앞에 있다.)
(7^1) The train station is *before* the post office. (기차역은 우체국 전이다.)

예문 (7)은 우체국 입구에서 밖을 바라보며 서있을 때, 기차역이 보인다는 것을 의미한다. 그러나 (7^1)에서 *before*는 위치가 아니라 연속(sequence)의 전치사이다. 이것이 의미하는 것은 어떤 노선을 따라(예컨대 전차를 타고) 우체국보다 기차역에 먼저 온다는 것이다. (그림 9.4)

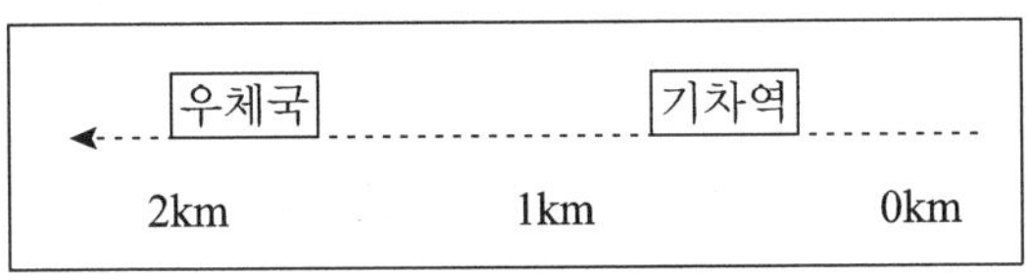

The railroad station is *before* the post office. (기차역은 우체국 전이다)

그림 9.4

우리는 또한 철자 순서, 숫자 순서, 시간 순서 그리고 이와 유사한 순서에 대해 말할 때 *before*를 사용한다.

(8) B comes *before* C in our alphabet. (B는 알파벳에서 C 앞에 온다.)
(9) 1 comes *before* 2. (1은 2 앞에 온다.)
(10) Thanksgiving comes *before* Christmas. (추수감사절은 크리스마스 전에 온다.)
(11) *Before* he jumped he said, "Goodbye, cruel world."
(그가 뛰어내리기 전에 말했다, "안녕, 잔인한 세상이여.")

((7^1)－(11)과 같은 맥락에서 *after*는 *before*의 반대이다.)

4.3 문자적, 은유적 '선두'의 *in front (of)*

우리는 그림 9.1에서 예시된 의미로 사람이나 동물(예컨대, 말)들 하나가 문자 그대로 다른 것 뒤에 있거나 앞에 있는 경우 이들의 순서를 말할 때 *before*보다는 *in front (of)*를 사용한다. 이는 또한 경주에서처럼 사람이나 동물이 움직이고 있을 때도 마찬가지이다.

(12) The old grey mare is still *in front*! (늙은 회색 암말이 여전히 앞서 있다!)

경주의 영상—특별히 도보 경주와 경마를 상상하게 된다—은 다른 스포츠에까지 이어졌다. 그래서 미식축구팀을 마치 무리지어 달리는 말처럼 서로 경쟁하며 달리는 것처럼 말한다.

(13) The Wanderers are still *in front of* Blackburn.
(원더러스 팀은 여전히 블랙 번 팀에 앞선다.)

사람들은 흔히 삶 자체, 또는 삶의 어떤 특별한 면(예 사업)에 대해 말한다. 이런 은유에 대한 많은 표현이 있고, 많은 표현이 *in front (of)*(와 *behind)*를 포함한다.

(14) Microsoft moves farther out *in front of* the pack.
(마이크로소프트는 그 무리에서 더 멀리 앞서서 움직인다.)

4.4 *In front (of)* 대 *before*의 나머지 용법

*Before*는 때때로 **주어**(실제로 항상 인간)가 **지표**보다 덜 중요하거나 덜 위엄 있다는 것을 강조하기 위해 '–앞에(in front of)'의 의미로 사용된다.

(15) He trembled as he stood *before* the Queen.
(그는 여왕 앞에 섰을 때 떨었다.)

(16) You must appear *before* the court.
(너는 반드시 법정에 나타나야 한다.)

만일 (15)나 (16)에서 *in front (of)*로 대체되면 **지표**가 경외감을 불어 넣는다는 암시가 약화된다. 이런 이유로 *in front of*는 (17)에서 분명 부적절하다.

(17) The preacher roared, "We sinners will have no alibis when we stand *before/?in front of* our Maker on Judgement Day!"
(목사가 외치길, "우리가 심판의 날에 창조주 앞에 섰을 때 우리 죄인들은 아무런 변명도 못할 것이다!")

5. *In front/back (of)* 대 *in the front/back (of)*

그림 9.5에서

- W is *in back of* (or *behind*) the boat. (W는 보트 뒤에 있다)
- X is *in the back of* the boat. (X는 보트 뒷부분에 있다)
- Y is *in the front of* the boat. (Y는 보트 앞부분에 있다)
- Z is *in front of* the boat. (Z는 보트 앞에 있다)

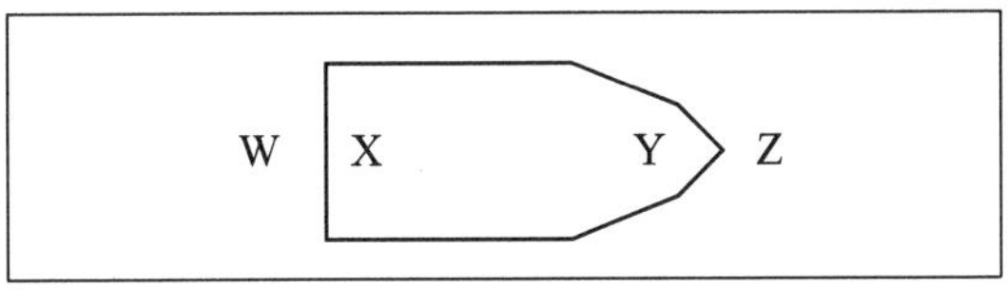

그림 9.5 새의 관점

6. 시간

위의 4절 *before*에 대한 논의를 보라. *In front/back (of), behind, in the front/back (of)*는 시간을 말할 때 거의 사용되지 않는다.

Chapter 10 *Above, over, across, through, via, during, throughout*

1. 개요

이번 장은 *above*를 검토하면서 시작하지만, 비원형적 용법이 많긴 해도 모두 중심의미와 뚜렷이 관련되는 *over*에 대부분 전념한다. 전치사 *across, through, during, throughout*은 *over*와 대조하여 살펴본다.

이번 절에서 *above*와 *over*에 대한 이해는 대부분은 Brugman(1980, Lakoff 1987에서 반복됨)에서 나온 것이다.

2. *Above*와 *over*의 문자적 의미

2.1 *Over*의 중심의미와 가까운 *above*의 중심의미: '-로부터 바로 위에 위치하지만 닿지 않는'

Above(원래는 *on* + *by* + *over*)의 의미는 다는 아니지만, 대개 *over*의 의미 안에 포함된다. 따라서 두 전치사 모두 그림 10.1에서 보여준 것 같은 배열을 나타낼 수 있다.

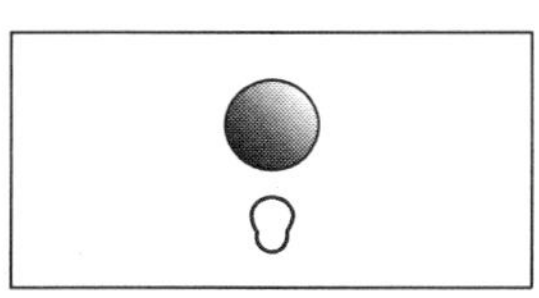

The doorknob is directly *above/over* the keyhole. (문손잡이는 열쇠 구멍 바로 위에 있다.)

그림 10.1 정면 관점

또한 두 전치사 모두 완전히 **지표** 위에 있는 영역 안에서 일어나는 이동도 지칭할 수 있다.

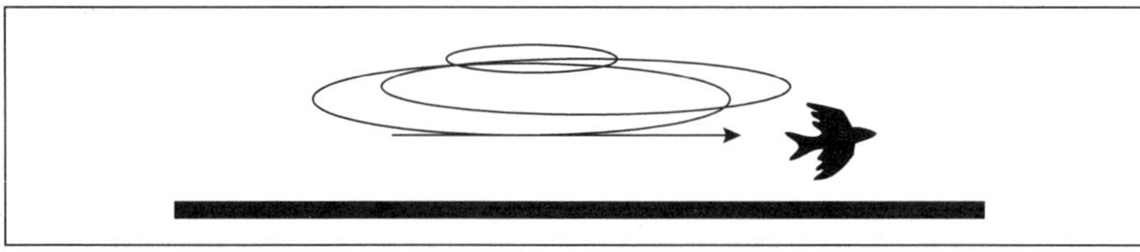

The swallow flew around and around *above/over* the field.
(제비가 들판 위를 빙빙 돌며 날았다.)
그림 10.2 측면 관점

2.2 종점의 *above/over*

*Above*와 *over* 모두 그림 10.1에서 보여준 것 같은 배열로 끝나는 경로의 종점을 지칭할 수 있다.

(1) Put the big picture *above/over* the little one. (큰 그림을 작은 그림 위에 놓아라.)

2.3 *Above*: 원형의 변형

보통 *above*는 오직 위-아래 차원만 관련된다. 한 가지 변이가 그림 10.3에 예시된다.

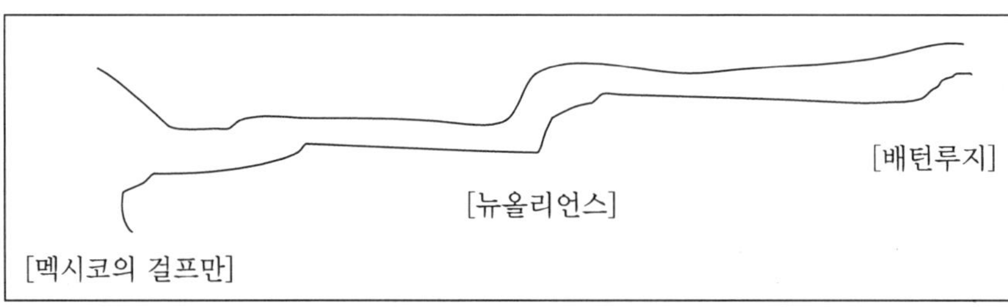

Baton Rouge is *above/*over* New Orleans on the Mississippi River.
(배턴루지는 미시시피 강에서 뉴올리언스 위에 있다.)
그림 10.3 측면 관점

여기서 *above*는 여전히 '—보다 높은(higher than)'을 함의한다. 하지만 **주어**와 **지표**가 또한 상당히 옆으로 떨어져 있다. *Over*는 이러한 상황을 기술할 수 없다. 여기 이러한 용법을 보여주는 *above*의 또 다른 예가 있다.

(2) Dale's flat is somewhere *above* Jill's, in the same building.
(데일의 아파트는 같은 건물에서 질의 아파트 위층 어딘가에 있다.)

즉, 만일 질의 아파트가 3층에 있다면, 데일의 아파트는 좀더 높은 층에 있어야만 한다. 데일의 아파트는 질의 아파트 바로 위에 있거나 같은 건물의 반대쪽에 있을 수도 있다. 반면, 만일 (2') 과 같이 말한다면,

(2') Dale's flat is somewhere *over* Jill's...
(데일의 아파트는 같은 건물에서 질의 아파트 위 어딘가에 있다.)

데일의 아파트가 질의 아파트 ***바로*** 위, 좀더 높은 층에 있었다는 것을 암시할 것이다.

3. *Over* 문자적 의미와 *over*와 *above*에 대한 추가 설명

3.1 *Over* 대 *above*

3.1.1 중심적 *over* 대 중심적 *above*

*Above*와 달리 *over*는 원형적으로 장소 전치사라기보다는 경로 전치사이다. 아래 두 개의 도상에서 *over*의 원형을 가장 잘 나타내는 것은 아마도 왼쪽일 텐데, 그 이유는 중력 때문에 **지표** 위의 많은 경로가 호를 그리며 위로 오르다가 그 다음 아래로 떨어지기 때문이다.

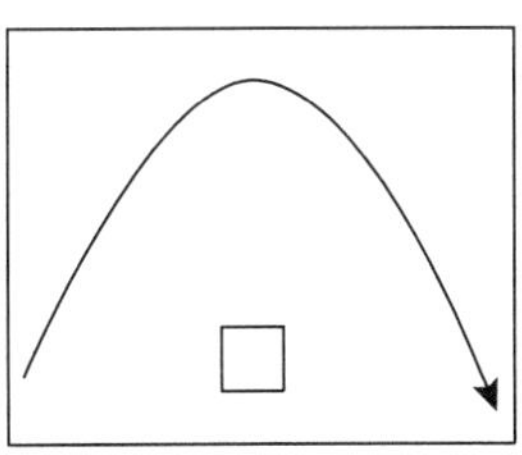

Jump *over* the box.
(상자를 뛰어 넘어라.)
그림 10.4a 측면 관점

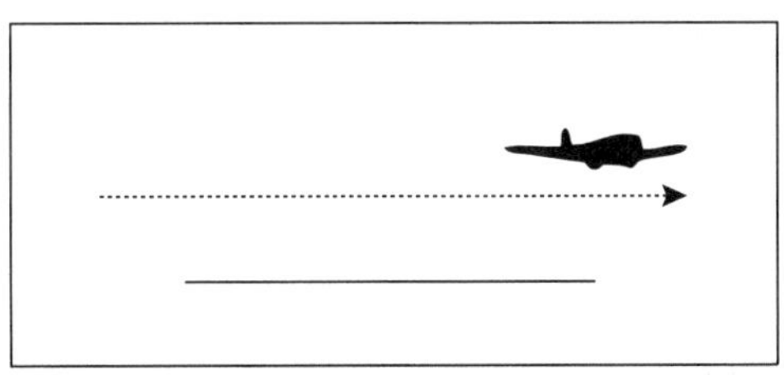

The plane flew *over* the town.
(비행기가 마을 위를 날아갔다.)
그림 10.4b 측면 관점

*Above*는 경로가 **지표**의 한쪽을 넘어서 다른 쪽으로 넘어가는 그림 10.4에서 보여주는 것 같은 상황을 기술하는 데 결코 사용되지 않는다.

*Over*는 원형적으로 경로 전치사이기 때문에, 장소나 종점 전치사로 사용될 때라도 경로 모양의 **주어**를 포함하는 배열을 기술하는 데 *above*보다 훨씬 적절하다.

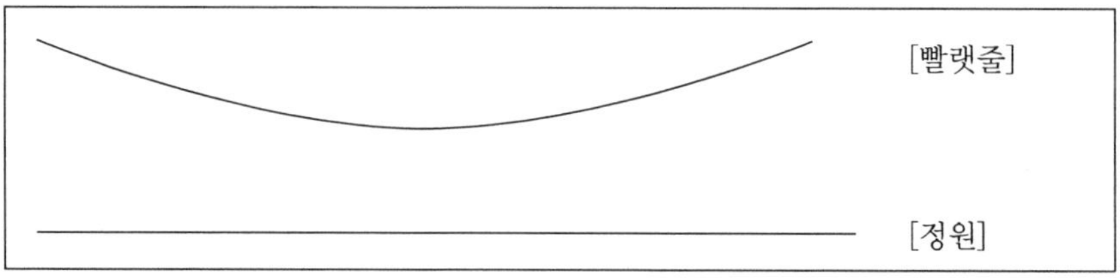

Hang the clothesline *over*/*?above* the garden. (정원 위에 빨랫줄을 걸어라.)

그림 10.5 측면 관점

3.1.2 *Over*: 주어와 지표의 접촉

*Above*와 *over*간의 또 다른 차이점은 다음과 같다. *Above*는 **주어**와 **지표**가 절대 접촉하지 **않는다**는 것을 의미한다. *Over*는 이런 점에서 다르다(그림 10.6 참조). *Over*의 중심 의미의 핵심 요소는 다음과 같다. (1) 경로는 **지표** 위 표면에 가장 가깝고 (2) 이 표면을 한쪽에서 다른 쪽으로 가로지른다.

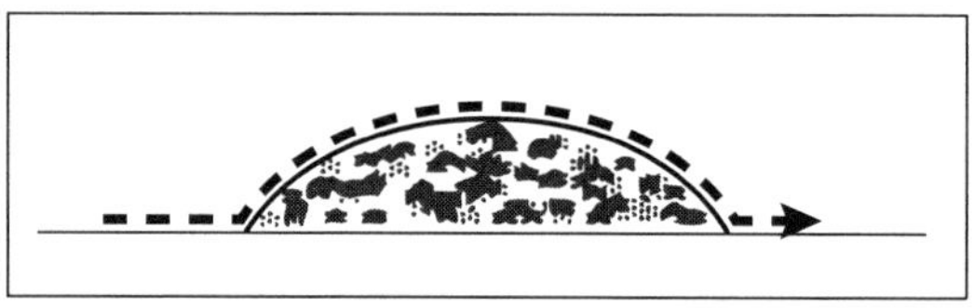

I walked *over* the hill. (나는 언덕을 넘어갔다.)

그림 10.6 측면 관점

다시 말해서, *above*는 그림 10.6에서 보여준 것 같은 상황을 묘사하는 데 쓰일 수 없다. *Above*를 위 문장에 대체하면 아마도 내가 공중에서 빙빙 돌아다니고 있다는 것을 의미하게 될 것이다(그림 10.2 참조).

3.2 *Over*: 원형으로부터의 점진적 변이

3.2.1 *Over*와 선형 접촉

*Over*는 **지표**와 접촉하고 있는 경로뿐만 아니라 **지표**와 접촉하고 있는 경로 모양의 실제 물건이나 구조를 지칭할 수 있다.

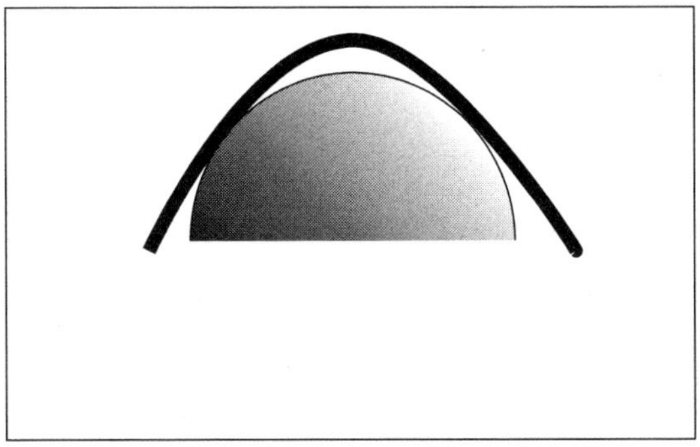

A snake had draped itself *over* a limb. (뱀이 가지 위에 걸쳐 있었다.)
A road used to lead *over* that hill. (한때는 길이 언덕 너머로 이어졌었다.)
They're going to build a road *over* that hill.
(그들은 언덕 위에 길을 건설할 것이다.)

그림 10.7 측면 관점

3.2.2 *Over*와 추상적 경로

10/6에 보여준 의미를 통해 원형(그림 10.4a)을 좀더 확장한 예가 다음과 같이 예시된다.

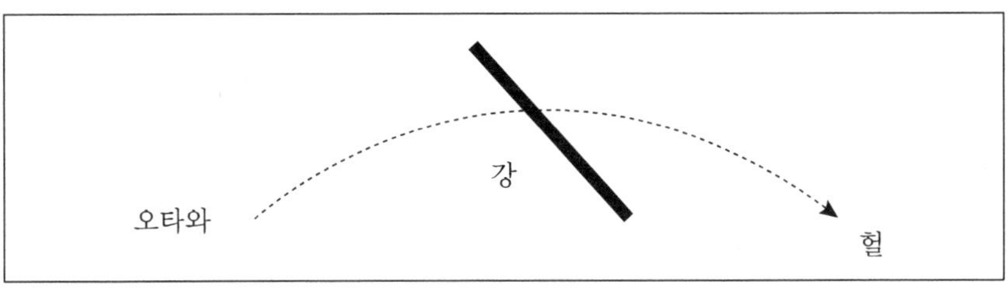

Hull is *over* the river from Ottawa. (헐은 오타와에서 강 너머에 있다)

그림 10.8 측면 관점

여기서 화자는 어떤 물리적 경로가 아니라, '까마귀가 날아간-것 같은(as-the-crow-flies)' 잠재적인 경로를 생각하고 있다. (이와 같은 문맥에서의 *over*와 *across*의 차이는 아래서 논의된다.)

3.2.3 '펼쳐진 접촉'을 나타내는 *over*

(그림 10.7에서 예시된 의미를 통해) 그림 10.6에 예시된 의미의 확장은 다음의 예에서 보여진다.

(3) Put a cloth *over* the stain. (얼룩 위에 천을 덮어라.)

(4) You've spilled milk/raisins *all over* the floor!
(네가 마루 위에 온통 우유/건포도를 엎질렀구나!)

(5) He's got grime/pimples *all over* his face! (그는 얼굴 전체에 때가/여드름이 있다!)

예 (3)은 *over*가 단지 일차원이 아닌 이차원에서 한쪽에서 다른 쪽으로 덮는 것을 묘사할 수 있다는 것을 보여준다. (360°로 회전되는 경로를 상상하라.) 좀더 의미가 확장된 (4)에서는 건포도가 마루 위에 흩어진 것처럼 간헐적으로 덮을 수 있다는 것을 안다. (이러한 용법은 당연히 과장법[G]으로 시작된 것이리라.) 원형에서 좀더 확장된 (5)에서는 문제의 표면이 위쪽일 필요가 없다는 것을 알 수 있다. ((4)와 (5)의 의미에서는 *all*이 필요하다.)

3.2.4 *Over*는 '접촉'인가 아니면 '접촉 결여'를 의미하는가?

아래 예문은 그림 10.4b에서 보여준 의미의 직접적인 확장을 보여준다(즉 *The plane flew* ***over*** *the town*(비행기가 마을 위를 날았다.)).

(6) It's clouding *over.* (구름이 덮이고 있다.)
[즉, 구름층이 태양을 가리면서 머리 위로 움직였다.]

(6)과 그림 10.4b의 차이는 (6)의 논리적 주어, 즉 구름층과 그 경로는 매우 넓은 반면 비행기와 그 경로가 매우 좁다는 것이다. 그러나 (6)과 그림 10.4b는 유사하다. 왜냐하면 —만일 누군가가 (6)을 말하는 것을 들을 때—우리는 날고 있는 비행기가 땅을 접촉하고 있다고 상상하지 않듯이 구름이 땅을 접촉하는 것으로 상상하지 않을 것이기 때문이다. 그러나 이러한 해석은 구름과 비행기에 대한 우리의 지식에서 나오는 것이지 *over*의 의미에서 나오는 것이 아니다. 왜냐하면 '접촉 결여(lack of contact)'는 *over*의 필수 자질이 아니기 때문이다.

마찬가지로 (7)에서 '접촉'이 함축되는 것도 도보에 대한 우리 지식에서 나오는 것이지 *over*의 의미에서 나오는 것이 아니다. 또한, 비록 *all*의 과장적인 존재에도 불구하고 (7)이 (6)보다 훨씬 덜 철저하게 덮이는 것을 추론하게 하는 것 역시 도보(예컨대 발은 드문드문 땅을 접촉한다)에 대한 우리의 지식이다.

(7) We walked *all over* the place. (우리는 그 지역 전체를 걸었다.)

3.2.5 넘어짐의 *over* : 원형에서의 추가적 변이

여기서 **지표**(그가 걸려 넘어지게 한 물체)는 그림에서 'x'에 있는 중심점이다. 다시 말해, 우리는 우리 발이 있던 곳에서 걸려 넘어진다. 이러한 용법은 역사적으로 'x'에 물리적 장애물이 있는 (8) 같은 예문에서 파생되었다.

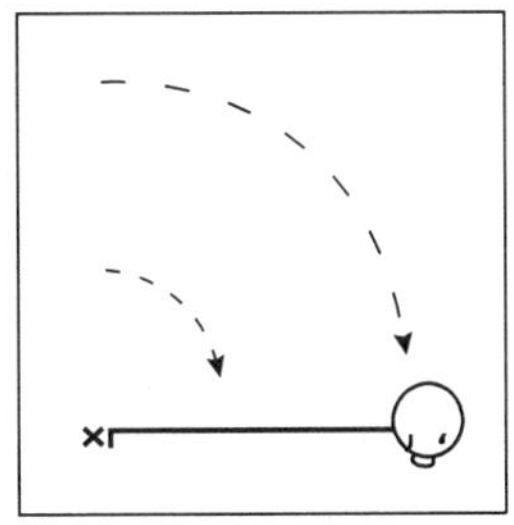

He fell *over*. (그가 넘어졌다.)

그림 10.9

(8) He tripped *over* a stone. (그는 돌에 걸려 넘어졌다.)

어쨌든, *over*의 이러한 용법은 경로가 조금 떨어진 곳이 아니라 **지표** 바로 위에서 시작한다는 점에서 원형에서 빗나간 것이다. 넘어지는 몸의 모든 부분은 바깥 아래로 향하는 호의 모양(그림 10.4a에서 보여준 경로의 후반부)을 묘사한다.

3.2.6 *Rolling* ***over***

(8)에서 본 의미가 특별히 흥미롭게 확장된 예를 (9)에서 볼 수 있다.

(9) The log rolled *over* and we fell off into the water.
(통나무가 데굴데굴 굴러서 우리는 물속으로 떨어졌다.)

(8)과 (9)의 관계는 다음과 같다. 당신이 통나무 끝을 정면으로 보고 있다고 상상해보자(아래 그림 10.10). 이제 (당신 마음의 눈으로) 나무 위에 못을 박는다. 그 다음 통나무가 오른쪽으로 1/4 돈다고 상상해 보자. 그 결과, 못은 그림 10.9에서 넘어지는 사람의 머리로 묘사된 것과 아주 똑같은 형상의 경로를 묘사하게 되었다. 통나무가 둥글기 때문에 계속해서 회전한다는 점만이 차이점이다.

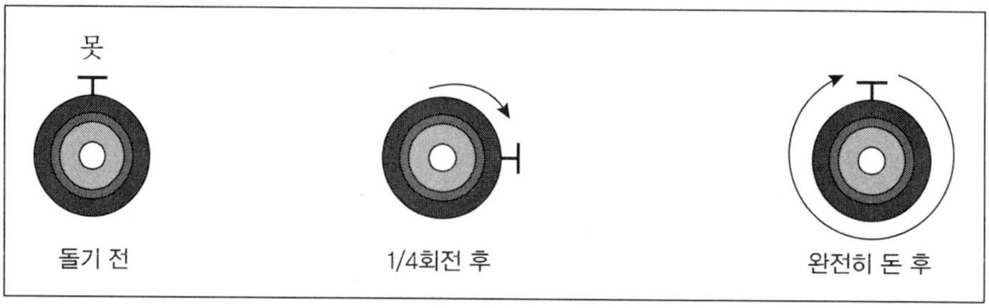

그림 10.10 통나무 끝에서 본 시각

3.2.7 *Over*flowing

그림 10.9에서 보여준 의미를 또 다르게 적용한 것이 다음과 같이 예시된다.

Oh, no! The bathtub's *over*flowing. (어, 안 돼! 욕조가 넘치고 있어.)

그림 10.11 물통 옆에서 본 시각

3.2.8 *Over there*

*Over*의 매우 흔한 용법은 다음 형태로 말하는 것이다:

(10) Look *over* there! (저쪽을 봐!)

우리는 (10)처럼 말할 때 손짓을 하게 될 것이다. 그렇다면, 손짓은 화자로부터 관심의 사물로 시각이 움직이는 경로 — 혹은 선 — 를 가리키게 된다. 형상을 보자면, 중간에 낀 사물이 없다는 것을 제외하고는 그림 10.8에서 보여준 상황과 비슷하다.

4. *Over*와 *above*—은유적 확장

위에서 본 것처럼, *over*의 비중심적인 문자적 의미는 때때로 중간의 비중심적 의미를 통해 그림 10.4a에서 보여준 중심의미와 연관된다. 이런 다른 의미들은 여러 변수(예컨대, '접촉의 유무', '지표나 주어에 대한 경로의 길이', '경로의 형상', '주어의 이동이나 비이동', '실제 혹은 잠재적 경로')에 따라 분류된다. *Over*의 다양한 의미는 불가사리와 조금 비슷하다. 원형은 중심에 있고 다양한 비중심적 의미들은 중심에서 각각 길이가 다른 팔에 놓여있다. 그런데 불가사리는 그 다리들을 교차시킬 수 있다. 그리고 때로는 *over*의 한쪽 다리 끝 근처의 의미가 같은 다리에 있는 덜 확장된 의미뿐만 아니라 다른 다리에 있는 의미와 '접촉'하는 것처럼 보인다.

은유적 *over*는 약간 얽은 자국이 있는 거울로 이런 불가사리를 비추는 것과 같다. 전반적인 형태와 조직은 같지만 팔 한두 개의 끝이 잘린 것같이 보이는 것과 같다. 이번 장의 다음 절에서 필자는 이를 반영하는 여러 부분을 불가사리 자체에 연결시킬 것이다. (좀더 상세하고 다소 다른 분석에 대해서는 Lakoff 1987을 보라.)

*Above*는 은유확장의 범위가 훨씬 좁다. 필자는 이들이 *over*의 검토에 적합하므로 다루고자 한다.

4.1 *Over* 은유적 장애물

여기서 예시한 은유는 *over*의 중심의미에 기초한다(그림 10.4a 참조).

(11) I'll never get *over* this cold.
(나는 결코 이 감기를 극복하지 못할 것이다.)

즉, 병(또는 기타 불행한 경험들)은 마치 사람이 넘을 수 있거나 중간에 막혀 꼼짝 못하게 하는 시냇물이나 울타리 같은 물리적 장애물처럼 말할 수 있다.

4.2 *Above oneself* = (은유적으로) '사람의 능력을 넘어선'

Hotel Reserve(리저브 호텔, 1944, RKO)이라는 영화에 다음과 같은 대사가 있다.

(12) Aren't you getting *above* yourself? (너 분수를 모르는 것 아니니?)

이 의미는, '너는 부자도 아니고, 사회에서의 지위도 불확실하고, 능력도 분명 불충분한데, 지나치게 야심찬 것 아니니(Aren't you being too ambitious given your lack of wealth, your iffy position in society, and apparently insufficient abilities)?'이다. 영국 스포츠방송 진행자가 종종 *above*를 유사하게 사용한다.

(13) They'll have to bat *above* themselves if they want to get back in the match.
(그들이 시합에서 다시 경기하기를 원한다면 그들은 자신들의 능력 이상으로 공을 쳐야한다)

(13)을 풀어쓰면 *They'll have to bat above their previous abilities*(그들은 이전의 능력

이상으로 공을 쳐야한다)이다. 예문 (12)와 (13)은 '좋은 것은 위이다(good is up)'라는 체계적 은유의 예들이다. 즉, *above*는 '좀더 높은(higher than)'을 의미하고, 위에 있으면(또는 높으면) 좋은 것이기에, *above*는 '좀더 좋은(better than)'을 의미한다.

4.3 *Over* = '-때문에'

(14)-(15)에서 보여준 *over*의 용법은 두 개체가 문자 그대로 이들이 다투고 있는 무언가—예컨대, 죽인 사슴, 대 지 구획이나 곡식자루—의 위에 있는 경우((14)와 그림 10.1참조)에서 나왔을 것이다. 예문 (15)와 (16)은 이러한 기본 영상에서 점차적으로 추상화된 것을 보여준다. 가장 추상적인 용법 (16)은 '때문에(on account of)'로 바꾸어 쓸 수 있다.

(14) Two lions fought *over* the dead gazelle.
(두 마리 사자가 죽은 가젤을 두고 싸웠다.)

(15) The villagers mourned *over* their dead for two days.
(마을 사람들은 이틀 동안 그들의 죽음을 애도했다.)

(16) Union boss quits *over* scandal allegations.
(노조위원장은 추문 혐의로 그만둔다.)

4.4 '지배'의 *over* 대 '우위'의 *above*

모든 문화는 체계적으로 권력과 '상향성(upness)'을 연결시키는 것 같다(예: Marks, 1996). 따라서 주어가 지표를 '지배' 또는 '통제'하거나, 주어가 적어도 지표보다 힘이 세고 중요하다는 것을 암시하는 *over*의 흔한 용법에 대한 예외는 없다. 정말로, 통제를 말할 때 *over*를 사용하지 않는 것은 어렵다.

(17) We have no control *over* him. (우리는 그를 제어할 수 없다.)

(18) Who is *over*seeing this project? (누가 이 프로젝트를 감독하고 있니?)

(19) 49ers savor triumph *over* Chargers.
(49ers 팀은 차저스 팀을 이긴 승리의 기쁨을 맛본다.) [스포츠 헤드라인 기사]

(20) Bright lights of Tel Aviv win out *over* Jerusalem for young Israelis.
(젊은 이스라엘인들에게는 텔아비브의 휘황찬란함이 예루살렘을 압도한다.)
[신문 헤드라인 기사]

어떤 것을 통제할 때는 원형적으로 그것과 접촉하는 형태로 온다. *Above*는 '접촉'을 배제하기 때문에 (17)–(20)에서 *over*를 대체할 수 없다.

그러나—분명 이점 때문에—*above*는 **주어**가 **지표**를 직접 통제한다는 함축이 없을 때 '우월성(superiority)', '우선성(priority)', 또는 심지어 '우위성(exaltedness)'을 암시하는 데 적합하다.

(21) Why don't we rank quality *above/over* mass appeal just for once?
(우리 이번만은 대중적 관심보다는 질을 우선으로 하자.)

(22) The Brahmins consider themselves to be far *above/?over* the Untouchables.
(브라만들은 그들 스스로 불가촉 천민 위에 있다고 여긴다.)

*Over*가 (21)에서 가능한 반면, (22)에서는 자연스런 선택이 아닌 것에 유의하자. 이는 우리가 '질'을 '대중적 호소'보다 단지 조금 위로 메기려하기 때문일 것이다. 그러나 브라만들은 중간의 낀 많은 계급에 의해 불가촉 천민들과 '분리'된다.

4.5 *Over and above* = '계다가 그리고 더욱 중요하게'

또한 다음과 같은 예에서 표현 *over and above*는 그림 10.1(예 *a doorknob above/over a keyhole*)의 *above*와 *over*에 의미적으로 관련된다.

(23) *Over and above* my gas bills I need to pay a hefty sum to the landlord every month. (가스 요금에 더하여, 나는 매달 집주인에게 많은 금액을 지불해야만 한다.)

이는 중요함과 위를 동일시하는 체계적 은유에서 파생되는 무수히 많은 영어 표현의 또 다른 예문이다. Over와 above를 중복시켜서 이 표현을 *in addition to*보다 좀더 강하게 만든다.

4.6 *Over* = '다시'

*Over*는 때때로 다음 예문에서처럼 *again*이나 *re-*로 바꾸어 쓸 수 있다.

(24) Since we had botched it, we had to do it *over*.
(우리가 그것을 망쳤기 때문에 다시 해야 했다.)

(25) The same things happen to him *over and over*.
(같은 일이 계속해서 그에게 일어났다.)

이 용법은 아마도 회전하는 통나무 그림(그림 10.10)으로 예시된 것에서 파생되었을 것이다. 즉, 만일 당신이 어떤 물건을 **뒤집으면**, 같은 물건의 새로운 표면을 드러나게 한다. 이런 사실은 은유적으로 동일한 활동으로 새 출발을 하는 것을 암시할 수 있게 한다.

4.7 *Over* = '끝난'

판자, 아니면 정말 어떤 물건이든지, 돌아가는 것을 상상해보자. 위였던 쪽이 시야에서 사라진다. 우리 모두는 물건이 돌아간 결과 표면이 시야에서 사라지는 것을 여러 번 보았다. 사라지는 것은 '종료(termination)'를 암시할 수 있다. 따라서 *over*의 흔한 확장 의미는 '종료'와 관련된다.

(26) The war is *over.* Let's all go home. (전쟁이 끝났다. 모두 집에 가자)

4.8 '과도함'을 의미하는 *over*

'과도함(excess)'는 특히 ***over**eat*(과식하다)같은 복합 동사에서 보이고 *The bathtub's **over**flowing!*(욕조가 넘쳐흐른다)에서처럼 ***over**flow*(넘치다)에서 보이는 의미와 연관된다(위의 그림 10.11과 또한 2장 9절 참조).

4.9 *Over* = '남은'

(26)번에서 *over*의 이런 의미는 그림 10.1로 나타낸 의미와 관련될 것이다. 즉, '중지(suspension)'의 생각은 아주 종종 무언가가 어떤 의미에서 끝나지 않았다는 것을 암시한다. 예를 들어, 대화가 '중지될(suspended)' 수 있거나 어떤 이슈는 '달려(hanging)' 남아있을 수 있다. 대조적으로 땅으로 내려온다는 생각은 *settle an issue*(문제를 해결하다)와 같이 그 반대를 암시할 것이다.

(26) There's some wine left *over* from the party. (파티에서 남은 와인이 좀 있다.)

5. *Above* 대 *over*: 또 다른 시각

(27)에서는 신문지가 떠돌이의 얼굴 위에 놓여있는 반면 (28)에서는 신문지가 공중에 떠 있다.

(27) The tramp lay with the newspaper *over* his face.
(떠돌이가 얼굴 위에 신문지를 덮고 누웠다.)

(28) The magician lay with the newspaper *above* his face.
(마술사가 얼굴 위에 신문지를 띄우고 누웠다.)

(*Above ground transportation*(지상교통수단)처럼) 표현 *above ground*(지상)는 *above*가 **주어**와 **지표**가 접촉하지 않는 상황만 나타낸다는 시각에 표면적으로 예외이다. 즉, *above ground*는 *above ground transportation*에서처럼 비행기뿐만 아니라 기차도 포함되는 반면 *creatures that live above ground*(지상에 사는 창조물)는 원숭이, 새, 그리고 사무실 일꾼뿐만 아니라 달팽이도 포함된다. 그러나 *above ground*는 전형적으로 *on the ground*가 아니라 *below ground*와 대조된다. 즉, *above ground*는 땅 표면 보다 높은 것을 나타내는 것이 아니라 '지하(below ground)'가 아닌 것을 나타낸다—특히, 관이 놓이고, 지하철이 달리고, 지하가 건축되는 층이 아닌 것이다. 땅 표면과의 접촉은 이런 더 깊은 층과의 접촉과 동일하지 않다. 간단히 말해, *above*는 여전히 '분리'를 함의한다.

(29) I wish I had an office *above ground* instead of this gloomy basement rat hole. (이렇게 음산한 지하 쥐구멍 대신 지상에 사무실이 있다면 좋을 텐데.)
(30) Still *above ground*, I see. I thought you might be dead by now.
(여전히 살아있군, 그래. 나는 네가 지금쯤이면 죽었을 걸로 생각했다.)

6. *Across*

장소 전치사로서 *across (from)*는 8장에서 논의하였다. 여기서는 경로 전치사로서의 *across*를 살펴본다.

6.1 *Across*: 문자적 의미

단어 *cross*는 아래 그림 10.12와 10.13에서 볼 수 있듯이 우연히 *across*에 나타난 것이 아니다.

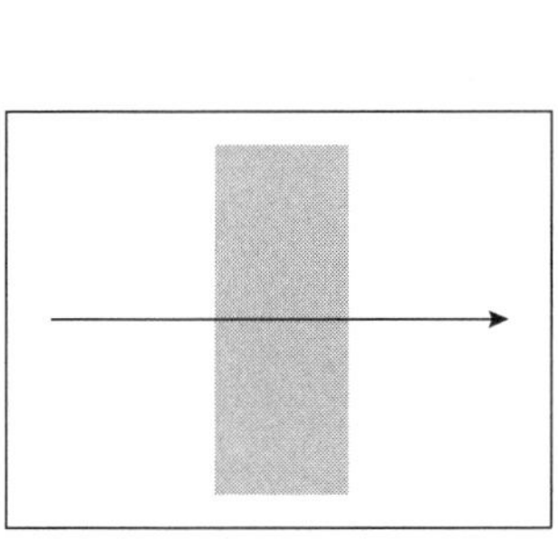

The bird flew *across* the river.
(새는 강을 날아 건넜다.)
그림 10.12 새의 관점

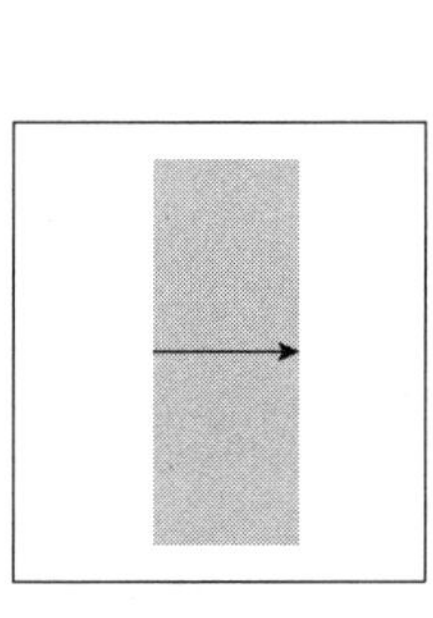

The man rowed *across* the river.
(그 남자는 노를 저어 강을 건넜다.)
그림 10.13 새의 관점

위의 두 예는 경로를 포함하는 중심의미를 보여주지만 그 경로가 **지표**의 한쪽을 넘어 다른 한쪽을 넘어가는지 아니면 단순히 두 쪽 사이를 가는지에 대해서는 중립적이다.

다음과 같이 밀접히 관련된 용법에서 **지표**를 가로지르는 것은 경로가 아니라 경로 모양의 어떤 것이다.

(31) The power line/pontoon bridge goes *across* the river at its narrowest place.
(송전선이/부교가 강의 가장 좁은 곳에서 강을 가로질러 놓여있다.)

문맥이 특별히 다르게 말하지 않는다면, 우리는 자연스럽게 '**지표**의 가장 긴축에 직각으로 가로질러(across at a right angle to the longest axis of the Landmark)'를 의미하는데 *across*을 선택한다. 또한 원형은 평평하거나 납작한 물건이나 영역의 위 표면을 가로지르는 경로를 포함한다. 그런데 이런 영상은 회전될 수 있다. 따라서

(32) Some vandal has painted a white streak *across* the front of the building.
(어떤 공공기물 파손자가 건물 앞면에 가로로 흰색 줄을 칠했다.)
[즉, 수직 표면에 경로모양의 표시가 있다.]

지리적으로 생각할 때, 우리는 여행이 어떤 지역이나 어떤 나라의 긴 축을 횡단하든지 짧은 축을 횡단하든지 상관없이 동-서로 가는 여행에 *across*를 사용하는 경향이 있다. 노르웨이, 스웨덴, 영국은 북에서 남쪽으로 길다. 그래서 우리는 북-남으로 가는 것이 아니라 동-서로 가는 여행이나 노선에 *across*를 사용한다. 미국, 캐나다, 러시아는 동-서가 길지만 우리는 여전히 동-서 여행에 *across*를 사용한다. 이들 나라를 북에서 남으로 '횡단한다(crossing)'고는 잘 말하지 않게 될 것이다. 그러나 만일 어떤 지역이 네모나거나 둥그스름하면 어떤 방향으로든지 *across*가 아주 자연스럽게 여행이나 노선에 사용될 수 있다.

(33) It takes all day to drive *across* France from Belgium to Spain.
(벨기에에서 스페인까지 프랑스를 횡단하여 운전하면 하루 종일 걸린다.)

6.2 *Across* 대 *over*

*Over*와 *across* 둘 다 '한쪽에서 다른 쪽으로(from side to side)'를 의미할 수 있다. 그러나 이 중 하나의 전치사를 다른 것 대신 사용하면 뉘앙스만이라고 해도 어느 정도는 항상 구나 문장의 의미를 바꿀 것이다. 예를 들어 세 개의 다리를 생각해보자(그림 10.14).

- 첫 번째 다리는 네덜란드에 있다. 이것은 매우 평평하고 낮고, 만의 평평한 두 쪽을 연결한다.
- 두 번째 다리도 네덜란드에 있는데, 이 역시 만의 두 개의 평평한 가장자리 사이를 잇는다. 그런데, 첫 번째 다리와는 달리, 배가 아래를 통과할 수 있을 만큼 높아야 한다.
- 세 번째 다리는 애리조나 주에 있다. 깊은 계곡의 가장자리에서 가장자리로 연결된다.

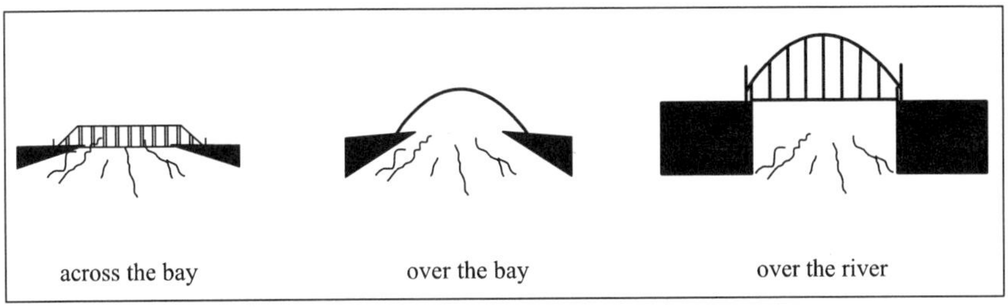

그림 10.14 세 다리의 측면 관점

Over(그림 10.4a와 b)는 다리의 호가 위로 갔다가 아래로 가거나(다리 2) 다리의 호가 높고 다리 전체 길이 내내 대체로 접촉하지 않는 경로(다리 3)를 묘사하는데 *across*보다 훨씬 적합하다. 그래서 다리 2와 다리 3에 대해서, *over*는 거의 확실히 대부분의 사람들이 사용하려고 하는 전치사가 된다. 그러나 다리 1이 갖는 경로는 물 표면과 가깝다. 따라서 대부분의 사람들은 아마도 이 경로를 묘사하기 위해 *across*를 사용할 것이다.

사람의 시야 범위 또한 *across*나 *over*가 어떤 상황이나 사건을 묘사하는데 가장 적합한 전치사인지 여부를 결정하는 한 요소가 된다. 그래서 땅에 있는 어떤 사람이 위를 올려다보며 다음과 같이 말할 수 있다.

(34) There's a plane flying *over* us right now.
(지금 우리 위로 비행기가 날아간다.)

다음과 같이는 결코 말할 것 같지 않다.

(34^1) *There's a plane flying *across* us right now.
(지금 비행기가 우리를 횡단해서 날아간다.)

그러나 만일 대륙 스케일로 생각한다면—예컨대, 지도를 보고 있거나 마음의 눈으로 위의 높은 곳에서 지구를 보고 있다면—*across*는 전적으로 가능하다.

(35) We flew *across* Canada from St Johns to Victoria.
(우리는 세인트존스에서 빅토리아까지 캐나다를 횡단 비행했다.)

(35)를 말하는 사람이라면 누구든지 경로의 고도가 아니라 경로가 한쪽에서 다른 쪽으로 갔다는 사실을 생각할 것이다. 확실히, 마음속으로 캐나다를 이런 스케일로 볼 때, 4만 피트는 전혀 먼 것이 아니다. 그러나 (36)을 말하는 사람은 마음속의 관점이 다르다. 즉, 비행기에 탄 사람의 마음속에는 고도가 좌우 거리보다 훨씬 더 두드러질 것이다.

(36) We're flying *over* Ontario right now.
(우리는 지금 온타리오 상공을 비행하고 있다.)

6.3 은유적 *across*

*Across*가 은유적으로 사용되는 표현이 그리 많지는 않다. 여기 하나의 예가 있다.

(37) She's very good at getting moral issues *across* to children.
(그녀는 아이들에게 도덕적인 쟁점을 전달하는데 아주 능숙하다.)

여기서, *get*은 이 동사가 보통 의미하는 것을 의미한다. 즉, 이것의 보어(complement) (즉, 주동사 다음에 오는 문장 부분)는 (잠재적으로) 얻을 수 있는 결과로 보인다. 여기서 문제의 결과는 어떤 의미에서 도덕적 쟁점이 '아이들에게 건너간 것(across to children)'이다. 무엇을 가로지르는가? 한 사람의 마음과 또 다른 사람의 마음사이에 있는 공간을 가로지른다. 즉, 대화는 (38)에서처럼 누군가가 물리적 공간을 횡단하여 어떤 물건을 다른 쪽에 있는 사람에게 전달하는 것과 동일시된다.

(38) After two attempts she got the packet *across* to her friend.
(두 번의 시도 후에 그녀는 그녀의 친구에게 소포를 전달했다.)

7. *Through*

7.1 문자적 *through*

7.1.1 중심의미

*Through*의 중심의미는 '한쪽으로 들어와 다른 쪽으로 나온다(in one side and out the other)'는 것이다. 좀더 구체적으로, **지표**는 3차원이고 횡단경로는 **지표**의 중심을 통해 간다. Through는 **주어**가 **지표**의 표면과 접촉하는지에 대해서 중립적이다.

(39) The bat flew *through* the culvert.
(박쥐는 하수관을 통해서 날아갔다.) [접촉 없음]

(40) The worm ate its way *through* the apple.
(벌레가 사과를 파먹어나갔다.) [접촉]

*Through*는 언급되는 상황이 어느 정도 3차원성이 있을 때 (평평한 표현을 갖는) 2차원 **지표**와 가장 적합하게 사용된다. 따라서 만일 들판의 잔디가 매우 짧으면 필자는 다음처럼 말할 것이다.

(41) I walked *across* that field. (나는 저 들판을 건너갔다.)

그러나 키 큰 사탕수수가 빽빽하게 서있는 들판이라면 다음처럼 말할 것이다.

(42) I walked *through* that field. (나는 저 들판을 통과해서 걸어갔다.)

횡단할 상자(즉, ▭)가 공간(예컨대 위 (39)와 (40))이나 지역(예컨대, (41)), 또는 심지어 그림 10.15처럼 선을 나타낼 수 있다는 조건에서 through에 사용할 도상은 —⊟→이다.

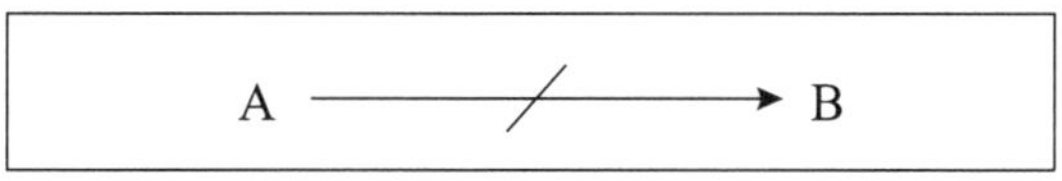

Let's draw a short angled line *through* line AB.
(선 AB를 통과하는 짧고 비스듬한 선을 그리자.)
그림 10.15

7.1.2 *Through* 대 *across* 대 *over*

- 만일 *You walked* ***through*** *a stream*(당신이 냇물을 **통과해** 걸었다)이라고 하면, 당신의 발이 젖었다고 추측하게 된다.
- *You walked* ***across*** *a stream*(당신이 냇물을 **횡단하여** 걸었다)이라고 말했다면, 당신 발이 젖었는지 아닌지 모른다. 아마도 당신은 둑과 둑 사이를 징검다리나 수면 가까이에 있는 통나무를 밟고 갔을 것이다. 아니면 냇물이 얼어서 빙판을 건너갔을 수도 있다.
- *You walked* ***over*** *a stream*(당신이 냇물을 걸어서 **넘어**갔다) (아니면 *jumped* ***over*** *a stream*(뛰어 **넘어**갔다고))라고 했다면, 당신의 발이 마른 채로 남아있었다고 가정해도 별로 틀리지 않을 것이다.

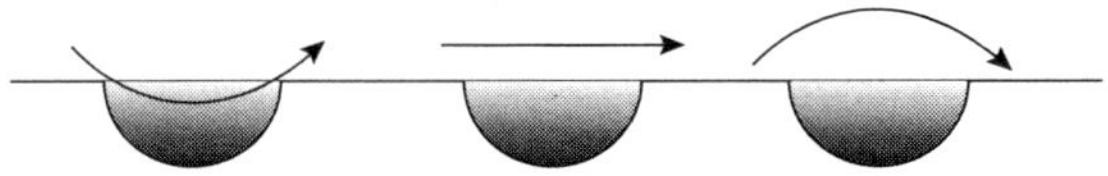

그림 10.16 세 경로의 측면 관점

7.2 은유적 *through*

7.2.1 시간 속 공간으로서의 상황

우리는 습관적으로 행위(actions)를 마치 동작(motions)인 것처럼 말하고, 심지어는 아주 흔히, 상황(situations), 활동(activities), 상태(states)를 마치 3차원적인 덩어리나 공간인 것처럼 말한다. 따라서 (43)은 마치 소음을 안개 속과 유사한 어떤 것처럼 보고 수면의 영상을 소음의 기간을 '통과해가는(through)' 경로에서 취할 수 있는 동작의 형태로 만든다.

(43) How did you sleep *through* all that noise?
(어떻게 그렇게 시끄러운 속에서 잠을 잤니?)

예문 (44)도 지표가 좀더 추상적이지만 마찬가지이다.

(44) I once lost $600 *through* the purest stupidity.
(나는 한때 완전히 멍청해서 600불을 잃었다.)

여기서, 멍청함의 에피소드가 터널이나 안개 속 같은 물리적 지표와 공통적으로 갖는 것은 그 에피소드가 (공간보다는 시간일지라도) 시작과 끝이 있다는 것이다. 또한 터널이나 안개 속을 통과하는 길은 목적지(destination) 같은 어떤 곳으로 이어진다. 에피소드는 또한 (은유적으로) 결과(result) 같은 어떤 곳으로 이어질 수 있다. (44)에서 결과는 600불 더 가난해진 것이다(23장 8절의 '원인' 참조.)

7.2.2 *Through* = '끝난'

*Through*의 흔한 은유적 용법이 다음처럼 예시 된다.

(45) Never again. I'm *through with* this job. I quit.
(다시는 안 해. 이 일과는 끝이야. 나 그만둔다.)

이것은 삶에서의 활동이나 상황을 마치 한쪽으로 들어간 다음 다른 쪽에서 떠날 수 있는 물리적 덩어리인 것처럼 말한다는 점에서 (43)과 유사하다. 다시금 시간 그 자체를 우리가 통과해서 줄곧 앞으로 움직여가는 매개체로 보는 체계적 은유가 관련된다. 시간은 오직 한 방향으로만 가기 때문에, 우리가 일단 시간을 '통과(through)'해 갔다면, 삶은 결코 되돌릴 수 없다. 한마디로 끝난 것이다. *With*는 *through*와 **지표**(가 명시된다면) 사이에 반드시 와야 한다.

7.2.3 *Through* = '끝난' 대 *over* = '끝난'

비록 이 두 전치사 모두 'finished(끝난)'로 바꾸어 쓸 수 있는 의미를 가질 수 있지만, 같은 방법으로 이 의미를 표현하지는 않는다.

위의 그림 10.10은 *over*가 '끝난'을 의미할 때, 넘어가는(즉, 회전하는) 것이 통나무, 책의 표지, 판자처럼 **지표** 그 자체라는 것을 보여준다. 따라서 판자를 넘길 때, 필자는 *There. It's* ***over***(자, 넘어갔어).라고 말할 것이다. 이런 의미가 은유적으로 확장되면(*The war is* ***over***(전쟁이 끝났다).에서처럼) 상황, 활동, 혹은 수행(예컨대, 전쟁, 게임, 영화)을 마치 넘겨지면 사라지는 책의 쪽처럼 말하는 것이다.

그러나 *through* = '끝난'의 경우는 (은유적으로) 움직이는 것이 **지표**가 아니라 **주어**로, 이는 항상 사람(또는 동물)이고 절대로 물건이 되지 않는다. 이것이 우리가 *She's* ***through***.(그녀는 끝났다)지만 *It's* ***over***.(그것은 끝났다)라고 말하는 이유이다.

8. *Via*

('-을 경유하여(by way of)'를 의미하는 라틴어에서 나온) *via*는 **지표**가 목적지로 가는 도중의 한 지점이라는 것을 나타내는데 사용된다. *Via*는 **지표**에 대한 **주어**의 정확한 관계에 대해선 모호하다. 따라서 *via*는 경로가 **지표**를 통과해 가거나(아마도 중심의미일 듯), 경로가 **지표**를 스쳐 지나가기만 할 때, 또는 심지어 경로가 **지표** 가까이는 가지만 결코 닿지 않을 때 사용될 수 있다.

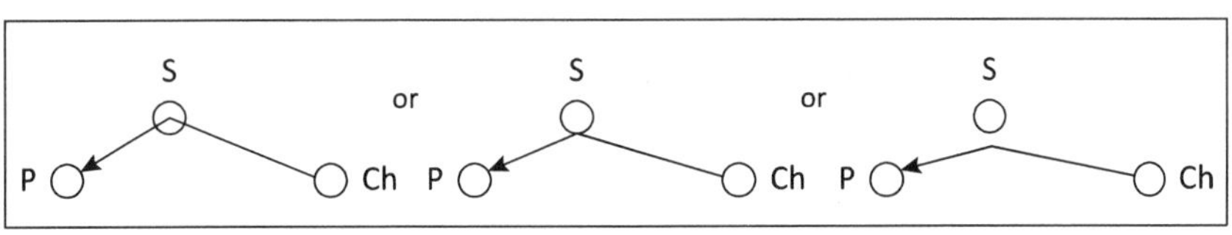

I went from Chicago to Portland *via* Spokane.
(나는 스포캔을 경유해서 시카고에서 포틀랜드로 갔다)
그림 10.17

*Via*는 종종 은유적으로 '인생은 여행(life is a journey)'이라는 체계적 은유와 관련 있는 표현에 사용된다.

(46) Jeff got into computer science *via* philosophy.
(제프는 철학을 통해서 컴퓨터 과학을 하게 되었다.)

(47) She got the job *via* family connections.
(그녀는 가족 인맥을 통해서 직업을 얻었다.)

9. 시간

9.1 *Over* = '－보다 많은'

아래 그림 10.18에 보여준 *over*의 의미는 그림 10.1(즉,)에서 보여준 것과/또는 그림 10.4a(즉,)에서 보여준 원형 의미와 관련된다. 의미 는 지표보다 높이 있는 주어가 관련된다. 따라서 체계적 은유 '－보다 높은' = '－보다 많은'에 의해, *over*는 '－보다 많은'을 의미한다. 의미 는 '－저쪽을 넘어, 지나서(beyond, past the far side of)'의 개념을 추가한다.

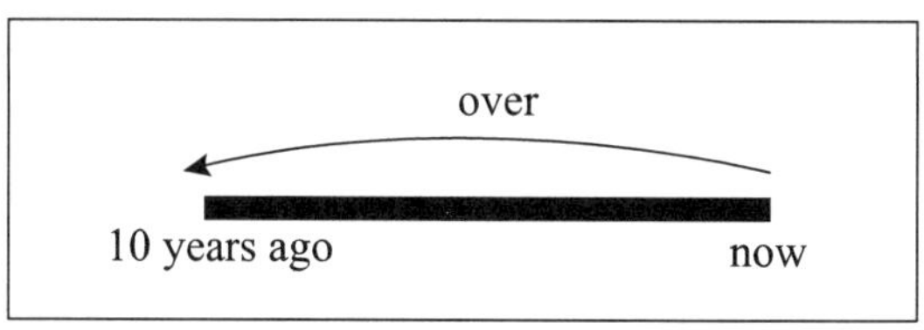

They got married *over* ten years ago. (그들은 결혼한 지 10년 이상이다.)
그림 10.18

영어의 어떤 방언에서는 *above*가 *over*대신 사용될 수도 있다. 이러한 경우에는 단 하나의 가능한 은유 연쇄(chain of metaphor)가 있는 것 같다. 즉

- 만일 X가 Y위에(above) 있다면 X는 Y보다 높다.
- '많음은 위이다(more is up)'
- 따라서 *above*는 '－보다 많은(more than)'을 의미한다.

9.2 시간의 범위: *over*, *throughout*, *during*, *through*, *across*

9.2.1 *Over / throughout*

*Over*의 매우 추상적인 용법은 경로가 적어도 지표의 한쪽에서 다른 쪽으로 확장된다는 (것을 허용하는 문맥) *over*의 함축을 유지한다.

(48) *Over/throughout* the next few years this machine will deteriorate faster and faster. (다음 몇 년 동안 이 기계는 점점 더 빠르게 기능이 떨어질 것이다.)

9.2.2 *During*

(48)에서 *during*으로 대체되면, 결과로 나타나는 문장은 그 경향이 시간의 맨 처음부터 맨 끝까지 계속적인지에 대해 덜 명확하다:

(48[1]) *During* the next few years this machine will...
(다음 몇 년 동안, 이 기계는 …)

이는 *during*이 구체적으로 '처음부터 끝까지(from beginning to end)'보다는 '처음과 끝 사이의 얼마 동안(some time between the beginning and the end)'을 의미하기 때문이다. *During*은 실제로 다소 모호한 단어이다. (49)에서 이것은 을 의미한다. (50)에서 *during*은 이 과, 이 , 이 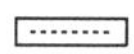, 이 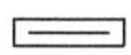 사이에서 모호하다. 이것은 심지어 (51)에서처럼 이런 해석 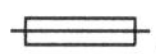도 허용한다.

(49) There was an explosion *during* the movie.
(영화가 상영되는 동안에 폭발이 한번 있었다.)

(50) I slept *during* the movie. (나는 영화가 상영되는 동안 잤다.)

(51) I slept the whole afternoon including *during* the movie.
(나는 영화가 상영되는 동안을 포함해 오후 내내 잤다.)

간단히 말해, *all*(내내), *off and on*(가끔), *for a little while*(잠시 동안) 등과 같은 수식어, *sleep* 같은 동사, 그리고 일반적으로 문맥이 *during*의 시간 지시를 정확하게 표현한다. 한 가지만 예를 들면, 단어 *explosion*(폭발)이 (49)에 나온다. 우리는 폭발이 매우 빠르게 일어난다는 것을 안다. 이로부터 우리는 *during*을 이 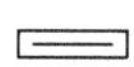이 아니라 이 을 의미하는 것으로 해석해야만 한다.

9.2.3 *Over*와 *throughout* 대 *during*

*Over*와 *throughout*은 위와 같은 맥락에서 훨씬 덜 유동적이다. 따라서 (49[1])은 '처음부

터 끝까지(throughout)'의 의미가 우리가 폭발에 대해 알고 있는 것과 충돌하기 때문에 매우 이상하다. (그리고 *over*는 이 이유뿐만 아니라 *movies, wars*등과 같은 사건보다는 *hour, day, week, course, extent* 같은 '순수' 시간과 사용될 수 있기 때문에 사용할 수 없다.)

(49^1) *There was an explosion **throughout/*over* the movie.
(영화 상영 처음부터 끝까지/동안 내내 폭발이 한 번 있었다.)

9.2.4 *Sometime during*과 *sometime over*

Sometime(또는 *some time*) *over*같은 구절은 다음과 같은 맥락에서 *sometime during*과 같다.

(52) I expect the phone to ring *sometime over/during* the next five minutes.
(나는 전화가 다음 5분 동안 언젠가 울리기를 기대한다.)

그러나 다시 한번 *over*는 **지표**가 사건일 때 이런 의미로 사용될 수 없다는 것을 유의하자.

(52^1) I expect the phone to ring *sometime during/*over* dinner.
(나는 전화가 저녁 식사 동안 언젠가 울리기를 기대한다.)

9.2.5 *Over a couple of beers*

우리는 *over*가 그림 10.1(즉, ●)에서 보여준 것과 매우 유사한 의미를 주는 (53) 같은 맥락에서 *over dinner/drinks/coffee*(저녁을 먹으며/커피를 마시며/음료를 마시며)를 말할 수 있다.

(53) Let's discuss that *over/*during/*throughout* a couple of beers.
(맥주 두 잔 마시면서 그것을 논의하자.)

즉, 맥주는 (어쨌든 그 시간의 일부!) 탁자나 바위에 있고, 술 마시는 사람들(또는 적어도 이들의 머리와 상체)은 문자 그대로 맥주잔 위(*above*또는 *over*)에 있는 것이다.

9.2.6 *Throughout* 대 *through*

*Throughout*은 '처음부터 끝까지 계속(continuously from the beginning to the end)'을 의미한다. *Through*는 '지속성(continuity)'에 대해서는 중립적이다. 따라서 두 단어 모두 (54)에서 가능하지만, *throughout*은 언급된 기간의 매 순간에 이 표현이 적용될 수 있다

는 것을 훨씬 강하게 강조한다.

(54) *Through/Throughout* all those bitter years they never once talked of divorce. (그 모든 쓰라린 세월 동안/내내 그들은 이혼 얘기를 결코 한 번도 하지 않았다.)

*Through*가 부각하고 있는 것은 '출구(exit)', 즉 시간의 '다른' 쪽, 특히 노력하는 쪽에 존재하게 되는 개념이다.

(55) If somehow we keep striving, we'll make it *through/*throughout* the next few months without going bankrupt. (만약 우리가 어떻게든 계속 노력 한다면 파산하지 않고 다음 몇 달을 버텨낼 것이다)

9.2.7 *Across*

*Across*는 다음과 같이 좀처럼 *over*나 *throughout* 대신 사용되지 않는다.

(56) **Across* all those years, no one ever thanked her once. (그 모든 기간 동안 아무도 그녀에게 한 번도 고마워하지 않았다.)

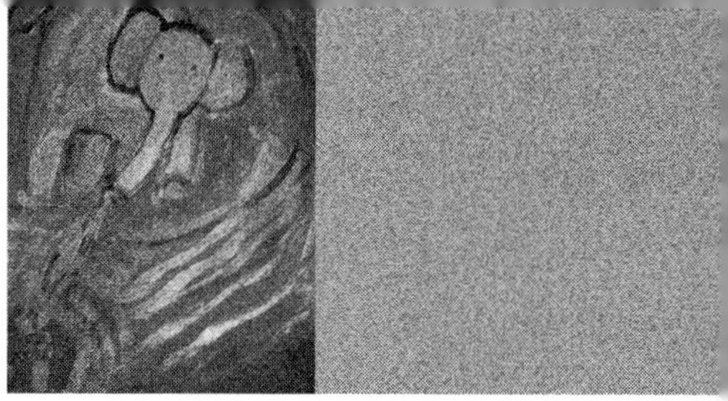

Chapter 11 *Around/round, about* 대 *by/past, over, on*

1. 개요

Around(특히 영국 영어에서는 종종 *round*)는 역사가 약 400년 밖에 안 되었다. ***옥스퍼드 영어사전***에 의하면 이것은 셰익스피어나 **킹 제임스** 성경에도 발견되지 않는다. 역사가 짧기 때문에 *by*와 같은 매우 오래된 전치사와 같은 다양한 의미를 가질 시간이 없었다. *Past*도 마찬가지이다.

*About*은 *around*보다 오래되었고 한때는 '－주위에, －주위를 따라(around, along the circumference of)'를 의미하는 데 사용되었다. *About*은 스코틀랜드를 제외하고는 이러한 의미 표현을 위해 더 이상 흔하게 선택되지 않는다. 그러나 미국 영어에서도 *get out and about, bring X about*(= 'X를 야기하다'), *come about*(= '발생하다')과 같은 몇몇 구 표현에 존재하고 있다.

그림 11.1과 11.2는 (경로 전치사로서의) *around* 대 *by/past*와 *over*를 요약하고 있다.

2. 문자적, 은유적 의미의 *around*

2.1 경로 전치사로서의 *around*

2.1.1 기본 의미에서의 약간의 변이

*Around*는 경로가 **지표**에 닿는지 여부에 관해서 중립적이다. 따라서 *around*는 여기서 예시된 것(그림 11.3)과 같은 상황을 지칭할 수 있다.

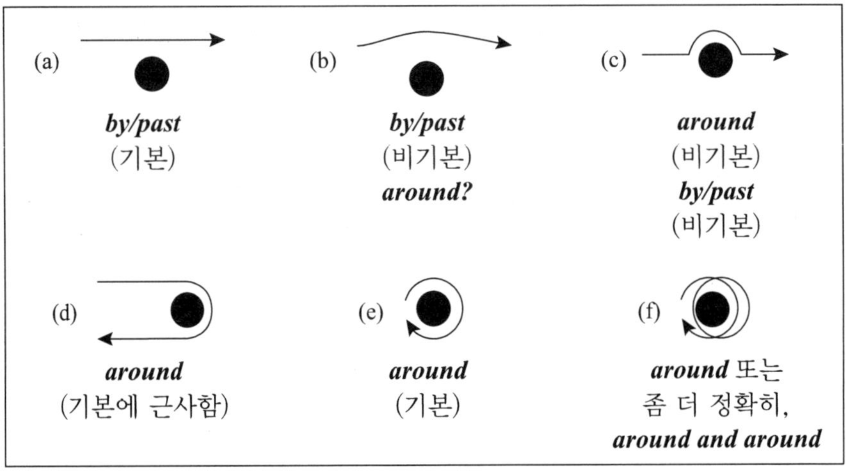

그림 11.1 *Around* 대 *by/past*의 적용. 지표(예 집)와 (예 사람들의) 경로는 위에서 바라본 것이다.

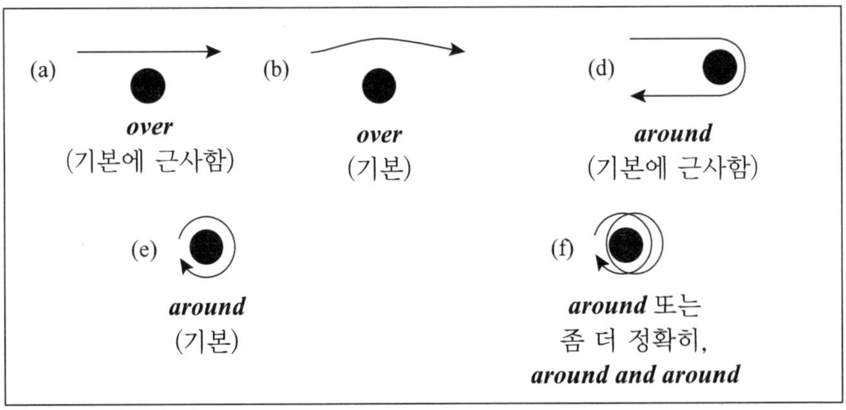

그림 11.2 *Around*대 *over*의 적용. 지표(예 개별 구름)와 (예 비행기의) 경로는 옆에서 바라본 것이다.

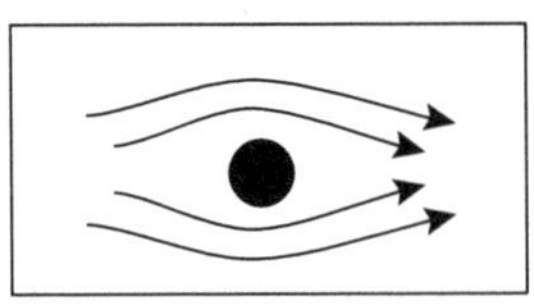

Look how the water flows *around* the stone.
(물이 돌 주위를 어떻게 흐르는지 보아라.)
그림 11.3 모든 각도에서 본 시각

*Around*는 경로가 (1) **지표** 밖에 있는지, 또는 (2) 그 안에 있는지, 또는 (3) 경로가 몇 번 이동되었는지에 관해서도 중립적이다.

(1) Let's walk *around* the lake. (호수 주위를 걷자.)
(2) Let's swim *around* the lake. (호수 주위를 수영하자.)
(3) The earth revolves *around* the sun. (지구는 태양 주위를 돈다.)

청자나 독자는 보통 세상에 대한 지식과 문맥을 이용하여 경로와 **지표**가 어떤 관계인지 그리고 얼마나 자주 경로가 이동되는지에 대해 정확히 결정하게 된다. *Around*는 경로의 위치와 특징을 밝히기 위해 다른 전치사들과 중복되고/거나 결합될 것이다.

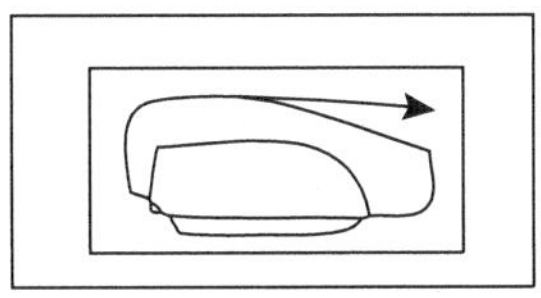

The fish swam *around and around* inside its tank.
(그 물고기는 수조 안에서 빙글빙글 헤엄쳤다.)
그림 11.4 모든 각도에서 본 시각

2.1.2 '회전'을 나타내는 *around* (대 *over*)

*Around*는 **주어**가 그 자체의 중심을 도는 것을 묘사하기 위해 **지표** 없이 사용된다. 예를 들어, 탑에서 목마를 향해 아래로 내려다보는 것을 생각해보자. 목마의 (정확한 중심을 제외한) 어떤 한 점에 초점을 맞추고 눈이 이 점을 따라가면 점이 둥근 경로로 움직인다.

만일 회전이 (목마가 돌 때처럼) 수평적 차원이 아니라 (통나무가 구를 때처럼) 수직적 차원이라면, 우리는 *over*를 사용하게 될 것이다—특히 사물(예 통나무)이 오직 반회전만 할 때(10장 그림 10.10 참조). 그러나 *around*는 방향과 회전의 범위에 상관없이 물리적 축이 있는 회전체(예 바퀴와 선풍기)에 사용된다.

2.1.3 *Around* = '모든 방향으로'

이러한 *around*의 의미는 방금 논의한 의미가 직접적으로 확장된 것이다. 즉, (4)에서 모든 방향을 보기위해 우리가 돌아야 한다.

(4) Stand in the middle of the church and look *around*.
(교회 중앙에 서서 주위를 둘러봐라.)

2.1.4 '접적 경로'를 나타내는 *around*

특히 북미 영어에서 *around*는 누군가를 방문하는 것을 말할 때 흔히 사용된다.

(5) Why don't you both come *around* to my place some time?
(너희 둘 다 언젠가 우리 집에 오지 않을래?)

(5)의 요지는 *around*가 생략되어도 같을 것이다. 그러나 *around*는 방문이 둘러가는 길에 있고, 아마도 잠깐 동안일 것이라는 암시를 주게 된다.

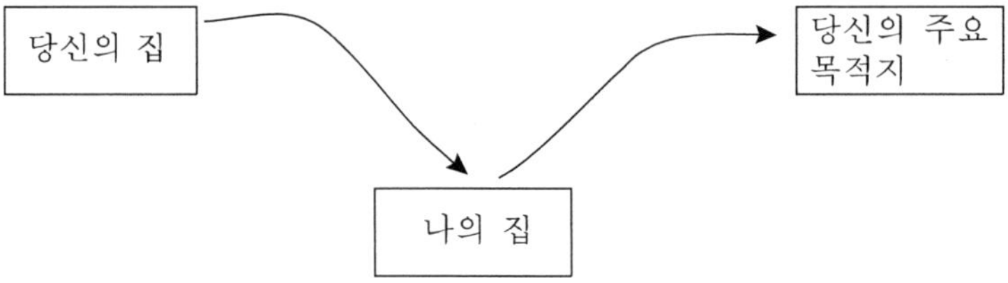

...come *around* to my place sometime.

그림 11.5 새의 관점

2.1.5 '목적 없는 이동'을 나타내는 *around*

*Around*는 경로가 직선이 아님을 말한다. 다시 말해, 경로가 목적지에 이르면, 이것은 곧장 이르는 것이 아니다. 따라서 목적지가 언급될지라도, *around*는 목적지에 초점을 부각시키는데 적합하지 않다. 목적지가 전혀 언급되지 않으면 *around*는 목적 없는 동작이라는 생각을 줄 것이다.

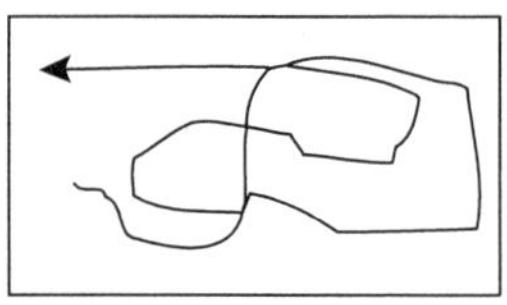

The children were running *around* inside the yard.
(아이들은 마당 안에서 뛰어다닌다.)

그림 11.6 새의 관점

당연히 이를 강조하기 위해 우리는 *aimlessly*(목표 없이)와 *in all directions*(사방으로) 같은 수식어를 첨가하게 될 것이다.

아래 (6) 같은 예문에서 *around*는 그림 11.6에 보인 목적 없음의 의미와 함께 (4)에서 보인 '모든 방향으로(in all directions)'라는 의미 모두를 주는 것 같다.

(6) Do you mind if I just look *around* (your shop)?
(그냥 (가게를) 둘러만 봐도 되겠지요?)

여기서, 손님이 이동하며 살펴보는 것이 일반적인 목적이겠지만, 여전히 미리 상세하게 계획된 것은 아닐 것이다. 오히려 손님이 여러 물건을 보면서 목적이 구체화될 것이다.

2.1.6 은유적 *around*

그림 11.5에 나타낸 것과 유사한 의미가 적어도 하나의 은유 표현에 나오는데, 여기서 *around*는 부사보다는 전치사로 사용된다. ***Beat around*** *the bush* = '논의의 주요 주제나 행위의 목표로 바로 가지 않다(not move directly to the main topic of discussion or aim of action)'가 그 예이다.

마찬가지로, (7)에서는 *around* 때문에 (가능한) 대화로 가는 잭의 경로가 결코 빠르지도 않고 직통도 아니었다고 생각하게 된다. (8)에서도 역시 *around* 때문에 목표로 향하는 은유적 경로가 빠르지도 않고 곧장 가는 것이 아니라고 생각하게 된다.

(7) Do you think Jack'll come *around* (to our way of thinking)?
(너는 잭이 (우리 사고방식에) 동조할 거라고 생각하니?)

(8) I finally got *around* to fixing the car. (나는 마침내 차를 고칠 수 있었다.)

[*get*이 의미하는 것을 충분히 논의한 Lindstromberg 1990년 참조]

(9)에서 *around*는 그림 11.1c에서 예시한 의미에서 파생된 다른 의미를 보여 준다.

(9) We can get *around* that problem alright. (우리는 그 문제를 잘 피할 수 있다.)

즉, 우리가 산길을 막는 바위 주위를 돌아서 갈(get around) 수 있는 것과 같은 식으로, 문제점은 우리가 돌아서 갈(get around) 수 있는 물리적 방해물과 동일시된다.

2.2 장소와 종점 전치사로서 *around*

2.2.1 문자 그대로의 '포위'를 의미하는 *around*

*Around*는 또한 **지표**를 기준으로 한 물건의 위치 또는 배열을 묘사하는 데 사용된다. 그림 11.7은 장소 전치사로서의 *around*의 원형적 의미를 보여준다(그림 11.1e).

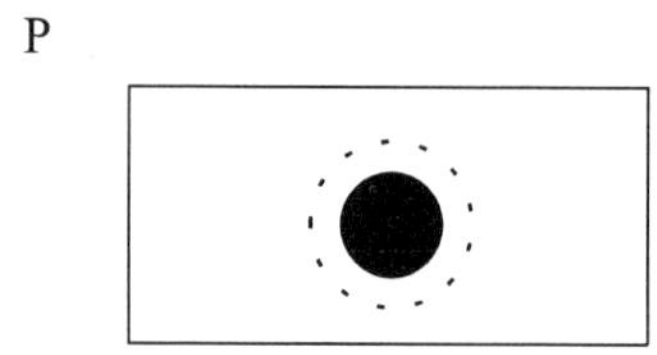

There were flowers *around* the base of the tree.
(나무 밑동 주변에 꽃이 있었다.)
그림 11.7 새의 관점

*All*과 *halfway* 같은 양화사(quantifiers)는 **지표**가 완전히 혹은 부분적으로만 둘러싸인 것인지 명시하기 위해 사용될 것이다.

장소 전치사에 흔하듯이 (10)에서처럼 *around*는 이동한 결과의 위치를 나타내기 위해 사용될 수도 있다.

(10) Here, put this scarf *around* your neck. (여기, 스카프를 목에 둘러라.)

2.2.2 *Around* = '모든 방향에서 가까이' 또는 '어떤 특정 방향 없이 가까이'

*Around*의 기본 의미에 의하면, X is 'around' Y(X는 Y '주변에' 있다)는 다음과 같이 말하는 것이다.

- X는 Y와 멀지 않다.
- X는 Y로부터 한 방향 이상에 놓여있다.

이러한 함의는 다음 중 하나를 나타내는 약간 비원형적인 *around* 용법의 기초가 된다.

1. X들이 Y를 결코 감싸고 있지 않을 때조차 Y(즉, **지표**) 근처에 하나 이상의 X(즉, **주어**)가 있다.

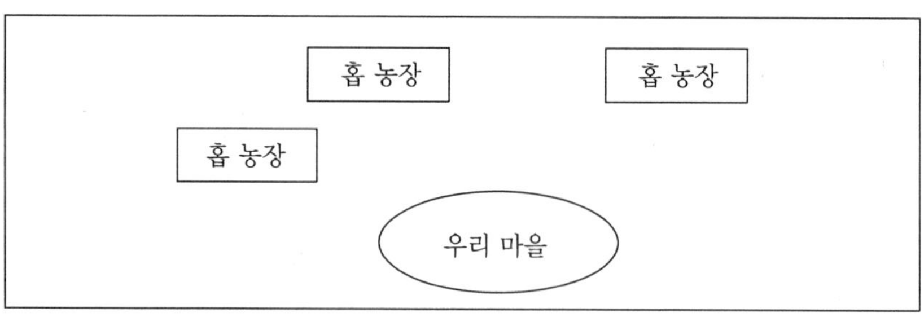

There are three hop farms *around* here. (이 주변에 세 개의 홉 농장이 있다.)
그림 11.8 새의 관점

2. 또는 우리는 근처에 있는 하나의 (혹은 그 이상 있는) **주어**(들)의 방향을 잘 모른다. 즉, *around*는 **주어**가 주변 영역 안 어딘가에 있을 수 있다는 것을 나타낸다.

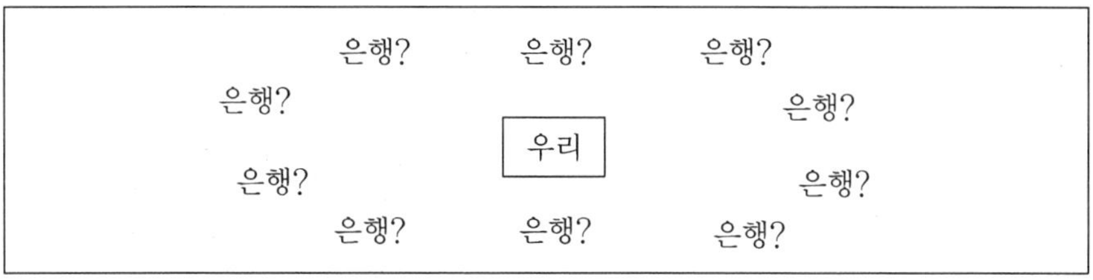

I know there's a bank *around* here somewhere.
(나는 이곳 어딘가에 은행이 있다고 알고 있다.)
그림 11.9

이와 연관하여, Taylor(1993)는 (에워싸는 위치와 대조적으로) "아무렇게나 분포된 위치"를 나타낼 때 영국 영어 화자는 좀더 영국식 표현인 *round* 보다는 소위 미국식인 *around*를 쓰는 뚜렷한 경향이 있다고 지적한다.

(12) See those people standing *round* the room?
(그 방 주변에 둘러 서 있는 사람들이 보이니?)
[즉, 사람들이 방벽 근처나 방벽에 등을 대고 둥그런 배열을 하고 있다]

(12[1]) See those people standing *around* the room?
(그 방 주변에 서 있는 사람들이 보이니?)
[즉, 중심 어딘가에, 벽 가까이 어딘가에, 여기저기 위치한]

3. About

3.1 *About* 의 기본 의미, *about* 대 *around*

앞서 개요에서 언급했듯이, *about*은 오늘날의 *around*와 대체로 같은 기본 의미를 가졌었다. 많은 영국인들 특히 스코틀랜드인은 여전히 이런 의미를 갖고 있다. 예를 들어 필자는 최근 스코틀랜드 천문학자가 다음처럼 *about*을 사용하는 것을 들었다.

(13) Can small moons revolve *about* bigger moons?
(작은 달들이 큰 달들 주위를 돌 수 있을까?)

*About*의 이러한 의미는 *roundabout*같은 단어에서 보이는데, 이 말은 영국에서 흔한 회

전교차로의 종류를 나타낸다.

*About*가 여전히 이러한 의미를 갖는 화자들에게는 *about*이 북미에서의 *around* 또는 표준발음(RP)[G]에서 *round*가 갖는 모든 문자적 의미를 갖고 있는 것으로 이해된다. 예를 들어, *about*은 *run about the room*(방안을 이리저리 뛰어다니다)에서처럼 제멋대로의 움직임을 나타낼 수 있다.

우리가 쉽게 *around*나 *about* 중에서 하나를 사용할 수 있으면 언제나, *around*가 ― 아마도 이것의 새로움 때문에 ― 약간 더 형식적인 어감을 갖는 *about*에 비해 구어체에서 선호되는 경향이 있다. Bolinger(1971: 62-63)는 다음의 예문과 해설을 제시한다.

(14) He stalked *about* the place for an hour and then left.
(그는 한 시간 동안 그 장소 주변에서 활보한 다음 떠났다.)

(15) She tiptoed *about* the room, being careful not to wake anyone.
(그녀는 아무도 깨우지 않으려고 조심스럽게 방 여기저기를 발끝으로 걸어 다녔다.)

"*Around*는 첫 번째 행위를 화가 많이 난 게 아니라 조금 난 것처럼 보이게 하고 두 번째 행위를 목표가 없는 것처럼 보이게 할 것이다. 행위 자체가 비교적 느슨해지고 목표가 없으면 *about*은 보통 쓰이지 않는다." Bolinger는 다음과 같이 덧붙였다. "구식의 *to gad about*(여기저기 쏘다니다)은 좀더 현대적 표현인 *to bum around*(빈둥거리며 돌아다니다)에 비교된다… *about*에 기초한 구동사는 형식성이나 예스러움이 있다. 즉 *to busy oneself about* (*the kitchen*)((부엌일로) 동분서주하다), *to bandy about*(주변에 퍼뜨리다)...)."

3.2 은유적 *about* = '-에 대하여'(대 *on*과 *around*)

단연코 *about*의 가장 흔한 용법은 '-에 대하여(concerning)'라는 의미이다.

(16) This book is *about/*around* prepositions. (이 책은 전치사에 관한 것이다.)

(16)은 근본적으로 핵심 의미에 아무 변화 없이 *on*으로 대체될 수도 있다. 필자의 인상으로는 *on*이 아마 부분적으로 신문의 영향 때문에 전보다는 이런 의미로 점점 더 자주 사용되고 있기는 하지만, *about*이 형식적 담화에 약간 더 어울리는 것처럼 보인다(결국 *on*이 *about* 영역의 40%밖에 차지하지 못한다).

*About*은 원래 주제가 '둘러싸이고(surrounded)', 혹은 (은유 확장에 의해) '여러 방향에서 접근되고(approached from different directions)', 또는 매체 관계자들이 말하듯이

'여러 각도에서 커버되는(covered from different angles)' 것을 함축했었음에 틀림없다. 만일 *about*이 진정으로 이런 용법에서 *on*으로 대체되고 있다면, 그 원인은 *about*이 문자적 의미인 *around*의 의미를 (많은 모국어 화자의 마음에서) 상실했기 때문일 것이다. 이러한 의미 소실로 인해, 둘러싸인 **지표**의 영상 혹은 좀더 특별하게 '모든 각도에서 커버되는' 주제의 영상을 불러일으키는 *about*의 잠재력이 결국 상실된다. 이로서 *about*은 단지 덤덤하고 영상이 없는 의미인 '－에 대한'이라는 의미가 남게 된다. 이 책 어딘가에서 언급했듯이, 영상이 없는 전치사는 특히 영상을 불러일으키는 전치사로 대체되기 쉽다.

*On*은 *about*에 대한 적절한 대안이 되는데 이는 책(논문, 대화, 기타)이 어느 정도 주제와 접촉을 하고 있다는 것을 암시하기 때문이다(4/9.1.1 참조).

*Around*는 때때로 (17)에서처럼 사용되는데 **주어**가 주제에 대해 직접적으로 언급을 회피하고 있다는 것을 암시한다. 이러한 경우 이것은 *about*와 같은 것을 의미하지 않는다.

(17) He talked *around* the issue for half an hour without saying anything worth writing down. (그는 적을 만한 것은 한마디도 말하지 않고 반시간 동안 그 문제에 대해 에둘러서 말했다.)

3.3 은유적 *about/around*: 부정확성

*About*과 *around*의 매우 흔한 용법은 부정확성을 나타내는 것이다(두 전치사 모두 '중심점에 있지 않은(not at the center point)'이라는 개념을 함의한다).

(18) There were *about/around* 300 people there.
(거기에 약 300명의 사람이 있었다.)

4. 시간

시간의 **지표**와 함께, *around*와 *about* 모두 '근처—아마도 전, 아마도 후(near—maybe before, maybe after)'를 의미한다.

(19) Both of my grandmothers were born *around/about* 1900.
(우리 할머니 두 분 다 1900년경에 태어나셨다.)

이러한 의미로 사용될 때, 이 두 전치사가 부정확성을 강조하기 위해 결합될 것이다.

(19') Both of my grandmothers were born *(a)roundabout* 1900.

*Aroundabout*나 *roundabout*의 용법은 시간의 **지표**에 제한되지 않는다.

(20) I paid *roundabout* 20 marks for it. (나는 그것에 약 20 마르크를 지불했다.)

Chapter 12 By 대 near, past, around; near 대 close (to), next to

1. 개요

이번 장은 주로 *by*에 초점을 맞춘다. 가장 오래된 전치사의 하나로, *by*는 또한 가장 의미가 다양하다. 그 중에서도 전치사 *by*는 다음을 의미하는 데 사용된다.

- *go past/by the front of the church*(교회 앞을 지나가다)처럼 '–을 지나(past)'를 의미한다.
- *stand by me*(내 곁에 서다)에서처럼 '옆에(near)'를 의미한다. 그러나 *near*와 달리, *by*는 반드시 접촉을 배제하지는 않는다. 즉 *take someone by the hand*(누군가를 손을 잡다).
- *go by car*(차로 가다)에서처럼 '수단(means)'의 개념을 표현한다.
- *go up by* £2 (2파운드 오르다)에서처럼 증가나 감소의 양을 나타낸다.
- *typed by me*(나에 의해 타이핑된)에서처럼 수동태에서 '행위자'를 표시한다.
- *do it by noon*(정오까지는 그것을 해라)에서처럼 시간 경과의 끝을 나타낸다.

Drive by shooting(총을 쏘면서 운전하다)의 묘사적인 *by*로부터 수동태 *by*의 완전히 문법적 의미에 이르는 이 모든 의미들이 밀접하게 관련되었다는 느낌을 갖는 것은 극히 어렵다.

*By*를 생각하면 당연히 몇 개의 다른 전치사들, 특히 이번 장의 제목에 나열된 전치사들을 생각하게 된다.

2. *By*와 이와 유사한 전치사들

2.1 *By* 대 *near(by)*, *close (to)*, *next to*

*By, near, close (to)*와 (이들보다 정도는 덜하지만) *next to*는 장소나 종점 전치사로 사용될 때 유사한 의미를 갖는다. 따라서 (1)와 (2)는 이들 중 어느 전치사가 쓰일지라도 아주 유사한 것을 의미한다.

(1) She's standing ______ that tree over there. (그녀는 저기 나무 옆에 서있다)
(2) Go stand ______ that tree over there. (저기 나무 옆에 가서 서라.)

그러나 *by*는 수평적 근접 — 즉, *by*가 *beside, in front of,* 또는 *behind*에 대한 덜 정확한 대안이 될 때 — 을 말할 때 주로 사용되는 것 같다. 그러나 *near* (*by*)와 *close to*는 수직적 근접을 말할 때도 사용될 수 있다 — 즉 '약간 위에(a little bit above)'를 의미하거나 '약간 밑에(a little bit below)'를 의미할 수 있다(예컨대, *While the eagle was near/nearby/close, the rabbit stayed in its hole*(독수리가 가까이 있는 동안 토끼는 구멍에 머물렀다).)

'그리고 (적어도 잠시 동안) 그곳에 머무르다'라는 조건이 사용 맥락에서 암시된다면 이동 동사와 함께 쓰이는 *by, near, close (to), next (to)*가 비슷하게 이해될 것이다. 따라서 *by, near, close (to), next to* 중 하나가 있으면, (3)은, 그림 12.1에서처럼, '나는 창문 가까운 지점에 가서 그곳에서 (적어도 얼마동안은) 머물고 싶다'는 것을 의미한다고 이해할 수 있다.

(3) I want to go *by/near/close to/next to* the window.
(나는 창문 옆/가까이/바로 옆에 가고 싶다.)

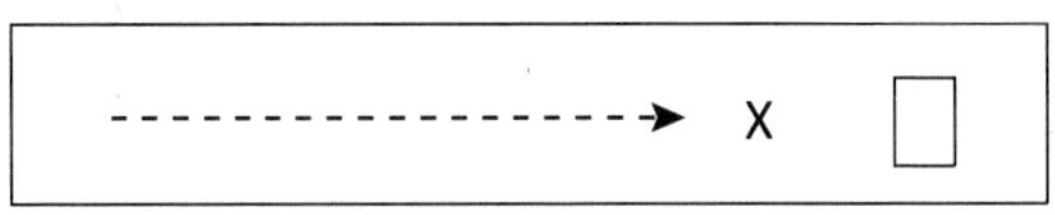

그림 12.1 측면 관점 또는 새의 관점

그러나 *by*는 또 다른 의미를 가질 수도 있다. (3)이 전망 좋은 자리를 원하는 것이 아니라 복잡한 카페에서 가장 가까운 출구가 창문이 있는 벽을 따라 나있다는 것을 표현한다고 가정해보자. 예문(3^1)은 그림 12.2에서 보여준 의미를 가질 것이다. 이러한 경우, *near*, *close* (*to*), *next to*를 말할 때 화자가 명확한 제스처를 더하지 않으면 당연히 혼란스러울 것이다.

(3[1]) I want to go *by/*near/*close to/*next to* the window.
(나는 창문을 지나가고 싶다.)

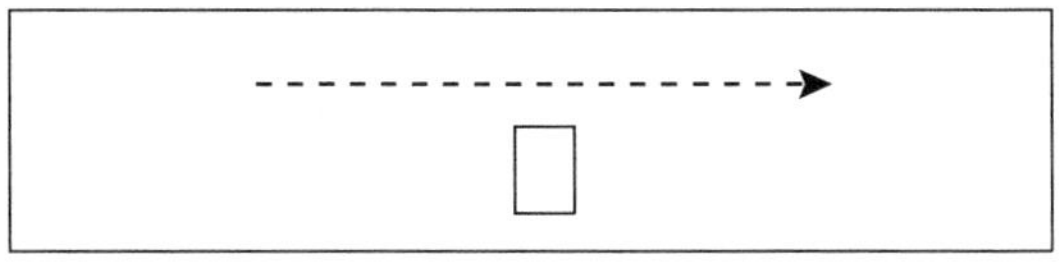

go *by* the window
그림 12.2 새의 관점

많은 최근 신조어(예컨대, ***by**pass operation*(우회수술)과 *drive **by** shooting*(차를 타고 가면서 총을 쏘다)는 그림 12.2에 보여준 의미에서 파생되었다. 부분적으로 이런 이유로 필자는 12.2가 이 전치사의 심리적으로 가장 현저한 의미를 묘사한다고 생각한다.

*Near*와 *close (to)*는 그림 12.3에서 보여준 것과 같이 경로를 암시할 말한 이동 동사와 함께 사용될 수 있다. (이번 장 끝에 가서 상세하게 논의될 *next to*는 그림 12.3과 전혀 맞지 않는다.)

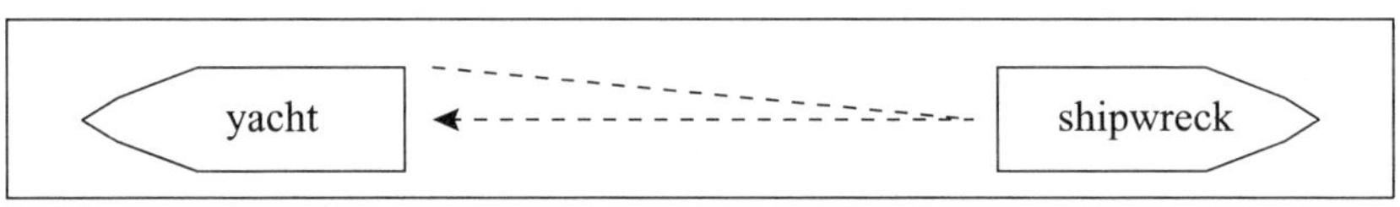

She swam *near/close to* the shipwreck then returned to the yacht.
(그녀는 난파선 가까이서/로 헤엄쳤다가 요트로 되돌아왔다.)
그림 12.3 새의 관점

*By*는 **절대로** 그림 12.3에서 보여준 의미가 **없다**. "She swam *by* the shipwreck..."은 예컨대 다음에서 보여주는 것 같은 경로를 나타낼 것이다.

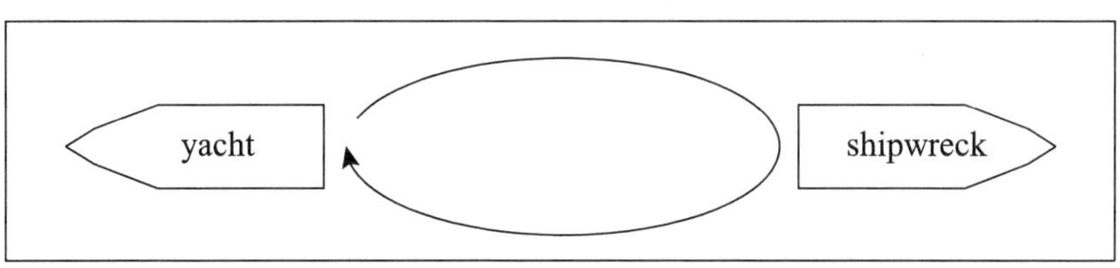

She swam *by* the shipwreck, then returned to the yacht.
(그녀는 난파선 옆으로 헤엄쳐 지나갔다가, 요트로 되돌아왔다.)
그림 12.4 새의 관점

요약하면, 이동을 암시하고, 종점에만 초점을 두지 있지는 않는 맥락에서, *by*는 **지표** 영역에 있는 경로 모양과 **지표**에 대해 경로가 가는 곳에 대해서 꽤나 분명한 것을 말해준다.

- 경로는 한쪽에서 **지표**에 다가간다.
- 경로는 **지표**를 접촉하지 않는다.
- 경로는 적어도 조금은 **지표**를 넘어 지속된다.

*Near*와 *close (to)*는 경로의 모양에 있어서 *by*보다 훨씬 모호하다. 사실 *near*와 *close (to)*는 그림 12.1과 12.3에서 보여준 것뿐만 아니라 그림 12.4에서 보여준 것과 같은 경로를 나타내는 데 사용될 수 있다.

2.2 *By* 대 *around*

*By*는 **주어**가 가는 경로가 **지표**의 영역에서 상당히 똑바르다고 가정하게 한다. 그런데 다음의 예에서 *by*는 대체로 똑바르지 않은 경로를 나타낸다. 그러나 **지표** 가까운 부분은 오히려 그림 12.2에 나타낸 영상을 따른다.

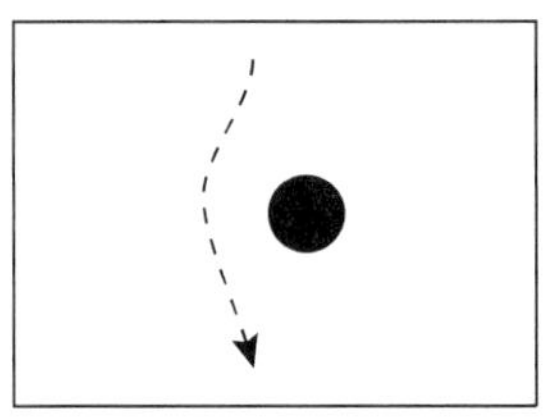

Halley's comet goes *by* the sun once every 86 years.
(핼리 혜성은 매 86년 마다 태양을 지나간다.)
그림 12.5

그러나 만일 우리가 경로 전체를 생각한다면, 대신 확실히 다음과 같이 말할 것이다.

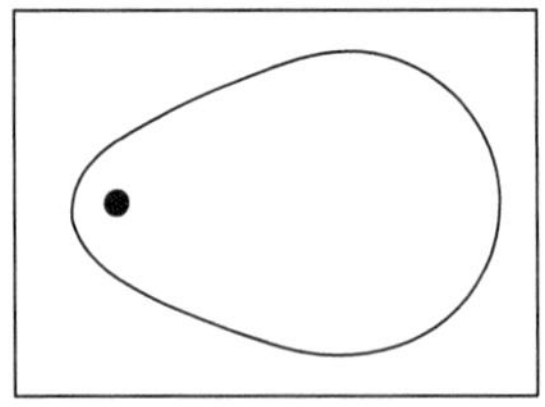

Halley's comet goes *around* the sun once every 86 years.
(핼리 혜성은 매 86년 마다 태양주위를 돈다.)
그림 12.6

즉, *around*의 의미는 무엇보다 먼저 경로가 **뚜렷하게 구부러져야** 함을 요구하고 둘째는 **지표**가 그 곡선 안에 있을 것을 요구한다.

마지막 차이는 *by*는 경로가 **지표** 가까이에 올 것을 요구하는 데, *around*는 이것을 요구하지 않는다.

2.3 '경계'와 '통로' 지표를 갖는 *by*와 *past*

2.3.1 *By* 대 *past*

*Past*는 *by*보다 의미의 범위가 훨씬 좁다. 경로 전치사로서 *past*는 그림 12.2와 12.5에서 묘사된 의미를 갖거나, 특히 경계 **지표**가 있으면, *past the river/frontier the road got worse*(강/국경을 지나서 길이 더 나빠졌다)에서처럼 '−을 횡단하여 다른 쪽에(across and on the other side of)'를 의미하기도 한다. *By*는 결코 이런 의미의 '지나서(past)'를 의미하지 않는다(아래 7.3 참조). *By the river*(강가에서)에서 *by*는 '근처(near)'를 의미하지만 분명히 '가로질러(across)'를 의미하지 않을 것이다.

*Past*와 *by*는 또한 통로 **지표**가 있으면 달라질 수 있다. 예를 들면.

(4) Ann came in *past* the side door. (앤은 옆문을 지나서 들어왔다.)

(4[1]) Ann came in *by* the side door. (앤은 옆문으로/옆문을 지나서 들어왔다.)

(4)에서 *past*는 앤이 옆문을 통해 들어오지 않았다는 사실에 대해 분명하며 중의적이지 않다. 그녀는 다른 문을 통해 들어왔다. 오히려, 옆문은 그녀가 들어온 문 가까이에 있었고 그림 12.7에서 보여준 것처럼 아마도 그녀가 택한 경로에서 조금 떨어졌을 것이다.

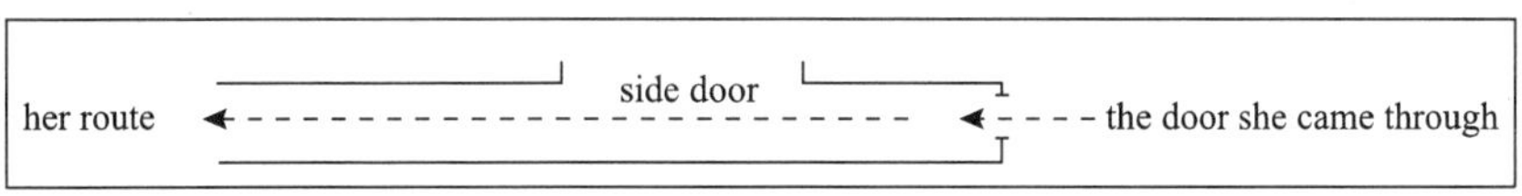

Ann came in *past* the side door. (앤은 옆문을 지나서 들어왔다.)

그림 12.7 새의 관점

그러나 *by*는 이러한 맥락에서 중의적이다. (4[1])의 한 의미는 (4)의 의미와 동일하다. 다른 의미는 앤이 옆문을 통해 들어왔다는 것이다. (이런 의미는 *by*가 '−에 의해(by means of)'를 의미할 수 있다는 사실에서 나온다. "by = 'X를 경로로 사용하여", 아래 참조.)

2.3.2 경계 지표를 갖는 *past* 대 *beyond*

*Beyond*와 달리 *past*는 '을 가로질러 ***한참*** 다른 쪽으로 (across and *well* on the other side of)'을 의미하지 않는다. 즉, 누군가가 강이나 경계선을 건너자마자 그것을 **지나간**(past) 것이다. 누군가가 강이나 경계선을 건너서 어느 정도 멀리 여행하고 나서야 비로소 그것을 **넘어갔다**(beyond)고 말할 것이다.

3. *By*, 은유적 의미와 관용적 의미

3.1 *By* = '부수적인', '이차적으로 중요한'

*By*는 '가까운(near)'를 의미하는 데, 이번에는 안에(in) 있지도 않고, 위에(on) 있지도 않고, 어느 점(at)에 놓여있지도 않다는 것을 함의하게 된다. 예를 들어

- 어떤 것이 문자 그대로 '길 옆에(by the way)' 있다면, 그것은 그 길에 있는 것이 아니고 한 쪽으로 조금 벗어나 있는 것이다. 따라서 *byway*(샛길)는 한 쪽으로 벗어나 있는 길이다.
- (주제에서 벗어날 때 사용되는) 구 ***by** the way*(그런데)는 '생각하거나 말하는 것은 길을 여행하는 것이다(to think or speak is to travel a route)'라는 체계적인 은유의 수많은 표현중의 단지 하나일 뿐이다. (예 *Can you follow what he's saying?*(그가 말하는 것을 이해할 수 있니?), *You've lost me*(네 말을 이해하지 못하겠어), *Are you with me*(내 말을 이해하니)? *Could you go through that again for me*(날 위해 그것을 다시 생각해 볼 수 있니)?…) 특히, 어떤 말이 '그런데(by the way)'이면 이는 누군가의 생각 방식의 한쪽으로 벗어나 있는 것이다.
- *by*-product(부산물)는 조립 절차나 양식이 원래 만들려고 한 것에 부수적인 생산물이다. *By*를 사용하는 것은 부산물을 누군가가 그가 의도한 길에서 벗어나 놓여있는 어떤 사물이나 주요 길에서 샛길로 진로를 바꿔 도달하게 될 장소와 동일시하는 것이다.

3.2 '수단'을 의미하는 *by* 대 *in*, *with*

*By*는 보통 일반적인 교통수단을 지칭하는 명사 앞에 온다.

(5) We came *by* car. (우리는 차로 왔다.)

구체적인 수단을 의미할 때는, 다른 전치사가 선호되기도 한다. 예를 들어.

(6) We came *in* his car. (우리는 그의 차를 타고 왔다)

*By*의 이런 고도로 추상적인 용법은 수단과 행위/결과가 종종 물리적으로 매우 밀접하게 연결되어있다는 사실에서 나올 것이다. 예를 들어, 당신이 돌을 다른 돌을 사용해서 부순다면, 망치 돌의 손잡이 근처가 두드러지게 관련된다. 돌을 다른 돌로 부술 때 이들이 서로 합쳐지지 않으면 깰 수가 없다. 이것 때문에 **지표**가 수단이었다는 것을 나타내는데 *by* — 근접성과 관련 있는 전치사 — 가 사용된 것이다. (*Cut it with a knife*.(그것을 칼로 잘라라.)에서처럼 *with*는 이러한 기능을 가질 수 있는 또 다른 근접 전치사이다.)

Means(수단)가 '중간의 어떤 것, 사이에 있는 어떤 것(something in the middle, something in between)'을 의미하는 라틴어 단어에서 유래된 것은 우연이 아니다. 수단(즉, 교통의 수단)은 행위자와 결과 사이의 다리처럼 행동하는 어떤 것이다. 흥미롭게도, 우리는 보통 우리 자신의 신체 부위를 수단으로 분류하지 않는다. 즉, 우리는 팔, 다리, 그리고 다른 신체 부위를 우리와 우리가 성취할 수 있게 된 결과 사이를 중재하는 것으로 보지 않는데 이들이 바로 우리 자신**이기** 때문이다. 이런 이유로 해서, 우리는 **come* ***by*** *foot* (발로 오다), **crawl* ***by*** *hands and knees*(네발로 기다)라고 말하지 않는다. 그 대신 ***on*** *foot*(걸어서), ***on*** *hands and knees*(기어서)라고 말한다.

*With*는 '도구 명사(tool nouns)' 앞에서 선호된다.

(7) I cut it *with/*by* a saw. (나는 톱으로 그것을 잘랐다.)

*With*는 **지표**가 행위일 때 사용되지 않는다.

(8) Clean the pipe *by/*with* blowing through it. (파이프를 불어서 청소해라.)

3.3 *By* = 'X를 통로로 사용하여'

때때로, *by*는 '—을 통해(through)'를 의미하는 것 같다.

(9) Come in *by* the side door. The others are locked.
(옆문으로 들어와라. 다른 문들은 잠겼다.)

그러나 *by*의 이러한 용법은 수단을 나타내는 용법에서 파생한 것 같다. 그래서 (9)에서 *by*를 개념적으로 가장 정확하게 풀어쓰기하면 '—을 통해(through)'가 아니라 'X를 통로로 사용하여(using X as a route)'가 된다.

3.4 '양태'의 *by*

수단(means)과 양태(manner)의 개념 차이는 미세하다. 따라서 **지표**가 수단이라는 것을 표시하기 위해 사용되는 전치사가 또한 **지표**가 양태라는 것도 표시한다는 것이 놀랍지 않다. (10)을 살펴보자. 구 *smiling a lot*이 수단만을 얘기하는지, 양태만을 얘기하는지, 아니면 둘 다를 조금씩 얘기하는지 분명치 않다.

(10) He got the promotion *by* smiling a lot. (그는 많이 웃어서 승진했다.)

3.5 '비율'과 '변화의 정도'를 나타내는 *by*

'수단'과 '양태'와 마찬가지로, '양태'와 '비율(rate)' 역시 매우 밀접하게 관련된 개념이다. '비율'의 개념은 차례로 '변화의 정도(extent of change)'와 매우 밀접히 관련된다.

(11) We negotiated the marsh *by* leaping and bounding from one log or tussock to another. (우리는 통나무와 덤불들을 하나씩 껑충껑충 건너뛰어서 그 늪을 빠져나갔다.) ['양태']

(12) You can only buy them *by* the packet, not one by one.
(너는 그것들을 낱개가 아니라 묶음으로만 살 수 있다.)
['양태', 그러나 거의 '비율']

(13) Sales are growing *by* leaps and bounds.
(판매는 급속도로 성장하고 있다.) ['비율']

(14) Sales have been growing *by* 10% a year.
(판매는 한해 10퍼센트씩 성장해오고 있다.) ['비율']

(15) Profits went up *by* almost 10%.
(이익은 거의 10퍼센트 올라갔다.) ['변화의 정도']

3.6 수동태의 *by*

잘 알려진 것처럼, *by*는 동작주(agent) 또는 문제의 행동을 하는 행위자를 나타내기 위해 영어 수동문에서 가장 흔하게 사용되는 전치사이다. 이는 *be*나 *get* 수동태에도 모두 마찬가지다. (*Get* 수동태는 언급한 행위가 유정물인 문법적 주어에게 행운이나 불행을 주는 경우에 흔하고, 특히 문법적 주어가 어느 정도 언급한 사건/결과를 초래하는 데 기여를 할 때 흔하다.)

(16) These carpets were made *by* children. (이 카펫은 어린이들이 만들었다.)

(17) He stepped into the street without looking and got hit *by* a bike.
(그는 주의하지 않고 거리로 들어갔다가 자전거에 받혔다.)

'동작주'와 '수단'의 개념이 둘 다 결과에 이른다는 점에서 관련된다는 점을 주목하자. 이런 점에서 필자는 *by*의 표면상 다양한 용법 사이에 **어떤** 의미 연결이 있다는 것을 보여주고자 한다.

4. *Close* (*to*) = '매우 근접한'

*Close (to)*는 동사 *close*(닫다)에서 파생되었다. *Close*의 이런 용법의 심층에는 두 사물 간의 틈이 열리고 닫힐 수 있는 어떤 것이라는 개념이 있다. 그런데, 마침, 전치사 *close (to)*는 **주어**와 **지표** 사이의 틈이 완전히 닫힌 게 아니고, 거의 닫혀있다는 것을 의미한다.

5. '선적인 연속'을 나타내는 *next to*

Next to(바로 옆에)는 *near, by, close* (*to*)와 다음 두 가지 면에서 다르다.

첫째, 우리는 일렬로 있는 항목들을 생각할 때 *next to*를 가장 흔하게 사용한다. (항목들이 열을 지어있는 것을 보거나 마음속에 그릴 때 우리는 보통 *on top of, above, below*와 같은 전치사를 사용한다.)

예를 들어, 대부분의 도시화된 사회에서 보통 집들은 길을 따라 줄지어 위치한다. 따라서 만일 어떤 사람 A의 집이 B의 집 바로 옆(next to)이라고 말한다면, 집 B의 유일하게 가능한 위치는 그림 12.8에서 B로 표시된 곳이다. 그러나 A라는 사람 집이 단순히 B라는 사람 집 가까이(near) 있다고 한다면, B의 집은 그림에서 보이는 여러 다른 집들 중 어떤 것이라도 될 수 있다.

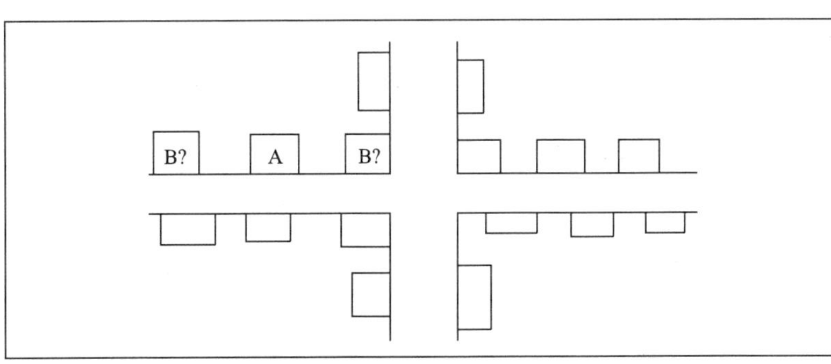

그림 12.8

따라서 누군가가 집 B가 집 A 바로 옆에(next to) 있다고 말한다면, 우리는 A와 B사이에 집이 아무것도 없는 것으로 이해한다.

또한 **주어**와 **지표**가 그림 12.9에서처럼 접촉할 수 있음을 주목하자. *Near, by, close (to)*는 이런 경우에 부적합하다.

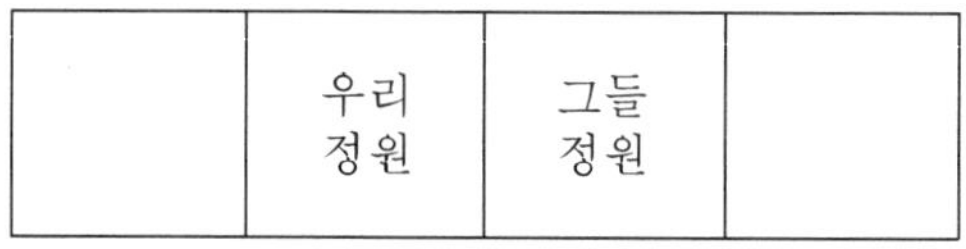

Our garden is *next to* theirs. (우리 정원은 그들 정원 바로 옆이다.)

그림 12.9

결과적으로, *next*는 '줄에서의 순서(order in a row)'의 개념과 관련 있고 가까움과는 거의 관련이 없다. 따라서 우리는 다음처럼 말할 수 있다,

(18) Counting out from the sun, Venus is *next* after Mercury.
(태양부터 세면, 금성은 수성 바로 다음에 있다.)

6. *Near, close (to), next to*의 은유적 용법

이 세 가지 전치사 모두 의미가 관련된 문자적 의미에서 바로 파생된 은유 표현에서 사용된다.

(19) He was *near/close to* death for several years. (그는 몇 년 동안 죽음에 가까웠다.)
(20) Cleanliness is *next to* godliness. (청결은 신앙심 다음으로 중요하다.)
[중요성에서 다음가다.]

7. 시간

7.1 경로 전치사로서 *by*의 은유적 확장

*By*가 그림 12.2에서 보인 의미의 어떤 점을 보유하고 있는 시간 표현은 비교적 소수이다. 이것은 시간을 하나의 좁은 시냇물이나 트랙으로 생각하는 습관의 반영일 수 있다. 즉, 우리가 우리 자신을 시간을 통과해 가는 것으로 보고, 어떤 것이 우리 앞 트랙에 있을 때, 우리는 그것을 (**지나가는**(by) 것이 아니라) **통과해**(through) 가야 한다. 왜냐하면

시간의 트랙은 좁기 때문이다. 더구나, *by*는 어떤 것을 지나간 후 남겨 둔다는 것을 암시하는 표현이 적어도 두 개 있다(아래에 있는 *past*도 참조).

(21) In times gone *by*, things were different. (과거에는 세상이 달랐다.)
(22) Let *by*gones be *by*gones. (과거는 과거이다.)

7.2 *By night, by day*

*By*는 *by night*(밤에) 같은 몇몇 표현에 나타난다. 예를 들어, *They Live By Night*(그들은 밤에 산다)라는 고전 느와르 필름이 있다. 영화사 관계자들이 *at*이 아닌 *by*를 사용하는 이유가 있었다. *At night*(밤에)은 단순히 '황혼과 하루의 처음 빛의 사이(between dusk and first light of day)'를 의미한다. ***By*** *night*(밤에)의 함축적 의미(connotation)[G]는 훨씬 풍부하다 — 예컨대, 어두움은 주인공이 탈출하고 생존하는 수단이다.

7.3 *By* 대 *past*

시간을 말할 때, *by*는 보통 '－전(before)이나 －에(at)'을 의미하지만 *past*는 '－후(after)'를 의미한다.

(23) Don't stay up *past* bedtime. (취침시간을 넘어 깨어있지 말아라.) [= 'after']
(24) Come *at* ten *past* 8. (8시 10분에 와라.) [= 'after']
(25) Come *by* 8. (8시까지는 와라.) [= 'not after']

(23)과 (24)에서 우리는 *past*의 원형적 의미가 확장된 것을 알 수 있다(그림 12.2참조). 그러나 (25)에서 *by*의 의미는 *by* = '수평으로 가까운(horizontally near)'이라는 의미와 상세하게 관련시키기 쉽지 않다. 그 이유는 장소 전치사로서 *by*는 **주어**가 **지표**의 어떤 면에 가까운지 중립적이기 때문이다. 즉, 우리는 *by* 8을 '8시 경(about 8)'을 의미하는 것으로 (잘못) 예측할 것이다.

7.4 *Near*와 *around*와 *about*

우리가 습관적으로 시간을 마치 길과 같은 것으로 생각한다면, (우리가 길 위의 장소를 가깝거나 먼 것으로 말하기 때문에) *near*가 시간의 **지표**와 함께 사용된다고 예상하게 된다. *Near*가 시간을 말하는데 사용될 때 의미는 별나지도 않다. 장소 전치사 *near*와 시간 전치사 *near*의 단 한 가지 차이점이 있다. 즉, 우리는 시간을 너비가 아니라 길이가 있는 것으로 생각한다. 따라서 어떤 시간에 '가까이' 있는 것은 그 시간보다 훨씬 더 일찍도 아니고 훨씬 더 나중도 아닌 것을 의미할 수 있다. (물리적 개체에 대해 말할 때처럼) 왼쪽도 오른쪽도 없다. *Around*와 *about*도 마찬가지다. 시간상의 점이나 기간은 사방으로 둘러싸이는 것이 아니라 양쪽으로 묶일 수 있을 뿐이다. 따라서 *near*, *around about*은 우리가 시간에 대해 말할 때 같은 의미를 갖는다.

(26) It happened *near/around/abou*t the turn of the century.
(그것은 세기가 바뀔 즈음에 일어났다.)

7.5 *Close* (*to*)

시간을 말할 때도 *close (to)*는 '특히 가까운(especially near)'을 의미한다.

(27) My mother's birthday is *close to/near/very near* mine.
(우리 엄마 생일은 내 생일과 아주 가깝다.)

7.6 *Next to*

Next to(바로 옆에)는 시간을 말할 때 많이 사용되지 않는다. (그러나 형용사 *next*는 매우 흔하다). 그 대신, 우리는 *next before*(바로 전)와 *next after*(바로 후)를 말한다.

(28) Whose birthday is *next after* yours? (누구 생일이 네 생일 바로 다음이지?)
(29) Whose birthday is *next before* yours? (누구 생일이 네 생일 바로 전이지?)

Chapter 13 *Under, below, underneath, beneath* 대 *on the bottom (of), in*

1. 개요

위의 제목에 언급된 처음 네 개의 전치사 중, *under*가 의미에 있어 가장 일반적이다. *Under*는 *over* (1), *above* (2), *on* (3)의 반의어로 쓸 수 있다.

(1) Jump *over*/Crawl *under* the fence.
(울타리 너머로 뛰어라/울타리 밑으로 기어라.)

(2) Hang the picture *over* (or *above*) vs *under* (or *below*) the window.
(창문 위에/아래에 그림을 걸어라.)

(3) The baby's sleeping *on* vs *under* a blanket.
(아기가 담요 위에서/담요를 덮고 자고 있다.)

*Below*는 (2)에서 보듯이 *above*나 *over*의 반의어이다. 그러나 *over*가 (1)에서와 같이 '한 쪽에서 다른 쪽 너머로'라는 뜻으로 쓰일 때는 *below*는 *over*의 반의어로 쓰일 수 없다. 그리고 *below*는 절대 *on*의 반의어가 될 수 없다. 왜냐하면 (3)에서 보듯이 *below*는 *above*와 마찬가지로 **주어**와 **지표**가 접촉하지 **않는다**는 것을 뜻하기 때문이다.

*Below*와 *under*가 정확히 공통으로 가지고 있는 의미 요소들만이 문맥에 포함되어 있을 때는 *below*와 *under* 둘 다 큰 의미차이 없이 사용될 수 있다. 그러나 문맥에 따라 *below*나 *under* 둘 중 하나만 쓸 수 있고 다른 것은 쓸 수 없는 경우도 또한 많다.

*Beneath*는 (**주어**와 **지표**의 비접촉이라는) 의미에 있어 *below*와 *under*의 중간 정도로 보인다. 하지만 *beneath*는 *below*나 *under*보다 어조에 있어 더 문어적이다. *Beneath*가

꼭 쓰이는 연어(collocation)는 *beneath contempt*(경멸할 가치조차 없는)의 예와 같이 몇 개 되지 않는다.

문맥에 따라 *beneath*나 *underneath*는 *under*보다 약간 강조된 형으로 쓰이는 듯하다. 따라서 만일 큰 탁자에 앉아있는 사람이 어떤 물체가 탁자 '아래(underneath)'에 있다고 한다면 그것은 물체가 탁자 가장자리 바로 밑에 있다기 보다는 탁자 훨씬 밑에 있다는 뜻일 것이다. 그렇다면 *underneath*는 (*beneath*도 마찬가지로) 그 '숨은 정도(hiddenness)'가 더 크다고 할 수 있겠다. [이점은 Rosemary Budd가 지적한 바 있다.]

어떤 문맥에서는, *underneath*나 *beneath*가 의미나 강조 여부와 상관없는 이유로 *under* 대신에 쓰이기도 한다. 예를 들어, *under*가 위치 변화를 의미할 때는, (4)에서와 같이 **지표**를 생략하고 쓸 수도 있다.

(4) A : Where's the whale now? (A : 고래가 지금 어디에 있어?)
B : It's gone *under*./It's *under*./*Under*. (B : 아래로 갔다./아래에 있다./아래에.)

그러나 위치의 변화가 없을 때에는, **지표**가 생략되었을 때에도 보통 *under* 대신 *underneath*를 쓰는 것이 낫다.

(5) A : Where do you keep the phone book. On this counter?
(A : 전화부를 어디에 두지? 이 판매대 위에?)
B : Normally it's, *underneath*. (B : 보통, 그건 밑에 있죠.)

영국 영어에서는 *beneath*가, 미국 영어에서는 *underneath*가 좀더 많이 쓰인다고 간혹 주장하기도 한다.

2. *Below* 대 *under*, *beneath*, *underneath*

2.1 장소 전치사로서의 *below*: *under*, *underneath*, *beneath* 와의 유사점

그림 13.1는 위치를 설명하는데 네 개의 전치사가 모두 쓰일 수 있는 물체의 배열을 보여준다.

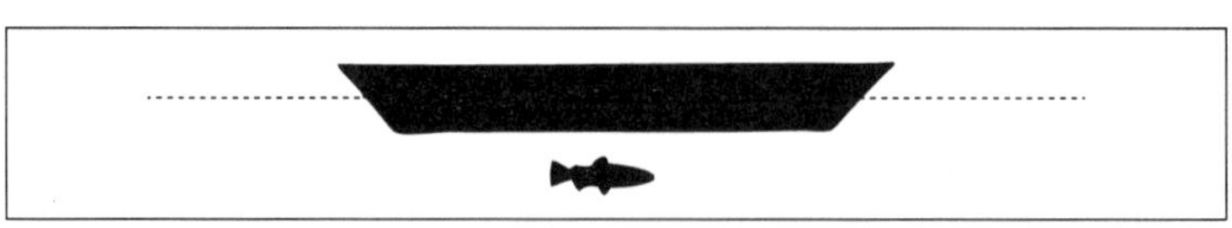

There's a fish just *under/underneath/beneath/below* the boat. (배 바로 아래/밑에 물고기가 있다.)

그림 13.1 측면 관점

여기서는 전치사 네 개가 다 가능하다. 왜냐하면 **주어**(물고기)가

- **지표**(배)보다 아래에 있고
- **지표**의 한쪽이나 다른 쪽으로 치우쳐있지 않고
- **지표**와 접촉하지 않기 때문이다.

2.2 장소 전치사로서의 *below*: 두 가지 두드러지는 특징

- 차이점 1: **주어**가 **지표**와 접촉해있으면 *below*가 사용될 수 없다.

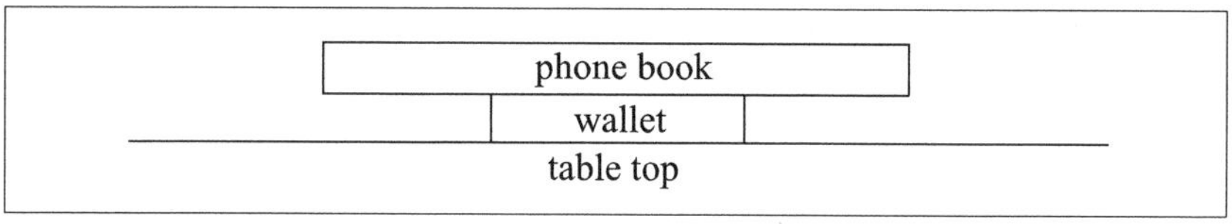

Your wallet's *under/underneath/beneath/*below* the phone book.
(당신 지갑이 전화부 아래/밑에 있다.)
그림 13.2 측면 관점

- 차이점 2: **주어**가 **지표**보다 낮게 있더라도 한쪽으로 치우쳐있으면 *below*만이 적당하다.

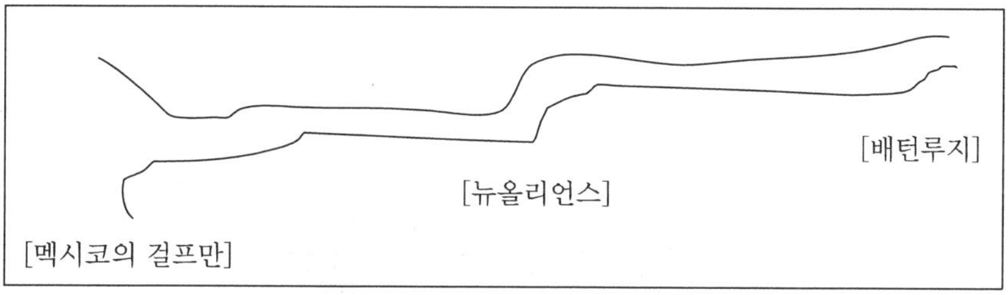

New Orleans is on the Mississippi River *below* Baton Rouge.
(뉴올리언스는 미시시피 강에서 배턴루지 아래 있다.)
그림 13.3 측면 관점

2.3 종점 전치사로서의 *below*: 한 가지 두드러지는 특징

'*Go below X* (X 아래로 가라)'는 'X보다 아래에 있되 X와 접촉하지 않는 곳으로 가라'는 뜻이다. 종점 전치사로서, *below*는 그림 13.1에 나타나 있는 것과 관계된 의미나 (더 드물게는) 13.3에 나타나 있는 것과 관계된 의미를 가질 수 있다.

(6) Put that sponge *below* (or *under/beneath/underneath*) the sink.

(그 스폰지를 싱크대 아래/밑에 두어라.)

(7) Let's go *below* the dam. (댐 아래로 가자.)

*Below*는 경로 전치사로는 거의 쓰이지 않는 것으로 보인다.

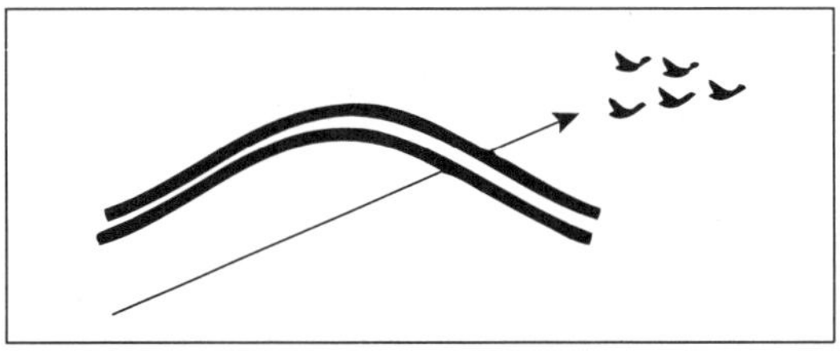

A whole flock of ducks flew *under/underneath/beneath/?below* the bridge.
(한 떼의 오리들이 다리 아래/밑(으)로 날아갔다.)
그림 13.4 측면 관점

3. *On the bottom (of)*

- *Below*는 **주어**와 **지표** 사이의 접촉을 제외한다.
- *Beneath*는 그런 접촉을 제외하는 경향이 있다.
- *Under*와 *under*neath는 그런 접촉에 대해서 중립적이다.

그러므로 이 네 개의 전치사 어느 것도 **주어**와 **지표**가 확실히 접촉하고 **있다**는 것을 강조할 수는 없다. 대신 *on the bottom (of)*나 *attached to the bottom* 같은 표현이 쓰인다.

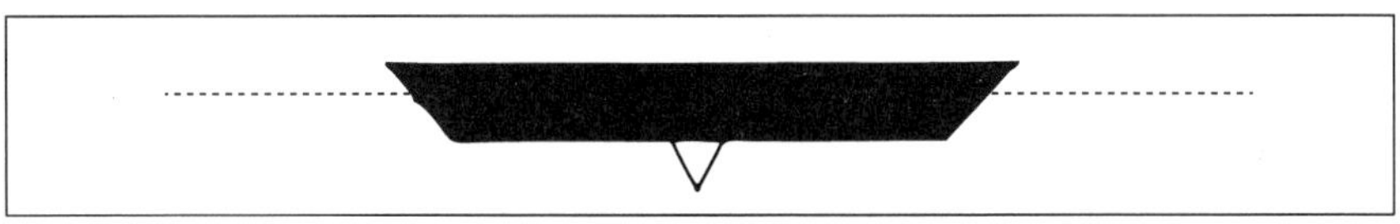

There's a pointed keel *on/attached to the bottom of* this boat.
(이 배에/배의 바닥에 접하여 용골이 있다.)
그림 13.5

4. *Under*에 대한 추가 설명

4.1 *Under* 대 *over*

일반적으로 *under*는 위의 그림 13.4에서처럼 **주어**가 **지표** 한쪽부터 다른 쪽 너머로 지나가는 상황을 나타내는 데 쓰일 가능성이 *below*, *under*neath, *beneath*보다 훨씬 높다.

4.2 Under (= '완전히 안에(completely in)') 대 in

*In*에 관해서는 위(5.3)에서 본 것과 같이, 그 지표가 (벽이나 뚜껑과 같은) 물리적 경계이거나 덮개이면, *in*은 주어가 (예를 들어, *There are termites in the wall*(벽 안에 흰개미가 있다)에서와 같이) 벽/덮개가 둘러싸고 있는 공간 안에 있다는 의미라기보다는, 주어가 벽/덮개 안에 있다는 의미를 말하는 경향이 있다. 또 다른 예를 하나 들자면, 만일 달걀껍질의 성분에 대해 말한다고 하면,

(8) There's lots of calcium *in* an eggshell. (달걀껍질에는 많은 칼슘이 있다.)

라고 말할 것이다. 비슷한 예로,

(9) There are zillions of pores *in* my skin. (내 피부에는 수많은 털구멍이 있다.)

라고 말할 것이다. 그러나 중심을 향한 다음 층위에 대해 말하고 싶다면 (10)에서와 같이 *under*를 사용할 수도 있다.

(10) There are fat cells just *under* the skin. (피부 아래에 지방 세포들이 있다.)

이 문장은 다음을 의미한다.

(10^1) There are fat cells *in the layer just* under the skin.
(피부 바로 아래층에 지방 세포들이 있다.)

어떤 사람은 피부가 어느 쪽을 향하고 있든지 상관없이 (10^1)과 같은 문장을 쓸 수 있다는 것을 유념하자. 즉, 발바닥의 피부에 대해 말할 때 적용될 수도 있기 때문이다 — 그런 경우에는 지방세포가 피부 아래에 있다기보다는 피부 위에 있다!

(11)과 (12)의 문장은 (10^1)에 보인 역방향성 문제가 없다는 것을 제외하고는 (10^1)과 유사하다.

(11) Can you stay *under* water for more than a minute?
(물속에 1분 이상 있을 수 있어?)

(12) Rattlesnakes tend to spend the winter *under* ground.
(방울뱀은 땅 속에서 겨울을 나는 경향이 있다.)

(11)과 (12)에서 *under*는 '표면 아래에(below the surface of)'나, 아니면 좀더 정확히

말해 '(물이나 땅의) 조금 아래(under some (water/ground))'라는 뜻이다. 다시 말해, 사람들이 물이나 땅 아래에 있을 때, 그들 위에 있는 것은 그들과 공기 사이에 있는 물이나 땅의 층이다.

만일 (13)의 문장을 말하면, 데일이 **완전히** 물 속에 있다고 생각할 것이다.

(13) Look! Dale's *under* water. (봐라! 데일이 물 속에 있다.)

그러나 (14)의 문장을 말하면, (직접 보지 않는 한) 데일의 머리가 물 밖에 있는지 아닌지 모를 것이다.

(14) Look! Dale's *in* the water already. (봐라! 데일이 벌써 물 안에 있다.)

비슷한 예로, (15)의 문장을 말하면,

(15) There's a splinter *in* my thumb. (내 엄지손가락에 나무가시가 있다.)

(직접 보지 않는 한) 그 가시의 일부가 밖으로 삐져나와 있는지 아닌지 모를 것이다. 대신에 *under the skin*(피부 아래에)라고 말한다면, 가시의 어느 부분도 밖으로 삐져나와 있지 않다고 생각할 것이다. 그러므로 *under*는 'X의 표면 아래에(under the surface of X)', '완전히 X안에(completely in X)'라는 뜻이다.

5. 은유적 *Under*

5.1 *Under*: '많음은 위이고, 적음은 아래이다'

*Under*는 상대적으로 '하향성'과 관계가 있기 때문에, 체계적인 은유 표현에 아주 많이 나타난다. 즉 '위는 좋고, 많고, 중요하고, 강하다'는 것을 의미하고 '아래는 나쁘고, 적고, 덜 중요하고, 부족하고, 약하다'는 것을 의미한다.

- *under $5* (vs *over*) (5달러 이하(대 이상))
- ***under****cooked rice*(덜 익은 밥); *to be* ***under****whelmed*(감동하지 않은)/ ***under****dressed*(간소한 옷차림의)/ ***under****weight*(저체중의); ***under****fed* (vs *over*) (음식부족의 대 음식과잉의)
- *an* ***under****class* (vs *over, upper*) (하층계급 대 상층계급); *to be* ***under*** *someone's control/influence/authority/supervision/direction* (vs *out from* ***under***) (누구의 통제/영향/권위/감독/지시 아래, 또는 벗어나서); *to live* ***under*** *a reign of terror/regime*

(공포/정권 체제 아래 살다); *to be* ***under*** *an anesthetic*(마취 상태에 있다); *to be an* ***under****dog*(피해자가 되다); *to serve/work/study* ***under*** *someone*(누구 밑에서 시중들다/일하다/공부하다); ***under*** *penalty of death*(사형이 언도된)

5.2 *Under*: '상황은 하늘처럼 일종의 덮개이다'

이런 은유의 예는 다음 문장에서 볼 수 있다.

(16) Under what circumstances/conditions/terms would you agree?
(어떤 상황/조건/규정이면 동의하겠니?)

이 은유는 위에서 보여준 은유와 동시에 작용할 수 있다 — *live* ***under*** *a regime*(정권 하에서 살다)에서처럼 '통치'라는 것이 뭔가 위에 있으면서 국가 전체를 덮는 것으로 생각될 수 있기 때문이다.

5.3 *Under* : '불쾌한 경험은 짐이다'

이런 은유의 예는 다음과 같다 : *to be* ***under*** *an obligation*(의무가 있다); *bear up* ***under*** *pressure/strain/pain/onerous duties*(중압감/긴장/고통/성가신 의무 등을 견뎌내다); *to be* ***under*** *attack/fire/investigation*(공격/화재/조사 당하다).

이런 단어들의 상당수는 *carry*(짐을 지다)나 *bear*(견디다)와 연어 되어 사용된다. 이 사실은 이러한 표현들이 정말로 짐(burden) 은유의 표현이라는 견해를 뒷받침해준다.

또한 이 짐 은유는 위에서 언급한 두 가지 은유와 동시에 사용될 (그리고 보강할) 수도 있다는 사실을 유념할 필요가 있다. 이렇게 생각하면, 정권은 (1) 뭔가 높이 있어서(= 의기양양하게), (2) 하늘과도 같이 (= 벗어날 수 없이) 전부 덮고 있고, (3) 짐과 같은 존재라고 생각될 수 있다. 그러므로 *under*의 사용은 ***under*** *Ivan's regime/iron hand/watchful eye*(이반 정권/철의 손/감시의 눈 아래에서)와 같은 문맥에서는 극히 많은 것을 떠올리게 한다고 할 수 있다.

5.4 뭔가의 아래에 있다는 것은 시야에서 감춰지는 것이다

여기에서 **지표**는 **주어**보다 더 중요하다거나 더 무겁고 압박하는 것으로 생각되지 않는다. 오히려 **지표**는 **주어**를 덮고 그것을 보이지 않게 숨기는 것으로 생각된다. 그 예로는, *an* ***under*** *the table payment*(뇌물, 은밀한 보수); *to leave/arrive/attack* ***under*** *cover of darkness*(어둠 속에 떠나다/도착하다/공격하다); *to do something* ***under*** *false* *pretences*(속여서, 거짓 핑계로 뭔가를 하다); ***under****hand behaviour*(부정한 행동), ***under****cover officer*(비밀 수사관) 등이 있다.

5.5 *Under*: 다른 은유와 관용어

다른 은유의 대부분은 일회성이거나 쉽게 짐작할 수 있는 영상 은유이다. 그러므로 (갑판 위에 있는) 돛단배의 돛은 바람을 타서 움직이기 위해서만 올리기(펴지기) 때문에, *to be* ***under*** *sail*(돛을 달고 있다)은 (환유적으로) 'to be moving(움직이고 있다)'는 뜻이다.

반면, 고대 영어 시기와 같은 초기에는, 학자들이나 다른 사람들이 *sub*-이라는 접두사로 시작하는 라틴어나 프랑스어의 이런 저런 단어들을 번역하는 과정에서 *under*가 들어간 표현들이 조어되기도 했다. 이 과정에서 이해할 수 없는 *under*를 사용한 단어들이 생기기도 했는데, (현대영어에서 '보조금'이라는 단어 *subvention* = 'subsidy'의 어원이기도 한) 라틴어의 ***sub****venire*가 ***under****cuman*(= *undercome*)으로 번역되기도 했다. 또한, 예전의 *under* 용법 중 그 은유적 기원을 불확실하게밖에 짐작해 볼 수 없는 ***under****stand*(이해하다), ***under****take*(떠맡다) 등의 예도 있다.

6. 은유적 *below*

Below(즉, *by* + *low*)는 *under*보다 훨씬 최근에 생긴 단어이기 때문에 은유적 표현의 범위도 훨씬 좁다. 이 표현들은 모두 '더 중요하고, 더 많은 것은 위이고(more important, more in quantity is up), 덜 중요한 것은 아래이다(less important is down)등'의 체계적 은유의 범위 안에 들어가는 것 같다.

6.1 *Below* = '덜 중요한'

*Below*는 **주어**와 **지표**가 접촉하고 있지 않다는 것을 함의하기 때문에, *below*는 단선적 등급과 서열 상에서 **주어**와 **지표** 사이에 커다란 은유적 수직 간격이 있음을 의미한다.

(16) Far *below/beneath* the Brahmins are the wretched Untouchables.
(브라민 계급 저 아래에 비참한 불가촉 천민계급이 있다.)

(17) Man wants little here *below* [heaven].
(인간은 [천국] 아래 여기에선 별로 원하는 게 없다.) [OED]

(16)에서, *under*나 *underneath*는 좀 부자연스러워 보이는데 반해, *beneath*는 사용될 수

있다는 걸 유의해야 한다. 그러나 (17)에서는 *below*만이 적합하다. (16)에서 *beneath*는 아마도 문장 안에 *far*가 있기 때문에 '분리(separation)'의 의미만을 취하는 것 같다. 여전히 *below*는 *under*나 *underneath*보다 분리의 개념에 더 적절해 보인다.

6.2 *Below* = '보다 덜'

*Below*는 수직적 척도의 눈금이라는 점에서 생각할 때 *above*의 반의어로 쓰인다. 특히 눈금 사이에 사다리의 발판 간격과 같은 간격이 있을 때 더욱 그렇다. 그런 척도에서는 다음 눈금으로 이동하면 옛 눈금과 새 눈금 사이에 간격이 생기게 된다. 다시 말해, 각각의 눈금은 서로 접촉해 있지 않다고 느껴진다. 이런 이유 때문에, *above*와 *below*는 *over*와 *under*보다 그러한 척도에 대해 말할 때 더 자주 사용된다.

(18) In Alberta temperatures get down to more than 40° *below* zero Celsius.
(알버타에서는 기온이 섭씨 영하 40도 이하로 내려간다.)

(19) The average share price fell *below* 1000 today.
(오늘 평균 배당가가 1000 이하로 내려갔다.)

7. 시간

본 장에서 다룬 전치사 중 오직 *under*만이 제한적이나마 시간을 말할 때 사용될 수 있다. 이것은 우리가 보통 시간은 마치 바람 같아서 우리가 시간을 수평적으로 통과해 가거나 아니면 시간이 우리를 향해서 또는 지나쳐서 흘러간다고 생각하기 때문이다. 그렇지만 때때로 우리는 시간의 단위가 쌓여진 동전이나 벽에 걸린 구식 수은 온도계의 눈금처럼 수직으로 줄지어 있는 것처럼 말한다.

(20) I've lived here for *under* (vs *over*) 8 years.
(나는 여기에 8년 이하로 (또는 이상) 살았다.)

이것은 우리가 시간을 가시화하는 데 제3의 방법을 사용한다는 표시라기보다는, 단순히 '많음은 위이고, 적음은 아래이다'라는 체계적 은유 표현인지도 모른다. 반면에, (21) 같은 예는 실제로 우리가 때로는 시간을 수직으로 쌓이는 단위로 생각한다는 가능성을 열어놓게 한다.

(21) ...year *on* your improvement... (당신의 발전에 해가 더하여…)

[8 AM News, BBC Radio 4, 24.8.95]

Chapter 14 *Back, backward(s)*

1. 개요

*Back*은 ‘당신이 (또는 누구든지, 무엇이든지) 전에 있던 곳으로 또는 있던 곳을 향하여’ 라는 뜻을 가진 방향 부사이다. *Back*은 “Where to?(어디로)”라는 질문에 대답해준다. *Back*은 보통 *on*의 반대 기능을 한다(즉, ‘계속성(continuation)’; 4/2 참고). 만일 **지표**가 지정되어 있으면 *back* 뒤에 보통 전치사가 따라온다.

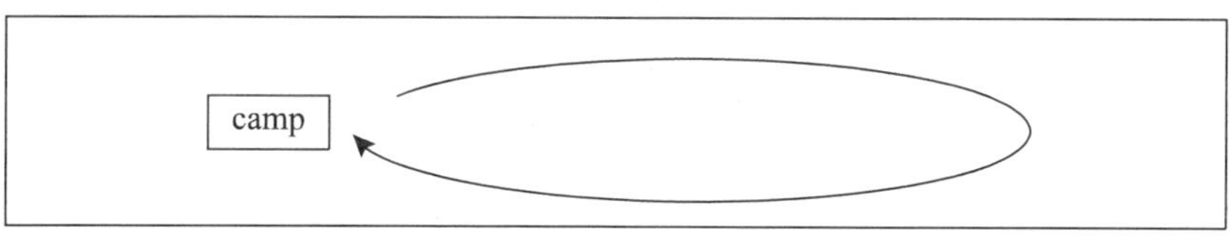

I'm hungry. Let's go *back* (to camp). (나 배 고파. (캠프로) 돌아가자.)

그림 14.1

*Backward*는 *back*과는 달리 얼굴이나 앞면, 등이나 꼬리가 있는 **주어**에만 사용될 수 있다. *Backward*는 그런 **주어**의 **방향성**에 대해 매우 구체적인 것을 말해준다, 즉, **주어**가 앞면이나 얼굴의 반대 방향으로 움직인다(혹은 본다 등)는 것이다. 그러므로 뒤로 걷는 사람들은 발가락이 아니라 발꿈치로 진행하고 있는 것이다. *Backwards*는 때때로 “Where to?(어디로)”라는 질문에 대답해주기도 하지만 더 대표적으로는 “How?(어떻게)”라는 질문에 대답해준다.

그림 14.2 뒤로 걷는 사람(Someone walking backward)

다시 말해, 어떤 장소로 **돌아**(back) 간다고 말하는 것은 그 전에 그곳에 있었다는 뜻이다. 어떤 장소로 **뒤로**(backwards) 걸어간다고 말하는 것은 전에 거기에 있었는지에 대해 시사 하는 바가 없다. 단지 발가락이 목적지를 향해있지 않다고 말하고 있을 뿐이다. (*in back of, in the back of*는 9장 참고.)

2. *Back*: 다른 의미, 다른 용법

2.1 *Back* = '뒤쪽을 향해'

어떤 문맥에서는 *back*이 '이전 위치로 돌아가다(return to a previous location)'라는 것을 의미하지 않는다. 그 대신, 어떤 물체나 물질이 한 물체(여기서는 비행기)의 뒤쪽으로 움직인다는 것을 말한다.

Air is streaming *back* from the propellers.
(공기가 프로펠러에서부터 뒤쪽으로 흐르고 있다.)
그림 14.3

이것이 *back*이 *backward*와 가장 공통적으로 가지고 있는 의미이다. 사실, 그 두 부분(*back* + *ward*)을 볼 때, '뒤쪽으로(toward the back/rear)'라는 뜻으로 쓰여야하는 것은 *backward*이지만 실은 별로 그렇지 못하다. 사실, 보통 *backward*의 '방향(orientation)' 의미는 그림 14.3의 예와 잘 맞지 않는다. 왜냐하면 공기는 앞이나 뒤가 없기 때문이다.

그러나 때때로 '어느 방향으로(in what direction)'라고 말하는 것과 '어떻게(how)'라고 말하는 것은 같을 때도 있다. 그래서 그림 14.4a는 뒤로 구부리고 있는 사람 또는 뒤쪽으로 구부리고 있는 사람을 보여준다고 말할 수 있다. 그 반대 자세(앞쪽으로 구부린)

는 그림 14.4b에 보여준다.

그림 14.4

2.2 은유적 *back*

1. '이전 위치(쪽)로 돌아가다'라는 의미는 자주 은유적으로 사용되는데, *back*이 시간상으로 되돌아가는, 즉 이전 시간으로 돌아가는 것과 관련 있을 때와 같이 아주 명료한 방식으로 쓰인다.

(1) He's some sort of genetic throw*back* to the gorilla.
(그는 고릴라로 일종의 유전적 후퇴를 한 것이다.)

(2) Could you go *back* to what you were saying before?
(전에 당신이 말한 것으로 돌아갈 수 있나요?)

2. 다른 용법들은 벽에 똑바로 던져진 공이 튕겨 나온 것에 비유할 수 있다. 유사-은유적으로, 당신이 뭔가를 팔았는데 그것을 후회한다면 그것을 '다시(back)' 살 수 있다. 이런 '되돌림(return)'의 의미가 은유적으로 완전히 확장된다면 대화나 경쟁에 있어 "상호적 행위가 똑같이 행해질(a reciprocal action evens the score)" 때처럼 (Bolinger, 1971: 139) '보상(requital)' 같은 개념이 될 수 있다. 따라서 당신이 누구에게 뭔가를 말하면 그가 바로 '되받아(back)' 말할 수 있다. 그리고 '말대답(*back*talk)'은 (예를 들어, 어린이나 하위 계급의 군인과 같은) 상대적으로 낮은 지위의 사람이 (부모나 상관으로부터의) 질책이나 충고를 받아들이지 않고, 그 대신 자신만의 단호하고 날카로운 말투로 대답할 때를 말한다. 또는 다른 예로, 만일 어떤 사람이 당신을 때린다면, 당신은 그 사람을 '되받아(back)' 때릴 수 있다. (이와 똑같은 은유는 *re-* (= 'back')로 시작하는 라틴어 차용어 어휘 (*reply*(대답하다), *respond*(대답하다), *retort*(반박하다) 등)에 나타난다.

3. 은유적 *backward*

*Backward*는 은유적으로 쓰일 때 부정적 함의를 지닌다. 이것은 뒤로 걷는 것은 보통 비효율적인 이동방법이라는 사실이나 후퇴할(또는 'backing' down) 때는 문자 그대로 뒤로 움직인다는 사실에 기인할지 모르겠다. 어쨌든 *go backward*(뒤로 가다)는 것은 '나빠지다(get worse)'는 것을 의미한다.

(3) Are we going *backward* morally faster than we're going forward technologically?
(우리가 기술적으로 진보하는 것보다 더 빨리 윤리적으로 후퇴하고 있나요?)

(4) He is a very *backward* child. (그는 아주 뒤쳐진 아이이다.) [즉, 발달이 더딘]

4. 시간

4.1 방향: '이전 시간(쪽)으로'

어떤 문맥에서는 *back*과 *backward*는 의미가 많이 다르지 않다(그림 14.4a 비교).

(5) Let's go *back/backward* in time. (시간을 되돌아가자.)

(5)와 같은 문맥에서는 *back*이 더 일반적으로 쓰인다. 이것은 아마 우리가 과거에 대해 생각할 때 우리가—개인적으로 우리가 아니더라도 일반적으로 인간이—그로부터 왔다고 생각하는 경향이 있기 때문일 것이다. *Backward*는, 어떤 사람들한테는 *go backward in time*(시간상으로 뒤로 가다)라는 말은 차를 타고 거꾸로 가는 것과 같은 영상을 순간적으로 떠올리게 한다.

공상과학소설에서는 *back*이 나중 시간을 일컬을 수도 있다. 전에 거기에 가 봤다는 전제하에 말이다. 그러니까 *Back to the Future*(미래로 돌아가기)라는 영화제목도 있는 것이다.

4.2 종점 : '나중 시간으로'

Back(그러나 *backward*는 아니다)은 약속시간의 변화를 말할 때 쓰인다. 그런 경우에 *back*은 '계획된 것 보다 후에(later than planned or scheduled)'라는 뜻을 나타내는 경향이 있다. (여기에서는 앞으로 일어날 미래 사건을 바라보는 사람의 관점에서 보는 것인데, 어떤 사건이 더 가까이에 있는 사건보다 훨씬 뒤에 혹은 뒤쪽에 있다고 생각하는

것이다.) 그러나 필자가 아는 사람 중에 *back*의 이런 용법을 다르게 이해하는 사람들도 있다(사실 나도 그런 사람 중 하나였다). 즉 '시간 상 더 일찍(earlier in time)'이란 뜻으로 이해하는 것이다. (이것은 모든 것이 미래로 향하고 있다는 관점이다. 그래서 뒤로 멀찍이 놓인 것은 그것이 향하고 있는 방향의 반대방향으로, 즉 현재에 더 가까이 뒤쪽으로, 움직인 것이다.) 그러니 주의하라. 당신의 데이트가 진짜 중요하다면, 상대방이 시간을 당신하고 똑같이 이해하고 있는지 확인할 것!

*Back*이 *set*하고 나란히 쓰일 때 비슷한 의미를 보게 된다. 그때의 함의는 프로젝트의 완성이나 병에서 회복되는 것과 같은 것이 이런 저런 이유로 지연된다는 것이다.

(6) Delays in financing have really set this project *back*.
(자금 조달이 지연되어 이 프로젝트에 정말 차질이 생겼다.)

(7) He's experienced a number of *setbacks* in the last few hours, hemorrhages ... that kind of thing.
(그는 지난 몇 시간 동안 출혈 등과 같은 많은 상태악화를 경험했다.)

(6)−(7)과 같은 예문에서 *back*의 의미는 지연된 미래 사건들이 진행해온 방향에서 '뒤로' 움직여졌다는 아이디어에서 비롯된 것일 것이다. 물리적으로 상응되는 것은 해안으로 밀려왔다가는 결국 썰물로 다시 빠지는 부서지는 파도 같은 현상이다.

Chapter 15 *At* 대 *in, on, toward, by, with*

1. 개요

*At*은 (1) 긴밀히 연결되어 있고 은유적으로 확장될 수도 있는 순전히 공간적인 개념들의 집합이고 (2) 부분적으로는 공간적이나 부분적으로는 그렇지 않은 다른 의미도 있다. 또한, (3) *at*은 많은 구절에 사용되는데, 그중 어떤 것들은 매우 흔하고 그 전체나 상당부분이 관용적이다.

*At*은 공간적으로 사용될 때, **주어**와 **지표** 사이의 관계에 대해 모호하다. *In*과는 달리 **주어**가 **지표** 안에 있거나 둘러싸여 있다고 규정짓지 않고, *on*과는 달리 **지표** 표면과 접촉하고 있다고 한정하지도 않는다. *At*은 또한 **지표**와 **주어**의 상대적 크기에 대해서도 전적으로 중립적이다. 이런 모든 이유 때문에 *at*은 설명하기가 힘들다.

그 의미의 미묘함 때문에 *at*은 아마 외국 학습자들에게는 가장 까다로운 전치사일 것이다.

2. 순전히 공간적인 *at*과 은유적 확장들

2.1 '체류지'를 의미하는 *At*

*At*은 (어떠한 수단으로 지나가든지) 어떤 경로 상의 지점에서 일어나는 행동이나 사건들에 대해 말할 때 흔히 사용된다. 우리는 보통 문맥을 통해서 실제 **지표**가 비행장인지, 버스 정거장인지, 기차역인지, 선착장인지, 아니면 어떤 다른 탑승/하차 지점인지 유추하게

된다.

(1) He got off *at* Naples. (그는 나폴리에서 내렸다.)

(2) The ship touched *at* the Canary Islands. (그 배는 카나리 섬에 닿았다.)

[Lindkvist 1978:28]

우리는 또 '경로상의 지점'이라는 *at*의 이러한 용법을 (3)과 같이 독서는 책을 여행하는 것이라는 은유적 경로의 경우에서도 볼 수 있다.

(3) I stopped *at* page 7. (나는 7쪽에서 멈췄다.) [Lindkvist 1978:52 참고]

(3)에서, *at*은 7쪽을 시작하기 바로 직전이나, 7쪽 중간이나, 아니면 7쪽 끝에서 멈췄다는 뜻일 수 있다. 이것은 *at*이 **주어**와 **지표**의 관계에 대해 모호하다는 것을 전형적으로 보여주는 것이다. *On*은 반대로 7쪽을 시작한 후에 멈췄다는 것을 나타내고 7쪽이 끝나기 전에 멈췄다는 것을 암시한다.

(3)과 관련된 용법으로는 *at*이 연속선을 말할 때 어디에서 사용되느냐 하는 것이다. 이것은 추상성 정도가 다양할 수 있긴 하지만, 모든 연속선은 시작과 끝과 그 사이의 지점들로 생각되어질 수 있다는 점에서 경로와 유사하다. 우리는 자와 테이프로 거리를 잴 때처럼 문자 그대로 이 연속선을 따라 움직일 수도 있고, 아니면 게이지의 눈금을 시각적으로 또는 마음속의 눈으로 따라갈 때처럼 좀더 비유적으로 움직일 수도 있다.

(4) *At* what distance/range/altitude/depth/angle/speed/rate of acceleration/ pressure did the prototype fail?
(그 원형모델은 어떤 거리/범위/고도/깊이/각도/속도/가속도/압력에서 실패했나요?)

2.2 교차 지표를 나타내는 *at*

*At*은 **지표**가 교차지점일 때에 흔히 사용된다. 이 용법은 (5)에서처럼 위에 언급된 용법과 겹치기도 하고 (6)에서처럼 위 용법과는 다르기도 하다.

(5) Turn right *at* the next street. (다음 길에서 우회전해라.)

(6) Our solution is *at* the intersection of these two lines on the graph.
(우리의 해답은 그래프 상에서 이 두 선이 만나는 곳에 있다.)

2.3 경계나 극점인 지표를 나타내는 *at*

지표가 일종의 경계이거나 일종의 극점이라면, *at*은 하나가 끝나고 또 하나가 시작하는 지점과 아주 가깝거나 그 지점과 접해있다는 것을 암시한다. 그러한 **지표**에는 *back*(뒤), *beginning*(시작), *border*(경계), *bottom*(밑바닥), *coast*(해안), *edge*(끝면), end(끝), *front*(앞), *frontier*(변경), *rim*(테두리), *road(side)*(길(가)), *river(bank)*강(둑)), *sea(side)* (바다(가)), *side*(옆), *top*(위) 등이 있다. 이런 용법을 구체적으로 표현한 상투적이고 진부한 문구에는 다음과 같은 것이 있다: *It was at the back of my mind that*...(...가 내 마음 속에 있었다), *I'm at my wit's end*(나는 어찌할 바를 모르겠다), *I'm at the end of my tether*(나는 한계에 도달했다), *We are at the frontiers of knowledge*(우리는 지식의 첨경에 있다).

이 용법과 (1)－(3)에서 보인 용법은 (7)에서와 같이 통합될 수 있다.

(7) We stopped *at* the edge of the woods. (우리는 숲 끝에서 멈췄다.)

2.4 광범위한 시야의 장소를 나타내는 *at*

큰 스케일로 생각한다면 꽤 커다란 장소도 지도 위에서는 한 점에 불과하게 된다. 이와 연관하여, Lindkvist (1978:57)는 *at*이 '전국적 시야(country-wide view)'를 제공한다고 적절하게 표현한다.

(8) General, Ike wants us to meet with Bedell-Smith *at* Verdun.
(장군, 아이크는 우리가 베르둔에서 베델-스미스를 만나길 원합니다.)
[*Patton*, 20th Century Fox]

(9) After receiving the waters of many tributaries, the Mississippi is at last joined *at* Saint Louis by ... the mighty Missouri.
(많은 지류의 물을 받은 후 미시시피 강은 마침내 세인트루이스에서 장대한 미주리와 만난다.) [두 강이 합쳐진 곳이 도시 안이라는 것을 주목한 Lindkvist(1978 :60) 인용]

(10) If you think we had it cold today, the temperature *at* Moscow this morning was -30 degrees.
(오늘 여기가 추웠다고 생각하는 모양인데, 모스크바는 오늘 아침 영하 30도였어요.)

*At*는 지역(area)보다는 지점(point)으로서의 **지표**의 영상과 양립될 수 있기 때문에 이러한 경우에 사용된다.

2.5 전쟁터를 나타내는 *at*

접촉과 둘러쌈(enclosure)에 대한 정의가 모호하기 때문에, *at*은 전형적으로 전쟁터를 말할 때 쓰인다. 왜냐하면 전쟁은 그 전쟁에 이름을 붙이게 되는 장소 안이나 그 장소 가까이에서, 아니면 그 안과 가까이 둘 다에서 일어나기 때문이다. 이 용법은 지도-지점(map-point) 용법과 아마 관계가 있을 것이다.

(11) [Marlborough and Wolfe's] victories *at* Blenheim and Quebec owed nothing to differences in weapon technology, tactics or personnel...
([말보로와 월프의] 블렌하임과 퀘벡에서의 승리는 병기의 기술적 차이, 전법, 병력에서의 차이에 기인한 것이 전혀 아니다.)
[John Keegan. 1988. *The Mask of Command*. Harmondsworth : Penguin. p. 174]

2.6 식당, 호텔 등과 *at*

용법에 있어 흥미로운 대조는 *at the Ritz*(리츠에서)와 *in the restaurant*(식당에서) 그리고 *at the Savoy*(사보이에서)와 *in the theater*(극장에서)와 같은 구절에서 보여진다. Lindkvist(1978:63)는 *at*은 *restaurant*(식당)과 같은 '건물(building)' 명사 앞에서보다 *Ritz*(리츠)와 같은 고유명사 앞에서 더 흔히 쓰인다는 점을 지적한다. *Restaurant*(식당)와 같은 명사는 명백히 지붕과 벽으로 둘러싸인 구조물을 일컫기 때문에 *in*의 사용을 강제하는 경향이 있다고 가정한다. 그러나 *the Ritz*(리츠)와 같은 고유명사는 이 점을 분명히 하지 않기 때문에 at의 사용을 가능케 한다.

3. *At*, 비공간적 의미 요소

3.1 '활동'과 '실용적 연결'을 나타내는 *at* 대 '둘러쌈'을 나타내는 *in*

*At*이 단순히 누가 어디에 있는지를 표시하는 것 이상을 말해주며 주어와 지표 사이의 실용적 연결을 나타낸다는 것은 잘 알려진 사실이다. 그러므로 (12)−(14)의 예문들은, 환유적으로 위치뿐만 아니라 활동에 대해서도 말하고 있는 것이다.

(12) There's someone *at* the door. (문에 누가 있다.)
(13) I'm still sitting *at* my computer. (나는 여전히 컴퓨터에 앉아 있다.)
(14) I keep my dictionary close *at* hand. (나는 내 사전을 손 가까이에 둔다.)

▸ (12): *Being* ***at*** *the door*(문에 있다)는 것은 단순히 문 가까이에 있다는 것 이상을 의미한다. 그것은 사람이 눈에 띄어 들어오라는 말을 기다린다는 의미이다.

▸ (13): *Being* ***at*** *one's computer*(컴퓨터에 있다)는 것은 최소한 컴퓨터에 관심이 집중되어 있다는 것이고 아마 컴퓨터를 사용하고 있을 것이라는 의미이다.

▸ (14): *Something is* ***at*** *hand*(무엇이 손 가까이에 있다)는 것은 단순히 가까이 있다는 의미 이상이다. 그보다는 당장 사용 가능하다는 의미이다.

비슷한 표현으로는 *at anchor*(정박해있다), *at the helm/wheel*(실권을 쥐고 있다), *at one's desk*(업무 중이다) 등이 있다.

활동과 실용적 연결의 의미는 **지표**가 책상과 같은 물체 말고 장소를 일컬을 때도 나타난다.

그러므로 *at sea*(항해 중)는 단순히 재미나 낚시를 위해 한두 시간 동안 바다에서 보트나 배를 타고 있다는 것 이상의 의미이다. 그보다는 '바다 위에(on the sea)' 있을 뿐만 아니라 상당 시간 동안 실제적으로, 예를 들어 배의 선원으로 종사한다는 뜻이다.

유사하게, *in a/the church*(교회 안에) 있다는 것은 교회 밖의 마당에 있지 않고 교회의 벽 내부에 있다는 뜻이다. 활동에 있어서는, *in*은 전혀 구체적이지 않다. 예를 들어, 예배에 참석할 수도 있고 그냥 관광하고 있을 수도 있다. 반대로 *at [a/the] church*(교회에) 있다는 것은 장소에 대해 상대적으로 모호하고 (관사가 없을 때는) 활동에 대해 더 구체적이다. 그래서 *to be at a/the church*(교회에 있다)는 교회 구내에 있다는 뜻인데 건물 안일 수도 있고 건물 밖일 수도 있다. 인정할 수 있는 일종의 교회 활동에 참석하고 있다는 함의가 강하다. 예를 들어, 바깥이라면, 매장(장례)에 참석하고 있을 수도 있을 것이다. 안이라면, 기도모임에 참석할 수 있겠다.

At *a/the church/office/school*(교회/사무실/학교에)에 관해서는, 이런 명사들은 *a*나 *the*가 앞에 오면 '인정할 수 있는 교회 활동(recognized church activity)'이라는 함의가 사라진다는 것을 유의해야 한다.

*At a/the church*는 사실 교회 건물 안에 있는지, 아니면 예를 들어 교회 마당에 있는지 여부를 정확히 밝히는 것이 중요하지 않을 때 (*in a/the church* 대신에) 사용할 만한 것이다.

비슷하게, *to be* ***in*** *one's office*(사무실 안에 있다)는 것은 단지 그 사무실 사방 벽 안에 있다는 것을 의미한다. 활동에 관해서는, 사람이 일을 할 수도 있고 크로스워드 퍼즐을 풀고 있을 수도 있는 것이다. 어떤 사람이 ***at*** *the office*(사무실에) 있다는 것은 그 위치에 있어서는 덜 정확한 표현이다. 그 사람이 예를 들어 복사기가 있는 곳에 가는 등 사무실 안팎을 돌아다닌다 해도 그 표현은 참이 된다.

In *the school*(학교 안에)와 ***at*** *the school*(학교에)도 비슷한 차이를 보인다. (그러나

*be in school*은 관용적인 표현으로, 최소한 미국 영어에서는 '학생이다(be a student)'라는 뜻이다.)

At play/war/work 등과 같이 **지표**가 장소가 아닌 표현들은 '활동'이라는 개념을 더 직접적으로 전경화(foreground)한다. 다른 경우에는, **지표**가 활동보다는 '상태'를 나타낸다. *at bay*(궁지에 빠지다), *at odds/loggerheads with someone*(−와 사이가 좋지 않다), *at variance with the facts*(사실과 일치하지 않다), *at rest/peace/ease/leisure*(휴식 중/평화롭게/편안하게/한가하게), *at one's convenience*(−편리할 때에), *at large/liberty*(상세히, 잡히지 않은, 일반적으로/마음대로).

이러한 고정된 구절의 상당수(예 *at large, at random, at bay, at peace/war, at [one's] leisure/ease, at one's request/command*)는 프랑스어의 *a* + 명사구 (cf. *etre aux abois = be at bay*)에서 영어에 그대로 차용된 것이다. 이런 표현들의 *at*은 공간의 *at*과 의미적으로 매우 약하게 연결되기 때문에 한 가지씩 아니면 주제별(예 *at rest/peace/ease/leisure*)로 학습되어야 한다(공간의 *at*의 의미는 고대 영어(Old English) 이후 거의 변하지 않았다. Lindkvist 1978:9-50).

장소를 가리키는 *at church/school*[관사없이]와 같은 표현과 활동상태를 나타내는 *at play* 같은 표현 중간쯤에 *at a/the party/dance/show/play/game/wedding/funeral/graduation/reception*(파티/댄스/쇼/놀이/게임/결혼식/장례식/졸업식/환영회에(서)) 등과 같은 표현이 있다. 이런 표현에서 *at*은 '보거나 들을 수 있는 가까운 거리에'라는 뜻으로 쓰인다. 예를 들어, *at a show*(즉, 쇼를 보다)와 *in a show*(즉, 쇼를 공연하다) 사이의 의미 차이를 유념하자.

3.2 *At*, '뚜렷한 초점'과 지표에 대한 태도

*At*은 *aim*이나 *work*과 같은 동사들과 같이 쓰이면 **지표**가 목표물이라는 것을 강조한다.

(15) Aim *at* the bull's-eye. (과녁의 중심을 겨냥해라.) [문자적]

(16) Work *at* getting better. (나아지도록 노력해라.) [은유적]

밀접하게 연관된 표현에서 *at*은 *look*(보다), *stare*(응시하다), *glare*(노려보다), *glower*(주시하다), *gaze*(지켜보다), *peer*(자세히 보다), *gape*(입 벌리고 보다), *gawk*(멍하니 보다)과 같이 의미적으로 관계된 서술적 동사들과 연결된다. 여기에서 *at*은 **주어**가 **지표**에 대해 감정적으로 중립적이거나 심지어 냉정하기까지 하다는 것을 암시하기도 한다. (사실, 누구든지 목표물에 대해서 좋은 감정을 가지기는 쉽지 않다.)

Talk(말하다), *laugh*(웃다), *come/go*(오다/가다), *run*(뛰다), *charge*(돌격하다), *lunge*

(돌진하다), *jump*(뛰어 오르다), *spring*(튀어 오르다), *shoot*(쏘다) 등과 같은 동사들과 같이 쓰이면, *at*은 배려의 결여나 심지어 공격성을 암시하기도 한다. *At*은 다른 동사들과 같이 쓰여 **지표**가 목표물이라는 것을 강화하는 의미로 쓰이기도 한다(예 *grab/tear/scratch/fumble at his shirt*(그의 셔츠를 잡다/찢다/긁다/더듬다, *kick at someone*(누구를 발로 차다), *lash/hit out at someone*(누구를 채찍질하다/때리다), *be irked/irritated/annoyed/mad/ angry/cross/enraged/furious at someone*(누구에게 지치다/짜증나다/불쾌하다/성나다/화나다/골나다/노하다/분노하다). 좀더 긴 예를 들어보면 아래와 같다.

(17) He had a go *at* me [= 'was verbally aggressive'] so I left.
(그가 나를 공격해서 [= '말로 공격'] 나는 떠났다.)

(18) They were trying to get *at* the cookie jar.
(그들은 과자 통을 잡으려고 했다.)

(19) I'm mad *at* you. (나는 너한테 화났다.)

(20) The dog lunged *at* our nice mailman.
(그 개가 우리 친절한 우편배달부에게 달려들었다.)

(21) The dog came *at* him. He kicked *at* it, but missed.
(그 개가 그에게 달려들었다. 그는 개를 발로 차려했으나 놓쳤다.)

(22) She tore *at* the wrapping but it wouldn't come off.
(그녀가 포장을 뜯으려 했으나 포장이 떨어지지 않았다.)

(23) Don't throw it *at* him. It could hurt. Throw it *to* him.
(그것을 그한테 던지지 마라. 다칠 수 있어. 그에게 던져 줘라.)

[목표물 대 수령자]

(24) Are you laughing *with* me or *at* me?
(나하고 같이 웃는 거야 아니면 나를 보고 웃는 거야?)

(25) He never talks *to* me, only *at* me. He must picture me as one big ear.
(그는 절대 나하고 말하지 않아, 나한테 대고 말할 뿐이지. 나를 하나의 큰 귀라고 생각하는 것 같아.) [수령자 대 목표물]

Smile(웃다)이나 *wink*(윙크하다) 같은 몇몇의 동사는 적의라는 개념이 꼭 적용되는 것은 아니다. 이런 경우에 **지표**는 단순히 초점을 말한다.

어떤 경우에는 *at*이 목표물에 초점을 둔 반복적인 행동을 암시하기도 한다.

(26) Stop picking *at* your scab. (상처딱지를 떼려고 하지 마라.)

4. 다른 전치사와의 대조

4.1 *At*, 순전히 공간적 의미

4.1.1 교차점, 기항지, 지도위의 지점을 나타내는 *at* 대 *on*과 *in*

*At*이 교차점이나 경로 상의 정류장이나 지도상의 (지역보다는) 지점을 나타내는데 쓰이기 때문에, 택시회사의 배차원이 택시기사에게 (27)과 같이 통신할 수 있다.

(27) The fare says she'll be waiting for you *at* Bloor and Dundas.
(승객이 블로어가와 던다스가 교차지점에서 기다리시겠답니다.)

그러나 **지표**가 교차점이나 지점이 아니라 둘러싸인 공간일 경우에는 *at*이 쓰이지 않는다.

좀더 일반적으로 말해서, 마치 클로즈업해서 보듯이 자세하게 보이거나 상상할 수 있는 공간일 경우에는 *at*이 쓰이지 않는다. (Lindkvist 1978:57 & 63 참고)

(27[1]) The fare says she'll be waiting for you *on* the southwest corner of Bloor and Dundas. (승객이 블로어가와 던다스가의 남서쪽 코너에서 기다리시겠답니다.)

여기에서, 남서쪽 코너는 교차점이라기보다는 (사실은 길에서 약간 올라선) 지역을 말한다. 그래서 *at*보다는 *on*이 더 적합하다.

지표 명사가 (비교적) 둘러싸인 공간을 칭한다면, *at*이나 *on*보다는 *in*이 더 적합하다.

(27[2]) The fare says she'll be waiting for you *in* her front yard.
(승객이 자기 집 앞마당에서 기다리시겠답니다.)

4.1.2 경계선 상의 지점을 나타내는 *at* 대 *on*

지표가 선 같은 대상을 지칭할 때에는 *at*과 *on*은 의미에 있어 거의 차이가 나지 않는다.

(28) They have a house *at/on* the beach/coast/frontier.
(그들은 해변/해안/국경에 집이 있다.)

그러나 이 두 전치사가 가진 기본적인 문자적 의미 자질에서 기인한 용법상의 제약이 있다. 그래서 접촉이 위로부터 올 때 *on*이 더 적합하다.

(29) He stood directly *on* the borderline and we took his picture.
(그가 경계선 바로 위에 섰고 우리는 그의 사진을 찍었다.)

같은 이유로, *at*은 물질로 이루어진 **지표**에는 쓰이지 않는다. 그래서 (30)에서는 *on*만이 가능하다.

(30) We built a bonfire *on/*at* the sand. (우리는 모래 위에 모닥불을 피웠다.)

*At*도 드물기는 하지만 (31)과 같이 선이 아니라 넓은 지역을 나타내는 **지표**에 쓰일 수도 있다. (31)에서 *east coast*와 *west coast*는 보스턴, 필라델피아나 로스앤젤레스, 시애틀을 포함하는 몇 개 주를 아우르는 넓은 지역을 말한다.

(31) They have one house *on* the east coast and one *on* the west.
(그들은 집이 동해안에 한 채, 서해안에 한 채 있다.)

4.2 *At* 대 *to*, *toward*, *on*

Look 다음에는 *to*, *toward*, *on*이 사용될 수 있는데 흥미 있는 의미 차이가 난다.

(32) Look *at* that. (저것 봐라.)

(33) He looked *to* her for support. (그는 그녀가 지지해줄 것을 기대했다.)

(34) I saw her standing on the end of the pier, looking *toward* the setting sun.
(나는 그녀가 지는 해 쪽을 바라보며 부두 끝에 서 있는 것을 보았다.)

(35) He looked *on* her with admiration. (그는 그녀를 경탄하며 바라보았다.)

- (32): *At*은 단순히 시야의 (잠재적) 초점으로서의 **지표**를 표시해준다. 감정적으로는 중립적이다.
- (33): *To*는 **지표**(지칭되는 여자)가 **주어**에게 상대적으로 중요하다는 것을 암시한다. 일종의 따뜻한 감정이 명확히 내포되어 있다. (**Look to her with disdain.*이라는 문장은 불가능하다는 것을 유념하자.) (33)에서 *at*으로 대치시키면 *for support* 이라는 긍정적인 의미와 상충하게 된다. *Wave at*와 *wave to*에도 비슷한 차이가 있지만 덜 두드러진다. 그러므로 *to*는 **주어**가 **지표**에 대해 감정적으로 연결됨을 느끼지 않는 문맥에 사용하면 잘 맞지 않는다. *She waved her arms at/*to the bear hoping that would frighten it away*(그녀는 놀래어 쫓아 보내려고 곰에게 팔을 휘저었다)와 *The Queen smiled and waved to/?at the crowd*(여왕이 군중에서 미소 짓고 손을 흔들

었다)를 비교해보자. (여기서 보이는 대조는 *throw/speak at* 대 *to*(에게 던지다/말하다)에서 보이는 대조와 마찬가지이다.)

- (34): *Toward*는 여자의 시선이 향하는 정확한 초점을 말한다기 보다는 대체적인 시선의 방향을 말한다. 아마도 그 여자는 정확히 해를 보고 있다기보다는 멀리 있는 파도, 수평선의 돛, 아니면 먼 구름을 보고 있을 것이다. 단적으로 말해, *toward*는 *at*보다 훨씬 덜 정확하다.
- (35): *At*은 표면이나 크기의 개념을 함의하지 않는다. 그렇기 때문에 초점을 말할 때 사용되는 것이다. 반면에, *on*은 **지표**가 표면도 있고 따라서 크기도 있다는 것을 강조하는 경향이 있다. 그러므로 *on*은 **지표**가 화자의 사고 속에 중대하게 자리 잡고 있다는 것을 강조하고 싶을 때 적당하다. 다음은 *on*이 화자의 시야에서 바다의 크기가 강조될 때 사용된 좀더 문자적 의미의 예이다.

(36) I recall looking out *on* the ocean below, imagining being lifted and dropped by the swells rolling in toward the base of the cliff.
(나는 절벽 아래로 들이치는 파도에 의해 들려 올려졌다 떨어뜨려지는 것을 상상하며 아래쪽에 바다를 내려다 본 것이 기억난다.)

4.3 *At* 대 *by*, *along*

Sit at/by her side(그녀 곁/옆에 앉다)와 *a picnic at/by the seashore*(해안/해안가에서의 피크닉)에서와 같은 표현에서처럼 **지표**가 일종의 경계선이나 가장자리를 나타낼 때는 *at*과 *by*는 큰 의미 차이가 없다. **지표**가 좀더 분명히 지역을 나타낼 때는 차이가 난다. 즉, *at*은 **주어**와 **지표**가 접촉하고 있는지에 대해 명확하게 표시하지 않지만, *by*는 보통 **주어**가 **지표**와 접촉하지 않고 있다는 것을 함의한다. 그러므로 (37)에서는, 피크닉을 해변이나 해변 바로 가까이에서 했을 수도 있고, 아니면 근처 피크닉 테이블이나 주차장에서 했을 수도 있다. 대조적으로, (37¹)에서는 피크닉을 바로 해변에서 한 게 아니라 해변 가까이에서 했다는 것을 분명하게 하고 있다(Lindkvist 1978:75 참고).

(37) We had a picnic *at* the beach. (우리는 해변에서 피크닉을 했다.)
(37¹) We had a picnic *by* the beach. (우리는 해변 가에서 피크닉을 했다.)

지표와 평행하게 진행되는 움직임이 있을 때는 *at*보다는 *by*(또는 *along*)가 더 적당하다.

(38) We had a nice stroll *by/along/?at* the riverside.
(우리는 강가에서/를 따라서/에서 기분 좋게 산책했다.)

다시 말해, 이동이 평행하지 않거나 그 경로가 **지표**를 옆에서 만나면, *at*은 '정지(stopping)' 동사와 같이 쓰일 수 있다.

(39) We arrived/stopped/paused/rested/made camp *at* the first river we came to.
(우리는 우리가 간 첫 번째 강가에(서) 도착했다/멈췄다/정지했다/쉬었다/캠핑했다.)

4.4 *At* 대 *with*

(40)이나 (40[1]) 둘 다 가능하다.

(40) Begin *at* chapter 4. (4장에서 시작해라.)

(40[1]) Begin *with* chapter 4. (4장부터 시작해라.)

두 문장은 사실 같은 의미이지만 각각 다른 은유를 표현한다.

- (40): 책을 읽는다는 것이 어떤 경로를 시작해서 따라가는 것과 동일하게 생각되면 *at*이 쓰인다. *At*의 이 용법은 *Begin jogging at mile 4*(4마일 지점에서 조깅을 시작하세요)에서의 용법과 관련이 있다.
- (40[1]): *With*는 **지표**가 수단이나 방법 같은 것이라는 것을 의미한다. 이 용법은 *Begin the day with a shower*(하루를 샤워로 시작하세요)에서의 용법과 관련이 있다.

5. 시간

이제까지 *at*은 연속선상의 지점에 대해 말할 때 쓰인다는 것을 보았다. *At*은 또한 시간의 연속선에 놓여있는 지점을 나타내는 **지표** 앞에서도 쓰인다.

(41) Q: (*At*) what time did it happen? (Q: 몇 시에 그 일이 일어났지?)
A: *At* noon/midnight/4PM. (A: 정오/자정/오후 4시에)

(42) *At* the beginning of 1995, sales jumped. (1995년 초반에 매출이 급상승했다.)

어떤 시간구획의 경계선(여기에서는 한 해의 시작)이 언급될 때 *in*은 그 경계선에 근접하고 있다는 것을 *at*만큼 강조하지는 못한다. 그러므로 (42[1])에서는 매출이 1월 1일 다음에 몇 주가 지난 후 올랐을 수도 있다.

(42[1]) *In* the beginning of 1995, sales jumped. (1995년 초반에 매출이 급상승했다.)

*At*의 이러한 '지점(point)' 의미는 *at dawn/daybreak/dusk*(새벽/동틀녘/해질녘에)와 같이 지표가 마디 사이의 경계선을 나타내는 구절들에서도 보인다.

At night(밤에)에서 *at*은 *in the morning/afternoon/evening*(아침/오후/저녁에)과 비교해 볼 때 확실히 관용적으로 쓰인다.

그러나 영국식 표현 *at the weekend*(주말에)는 보이는 것처럼 그리 관용적인 것은 아니다. 왜냐하면 *end*라는 단어와 같이 사용되어 극점이나 경계를 나타내는 *at*의 의미를 보존하고 있기 때문이다. (예전에는, 주말이라는 것은 진짜 주의 끝을 일컬었다. 예를 들어, 토요일은, 심지어 일요일도, 휴일이 아니었다.) 미국 캐나다 영어에서 *on the weekend*(주말에)는 시간 사이의 경계보다는 일정시간을 지칭하는 현재의 *weekend*의 의미를 반영한다. (*on Sunday*에서처럼 날에 쓰이는 *on*의 용법 참고.)

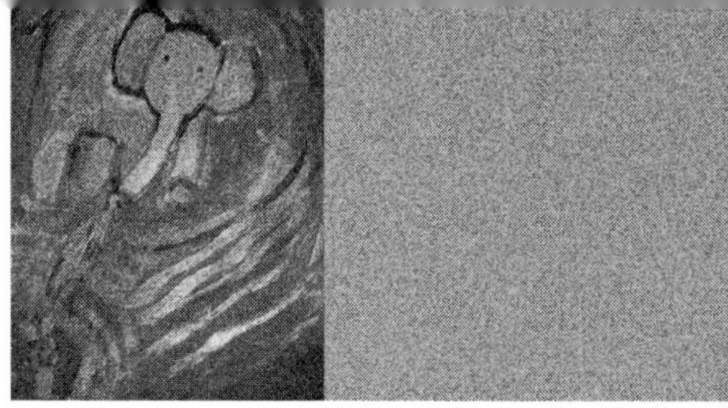

Chapter 16 *Against* 대 *into, on, at, until/till*

1. 개요

고대 영어에서는 *with*가 많은 곳에서 여전히 'against(반하여)'라는 뜻으로 쓰였다. 앞(1/7장)에서 언급했듯이, 옛 의미의 흔적이 여기저기에 살아남아 있다. 예를 들어, 우리는 여전히 *fight against them*뿐만 아니라 *fight with them*이라고 말할 수 있다. 그러나 *against*는 여타 의미 중 '강한 접촉(firm/forceful contact)', '반대(opposition)'라는 뜻의 기본 전치사로 오래전에 자리 잡았다.

2. *Against*의 문자적 의미

2.1 '확고하고 강력한 접촉'

영어 모국어 화자에게 (아무런 문맥을 주지 않고) *against*의 의미를 그려보라고 하면, 보통 다음과 같은 그림을 그리는 경향이 크다.

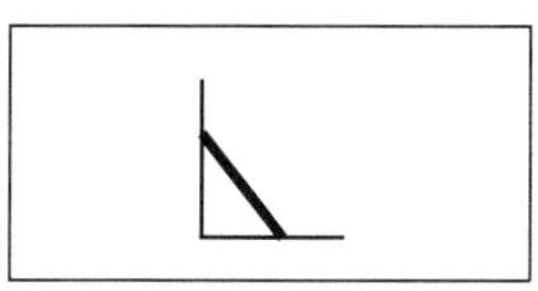

그림 16.1

그리고 그 그림을 다음과 같은 용법의 예문과 연결하는 경향도 크다.

(1) It's leaning *against* the wall. (그것은 벽에 기대어 있다.)
(2) Lean it *against* the wall. (그것을 벽에 기대 세워라.)

더 나아가서, 반 정도는 그림을 다음과 같은 예문과 연결할 것이다.

(3) The chair is over *agains*t the wall. (의자가 저기 벽에 기대어 있다.)
(4) Put the chair *agains*t the wall. (의자를 벽 쪽에 대어 놓아라.)

어떤 사람들은 16.1과 같은 그림을 다음 예문과 연결하기도 할 것이다.

(5) Push *against* the wall. (벽 쪽으로 밀어라.)

이 예문이나 이와 비슷한 예문에서 →▮ 그림을 선호할지도 모르겠다. 여기에서 우리는 두 가지 결론을 도출할 수 있다.

- 확실히 *against*는 **주어**와 **지표**가 접촉하고 있다는 것을 함의한다.
- 또한, 그 접촉은 강력하지는 않더라도 확고하다.

자연히, 위치 동사(verbs of location) (주로 *be*(있다)나 *stand*(서다))나 종점 동사(verbs of endpoint) (예 *put*(놓다), *place*(두다), *stand*(서다), *mount*(오르다), *hang*(걸다), *install*(설치하다)) 뒤에서는 '확고한 접촉(firm contact)'이라는 의미가 지배적이다. '힘 동사(force verbs)' (예 *lean*(기대다), *press*(누르다), *push*(밀다)) 뒤에서는 힘이라는 요소가 특히 확실해진다.

'확고한 접촉'과 '힘'이라는 개념사이의 연결고리는, 아마도 애초에 **주어**와 **지표**가 확고한 접촉을 하려면 힘이 적용되어야 한다는 논리 때문일 것이다.

2.2 *Against* 대 *near, by, close to, beside*: '접촉' 대 '근접성'

'명백한 접촉(definite contact)'의 전치사로서 *against*는 *near*나 *close to*와 같은 '근접(proximity)' 전치사와 대조를 이룬다. 예를 들어, *near*는 대체로 '멀지는 않지만 닿지도 않은' 정도를 의미한다(그림 16.2 참고). *Beside*와 *by*는 *near*나 *close to*와는 달리 접촉이 없다는 점을 그다지 확실하게 명시하지 않는다.

2.3 *Against*와 *on*^{t}: '접촉' 대 '부착'

*Against*와 마찬가지로 *on*^{t}도 접촉의 전치사이다. 그러나 '확고하고 강한 접촉'이라는 의

미에도 불구하고, *against*는 — 중력 때문에 그 접촉이 확고함에도 불구하고 — 단순히 위 표면에 놓여있는 물체에 쓰이지는 않는다. 그런 경우에는 *on*이 대신 쓰인다.

벽과 같은 수직면에 대해 말할 때는, 어떤 것이 벽에(**on** a wall) 있다고 하면 벽에 **붙어**(부착 되어)있다(**attached to** the wall)는 말이지 바닥에 놓여 있다는 말이 아니다. 어떤 것이 벽에 **기대**있다(**against** a wall)고 하면 그 벽에 붙어(부착되어)있지 않다는 말이다(그림 16.2 참고).

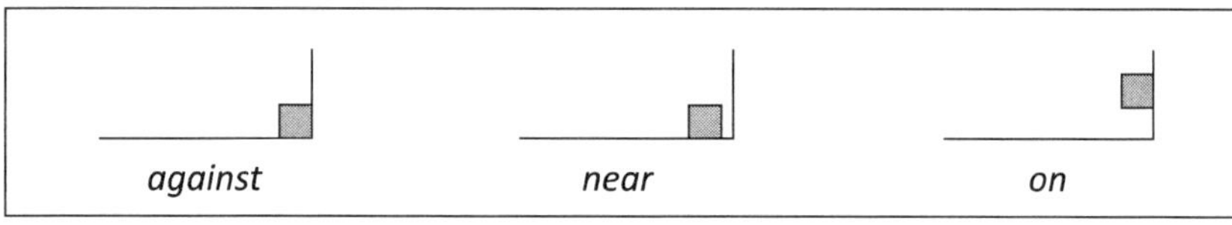

그림 16.2 의미의 대조 (측면 관점)

2.4 힘의 요소

접촉의 요소는 정확히 묘사할 수 있다. 그러나 힘의 요소는 그림 16.3처럼 화살표를 첨가해서 표시할 수는 있겠지만 정확히 묘사하기는 어렵다.

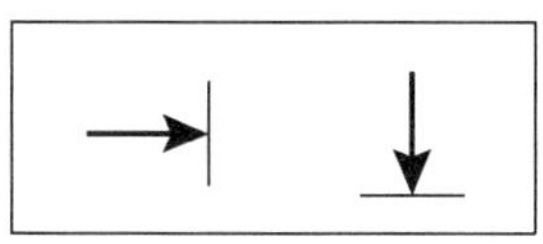

If you press hard *against* the hatch, it'll open. (승강구를 세게 밀면 열릴 것이다.)

그림 16.3 측면 관점

힘은 어느 방향으로나 향할 수 있음을 유념하자.

2.5 '대항력에 맞서기'

*Against*는 주어와 지표 둘 다 힘을 가하는 상황을 나타낼 때도 쓰인다.

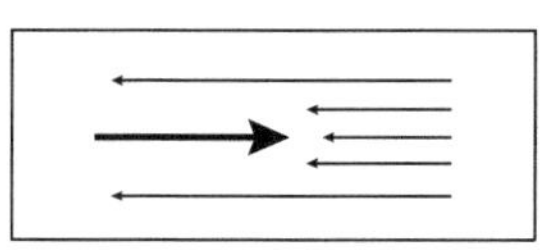

We leaned forward, struggling to walk *against* the gale.
(우리는 강풍에 맞서 걸어가려 애쓰며 몸을 앞으로 기울였다.)

그림 16.4 새의 관점

2.6 *Against* 대 *into*

*Against*의 중심의미가 '힘'의 개념을 포함하고 있긴 하지만, 그것은 **지표**의 '표면'과의 접촉만을 의미하는 것이다. 강력한 충돌이나 꿰뚫는 힘을 의미하기 위해서는 *into*가 사용된다. 강한 충돌은 **지표**의 내부에 (문자 그대로) 충격파를 보내기 때문에 이런 목적에는 *into*가 적당한 선택이 된다. **주어**와 **지표**의 구조에 따라서는 이 충돌이 **지표**에 구멍을 내거나 **지표**를 움푹 파이게 할 수도 있다.

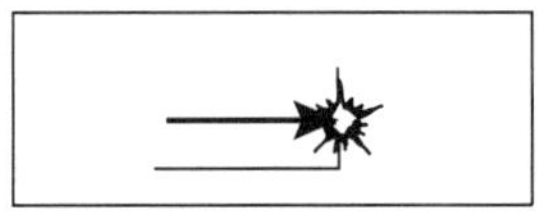

His bike crashed *into* the fence.
(그의 자전거가 울타리를 들이박았다.)
그림 16.5

위의 그림 16.4에서 *walk* ***against*** *the gale*(강풍에 맞서 걷다) 대신에 *walk* ***into*** *the gale*(강풍 속으로 걸어 들어가다)이라고 말하면 그것은 꿰뚫어 통과한다는 개념을 강조하는 것이다.

2.7 *Against* 대 on^{t}에 대한 추가 설명

*Against*처럼 *on*^{t}도 종종 힘 동사(예 *press/bang* ***on/against*** *the door*(문을 밀다/치다))와 같이 쓰인다. 이것은 *on*^{t}도 *against*처럼 '접촉'을 함의하기 때문이다. 또한, 명시적 '힘' 전치사(즉, *against*)가 이런 동사와 항상 함께 쓰이는 것은 아니다. 왜냐하면 '힘'의 의미가 동사 자체에 들어 있기 때문이다. 그러나 *on*^{t}은 원형적으로 **주어**와 **지표 위** 표면 사이의 접촉을 전제하기 때문에, *on*의 용법은 기준 방향이 함의되어 있지 않은 *against*의 용법보다 더 제한적이다.

그러므로 힘의 방향이 측면이 아니라 아래쪽일 때에는 *lean* ***on a chair***(의자에 기대다)라고 말할 수 있다. 반대로, *lean* ***against a wall***(벽에 기대다)라고 하는 것이 훨씬 흔한 표현이다. 유사하게, *push* ***down on*** *a tabletop*(테이블 상판을 누르다), *push* ***up against*** *a ceiling*(천장 위로 밀다), *push* ***out against*** *a horse crowding you in a narrow stable*(말에게로 밀어 내어 좁은 마구간 안으로 떠밀어 넣다)이라고 말할 수 있다.

그러나 *on*과 *against*는 또 다른 이유에서 같지 않다. 거의 같은 의미로 사용될 수 있는 문맥에서도 *against*가 *on*보다 더 생생한 표현으로 쓰인다. 이것은 *push* ***against/on*** *the door*와 같이 문자적으로 쓰이든지 아니면 (6)−(8)에서와 같이 은유적으로 쓰이든지 마찬가지로 적용된다.

(6) Avenge yourself *on/against* your enemies. (당신의 적들에게 복수하라.)

(7) A tiger may turn *on/against* its keeper at any moment.
(호랑이가 언제라도 사육사에게 달려들지 모른다.)

(8) ...white *on/against* black racism... (… 백인의 흑인에 대한 인종차별 …)
[*The New York Review of Books*, 23.3.95, p. 24; 원문에는 *on*이 쓰임]

2.8 *Against* 대 *at*

때로는 *against*와 *at*이 서로 교대로 사용되는 것처럼 보인다.

(9) They threw stones *against/at* the wall. (그들이 벽에 돌을 던졌다.)

그러나 *at*은 강한 충돌을 암시하지 않은 채 **지표**가 목표물이라는 것만 표시해준다. *Against*는 (9^1)에 뚜렷이 나타나듯이 정반대의 경우이다.

(9^1) They threw stones at/*against the wall but missed and hit a window.
(그들이 벽에다 돌을 던졌으나 빗나가서는 창문을 맞췄다.)

3. 은유적 *against*

3.1 *Against* = '－에 반대하여' (대 *for*)

'－에 반대하여'라는 의미는 그림 16.3과 16.4에서 암시되었듯이 힘의 개념에서 은유적으로 파생된 것이다. (예문 (10)에서 *against*가 무슨 뜻이냐고 묻는다면 어떤 사람들은 미는 동작을 해보이기까지 할 것이다.) 부수적으로, *oppose*(반대하다)가 라틴어의 *ob*(= 'against') + *positus*에서 유래되었다는 점을 유념하자.

(10) She's *against* the proposed plan. (그녀는 그 계획안에 반대이다.)

(11)도 이와 연관된 용법이다. *Against*가 추가하는 영상은 두 상반된 힘이 만나서 서로 상쇄되는 것이다.

(11) Count profits *against* losses. (손실 대비 이익을 계산하라.)

이 두 용법이 역사적으로는 서로 연결되어 있을지 몰라도 현재에는 이 연결은 어떤 모국어 화자에게도 심리적으로 유효하지 않을 것이다. 그러나 이 경고는 은유적 표현에 일반적으로 적용되는 것이다.

3.2 -을 배경으로

Against the background of(또는 일종의 무대 배경인 *backdrop*)(…를 배경으로 하여)라는 구절을 종종 듣게 된다.

(12) Let us consider the political situation *against the background of* an economy in collapse. (붕괴하고 있는 경제를 염두에 두면서 정치 상황을 고려하자.)

*Against*의 이 용법에 깔려 있는 의미는 그림 16.1에 암시되어 있다. 잎이 다 떨어진 겨울나무가 하얀 벽 앞에—벽 아주 가까이에, 아니 사실상 벽에 기대어—즉, 벽과 당신 사이에 서 있는 것을 상상해 보라. 이 시각에서는 나무의 윤곽이 특히 뚜렷하게 보인다.

예문 (13)이 유사한 은유의 예를 보여준다.

(13) The rouble is valued *against* the dollar.
(루브르화는 달러화에 대비해 평가된다.)

즉, 두 물체를 비교하는 가장 좋은 방법은 하나를 다른 하나에 바로 대보는 것이다(그림 16.1 참고). 만일 그 한 물체가 자나 줄자 같은 계량도구일 때는 더욱 그렇다.

많은 모국어 화자들에게 (13) 같은 문맥에서의 *against*의 의미를 물어보면, 양손에 (멜론 같은) 물체를 하나씩 들고 서로 무게를 비교하거나 재는 듯한 동작을 취한다. 이것은 (13)에서의 *against*의 의미가 (1)이나 (12)에서 본 것과는 다르다는 것을 나타낸다. 그러나 이 동작에서 한 손이 올라가면 다른 손이 내려가는 것을 볼 때, (14)에서 ↑↓처럼 서로 다른 방향의 힘이 작용한다는 뜻을 암시한다고 할 수 있다

(14) We don't really know how these risks will weigh out one *against* the other.
(우리는 이러한 위험요소들이 하나씩 어떻게 서로 상쇄 작용할지 모릅니다.)
[*News at 5*, 8.4.97, BBC Radio 4; *out*에 대해서는 3/6.3.2을 보라.]

어쨌거나 *against*는 *weigh/balance X against Y*(X를 Y와 비교하다)에서 처럼 *balance*나 *weigh*와 보통 같이 연어된다.

*Against*는 *judge*(판단하다), *measure*(재다), *check*(점검하다), *contrast*(대조하다)와 같은 동사 뒤에 와서 비슷한 의미를 갖는 것 같다. 뚜렷이 관련된 용법이 (15) 예에서 보인다.

(15) Only about 60% of voters were firm in their intention at the start of the

campaign, as *against* ['= as contrasted against/with'] 80% before.
(전에는 80%였던 것에 비해, (현재는) 유권자의 약 60%만이 선거 유세 초반에 확고한 투표 의향을 가지고 있었다.) [*Cobuild*]

3.3 *Against* = '－와 교환하여'

*Against*의 이러한 용법은 역사적으로 그림 16.4에 예시된 용법에서 기인된 것 같다. 그러나 여기에서는 두 개의 상치하는 힘이라는 개념보다는 반대 방향으로 가는 두 개의 흐름이라는 개념이 더 적당할 것 같다. 은유적으로는 두 개의 서로 상반된 의미를 가진 두 사실(예 수입과 지출)이 서로를 상쇄한다는 개념을 갖는다.

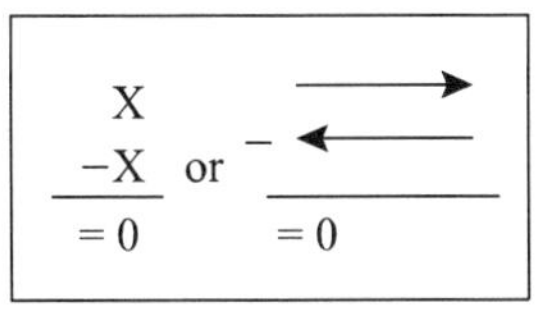

His job was to secure a credit of $50 million US *against* exports of Chinese tungsten.
(그가 할 일은 중국산 텅스텐 수출에 대비해 미화 5천만 달러를 채권으로 확보하는 것이었다.)
[Sterling Seagrove, *The Soong Dynasty*, p. 364, 1985, Harper and Row.]

그림 16.6

4. 시간

*Against*는 시간의 지표와 같이 쓰이면 대략 '－에 대비하여(in readiness for)'라는 뜻을 나타낸다.

(16) She saved every penny *against* the day when she would have to retire.
(그녀는 은퇴할 때에 대비하여 푼돈까지도 저축하였다.)

(16)에서 두 가지 해석이 나올 수 있다.

사람들은 어려운 때를 반대 힘과 일치시키는 것이 사실이다. 따라서 (16)에서 *against*의 의미는 저축이 어떤 해로운 일에 '맞서(against)' 저항하도록 해준다는 것이다. 이것이 분명 (17)에서 *against*가 주는 의미이다.

(17) The professor fixed the room *against* the coming of the vampire.
(그 교수는 흡혈귀가 나타날 것에 대비하여 방을 고쳤다.)

[*Dracula*, Bram Stoker]

또 하나의 무관하지 않은 가능성은 (16)의 *against*가 'until'의 의미 같은 것을 지닐지 모른다는 것이다. 결국, *against*와 *until/till*의 의미는 도상적으로 표현할 때 많은 공통점을 지닌다.

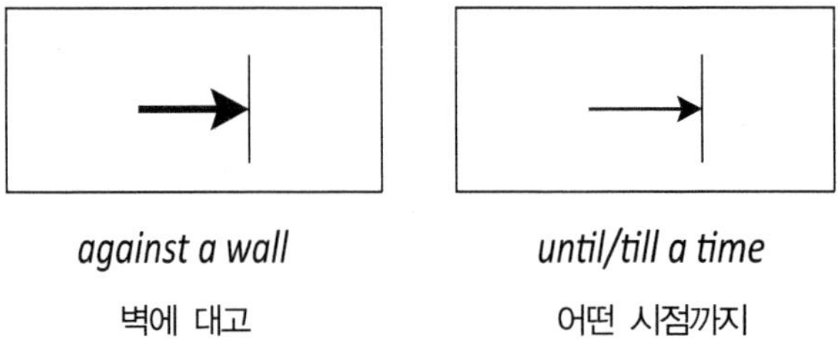

그림 16.7

다른 모국어 화자는 *against*의 이 용법을 아마 다르게 이해할지도 모른다. 사람들의 동작이나 그림이나 설명을 근거로 판단해 볼 때, 확실히 어떤 사람들은 *against the day*(그날에 대비하여)를 침입해오는 힘에 대항하는 개념으로 이해하는 반면 다른 사람들은 그렇게 이해하지 않는다.

Chapter 17 *Up* 대 *down, off, out*

1. 개요

*Up*과 *down*은 전치사보다는 부사로 더 자주 사용된다. 그러나 이 단어들의 원형적 의미는 그 성격에 있어서 분명히 전치사적이다.

*Up*과 *down* 둘 다 각각 지극히 은유적인 많은 확장 의미를 가지고 있다. 대부분의 경우에 *down*은 *up*의 반의어이다. (*up*과 *down*에 대해 더 자세한 것은 Bolinger, 1971과 특히 Lindner, 1981을 보라.)

2. *Up*과 *down*: 중심의미

2.1 경로 전치사로서

Go *up*은 '전보다 높이 올라가다'를 의미한다. 그 원형적 경로는 아마 수직적일 것이다. *Down*은 반대를 의미한다.

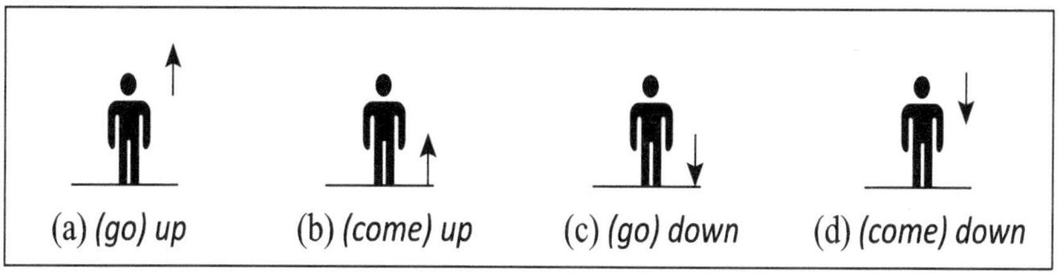

그림 17.1

2.2 장소 전치사로서

*Be up (from X)*는 'X보다 높다'라는 뜻이다. 여기서 X의 높이는 (바라건대) 문맥에서 밝혀지거나 유추할 수 있거나, 아니면 화자와 청자의 세계에 대한 지식의 일부분이다. 그러므로 만일 다음과 같이 말하면,

(1) The grass is certainly *up*. (잔디가 확실히 올라왔다.)

잔디 잎 끝이 그전보다 높이 공중에 있다는 뜻이다.

다음과 같이 말하면,

(2) I can't climb this tree. The first branch is too far *up*.
(나는 이 나무를 오를 수 없다. 첫 가지가 너무 높이 멀리 있다.)

나뭇가지가 잡거나 그걸 의지해 올라갈 수 있는 최대한의 높이보다 더 높은 위치에 있다는 뜻이다.

반대로, *be down (from X)*는 '보다 낮다'라는 의미이다. (3)의 의미는 깃발이 보통 다른 때 보다 낮게 달려있다는 뜻이다. *Down*이 특별히 한정되어 있지 않기 때문에 '제일 밑바닥에(all the way down)'이라는 뜻으로 해석할 수도 있다.

(3) The flag is *down*. (깃발이 내려져 있다.)

2.3 기울어진 경로

원형적으로는, '위(being up)'은 한쪽으로 기울어진 위가 아니라 '바로 위(being directly up)'라는 뜻이다. 그러나 *up*과 *down*은 수직적이 아닌, 심지어 수평적인 것을 지칭할 때 쓰일 수도 있다.

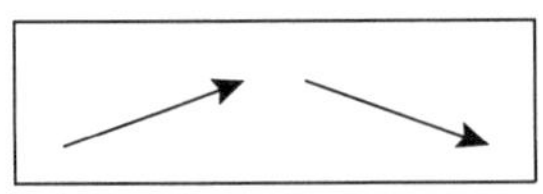

Let's go *up*stream/*down*stream. (상류로/하류로 가자.)

그림 17.2 측면 관점

3. *up*과 *down*의 주변적 의미

3.1 '다가섬'을 나타내는 *up*

*Up*은 **주어**가 **지표**에 다가가는 경우를 기술할 때 종종 사용된다.

(4) And then this guy comes *up* to me and says, 'Give me five dollars for a bottle of wine.' (그러고 나서 이 자가 나한테 다가와서 말하기를, '5달러 주고 와인 한 병 가져가시죠.')

(5) Pull *up* a chair. (의자를 앞으로 당기세요.)

이것은 아마 어떤 물체가 점점 더 가까이 오면 사람의 시야를 점점 더 위로 채우게 된다는 사실에 기인한 것 같다. 특히, 물체가 점점 커져 보인다. 그러므로 근접성이 증가하면 '상향성'도 증가하고 그 반대도 마찬가지이다.

(4)와 (5)에서 *up*은 수직 간격, 예를 들어, 화자와 화자에게 다가오는 사람 사이의 간격이 닫힘을 나타낸다. 예문 (6)은 이 용법이 어떻게 다른 종류의 **주어**와 **지표** 사이의 간격이 닫히는 것까지 포함하여 일반화될 수 있는가를 보여준다. 이런 경우에, *up*은 *against*가 전달하던 '접촉'의 개념을 강화해준다.

(6) Let's put the edge of the carpet right *up* against the wall.
(카펫 끝을 벽에 바짝 붙여 놓자.)

예문 (7)에도 같은 의미로 쓰이는 듯하다—*up*은 대신(또한?) 완료적 의미를 가진다고 할 수도 있다(아래 4절 참고).

(7) They left five minutes ago but I think we can catch *up* with them.
(그들이 5분 전에 떠났지만 나는 우리가 그들을 따라잡을 수 있다고 생각해.)

3.2 길을 올라/내려 가다

(8)과 같은 예문은 혼란스럽다. 길이 평평하다고 가정할 때, *up the road*라고 하든, *down the road*라고 하든, 심지어 *along the road*라고 하던 별 차이가 없기 때문이다. (그러나 길이 경사졌다면, *up*과 *down*은 교환해서 쓸 수 없다.)

(8) The bank? Just go straight *up/down/along* this road.
(은행이요? 이 길을 따라 똑바로 올라/내려/따라서 가세요.)

이 문제를 해결하는데 있어서 위에서 보았듯이 *up*이 간격을 닫는다는 것을 의미한다는 사실에서 힌트를 찾을 수 있다. 그래서 Bolinger는 *down*이 그런 문맥에 쓰일 수 있지 않을까 생각했다. 왜냐하면 출발점에서는 간격이 벌어져있기 때문이다(1971:99).

분명, 사람이 출발하면 점점 작아지는 것처럼 보인다. 그리고 작은 것(smallness)은 종종 하향성(downness)과 통한다. 그러나 이런 관찰은 왜 (8)에서 *up*이 또한 가능한지 설명하지 못한다. 아마 *up*의 사용은 수평선이 거의 항상 눈높이보다 위인 것처럼 보인다는 사실 때문일지도 모른다. (길은 종종 수평선을 향해 가는 것처럼 보이니까.) 만일 그렇다면, 여기서 문제가 되는 *down*과 *up*의 사용은 서로 다른 은유에서 비롯된 것이다—이 은유가 왜 이들이 이런 문맥에서 반의어가 아닌지를 설명해 줄 것이다.

4. *Up*과 *down*으로 표현되는 주요한 체계적 은유

4.1 상대적 경로 대 비상대적 경로

4.1.1 상대적 '상향성' 대 비상대적 '상향성'

그림 17.1은 *up*이 아래에서 머리 높이로 올라가는 경로(그림 17.1b) 뿐만 아니라 머리 높이보다 더 높게 올라가는 경로(그림 17.1a)를 나타낸다는 것을 보여준다.

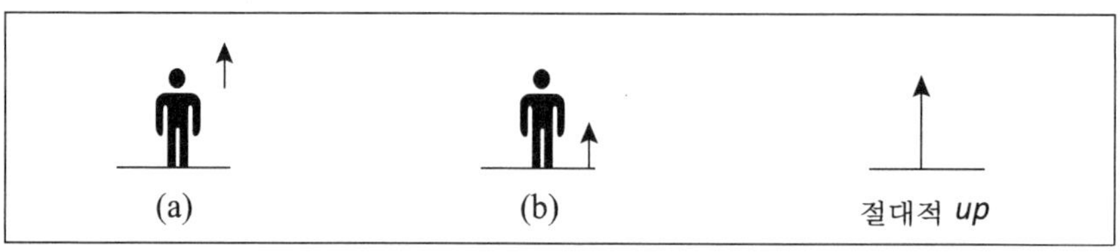

그림 17.1 반복, 더하기 절대적 'up'

아래 논의할 몇몇 은유적 표현은 그림 17.1a에 예시된 관점에서 비롯하고, 다른 것은 17.1b에 기인한다. 그 밖의 은유적 용법은 중립적 관점에서 나온 것이다. Lindner (1981)는 후자의 중립적 범주, 또는 비상대적 용법을 칭하기 위해 '절대적 up'이라는 용어를 사용한다.

- 절대적 'up'이 은유적으로 반영된 것은 '완성(completion)', '중요성(importance)', '더함(moreness)' 등을 포함한다.
- 그림 17.1a의 용법은 은유적으로 확장되어 '비접근성(inaccessibility)', '(시야에서) 멀어짐(remoteness (from view))', '사라짐(disappearance)', '비정착성(unsettledness)', '환상

(fantasy)' 등의 개념을 함의한다.

- 그림 17.1b의 용법은 은유적으로 확장되어 '접근성(accessibility)', '가시성(visibility)', '공공성(publicness)', '존재화(coming into existence)' 등의 개념을 함의한다.

4.1.2 상대적 '하향성' 대 비상대적 '하향성'

*Up*과 마찬가지로, *down*의 은유적 용법도 다음 영상 중 하나로부터 기인한다.

- 얼굴 높이로부터 아래로 (그림 17.1c)
- 아래 얼굴 높이로 (그림 17.1d)
- 특별한 관점 없이 일반적으로 아래 (절대적 'down')

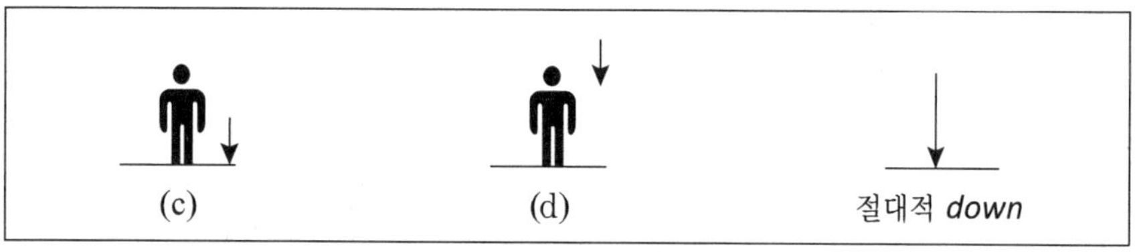

그림 17.1 반복, 더하기 절대적 'down'

4.2 완료적 *up*: '완성' (절대적 '*up*')

다음 세 개의 예문이 몇 백 개의 예를 대표할 수 있다.

(9) Drink it *up*. (그것을 다 마셔 버려라.) [= '그것을 빨리 다 마셔라']
(10) Chop *up* the onions. (양파를 다 다져라.) [즉, 완전히]
(11) Slow *up*! (속도를 완전히 줄여라!) [즉, 완전히]

('완료(perfective)'의 의미에 대해 더 자세한 것은 2/11장 참고.)

4.3 '많음은 위이고, 적음은 위이다'

4.3.1 '많음'을 나타내는 *up* (절대적 '*up*')

'많음은 위(more is up)'라는 체계적 은유는 다른 많은 방법으로 표현된다. 예를 들면,

(12) A good preacher knows how to work *up* a crowd.
(좋은 설교자는 대중을 어떻게 움직일지 알고 있다.) [더 많은 에너지]

(13) His toe swelled *up* after the horse stepped on it.
(그의 발가락은 말에 밟힌 후에 부어올랐다.) [더 큰 크기]

(14) Hurry/Speed *up*. (서둘러라/속도를 내라.) [더 빠른 속도]

(15) Could you turn the TV *up*? (TV 소리 좀 높여주시겠어요?) [더 큰 음량]

(16) The ground squirrels are storing *up* seeds for the winter.
(들다람쥐들이 겨울을 나려고 씨앗을 모아두고 있다.) [더 많은 수]

- 특히 (12)의 *up*은 완료의 의미도 가지고 있다.
- (15)의 *up*은 추가적으로 (그림 17.1b에서처럼) (청각적) 접근성을 암시한다.
- (16)의 *up*은 (그림 17.1a에서처럼) 비접근성도 암시한다. 즉, 무엇을 저장한다는 것은 그 목적이 일정 기간 동안 (문자적으로나 은유적으로) 손이 닿지 않는 곳에 둔다는 것이다. *To put* ***up*** *preserves*(잼을 저장하다)라는 표현의 *up*에는 같은 종류의 은유적 개념이 섞여있다.

추가적으로, (11)의 *slow up*은 *slow down*과 같은 뜻이 아니라는 것에 유념하자. 즉, *to slow up*은 up이 완료 내지 완성의 뜻으로 쓰여 '거의 완전히 속도를 줄이다'라는 의미이다. *To slow down*은 단순히 '전보다 느리게 가다'라는 뜻이다. *Slow down*이 더 흔한 표현인데, 이것은 '적음은 아래이고, 많음은 위이다(less is down, more is up)'라는 은유가 '완전한 것은 위이다(complete is up)'라는 은유보다 더 생생하기 때문인 것으로 보인다.

4.3.2 '더 중요함, 상위'를 나타내는 *up* (절대적 '*up*')

이와 관련된 은유 표현도 수백 개가 될 것이다. 세 가지 예문만 들어보겠다.

(17) She's getting *up* in the world. (그녀는 출세하고 있다.)
[즉, 직업이나 사회적으로 점점 잘 하고 있다; 절대적 'up']

(18) She's been talking *up* her job. (그녀는 자기 직업을 좋게 이야기해 왔다.)
[즉, 그것이 얼마나 좋은지 말함; 절대적 'up']

(19) We went *up* to London. (우리는 런던에 올라갔다.)

흥미로운 것은 (19)는 영국 사람들이 영국 어느 곳에서 출발하든지 상관없이 쓸 수 있는 말이다. 이 *up*의 용법은 첫째로 그림 17.1a에서 보인 의미에 기인한 것이고, 둘째로 런던이 그 나라에서 가장 중요한('가장 높은', '가장 높은 지위의') 곳이라는 점에 동의하는 데서 비롯된 것이다.

4.3.3 '적음'을 나타내는 *down* (절대적 '*down*')

다음 예문 하나가 여럿을 대표할 수 있다.

(20) Inflation does go *down* sometimes. (인플레이션도 때때로 내려간다.)

4.3.4 '축소'를 나타내는 *down* (절대적 '*down*'과/또는 '눈높이 아래로')

연관되어 있긴 하지만 좀 드문 *down*의 의미가 아래 예문에 보인다. 여기에서 *down*은 타월로 닦거나 호스로 물을 뿌리는 것과 같은 행동이 땀이 고이는 걸 줄이고(21) 화염(22)이나 일어날지 모르는 먼지구름(23)을 억제할 수 있다는 사실을 강조한다. (*suppress* —즉, *sub* + *press* —가 라틴의 'press/push down(아래로 누르다)'에서 왔다는 것을 유념하자.)

(21) Steffi's taking a bit longer towelling *down*.
(스테피가 타월로 몸을 닦는데 좀 오래 걸리고 있습니다.)
[윔블던 테니스 해설, BBC2, 5.7.96]

(22) Firefighters are still damping *down* [smouldering ruins].
(소방관들이 아직도 [연기 나는 화재현장의] 불을 끄고 있습니다.)
[*Meridian News at 5*, 20.7.96, U.K.]

(23) There's a gentleman hosing *down* the back to keep the dust away.
(어떤 신사가 먼지를 가라앉히려고 뒷면에 호스로 물을 뿌리고 있다.)
[골프 해설, BBC2, 19.7.96]

4.3.5 '저가치', '하급', '미작동', '사망'을 나타내는 *down* (절대적 '*down*'과/또는 '눈높이 아래로')

위는 좋은 것과 동일시되는 것처럼, 아래는 나쁜 것과 동일시된다. 그 정확한 이유에 대해서는 짐작만 해 볼 수 있을 뿐이다. 예를 들면,

- 사람이나 동물이 아프거나 죽으면 아래에 (누워) 있다.
- 아래에 있는 것은 더러워질 수 있다.
- 아래에 있는 것은 각종 해충에게 더 쉽게 노출되어 있다.
- 사람들은 기분이 좋을 때는 눈을 올려 뜨고 꼿꼿이 서 있는 경향이 있다.
- 부서졌거나 필요 없는 물건은 도랑, 구덩이, 좁은 골짜기 등, 문자 그대로 땅 위가 아니라 땅 아래로 버려진다.

수천 개의 표현 중 몇 개만 골라보자면 다음과 같다.

(24) I feel *down*. (기분이 가라앉는다.) ['눈높이 아래로']

(25) He's really come *down* in the world. (그는 정말 몰락했다.) [절대적 'down']

(26) The photocopier is *down* again. (복사기가 또 고장 났다.) ['눈높이 아래로']

아래의 예문들도 의미적으로 위의 '축소적 down'과 뭔가 공통점이 있는데, 이것은 어느 경우이든지 간에 '많음은 위이고, 적음은 아래이다'라는 똑같은 전반적인 은유의 일면이다.

(27) They're going to shut the company down.
(그들은 회사를 닫을 것이다.) ['눈높이 아래로']

(28) He'll never live that blunder down.
(그의 실수는 죽을 때까지 절대 잊히지 않을 것이다.)
[= '그는 그 실수에 대한 기억이 잊혀질/없어질 때까지 살지 못할 것이다'] ['눈높이 아래로']

4.4 '눈높이를 향해 위로'

4.4.1 '시야에 들어옴, 존재화, 알려짐'을 나타내는 *up*

다음에 나오는 동사+*up* 결합의 의미는, 부분적으로는, 뭔가가 우리 얼굴 쪽으로 다가오면 보기 쉬워진다는 사실에서 유래된다. 그리고 보인다는 것은 존재를 인식하는 중요한 방법 중 하나이므로, 보인다는 것은 존재함을, 보이게 된다는 것은 존재하게 된다는 것을 의미한다.

(29) Look who's just turned *up*! (누가 방금 나타났는지 봐!) [나타남]

(30) If any problems crop *up*/arise, call me.
(문제가 나타나면/생기면 나한테 전화해.) [나타남]

(31) I've drawn *up* a new contrast.
(나는 새로운 대조점을 만들어냈다.) [존재하게 됨; 또한 완료의 의미]

(32) He was held *up* as an example of stupidity.
(그는 어리석음의 예로 거론되었다.) [가시성, 공개적으로 드러냄]

(33) We've got our house *up* for sale.
(우리는 우리 집을 팔려 내놓았다.) [가시성, 공개적으로 드러냄]

4.4.2 '가까이 (옴)'을 나타내는 *up*의 은유적 확장

완료적 의미 외에도, (34)에서 *up*은 *come up to someone*(누군가에게 다가가다)에서와 같이 간격을 좁히는 영상도 함의하는 것 같다. 즉, 자신의 실수를 인정하지 않는 사람은 실수와 자신 사이에 (은유적) 거리를 유지하려 하는 것이다. 반대로, 인정하는 것 (owning 'up')은 이 간격을 좁히는 것과 관련이 있다. *Up*은 또한 이동의 방향이 높은 기준을 향한다는 것을 암시하는 듯하다.

(34) Why don't you own/fess *up* to [= admit] your mistakes?
(너는 왜 잘못을 인정/시인하지 않니?)

4.5 '눈높이 아래로'

4.5.1 '관심의 방향'을 나타내는 *down*

*Down*이 항상 부정적으로만 연상되는 것은 아니다. (35)−(37)에서 *down*의 사용은, 실제로 거의 모든 전통적 직업에서는 사람들이 대부분의 시간을 아래를 내려다보고 허리 높이 내지 그 아래에서 뭔가를 해야 한다는 사실에서 분명 연유한 것이다.

(35) Let's get *down* to work. (일을 시작합시다.)

(36) Could you take *down* a letter for me?
(나를 위해서 편지를 써 줄 수 있어요?)

(37) I put his high spirits *down* to youth and ignorance.
(나는 그의 자신감이 젊음과 무지에서 온다고 생각한다.)
[즉, 'X는 Y 때문이라고 생각한다.']

4.5.2 '현실에 발붙임, 자연스러움'을 나타내는 *down*

많은 표현이 '공상적/비현실적인 것은 위이고(fantastical/unnatural is up), 현실적/자연스러움은 아래이다(real/natural is down)'이라는 은유에서 나온다(예 *head in the clouds* (비현실적), *high on drugs*(마약에 취해서 흥분한) 대 *she has her feet on the ground* (그녀는 현실에 발을 붙이고 있다)). 이런 표현들이 *down*을 쓴다.

(38) a *down*-to-earth person (현실적인 사람)

(39) Let's get *down* to work/business/the facts/brass tacks/the nitty gritty.
(일/비지니스/사실/핵심/본질(으)로 들어갑시다.)

4.6 '눈높이로' = '접근성'

뭔가가 머리 위에서부터 아래로 내려온다면 점점 접근성이 커지는 것이다. 예문 (40)이 이 사실을 반영한다.

(40) Some traditions have come *down* to us from before the Middle Ages. (어떤 전통은 중세시대 이전으로부터 우리에게 내려왔다.)

예문 (41)도 부분적으로는 같은 생각을 표현한 것이다.

(41) We've broken the data *down* into five categories.
(우리는 데이터를 5가지 범주로 나누었다.)

그러나 이 용법은 또한 확실히 우리가 위와 아래가 있는 분류체계를 포함하여 위계로 사고하는 버릇이 있다는 것에서 비롯된 것이다. 이것은 절대적 'down'이 반영된 것이다.

5. 소수 표현에서의 *up*과 *down*

5.1 '사라짐, 상실'

다음의 예문에서 *up*은 '사라짐'을 표현한다.

(42) Their dreams went *up* in smoke/*up* the spout.
(그들의 꿈은 연기 속으로/물보라처럼 사라졌다.)

'눈높이에서 멀리 위로(up away from eye level)' 사라진다는 개념은 *blow up*(날려버리다) 이나 *burn up*(태워버리다)에도 (완료의 의미와 함께) 존재한다. *Up in smoke/up the spout*는, 연기는 일반적으로 (굴뚝, 파이프, 홈통 등) 위로 올라가고 재만 남긴다는 단순한 사실과 연관된 일회성의 생생한 영상 은유의 표현이다. 정말로, *out*을 사용한 표현(*out the window*(창문 밖으로)) 뿐 아니라 *down*을 사용하여 (*go down the drain*(배수구 밑으로 내려가다)) 사라짐을 나타내는 표현이 최소한 하나 있다. 이 생생한 표현들은 일반적으로 상실이 은유적으로 (어느 방향으로든) 출발과 동일시될 수 있다는 것을 반영한다.

5.2 '(비)안정성'을 나타내는 *up*과 *down* ('눈높이 위/아래로')

올라간 것은 내려오기 마련이다. 이 공리의 한가지 의미는 어떤 것이 공중에 있다면 아직 끝 상태에 도달한 게 아니라는 것이다. 그러므로 '상향성'은 다음에서 보다시피 결말이 없고 결론이 없다는 것을 의미한다.

(43) What's holding things *up*? (무엇 때문에 일이 지연되는 거지?)

(44) Everything's still *up* in the air. (모든 것이 아직 확실하지 않은 상태이다.)
[= '불확실한']

(44)의 반대는 *Everything's settled*(모든 것이 결정되었다)나 *Everything is set to go*(모든 것이 다 준비되었다)이다. 가라앉는 것(setting)은 물론 올라가는 것(going up)의 반대이다. 따라서 *down*은 '안정성(settledness)'을 나타내는 표현 최소한 한 가지에 쓰인다.

(45) Calm *down*. (진정해라.) [감정적 안정성]

6. 의미 대조

6.1 *Up* 대 *off*

다음에 *up*이 올 수 있는 동사 중 다음에 *off*가 오는 것도 있다. 그러나 그런 경우에, 지지하고 있는 표면에서 '떨어지는(off)' 것은 (중력 때문에) '내려가는(down)' 것이라는 사실에도 불구하고, *off*는 *up*의 반대로 거의 쓰이지 않는다. 오히려, *off*는 아래에서 증명되듯이 여전히 *on*의 반의어이다. *Off*와 *down*의 또 하나의 중요한 차이점은 *off*가 더 강한 부정적 함축을 지닌다는 것이다.

(46) We've *written up* a new invoice for you.
(우리가 너를 위해 새 송장을 작성했다.) [완료의 up]

(46^1) We'll have to *write off* some bad debts.
(우리가 일부 악성 부채를 청산해야 할 것이다.)
[즉, 이 빚이 더 이상 우리 장부에 있어서는 안 된다.]

(47) I've *signed up* for the excursion on Tuesday.
(나는 화요일에 소풍 가는 것을 신청했다.)
[보통 게시판에 붙은 목록에 신청한다; up은 여기서 보이게 된다, 공개된다는 것과 관련이 있다.]

(47^1) BBC TV generally *signs off* not long after midnight.
(BBC TV는 자정이 지나면 오래지 않아 방송이 중단된다.)
[즉, 방송 중('on' air)에서 방송 안함('off' air)이 되다]

(48) We *clocked up* a lot of mileage. (우리는 마일리지 기록을 많이 쌓았다.)

[이것은 '축적(accumulation)'의 up이다. 그림 17a 참고]

(48[1]) We *clock off* work at 5 PM. (우리는 오후 5시에 퇴근한다.)

[= 휴무('off' duty)다. 즉, 더 이상 근무 중('on' duty/'on' the job)이 아니다.]

6.2 *Up* 대 *out*

*Up*과 *out*은 둘 다 완료의 의미가 있다. 그러나 완료의 *out*(3/7.3 참고)은 완료의 *up*보다 덜 추상적이다. 즉, 원래의 문자적 의미에서 시작해 은유적 용법에 이르는 의미 확장 사슬의 길이가 짧다. 그렇지만, *up*과 마찬가지로, 최소한 두 가지 의미가 동시에 작용하는 것 같다. 그래서 (49)에서 *out*은 다음의 두 개념을 더해주는데, *up*은 같은 문맥에 쓰인다 해도 이 개념들을 나타내주지 못한다.

이 개념 중 하나는 '확장(extension)'(*beat gold out into foil*(금을 두드려 펴서 박편으로 만들다)에서 *out*의 문자적 사용 참고)인데, 은유적으로는 '갑작스런 변화(sudden change)'가 아닌 '진행과정(process)'을 의미한다. 또 하나의 개념은 순전한 '외향성(outness)'이다. 즉, 수분이 문자 그대로 케이크 밖에 있다는 것이다.

(49) This cake is all dried *out*. (이 케이크는 수분이 다 빠져나갔다.)

같은 문맥 (49[1])에서 *up*은 마르는 과정이 잘 완료되었다는 완료의 개념만을 더해준다.

(49[1]) This cake is all dried *up*. (이 케이크는 다 말랐다.)

6.3 *Up*과 *down*이 항상 반대는 아니다

은유적 *down*과 은유적 *up*은 종종 반의어 동사(예 *slow* 대 *hurry*) 뒤에 붙어 같은 체계의 대조적 은유 표현을 형성한다. (50)에서 은유 체계는 '적음은 아래이고, 많음은 위이다'이다. 그러나 은유적 *up*(그러나 은유적 *down*은 아님)은 종종 두 가지, 심지어 세 가지 다른 은유에서 나온 의미를 지니기도 한다는 것을 유념하자. 그러므로 *hurry up*에서 *up*은 완료의 의미(즉, '완성(completion)'나 '완성에 근접(toward completion)'함을 의미)도 있다.

(50) Slow *down*. / Hurry *up*. (천천히 해라. / 서둘러라.) ['적음'의 down, '많음'의 up]

*Down*과 *up*이 같은 동사 다음에 쓰이면, 같은 은유를 표현하거나 아니면 전혀 다른 은유를 표현할 수도 있다.

▸ 같은 은유

(51) Prices went *up*/*down*. (가격이 올랐다/내렸다.) [down = '적음', up = '많음']

▸ 다른 은유

(52) Moscow closes its embassy *up* but not *down*.
(모스크바는 대사관을 닫았지만 철수하지는 않았다.)

[up은 '완성, 철저함(thoroughness)', down은 '없어짐(defunct)'; *The Independent*, 25.8.90, p.7]

(53) He got beaten *up*. (그는 두드려 맞았다.) ['완성, 철저함'의 up]

(54) He was beaten *down* to £100. (그는 100파운드까지 깎였다.)

['적음'의 down]

(구동사를 다루는 22장에서 은유적 *up*과 *down*에 대한 논의를 재평가하고 확대하도록 하겠다.)

7. 시간

7.1 'to, till, until(까지)'을 강조하는 *up*

*Up*의 이 용법은 간격을 좁힌다는 의미로 사용된 데서 유래한다.

(55) Move the ruler *up* to the top mark. (자를 꼭대기 표시한 데까지 움직여라.)

(56) He stayed right *up* to when/until/till the karaoke started.
(그는 가라오케가 시작했을 때까지 머물렀다.)

7.2 '위는 많음'

이 체계의 은유에 의하면, 숫자 2은 1보다 '**위**(up)'이고 '높다'; 그리고 3은 2보다 '높다', 등등. 그러므로 *up*은 시간 단위를 포함하여 무엇이든지 **지표**가 더 높고 최대의 양이라는 것을 나타낸다.

(57) I'll stay here *up* to 10 minutes and then I leave no matter what.
(나는 여기서 10분까지만 있겠다. 그러고 나서는 반드시 떠나겠다.)

[즉, up to = 'no longer than(더 이상은 안됨)']

(57)에서 *up*은 아마 (56)에서 보인 간격을 좁힌다는 개념과 연관된 의미를 더해주는 것 같다.

7.3 *Down*

위에서 몇 번 언급했듯이 시간에 대한 표준적 개념 중 하나는 시간은 과거로부터 미래로 가는 긴 길이라는 것이다. 우리는 이 길이 내리막길인 양 말할 수 있다.

(58) She's lived here in her hometown from 1901 right *down* to the present day.
(그녀는 1901년부터 오늘까지 계속 여기 자기의 고향에서 살았다.)

(59) Their names will live on *down* through the ages.
(그들의 이름은 대대로 살아남아 있을 것이다.)

Chapter 18 *Of* 대 *to, off, about, from*

1. 개요

*Of*의 의미는 특히 복합적이다. 그 뿌리는 1066년 노르만-프랑스인의 영국 정복 직전과 직후의 몇 백 년 동안에 있다. 이 기간 동안에, 프랑스어의 특정한 구문 — 이 구문은 지금까지도 대응되는 정확한 영어 표현이 없다 — 을 영어로 번역하는 과정에서 *of*를 사용함에 따라, 처음에는 문어 영어, 그 후에는 결국 구어 영어가 변하게 되었다. 당시 문서의 상당수가 종교나 법률에 관한 것이었기 때문에 그 영향력이 특별히 지대했다.

예를 들어, 프랑스어 전치사 *de*의 많은 용법 중, *le centre de la ville = the center of the town*(마을의 중심부)에서처럼 '부분성(partness)'을 나타내는 것이 있(었)다. *Of*는 이전에는 이런 용법으로 사용되지 않았었다. 그러나 이 변화 때문에 결국 *of*는 'off'/'from'이라는 뜻의 순수한 묘사적 전치사에서 비묘사적 문법적 전치사로 진화하게 되었다. 현대의 *of*는 전치사로 구분된다. 그러나 *of*가 표현하는 **주어**와 **지표** 사이의 추상적 관계는 정신적 공간 관계의 영상에 희미하게 조차 기반을 두고 있지 않은 것 같다.

*Of*와 *off*의 철자가 비슷한 것이 우연은 아니라는 것을 주목할 필요가 있을지 모른다. *Off*는 한 때 *of*의 강조형이었다. *Of*의 의미가 점점 추상화함에 따라, *off*가 점진적으로 독립적인 단어로 인식되게 되었다. 약 1600년 즈음에 *of*와 *off*의 분리가 대체로 완결되었다. 현대의 *of*는 'from, away, off'라는 초기 의미의 흔적만을 간직할 뿐이다. (*OED*)

2. 소속 관계

2.1 집합의 원소나 부분집합

	원소/부분집합(member/sub-set)		집합(set)
(1)	a sample/specimen (우리가 판매하는 것의 샘플/표본)	*of*	what we sell
(2)	a kind/sort/type/variety (개의 한 종류/부류/타입/유형)	*of*	dog

이와 비슷한 예로, **주어**는 집합명사(예 *herd*, *family*)이고 **지표**는 관련된 집합에 속한 개체의 이름이나 통칭을 나타낼 때가 있다. (1)−(2)와는 달리, 여기에서는 **지표**가 복수이다.

	집합명사		**통칭(epithet)**
(3)	a herd (소 한 떼)	*of*	cows
(4)	family (바보 무리)	*of*	fools
(5)	a pair (바지 한 벌)	*of*	pants

변이형으로 다음과 같은 것이 있다.

	수/양		**지칭되는 집합**
(6)	two (이런 사과 두 개)	*of*	these apples [즉, 물체는 복수형]
(7)	a kilo (내가 전에 먹은 치즈 1킬로)	*of*	the cheese I had before [즉, 물질은 단수형]

2.2 전체의 부분; 사람이나 동물의 소유물이나 생산물

(8) the backdoor *of* the house (그 집의 뒷문)

*Of*구는 **지표**가 복수이든 단수이든 개개의 사람이나 동물을 지칭할 때 쓰는 전형적인 표현이 아니다. 대신, 그러한 **지표**는 **주어 앞에** 오고 's(단수) 또는 s'(복수) 어미를 취한다.

(9) Glen'*s* hand (글렌의 손) [전체 : 부분 = *hand *of* Glen]

(9[1]) Glen'*s* book (글렌의 책) [사람 : 소유물 = *book *of* Glen]

(10) the cat'*s* tail (고양이의 꼬리) [전체 : 부분]

(10[1]) the cat'*s* bowl (고양이의 밥그릇) [동물 : 지정된 소유물]

(11) 14 student*s*' exams (학생 14명의 시험지) [사람 : 생산물]

반대로, 비인간(non-human), 비동물(non-animal) **주어**의 경우에 's를 사용하는 것이 상대적으로 드물다.

(12) the house'*s* backdoor (집의 뒷문) [비표준용법]

(13) France'*s* citizens (프랑스 국민) [비표준용법]

인간이나 동물 **주어**에 *of*를 사용하면 과장되고 호언장담하는 듯한 어조가 된다. 때로는 위엄을 띄는 것이 적절할 때도 있다(예 *one duty of the Queen*(여왕의 의무)). 그러나 위엄을 띄는 것이 진실 되지 않게 들릴 때도 있다. 그리하여, Bill Clinton 정부의 첫해에, 공화당원들이 새 대통령과의 친분을 빌미로 직책을 얻었거나 얻기를 원하는 사람들을 일컬어 "friends ***of*** Bill(Bill의 친구들)"이라고 비꼬아 말했다.

주어가 식물이거나 집합체(collectivity)이면, 's가 좀더 구어체이긴 하지만 's와 *of*를 둘 다 쓸 수 있다.

(14) This rose'*s* thorns are particularly sharp. (이 장미의 가시는 특히 날카롭다.) [구어적]

(14[1]) The thorns *of* this rose are... (이 장미의 가시는 특히 날카롭다.) [형식적]

(15) this group'*s* decision was... (이 그룹의 결정은…)

(15[1]) the decision *of* this group was... (이 그룹의 결정은.…)

(16) as for these specimens, the first group'*s* measurements all had to be re-done...

(16[1]) ...the measurements *of* this first group...
(이 표본에 대해서는 첫째 그룹을 모두 다시 측정해야 했다.)

잘 알려져 있다시피, *of*구는 때로 's소유격과는 다른 의미를 가진다. 따라서 (17)과 (18)은 사뭇 다른 함축의미를 지니고 있다.

(17) John'*s* dog bit me. (존의 개가 나를 물었다.) [존은 개가 한 마리 있다.]

(18) A dog *of* John'*s* bit me. (존의 개 한마리가 나를 물었다.)

[존은 개가 한 마리 이상 있다.]

(18)을 다른 말로 표현하면,

(18^1) One *of* John'*s* dogs bit me. (존의 개들 중 한 마리가 나를 물었다.)

(18)과 (18^1)에서 '이중 소유격(double possessive)'을 주목하라.

2.3 용기의 내용물

(19) the contents *of* this package/book (이 소포/책의 내용물)

(20)에서 주어와 지표의 관계, 즉 '내용물: 용기(contents: container)'의 관계는 더 추상적이다.

(20) the citizens *of* France (프랑스의 국민)

2.4 사물의 물리적 영상이나 마음속 영상

(21) This one is a counterpart/copy/duplicate *of* that one.
(이것은 저것의 사본/복사본/복제본이다.)

(22) a map/photo *of* Berlin (베를린 지도/사진)

(23) They have no idea *of* hygiene. (그들은 위생 개념이 없다.)

2.5 '관계 명사' 뒤에 오는 *of* 대 *to*

나무는 그것이 지구상에 남아있는 마지막 나무이더라도 나무는 나무이다. 그러나 적이나 동지(친구)가 되기 위해서는 나쁘거나 좋은 관계를 가진 상대방 누군가가 필요하다. 전치사구에서는 *enemy*(적)나 *friend*(친구) 같은 명사(관계명사)가 거의 항상 *of*에 의해서 상대편에 연결되어 있다.

(24) a friend/relative/crony/enemy *of* mine (나의 친구/친척/벗/적)

그러나 긍정적, 방향적, 적극적인 관계의 특성을 생생하게 강조하기 위해 때때로 *to*가 쓰이기도 한다.

(25) He's been a good friend *to* us over the years.

(그는 몇 년 동안 우리에게 좋은 친구였다.)

(전치사가 묘사적일수록 더욱 생생한 의미를 함축하기 쉽다. *To* 같은 경로 전치사는 더욱 역동적인 의미를 함축할 가능성이 높다.)

2.6 장소 전치사과 대조되는 *of*

*Of*의 부수적이지만 흔한 용법 중 하나가 다음의 예에 나타난다. 여기에서 *of*는 대조되는 전치사가 단순히 위치를 표시하는데 반해 필연적 소속(essential belonging)을 표시한다.

(26) ...the one state that is *in* the South, but not *of* it, Florida.
(...남부에 속한 주가 아니라, 남부에 있는 주, 플로리다.)
[Alistair Cooke, BBC Radio 4, 21.7.96]

(27) There were women at Wembley...but, though they were *at* the event, they were not *of* it.
(웸블리에 여자들이 있었다. 그러나 그들은 그 행사에 있었다 뿐이지 행사에 참여하지는 않았다.) [Germaine Greer, Euro 96 축구대회에 대해]

(28) I was *in* the army rather than *of* it.
(나는 군대에 소속된 게 아니라 군대에 있었다.)
[*Midweek*, BBC Radio 4, 1.1.92]

(29) ...a villa...palatial in appearance — clearly a beautiful object *in* the landscape, not *of* it. (…한 채의 저택 … 궁궐 같은 모습이었다 — 분명 풍경 안에 들어온 아름다운 물체이긴 했으나 풍경에 어울리지는 않았다.)
[Witold Rybczynski, *Looking Around* 1992 Penguin, p. 37]

3. 주어와 지표의 더 긴밀한 관계

3.1 지정학적 단위 *of* + '이름'

(30) the City *of* New York (뉴욕 시), the State *of* New York (뉴욕 주), the Province *of* Alberta (앨버타 주), the Republic *of* Korea (대한민국)

여기에서, *of*는 단지 동격(apposition)을 표시한다. 즉, (30)에 있는 *of* 대신 쉼표를 쓴다면, 그 결과가 우아하게 들리지 않을지는 몰라도 의미가 달라지지는 않는다. 흥미롭게도, **주어**와 **지표**의 순서를 바꾸면 *of*를 없애는 것이 때로는 더 자연스러울 수도 있다.

(30[1]) New York City, New York State, 그러나 ?Alberta Province;
The Czech Republic (체코 공화국) 그러나 *(the) Korea Republic

분명, 이런 저런 고유명사의 형태는 관행과 우연히 뒤섞여 생긴 일이다. 예를 들어, 주에서 재정을 지원하는 미국 대학들은 주로 The University of Washington(워싱턴 주립 대학) 또는 Washington State University(워싱턴 주립 대학) 같은 이름을 가진다. 그러나 Indiana University(인디애나 주립대학) 같은 예외도 있는데, 이는 Oxford University(옥스퍼드 대학)이나 Cambridge University(케임브리지 대학) 같이 영국에서 선호되는 양식을 따른 것이다(University of Kent(켄트 대학)처럼 현대적 예외도 있다).

(31)과 같은 표현은 아마 동격의 일종일 것이다. 어쨌든 (31[1]) 같이 동격 방식으로 바꿔 말할 수 있다.

(31) They got an increase *of* two pounds. (그들은 2파운드 늘었다.)
(31[1]) They got an increase, [namely] two pounds. (그들은 2파운드 늘었다.)

이런 예에서는 *of*가 의미가 전혀 없는 듯하다.

3.2 X *of* Y = 'X인 Y'

*Of*는 정형화된 소수의 표현에 나타난다. 이들 중 몇몇은 동격과 비슷하다(예 아래의 (34); 위의 (31) 참고).

(32) a giant *of* a man ['a man who is a giant'] (거인인 사람)
(33) a hell *of* a drive ['a drive which is hell'] (지옥 같은 운전)
(34) a distance *of* 5 miles ['a distance which is 5 miles'] (5마일의 거리)

최근 신조된 표현에서는 X와 Y의 순서가 바뀌었다.

(35) They have an attitude *of* 'Let's wait and see'.
(그들은 '두고 보자'라는 태도를 견지했다.)

다시 말해,

(35[1]) They have an attitude *which is* 'Let's wait and see'.

(그들은 '두고 보자'라는 태도를 견지했다.)

흥미로운 것은 (32)−(35)는 주요한 아이디어를 표현하는 단어를 반대 어순으로 말할 수 있다는 것이다. *a man* ***of*** *giant stature*(거인 같은 키의 남자), *a drive* ***from*** *hell* [*of*는 안됨](지옥으로부터의 운전), *five miles* ***of*** *(bad) road*((나쁜)길 5마일)[그러나 *5 miles of distance*는 안됨]. 이 가역성(reversibility)이 *of*가 원래의 전치사적 의미의 흔적을 모두 잃어버렸다는 매우 강한 증거이다.

3.3 사물의 성질

예 (36)은 *a jacket of the finest linen*(가장 좋은 마로 만든 자켓)과 같은 '생산물 : 물질(product : material)' 표현의 변형을 보여줌으로써 *of*의 고대 의미, 즉 'from'의 의미를 반영하고 있다.

(36) the height *of* that tree/the blue *of* the sky (저 나무의 키/하늘의 푸르름)

그러므로 *the blue of the sky*에서 푸른색은 하늘로부터 내뿜어진 산물에 대해 말한 것일 것이다.

좀더 문학적인 표현에서는 사람이나 사물을 지칭하는 명사는 *of* 앞에 오고 속성(엄밀한 의미에서 성질은 아니지만)은 그 다음에 온다.

(37) He is a man *of* means. (그는 부유한 사람이다.)

[= 'a rich man', *He is means of a man.]

She is a woman *of* 37. (그녀는 37세의 여성이다.)

[= 'a 37 year old woman', *She is 37 of a woman.]

3.4 동작주의 행위

(38)−(39)에서 주어는 명사화된 동사이다.

(38) the swelling *of* his stomach (그의 위가 부음)

(39) the howling *of* the dogs (개들의 짖음)

3.5 피행위자의 행위

흥미롭게도 지표는 (38)−(39)에서처럼 행위자가 될 수도 있고 여기에서처럼 피행위자가 될 수도 있다.

(40) the delivery *of* the goods (상품의 배달)

여기에서 *of*는 본래의 관계적 의미가 전혀 없어져 **주어**와 **지표**의 문법적 역할을 막연하게나마 나타낼 수도 없다. (38)–(40)에서 문법적 역할은 문맥에서 파악할 수밖에 없다. (*for*를 제외하고는) 다른 전치사들은 이와 비슷한 유연성이 없다는 사실이 그 전치사들은 어휘적 의미를 가진다는 증거이다.

3.6 사물의 기원/창조자

(41)–(43)의 예에서 **주어**는 어떤 의미에서 **지표**의 기원이다.

(41) the source of the Nile (나일 강의 원류)
(42) the inventor of the telephone (전화의 발명자)
(43) the composer of several symphonies (몇몇 교향곡의 작곡가)

3.7 재료의 전체; 재료의 생산물

여기에서는 기원과 결과의 순서가 바뀐다.

(44) a table made/composed *of* wood (나무로 만든 테이블)
(45) a soup *of* water and flour (물과 밀가루로 만든 수프)
(46) a sky *of* blue (푸른 하늘) [생산물: 재료(product: material)?]
(47) man *of* steel (철인)
(48) make a fool *of* someone (누군가를 놀리다.)

4. 다른 전치사와의 대조

4.1 *Of* 대 *from*

3장 9.1.3과 9.2.2를 참고하라.

4.2 *Of* 대 *off*

여기서 큰 차이는 *off*는 항상 **주어**와 **지표**의 분리를 표시한다는 것이다. 그러므로 (49)에서는 팔이 동상 나머지 부분에서 분리되었다는 뜻이다.

(49) One arm is already *off* the statue. We don't know how.

(팔 하나가 벌써 동상에서 떨어졌다. 우리는 어떻게 그렇게 되었는지 모른다.)

*Of*는 '분리(separation)'와는 아무 관계가 없다.

(49^1) One arm *of* the statue is missing. (그 동상의 팔 하나가 없다.)

(49^2) Neither arm *of* the statue has never come off.

(그 동상의 어느 팔도 떨어진 적이 없다.)

(49^1)과 (49^2) 둘 다에서 *of*는 단순히 **주어**가 **지표**의 일부분이라는 것을 말해줄 뿐 이동이나 위치에 대해서는 아무것도 말해주지 않는다.

여기에서도 같은 대조를 볼 수 있다.

(50) 15% *off* the price (원래 가격에서 15% 인하)

[주어가 (은유적으로) 지표로부터 제거되었다.]

(50^1) 15% *of* the price (가격의 15%) [지표가 주어의 일부분이다.]

4.3 *Of* 대 *about, concerning, relating/pertaining to* (-에 대하여, 관하여)

몇몇 단어가 *of*나 *about*과 연어된다(예 *think*(생각하다), *speak*(말하다), *dream*(꿈꾸다) 동사와 *idea*(아이디어), *theory*(이론), *discussion*(토론), *story*(이야기), *tale*(이야기) 명사). 이 두 전치사 중 *of*가 '완성(completeness)'과 '직접성(directness)'을 더 많이 함축한다. 그래서 *theory of gravity*(중력의 법칙)이 *theory* ***about*** *gravity*(중력에 대한 법칙)보다 설명의 폭이 더 크다고 주장할 수 있는 이론이다. 사실, 후자의 표현은 그 이론이 다소 불분명하게 들리는 인상을 준다.

(훨씬 더 형식적인 표현인) *concerning*은 *about*보다 더 불명확하게 들린다. *Relating to*와 *pertaining to*는 이중 가장 형식적인 표현이지만 '전체성(wholeness)'과 '직접성'을 함축하는 데 있어서는 가장 순위가 낮다.

*Of*가 더 강한 관심도(intensity of concern)를 함축하는 잠재력을 가진 것은 완성성과 직접성의 함축의미 때문이다. 그러므로 (51)은 당신이 내 꿈의 별이었다고 말한다.

(51) I dreamed *of* you. (당신 꿈을 꾸었다.)

*About*은 기본적으로 '가까우나 그 지점은 아닌(near but not at)'이라는 뜻이기 때문에 (51^1)은 내 꿈의 초점이 어쩐지 분산된 것 같다는 것을 함축한다.

(51[1]) I dreamed *about* you. (당신에 대한 꿈을 꾸었다.)

그러나 (51[2])는 형식적인 것과 개인적인 것이 이상하게 섞여있다는 점 외에도, 내가 당신의 집이나 차나 그밖에 다른 것에 대해 꿈을 꾸었고 당신 자신은 꿈에 나오지도 않았을 수 있다는 가능성을 시사한다.

(51[2]) I had a dream *relating to*/*pertaining to* you.
(당신하고 관계가 있는/관련이 있는 꿈을 꾸었다.)

5. *Of*의 고대 의미의 흔적

*Of*가 '분리'의 개념을 표현하던 수세기 전으로부터 많은 표현들이 남겨져 있다. 분리의 개념은 현재 보통 *from*이나 *away* (*from*)이나 *out* (*of*)나 *off*에 의해 표현된다.

5.1 *North, south..., wide, out, ahead, right, left, upwards ... of*

좀 부자연스럽게 들릴지는 모르나 다음 문장들에서 *of*를 *from*으로 대체하는 것이 가능할 수 있다.

(52) Go out *of* the house and look at the sky. (집 밖으로 나가서 하늘을 보아라.)
(53) The arrow flew wide *of* the target and hit a car.
(화살은 과녁에서 멀리 날아가 차에 맞았다.)
(54) We live to the east *of* Canterbury. (우리는 캔터베리 동쪽에 산다.)
(55) It'll cost you upwards *of* £10. (비용이 10파운드 이상 들 것이다.)

(52)–(55) 문맥에서 *of* 대신에 *from*을 사용하는 것은 특히 독일어 화자에게 흔히 일어나는 실수이다. 사실 'from'이 가장 잘 들어맞는 의미이기 때문에 독일인에게 공감이 되기도 한다. 그러나 영어 모국어 화자에게는 위의 예문에 그런 의미가 들어있지 않다.

5.2 '원인'과 '시작점'의 *of*

이런 의미의 *of*는 예가 많이 있다. *From*은 항상 '역동적 분리'를 암시하기는 하지만, 종종 *of*와 *from*이 둘 다 가능할 때가 있다.

(56) We put the results *of*/*from* the tests into the computer.
(우리는 그 시험의 결과를 컴퓨터에 입력했다.)

(56)에서 그 결과가 일종의 준문자적인 의미로 정말 움직인 것처럼 시각화될 수 있으면 모국어 화자가 *from*을 사용할 가능성이 크다. 예를 들어, 결과가 처음에는 종이에 기록되었다가 나중에 컴퓨터에 입력되어 결과를 나타내는 기호가 다른 장소에 나타났을 수 있다. 결과가 움직인 것으로 쉽사리 시각화되지 않으면 표준 영어에서는 *of*가 사용될 것이다.

(56[1]) The results *of/*from* the test were good. (시험의 결과가 좋았다.)

*Of*의 오래전 의미를 보여주는 다른 예들이 다음에 열거되어 있다.

(57) I did it *of/?from* my own free will. (나는 내 자유의지로 그 일을 했다.)

[의지가 원래 행동의 원인이었다고 말한다.]

(58) I did it *of/from/out of* necessity. (나는 필요해서 그 일을 했다.)

[필요가 행동의 원인이라고 말한다.]

(59) What will become *of/*from* us? (우리는 어떻게 될까요?)

[현재의 상태가 이후의 상태의 원인이 될 수 있다는 듯이 말한다.]

(60) man born *of/?from* woman (여자에게서 태어난 남자)

[고정된 구절; *of*는 고풍스러운 성서적 느낌이 있다.]

(61) take advantage *of* someone (누구를 이용하다) [누구를 이용하는 원형적 상황은 이용당한 사람으로'부터(from)' 문자 그대로 뭔가를 빼앗는 상황이다.]

(62) I'm tired/glad/ashamed *of/from* my job.
(나는 내 직업이 싫증난다/좋다/부끄럽다.)

[지표가 감정의 원인으로 보인다. 사실 "I'm tired *from* my job"처럼 사람들이 *tired* 다음에 *from*을 쓰는 것을 들은 적이 있다.]

(63) That was kind/nice/stupid/silly *of/*from* you. (너는 친절하구나/어리석구나.)

[친절한/어리석은 행동이 어떤 사람으로'부터(from)' 온 것처럼 말한다. 이 아이디어는 현재 통용되지 않는다.]

(64) take leave *of/?from* someone (누구와 작별을 하다.)

[*Of*가 표준이나 어딘가에 *take leave* ***from*** *someone*이라고 하는 모국어 화자가 있을 수 있다.]

일부 영어 방언에서는(예 독일어/이디시어(Yiddish)에서 영향을 받은 뉴욕의 유대인말) *from*이 다음과 같은 문맥에 쓰인다.

(65) Some people die *from/of* pneumonia. (어떤 사람들을 폐렴으로 죽는다.)

(66) People can usually be cured *from/of* tuberculosis.

(보통 결핵은 치료될 수 있다.)

이것은 **주어**가 (은유적인) 시작점이기 때문이다.

표 18.1

	[시작점]		[종점]
(65)	pneumonia (폐렴)	→	death (사망)
(66)	tuberculosis (결핵)	→	people cured (치료된 사람)

5.3 *Require, expect, ask, beg ... of* (요구하다, 기대하다, 요청하다, 부탁하다)

어떤 때는, (67)과 같이 *of*와 *from*은 표준 영어에서도 거의 교대로 쓰일 수 있다. 어떤 때는 (68)–(69)와 같이 교대로 쓰일 수 없다.

(67) What do you require/expect *of/from* me? (나한테 뭘 요구하지/기대하지?)

(68) I beg *of/*from* you, don't do it! (제발 부탁이야. 그거 하지 마!)

(69) I saw him begging money *from/off/?of* strangers.
(나는 그가 낯선 사람한테서 돈을 구걸하는 것을 보았다.)

- (67): 여기에서 *of*는 형식적이고 영상 상 건조한 선택이다. *From*을 사용할 경우에는 **지표**로부터 **주어**로 움직이는 영상을 연상시킨다. 움직이는 것은 물체이거나 아니면 (은유적으로) 서비스이다.
- (68): *I beg of you*는, *by and large*(대체로)나 *kith and kin*(일가친척)과 마찬가지로, 마치 하나의 단어처럼 배우고 외운 고정된 표현일 가능성이 높다. 그렇다면 이 *of*는 특히 *from*으로 대체하기 어려울 것이다. 그렇더라도 이 표현은 매우 문학적이고 지나치게 공들인 어조로 들릴 것이다.
- (69): 여기에서 *of*를 사용하면 어쩔 도리 없이 고어체로 들리고, 얻으려고 하는 것이 단순한 물리적 대상 이상으로 뭔가 중대한 것이라는 암시를 한다. *From*이 여기에서는 가장 알맞은데, 왜냐하면 여기서 중요한 것은 문자 그대로 물체가(예 동전) 한 사람**에게서** 다른 사람에게로 움직이는 것이기 때문이다. *From* 대신 *off*를 쓰면 확실히 구어적으로 들리고 어조가 거칠어진다.

5.4 박탈, 제거, 결여

5.4.1 *Rob, deprive ... of* (훔치다, 빼앗다)

*From*이 **주어**가 **지표**에게서 역동적으로 분리되는 것을 함축하기 때문에 매우 적절하게 보임에도 불구하고, *rob*(훔치다)이나 *deprive*(빼앗다) 같은 단어 뒤에는 *from*을 쓸 수 없다.

(70) The duke deprived/robbed the peasants *of/*from* all their livestock.
(공작이 농부들에게서 모든 가축을 빼앗았다.) [peasants → livestock]

그 이유는 현대문법 용어로 말하자면 (70)에서 **주어**와 **지표**의 어순이 잘못되었기 때문이다. 그러나 **주어**와 **지표**의 어순을 바꾼다면 (그렇다면 동사도 바꾸어야 하는데) *off*와 함께 *from*도 가능한 선택이 된다.

(70[1]) The duke took all livestock *from/off* the peasants.
(공작이 농부들로부터 모든 가축을 빼앗았다.) [peasants → livestock]

여기서 다시 강조하지만, *of*를 사용하면 실제의 움직임을 함축하지 않는다. 즉, 예를 들어, 공작이 가축의 소유권은 주장하되 가축을 농부들에게 남겨 놓아 농부들이 계속 돌보게 될 수도 있는 것이다.

5.4.2 *Rid, purge, empty, cleanse ... be devoid, free, rid ...of* (없애다, 제거하다, 비우다, 씻어내다...비다, 없다, 면하다)

Rid(제거하다) 등의 단어는 **주어**와 **지표**가 분리됨을 의미한다(표 18.2).

(71) The party was purged *of/*from* its radicals.
(그 정당은 급진파가 숙청되었다.)

(72) She was rid *of/*from* him at last. (그녀는 결국 그 남자를 떼어내었다.)

(73) She was free *of/from* all of her earlier obligations.
(그녀는 이전의 모든 의무로부터 자유롭다.)

표 18.2

(71)	party (정당)	↔	radicals (급진파)
(72)	she	↔	him
(73)	she	↔	obligations (의무)

이런 문맥에서 *of*가 *from*으로 대체될 가능성이 특히 크다.

(74) We're not devoid *from* it over here.
(우리는 여기에 그것이 부족하지 않아요.)

[오스트레일리아 럭비 코치, BBC Radio 4, 14.3.95]

6. 시간

미국 영어에서는 (75^1) 대신 (75)와 같이 말하기 쉽다.

(75) Ten *of* two. (두시 10분전) [= 1 : 50]

(75^1) Ten *to* two. (두시 10분전)

*Of*의 이 용법은 확실히 'from'이라는 오래전 의미가 살아남은 또 하나의 경우이다. 즉, (75)에서의 *of*의 사용은 현대 영어에서 (76)의 *from*의 사용과 연관되어 있다.

(76) We're still ten miles *from* home.
(우리는 아직도 집에서 10마일 떨어져 있다.)

그래서 (75)는 다음과 같이 바꾸어 말할 수 있다.

(75^2) We're still ten minutes *from* (when it will be) two.
(우리는 아직도 (다가올) 2시에서 10분 떨어져 있다.)

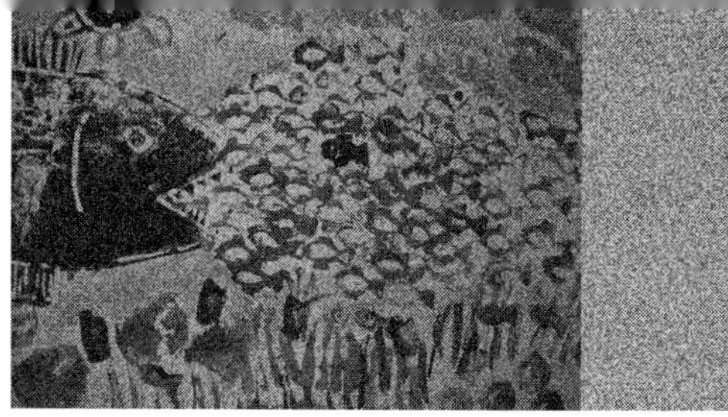

Chapter 19 *With* 대 *without, of, from/out of, by, against, for, within, together, apart*

1. 개요

*With*는 부분적으로 묘사적이 될 수 있다(그림 19.1). *With*의 대부분의 용법은 어느 정도 이 의미와 관련된 것 같다. 그러나 *with*도 *of*처럼 수백 년 전에 의미의 변화를 겪었는데, 아래에 나타나듯이 이런 초기의 의미('against')의 흔적이 여전히 존재한다.

문맥에 따라서, *with*의 반의어는 *against*나 *without*이다. *Together*나 *along*이 앞에 쓰이면 *with*의 '동반격(accompanitive)' 의미는 더욱 강조된다. *Together*의 반대는 *apart*이다.

2. *With*의 문자적 의미

2.1 '불특정 근접성'을 나타내는 *with*

이 의미는 그림 19.1에 부분적으로 보인다.

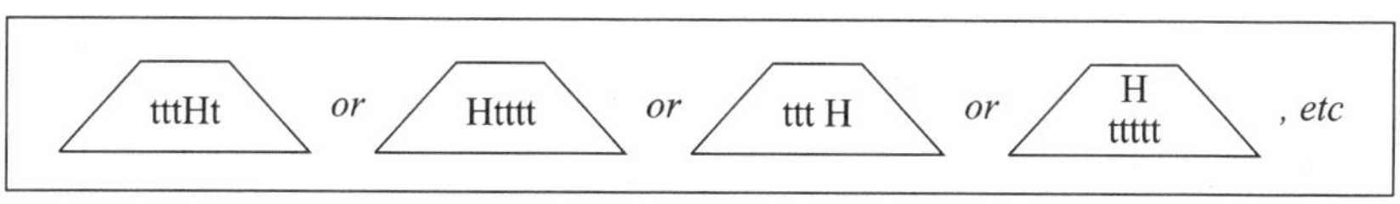

The hammer is in the shed *with* the other tools.
(망치는 다른 연장들과 함께 창고에 있다.)
그림 19.1

즉, *with*는 망치가 연장들 한가운데에 있는지, 위에 놓여있는지, 아래에 있는지, 한쪽에 치우쳐 있는지, 닿아있는지, 안 닿아있는지에 대해 말하지 않는다. 단지 망치가 멀리 있지 않다고 말할 뿐이다.

2.2 '근접성' 더하기 '공동 분류'

만일 (1)이라고 말하면,

(1) Put these books out *with* the recyclable paper.
(이 책들을 재활용용 폐지와 함께 내놓아라.)

이것은 책들을 다른 종이 가까이 또는 종이와 섞어 놓아야한다는 것 이상의 의미이다. 내가 책들을 재활용용 폐지와 같이 **분류**하고 있다는 것을 나타낸다. 만일 이런 뜻이 아니라면 틀림없이 다른 전치사—*near*나 *by*—를 사용했을 것이다.

다음 절에서 '공동 분류(co-classification)'의 변이형을 다루겠다.

2.3 *With*의 자연스러운 지표는 무엇일까?

(2)와 (3)는 *with*의 정상적인 사용인 반면에 (4)는 완전히 부자연스럽다.

(2) Ann's over there *with* Jane. (앤은 저기에 제인과 같이 있다.)
(3) Ann's in her room *with* a book and a bottle of gin.
(앤은 책 한 권과 진 한 병을 가지고 자기 방에 있다.)
(4) *Ann's in the garden *with* a table. (*앤은 탁자와 함께 정원에 있다.)

예문 (2)는 우리가 앤과 제인이 일종의 자연분류집단—예를 들어, 친구, 아는 사람—을 형성한다고 이해하기 때문에 자연스럽게 들린다. (3)도 '사람과 사용하는 물건'이라는 자연스러운 조화를 이룬다. 그러나 (4)는 앤과 탁자 사이에 어떤 관련이 있는지 완전히 모호하다. 연관을 지어보려는 것 자체가 쉽지 않다. 그러나 어떤 연관성에 대한 힌트가 주어지면 *with*의 사용이 현저히 괜찮아진다. 따라서 (4^1)은 앤이 자기가 최근에 산 물건이 매우 마음에 들어 가까이 놓고 보기를 즐긴다는 것을 함축하는 것으로 해석할 수 있다.

(4^1) Ann's in the garden *with* her new table.
(앤은 그녀의 새 탁자와 함께 정원에 있다.)

2.4 *With*의 양방성

*With*는 다음 측면에서 대부분의 다른 전치사들과 다르다 : "X is with Y" = "Y is with X" (Y가 X의 부분이거나 부속물이 아닌 이상). 즉, 사과가 바나나와 함께(with) 탁자 위에 있다면, 바나나도 사과와 함께(with) 탁자 위에 있다는 것이다.

지표가 **주어**의 부속물인 정도가 강할수록 **주어**와 **지표**의 위치를 바꾸기 어려워진다. 예를 들어, 우리는 (5)에서 어머니가 아이들을 데리고 왔다고 이해하지, 반대로 이해하지 않는다.

(5) A mother came through the door *with* her two small children.
(어머니가 두 어린 아이들과 함께 문으로 들어왔다.)

어머니가 아이들을 데리고 온다(반대가 아니라)는 생각이 너무도 강한 나머지 *mother*와 *children*의 순서가 바뀌어도 같은 뜻으로 이해한다.

(5^1) Two small children came through the door *with* their mother.
(두 어린 아이들이 어머니와 함께 문으로 들어왔다.)

그러나 (5^1)가 (5)보다 훨씬 자연스럽게 다음 문장에 연결될 수 있다 : *As they guided her up to the front desk, one said, "She's blind", and asked if that was the emergency room*(그 아이들은 어머니를 프런트로 안내하고는 한 아이가 말했다 "어머니는 장님이세요." 그리고는 거기가 응급실인지 물었다). 간단히 말해, **주어**와 **지표**는 어머니와 아이들처럼 동등하지 않는 사람들에 대해 말할 때도 어느 정도는 바꿔 쓸 수 있다.

다음 절에서는 **주어**가 **지표**보다 명백히 상위인 예에 대해 논의하겠다. 따라서 그 경우에는 **주어**와 **지표**가 바꿔 쓰일 수 없다.

3. *With*와 좀더 추상적인 개념들

3.1 '소속'을 나타내는 *with*

With(대 *without*)는 다음에 분류했듯이 여러 종류의 소속(belonging)을 표현한다.

3.1.1 부분이나 자질을 지닌 전체

(6) a car *with* a new motor (새 모터를 단 차)

(7) paper *with* a distinct watermark (뚜렷하게 물 얼룩진 종이)

이런 경우에는, *with*는 *of*의 반대이다. 즉, *with*는 전체 : 부분(whole : part) 구에 나타나고(예 *a car with a new motor*), *of*는 부분 : 전체(part : whole) 구에 나타난다(예 *the motor of a car*).

3.1.2 소유물이나 부속품을 지닌 생물이나 사물

(8) the man *with* the mansion (저택을 소유한 남자)

(9) The house came *with* a horse paddock. (그 집에는 작은 말 목장이 딸려있었다.)

3.1.3 내용물이 들어있는 장소나 용기; 회원이 있는 단체

(10) a park *with* lots of ponds (연못이 많은 공원)

(11) a room *with* lots of tools in it (연장이 많이 들어있는 방)

(12) a committee *with* two women on it (두 여성 위원이 있는 위원회)

다시 말해 (6)–(12)는 모두 **주어**가 **지표**보다 상위인 예이다. 여기서 상위란 특별한 경우의 '공동분류'를 말한다.

위의 예와 또 비슷한 다른 예에서 세상에 대한 지식이 일종의 '소속'**과 함께** '근접성(proxinity)'을 표현하기 위해 *with*를 사용하는지를 결정한다. 따라서 공중에는 물얼룩이 생길 수 없다는 사실 때문에 종이와 물얼룩 사이에는 근접성의 관계가 필수적으로 성립한다. 그런 관계가 사람과 그의 저택 사이에는 성립하지 않는다. 왜냐하면 저택은 들고 다닐 수 있는 게 아니라는 걸 알기 때문이다. 다음의 사항을 이해하는 한 *with*에 또 다른 의미가 있다고 말할 필요가 없다.

- '상위(superordinacy)'라는 개념은 '공동분류'의 특별한 경우이다. 또 '공동분류'는 '불특정 근접성(nonspecific proximity)'이라는 비은유적 의미로부터 확장된 의미이다.
- 문맥에서 두 해석이 다 용납되면, 예를 들어, (6), (7), (9), (10)에서처럼 *with*는 '상위'(특히, '소속')와 '불특정 근접성' 두 의미를 동시에 나타낸다. 그렇지 않다면, 둘 중 한 의미가 떨어져 나갈 것이다. 예를 들어, (9)에서 목장이 길에서 꽤 떨어져 있다는 것을 알게 될 지도 모른다.

3.2 '협력'을 나타내는 *with* 대 *for*

*With*는 종종 '협력(cooperation)'을 함축한다.

(13) They worked *with* their oldest competitor to kill off their new rivals.
(그들은 새로운 라이벌을 제거하기 위해 옛 경쟁자와 손잡았다.)
[= 'They and their oldest competitor cooperated to kill off...']

오래 전에 이 용법이 생겨났을 때는, 두 사람이 서로 보고 들을 수 있을 정도로 가까이 있지 않으면서 서로 협력한다는 것이 현대에 비하면 매우 드문 일이었을 것이다. 그러므로 *with*의 이 용법은 최소한 부분적으로는 '불특정 근접성' 개념으로부터 은유적으로 확장된 의미일 것이다. 이 의미가 약간 더 추상적으로 적용된 것이 (14)이다.

(14) Get *with* the program. (그 프로그램에 참여해라.)

*With*나 *for* 둘 다 *against*의 반의어가 될 수 있지만 같은 의미로 쓰이지 않는다.

(15) Shall we work *with* (or *against*) Ann? (앤과 같이(또는 맞서) 일할까요?)
(15[1]) Shall we work *for* (or *against*) Ann? (앤을 위하여(또는 맞서) 일할까요?)

*With*는 양자(우리와 앤)가 꽤 동등하고 한 팀으로 같이 일할 수 있다는 것을 암시한다. 그렇지만 *for*는 다음의 두 가지 가능성을 인정한다.

- 첫째는 실제로 앤의 명령을 받지 않았지만 앤의 이익을 증대하기 위해 일하기로 할 수 있다.
- 둘째는 아마도 앤에게 고용된 사람으로서 앤의 명령에 따라 일하기로 할 수 있다.

*With*는 *participate/participation*(참가하다/참가)과 (때때로) *join*(참여하다) 같이 참가를 나타내는 단어나 *communicate/communication*(의사소통하다/의사소통), *discuss/-ion* (토론하다/토론), *converse/conversation*(대화하다/대화), *confer/-ence*(회의하다/회의), *consult/-ation*(상담하다), *plot*(계획하다), *scheme*(꾀하다), *conspire/conspiracy*(음모를 꾸미다/음모), *speak*(연설하다), *talk*(말하다), *chat*(잡담하다), *banter*(조롱하다), *concur*(동의하다), *haggle*(입씨름하다), *negotiate/negotiation*(협상하다/협상), (*dis*)*agree/-ment*((비)동의하다/동의), *row*(노젓다), *argue/argument*(논쟁하다/논쟁), *dispute*(분쟁하다), *wrangle*(논쟁하다/논쟁), *bicker*(말다툼하다)와 같은 의사 소통어(communication words)와 같이 쓰일 때 비슷한 의미를 지닌다. 예를 들어,

(16) They conspired *with* the enemy. (그들은 적과 공모했다.)
(17) They participated *with* us in re-doing the village hall.
(그들은 마을회관을 개조하는 데 우리와 함께 참여했다.)

*With*는 다음과 같은 이유로 이런 단어들과 어울린다.

- 심리적으로 가장 두드러진 의사소통의 예는 서로 가까이에 있는 사람들 사이의 것이다.
- 사람들은 의사소통할 때, 가까운 물리적 거리 이상의 관계를 맺는다. '공동분류'라는 거의 제일 중심적인 의미 때문에, *with*는 의사소통 동사와 특히 잘 어울린다.
- 문맥에 맞는다면, "X is with Y"라는 형태의 서술문과 "Y is with X"라는 형태의 서술문은 주제 초점(topical focus)이 다르기는 하지만 기본적으로 같은 문장이다. 이 교환성은 *with*가 양방적 의사소통을 서술하는 자연스러운 선택이 되게 한다. (즉, X가 Y와 말하면 Y가 X와 말하는 것이다. 그러나 "X talks to Y"는 일방성 의사소통을 서술한다. 왜냐하면 **주어**와 *to*의 **지표**는 근본적으로 교환불가능하기 때문이다.)

3.3 '양방성'에 대한 추가 설명

여기에 **주어**와 **지표** 사이의 양방적 관계를 보여주는 예가 또 하나 있다.

(18) commerce/trade *with* a neighboring country (이웃 국가와의 통상/무역)

*Commerce*와 *trade* 같은 단어의 의미가 (18) 같은 예를 해석하는데 필요한 양방성(two-wayness)에 틀림없이 기여하고 있다. 그러나 *with*를 이런 동사들과 자연스럽게 연어 되게 하는 것은 바로 *with* 자체의 잠재적 양방성(bi-directionality)이다. 확실히, *X is linked/associated/connected with Y*(양방성 강조, X는 Y와 연결되어 있다) 대 *X is associated/linked/connected to Y*(일방성 강조, X는 Y에게 연결되어 있다)의 대조적 의미는 최소한 (18)에서의 *with*의 사용이 동사의 양방성을 보강해준다는 것을 암시한다.

3.4 '불특정 근접성' 의미의 추가적인 은유적 확장

'불특정 근접성' 개념에서 확장된 중요한 은유 의미가 (19)−(21)의 예에 나타나 있다.

(19) The responsibility lies *with* you. (책임은 너한테 있다.)

[주어는 추상적이고, 지표는 물리적이다.]

(20) We're in line *with* our targets. (우리는 우리의 목표를 따른다.)

[개념적 주어('우리의 현재 상황')는 추상적이고, 지표도 꽤 추상적이다.]

(21) What is it *with* that fan?! (그 팬은 도대체 뭐가 문제야?)

[*Twelve Angry Men*, 주어 'it'은 기술적 문제이다.]

관련되어 있는 **주어**와 **지표**는 그 구체성, 추상성 정도에 따라 매우 다양하여 그 해석이 다음과 같은 범위에 이른다.

- (22) 같이, 상대적으로 덜 확장된 의미, '－가 있을 때(in the presence of)'/'－의 경우에(in the case of)'

(22) *With* these prisoners, we need to be ultra vigilant.
(이 죄수들하고는 우리가 극도로 경계해야 한다.)

- (23)의 확장된 의미 '고려할 때(given)'. 이 의미는 특히 **지표**에 의해 언급된 상황이 이미 존재할 때 나타난다.

(23) *With/Given* all his experience, you'd expect him to have done better in life.
(그의 경험을 보면, 당신은 그가 인생에서 더 잘 되었어야 한다고 기대하겠지.)

- (24) 같이, 더욱 추상적인 의미, '－의 경우에(in the case of)'. 이 의미는 **지표**가 아직 일어나지 않은 일을 나타낼 때 존재하게 된다.

(24) *With/In the case of* problem of this sort, you'll probably need to go back to the beginning and start over again.
(이런 종류의 문제의 경우에는 아마 처음으로 되돌아가서 다시 시작할 필요가 있을 거야.)

*With*가 (22)－(24)에서 보듯이 밀접하게 연결된 의미 중 하나를 나타낼 때, *with* + **지표**는 중의성(ambiguity)을 피하기 위해 문장 처음에 놓이는 경향이 있다. 예를 들어, (25)는 세 가지 다른 해석을 가진다.

(25) What are we going to do *with* all this money?
(이 돈 전부를 가지고 어떻게 해야 할까?)

1. '우리가 이 돈 전부를 물리적으로 어디에 둘 수 있을까?' 또는 은유적으로, '돈을 어떻게 분류하고 그걸 바탕으로 어떤 조치를 취할까?' (위의 (1) 참고)
2. '우리가 돈이 있다면, 뭘 할까?' (위의 (22) 참고)
3. '뭘 하는데 그 돈을 쓸 수 있을까?' (아래의 (33)－(34) 참고)

그러나 문맥에서 다른 해석이 제외되면 전치사구가 끝에 올 수 있다.

(26) We're not like them. It's different *with* us [= 'in our case'].
(우리는 그들과 달라요. 그것은 우리 경우에 다르잖아요.)

*With*는 종종 *(dis)satisfied*((불)만족한), *satisfaction*((불)만족), *(un)happy* ((불)행(복)한), *(un)happiness*((불)행(복)), *(dis)pleased*((안)기쁜), *(dis)contented* ((불)만족한), *(im)patient*(참을성 있는(없는)), *(im)patience*((비)인내), *frust- rated*(답답한), *frustration* (좌절), *fed up*(질린) 같은 감정표현어와 같이 쓰인다.

(27) She tends to get impatient *with* her students.
(그녀는 학생들한테 참을성이 없는 편이다.)

그런 경우에는 **지표**가 **주어**를 대면하고 있는 상황이라는 함축의미가 있다. 이것은 **주어**와 **지표**가 서로 물리적으로 가까이 있든지 아니면 **지표**가 추상적인 것이든지 상관없이 사실이다. 어떤 경우든지, **주어**가 상황에 대해 어떻게 느끼는지 알게 된다.

(28) She's pleased *with* her new hair-do.
(그녀는 새로운 머리스타일에 만족한다.) [물리적으로 가까움]

(29) She's pleased *with* her new car.
(그녀는 새 차에 만족한다.) [때때로 물리적으로 가까움]

(30) I'm not happy *with* that possibility.
(나는 그 가능성이 마음에 들지 않는다.) [은유적으로 가까움]

(31)에서도 **지표**는 **주어**를 대면하고 있는 상황을 나타낸다. 즉, 이 특별한 제안의 전제는 '당신은 문제가 있는 사람이다'라는 것이다. 이것은 *that*이 식료품 봉투이든지 세법에 관한 문제이든지 상관없다.

(31) Shall I help you *with* that? (제가 그것을 도와드릴까요?)

3.5 다양한 추상적 결합을 나타내는 *with*

3.5.1 시간의 근접성

예문 (32)는 두 가지 행위, 즉 손을 흔들고 돌아서는 행위를 언급하고 둘 사이의 시간 순서를 표시한다.

(32) Ann waved and, *with* that, boarded the ship.
(앤은 손을 흔들었다. 그리고는 배에 올라탔다.)

대명사 *that*은 손을 흔드는 것을 표시한다. *With that*은 '손을 흔드는 것과 시간적으로 가깝게, 또는 손을 흔드는 것을 뒤따라서' 정도의 뜻이다. 필자가 "...정도"라고 한 이유는 *near*와는 달리 *with*는 **주어**와 **지표**가 접촉하거나 또는 이 문맥에서는 (거의) 동시에 일어날 수 있는 가능성을 배제하지 않기 때문이다.

우리가 두 번째 절에 있는 구절들을 중립적 어순으로 배열한다면, 결과는 *[Ann] boarded the ship with waving*, 즉 '앤이 손을 흔들면서 배에 탔다(Ann carried the act of waving onto the ship)'라는 해석을 배제하므로 (32)의 기본 의미는 배에 타는 행위가 손을 흔드는 행위와 같이(with) (즉, 가까이 또는 닿게) 있다는 뜻이다. 간단히 말해서, 그 두 행위는 거의 동시에 일어나는 것으로 기술된다. (32)의 어순은 언급된 행위가 일어난 시간 순서—즉, 1. she waved, 2. she boarded—를 그대로 반영하는 이점이 있다.

3.5.2 지표가 도구일 때, *with* 대 *by*

(33)에서 **주어**('grasp it')는 행위이고 **지표**('pliers')는 특별한 결과가 일어나게끔 하는 도구이다.

(33) Grasp it *with* pliers. (펜치로 그것을 잡아라.)

(34)에서는 **지표**가 어떤 결과가 일어나게끔 하는 물질이다.

(34) Seal the envelope *with* glue. (봉투를 풀로 붙여라.)

리모컨 장치가 발명되기 전에는 어떤 도구나 물질이 어떤 목적을 위한 수단으로 쓰이려면 문자 그대로 사람이 흔히 도구나 물질과 함께(with) 있어야 했다.

당연히 그런 구문에서 *with*의 의미는 매우 추상적이다—너무 추상적이어서 (35) 같은 문맥에서는 생략될 수 있다.

(35) The scissors are not suitable for cutting paper (*with*).
(그 가위는 종이 자르는 데 적합하지 않다.)

(특히 *of*의 '의미 없는(empty)' 동격 용법도 생략될 수 있다는 사실을 주목하라—예 *go by the name (of) Bill*(빌이라는 이름으로 통하다).)

By(근접을 나타내는 또 하나의 전치사)는 **주어**(예 break it)가 **일반적인** 결과적 행동이고 **지표**(예 jumping on it)가 **특정한** 결과적 행동일 때 쓰인다.

(38) Break it *by* jumping on it. (위에 그 위에 올라가 뛰어서 부숴라.)

3.5.3 지표가 양태일 때

또 하나의 은유적 확장인 '불특정 근접성' 개념이 (39)와 (40)에 나타난다. (40)에서는 특히 추상적 특성이 마치 부속물(accessory)인 것처럼 표현된다.

(39) He spoke *with* a lisp. (그는 혀 짧은 소리로 말했다.)

(40) She writes *with* great clarity. (그녀는 매우 명료하게 글을 쓴다.)

3.5.4 **지표**가 **재료**일 때, *with* 대 *from*과 *out of*

재료는 섞여있는 다른 재료와 문자 그대로 같이 있다. 따라서 *with*가 재료 **지표**와 같이 쓰인다는 것을 발견하는 것은 놀라운 일이 아니다. 사실, *with*는 음식 가공 회사들이 좋아하는 단어일 것 같다. 왜냐하면 이 회사들은 재료들이 포장되기 전에 많은 변화를 겪지 **않았다는** 것을 암시하거나 강조하고 싶어 하기 때문이다. 재료가 심각한 변화를 겪을 때는 *from*과 *out of*가 경로 전치사이므로 더욱 적절하다.

(41) Some bread is made *with* unmilled flour.
(어떤 빵은 제분되지 않는 밀가루로 만들어진다.)

(42) Linoleum is made *from/out of* linseed.
(리놀륨은 아마씨로 만들어진다.)

3.5.5 **지표**가 **원인**일 때, *with* 대 *from*

*With*는 원인(cause)을 나타내는 **지표** 앞에, 특히 그 원인이 오래 지속될 때 (그래서 **주어**를 맞닥뜨리는 상황이 될 때) 쓰이는 것 같다.

(43) [Result:] They cried out *with* [Cause:] delight.
(그들은 [원인:] 기쁨에 [결과:] 소리쳤다.)

*With*가 지속적인 원인을 나타내는 데 쓰이는 특히 좋은 예는 전립선암과 50세 이후의 남성에 대해 사람들이 말하는 것이다.

(44) If they don't die *from* it, they die *with* it.
(그들이 그것 때문에 죽지 않는다면, 그것과 함께 죽을 거예요.)

즉, 암이 진행되는데 시간이 아주 오래 걸리기 때문에, 남자들이 종종 (겉으로 보기에) 그 암이 치명적이 되기 전에 다른 원인으로 사망하기 때문이다. (45)의 예문에서, '원인(cause)'과 '지속적인 존재(abiding presence)'라는 개념이 결합하여 '지속적인 원인(abiding cause)'이라는 개념을 만들어낸다.

(45) I almost died *with* excitement.

(나는 너무 흥분한 나머지 죽을 뻔 했다.)

[Martha Graham이 현대 회화를 처음 봤을 때를 회고하며]

From 대신에 *with*를 사용함으로써 흥분이 지속되었고 그래서 더욱 더 영향을 미쳤다는 것을 암시하는 방법이 되었다.

(46) They were just dumbfounded *with* my case.
(그들은 내 경우에 대해 황당해 할 뿐이었다.)

[치유된 암 환자 (U.S.), *Channel 4 News* (U.K.), 18.8.95]

원인의 **지표**들에 나타나는 미묘한 의미 차이에 대해서는 23/8장을 참고하라.

3.5.6 '경쟁'어와 함께 쓰는 *with*, *with* 대 *against*

요즘은 *with*와 *against*는 반의어이다(예 *sail with* 대 *against the wind*(바람을 타고/거슬러 항해하다)). 그러나 위의 1절에서 언급하였듯이, *with*는 사실 'against'라는 뜻으로 쓰였었다. 이 예전의 *with*는 현대의 *against*처럼 '직접적으로 접촉하여'라는 의미를 함의한다(*OED* 참고). 의미 변화의 한 단계는 **지표**를 향한 힘(force)이라는 개념이 떨어져 나갔다는 것이다. 또 다른 단계의 의미 변화는 '접촉'이라는 개념이 '근접(near) +/− 접촉'이라는 개념으로 확장되었다는 것이다.

*With*의 옛 의미는 *with*가 현대적 의미와 아무 관계가 없는 표현에 남아있다는 데서 그 흔적을 찾아볼 수 있다.

(47) *with*stand(저항하다) = 'stand *against*(맞서다)', *with*hold(억누르다) = 'resist someone's desire to have something(뭔가를 갖고자 하는 욕망에 저항하다)', *with*draw(빼다, 물리다) = 'move or take some- thing in the opposite direction, move or take out(뭔가를 반대방향으로/밖으로 움직이거나 가져가다)'

(48)의 예도 이러한 with의 예전 의미를 포함한다. (49)의 예도 그런 것 같다.

(48) fight/compete *with* someone = 'fight/compete *against* someone'(와/대항해 싸우다/경쟁하다)

(49) They died when their Mini-Metro crashed head on *with* a van.
(그들은 그들의 미니 메트로 차가 승합차를 정면으로 들이받으면서 사망했다.)

[1.3.96, BBC2 *3PM News*]

다음의 예문은 첫눈에는 거의 같은 뜻을 나타내는 것 같은 한 쌍의 문장으로, *with*와 *against*의 의미 차이를 좀더 명확하게 보여준다.

(50) Jane always competed *against* her sister.
(제인은 항상 언니(여동생)에 대항해 경쟁했다.)

(50[1]) Jane always competed *with* her sister.
(제인은 항상 언니(여동생)와 경쟁했다.)

그러므로 (50)에서는 *against*가 **주어** 제인을 적극적인 참여자로 기술한다. 그녀의 언니(여동생)는 경쟁에 수동적으로만 참여했을지도 모른다. 반면, *with*는 두 자매가 다 경쟁에 적극적으로 참여했을 가능성이 높다는 것을 말해준다. 이것은 *with*의 잠재적 양방성을 나타내는 것이다.

4. 문자적 '근접성'과 은유적 '근접성'을 나타내는 *with*에 대한 마지막 고찰

*With*는 몇몇의 동사구에 나타난다. 예를 들어.

(51) Let's try to catch up *with* them. (그들을 따라잡도록 노력하자.)

여기에서, *them*이 한 무리의 걷는 사람들을 지칭한다면 *with*는 '불특정 근접성'이라는 문자 그대로의 의미를 가진다. 다시 말해, 만일 당신이 어떤 사람을 따라잡으려 한다면 최종 결과는 당신이 그 사람과 **같이**(with) 있게 된다. 혹은, 예문 (51)이 어떤 게임에서 라이벌에 관한 것이라면 *with*는 은유적인 '근접성'을 나타낼 것이다.

5. *Without*

5.1 문자적 *without*

앞에서 보았듯이, *without*은 '부착(attachment)', '소속(belonging)', '동반(accompaniment)', '포함(containing)'과 관련해서 *with*의 반의어이다. 그러므로 우리는 다음과 같이 말할 수 있다.

(52) He has a house *without/with* a chimney.
(그는 굴뚝이 없는/있는 집을 가지고 있다.)

(53) They're looking for a man *without/with* a tattoo.
(그들은 문신이 없는/있는 남자를 찾고 있다.)

(54) He won't live in a house *without/with* a swimming pool.
(그는 수영장이 없는/있는 집에는 살지 않을 것이다.)

(55) Is there anyone here *without/with* a BMW?!
(여기 BMW차 없는/있는 사람 있어요?!)

(56) Jane arrived *without/with* John. (제인은 존 없이/과 함께 도착했다.)

(57) Amazing, here's a drawer *without* any/*with* some of your stuff in it!
(놀랍다, 여기 네 물건이 없는/있는 서랍이 있네!)

(*Without*이 'out'이라는 뜻으로 쓰였었기 때문에, *We're out of money*(우리는 돈이 없다)처럼 *out*이 소유하지 않다는 의미로 쓰인 표현이 있다는 것이 우연이 아닐 것이다(22장 참고, *out of (be/run out of)*).

5.2 은유적 *without*

*Without*은 종종 행동을 지칭하는 지표와 같이 쓰인다.

(58) Jane came in *without* knocking.
(제인은 노크하지 않고 들어왔다.) [without a ticket]

다시 말해, '제인이 들어온 것은 노크를 동반하지 않았다.'

5.3 *Within*의 반의어로서의 *without*

아직도 가끔 *within or without*이나 *within and without*(안에서나 밖에서나), 즉, *inside or/and out* 등의 표현을 만나게 된다.

(59) There was no one who could help, *within or without* the organization.
(조직 안팎에서 도와줄 사람이 없었다.)

*With*의 옛 의미(against)는 '향하여(toward)'라는 개념을 쉽게 암시한다. 만일 당신이 어떤 물체에 반해(against) 기대고 있다면, 당신의 그 물체를 향해(toward) 기대고 있는 것이다. 만일 당신이 물 흐름에 거슬러(against) 수영한다면, 그 출처를 향해(toward) 수영하는 것이다. 그래서 *without/within*은 '바깥이나 안을 향하여(toward the outside/inside)', 그래서 결국 '바깥으로/안으로(outside/inside)'라는 것을 의미했다.

6. *Together*

6.1 *Together*: 의미와 통사구조, *together* 대 *with*

Together(-*gether*는 *gather*와 관련이 있다)는 *with*보다 훨씬 덜 복잡한 단어이다. 문법적으로 *together*는 **지표** 바로 앞에 오지 않으므로 전치사가 전혀 아니다. 의미상으로 *together*는 시간과 장소 상에서 **주어**와 **지표**사이의 관계가 아니라 두 개 혹은 그 이상의 **주어** 사이의 가까운 관계를 표현한다. 종종 *together*는 *with*가 '동반'을 의미할 때 *with*의 대체어로 쓰인다.

(60) Jane arrived *with* John. (제인이 존과 함께 도착했다.) [주어/동사/with/지표]

(61) Jane and John arrived *together*. (제인과 존이 함께 도착했다.) [주어 + 주어/동사/together]

*Together*는 (*with*와는 달리) **주어**와 **지표**를 문장의 다른 부분에 두지 않을 수 있다는 사실 때문에 한쪽을 희생해서 다른 쪽을 강조하는 목적으로 쓸 수 없다. 예를 들어, (61)에서는 (60)에서보다 제인에 강조가 두드러지지 않는다.

6.2 강조어로서의 *together*

*Together*는 *with*의 동반적 의미를 강조하는 데 사용될 수 있다.

(62) Jane arrived *together with* John. (제인이 존과 함께 도착했다.)

*Together*는 이해하기 쉽게 자주 은유적으로 쓰인다.

(63) You can't put these two contradictory assumptions *together*.
(이 두 모순적인 가정을 동시에 상정할 수는 없다.)

(64) This assumption, taken *together with* that one, enables us to make sense of almost all the data.
(이 가정은, 저 가정과 함께 고려하면, 거의 모든 데이터를 이해하게 해 준다.)

7. *Apart* (*from*)

*Apart*는 *together*의 반의어이다.

(65) Are they still living *together*? I heard they were living *apart*.
(그 사람들 아직도 같이 살아? 나는 따로 산다고 들었는데.)

8. 시간

*Together*는 시간 주어와는 거의 같이 사용되지 않는다. *With*, *without*, *apart*는 시간에 대해 말할 때 사용되는데, ((66)−(67)에서처럼) 시간이 마치 운반할 수 있는 물건 같은 단위나 ((68)에서처럼) 측정할 수 있는 간격으로 분리해 생각될 때 사용된다.

(66) He arrived *with* a minute to spare.
(그는 1분 남겨 놓고 도착했다.) [즉, 마감시간 1분 전에]

(67) He arrived *without* a minute to spare.
(그는 1분도 남겨 놓지 않고 도착했다.) [즉, 마감시간에 또는 마감시간이 다 돼서]

(68) We had two meetings, a week *apart*.
(우리는 일주일을 두고 회의를 두 번 했다.)

(69) He'll forget about his blunder *with* (the passage of) time.
(그는 시간이 지나면 그의 과실을 잊게 될 것이다.) [즉, (충분한) 시간이 지난 후]

여기에서 *with*는 *drift/swim/row* ***with*** [= 'accompanying'] *the tide/current*(조류를 따라 떠가다/수영하다/노를 젓다)나 *go* ***with*** *the flow*(흐름에 편승해 가다)와 같은 표현에 나타나는 의미와 관련된 의미를 지니는 것 같다. 덧붙여서, (69)에서의 *with*의 사용은 시간이 흘러가는 것을 측정하면 그 양이 점점 커져서 충분한 양이 되면('with') 잊는 게 가능해진다는 개념에서 도출된 듯하다.

(69)에서 *the passage of*가 빠지면 *over*가 흔한 대체어로 사용될 수 있다.

*With*의 시간과 관련된 또 하나의 용법은 위에서 (3.5.1) 검토되었다.

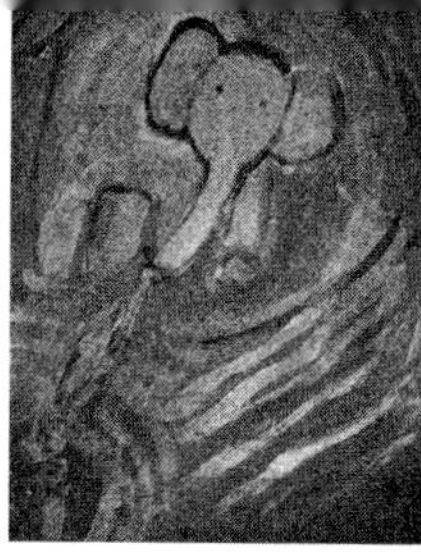

Chapter 20 *For* 대 *to, of*

1. 개요

Of 다음으로는, *for*가 가장 정의하기 어려운 전치사이다.

- *For*는 공간 관계를 기술하지 않는다.
- *For*가 묘사적으로 쓰이는 것은 작은 범위에 한정되어 있고 소수의 의미에 국한되어 있다.
- 다양한 용법 사이의 의미 관계는 파악하기 어려울 때도 있다.

그러나 *for*에게도 '가장 좋은 예'일 것 같은 한 가지 의미가 있는데 (1)과 같은 경우이다.

(1) This piece of cake is *for* Jane. (이 케이크는 제인을 위한 것이다.)

여기에서 *for*의 기능은 **주어**의 소유주를 표시하는 것이다 — 즉, 사용하거나 소비하거나 소유할 목적으로 **주어**를 **지표**에 배정하는 것이다. 다시 말하면, *for*는 **지표**를 궁극적인 사용자/소비자/소유자로 지정하는 것이다. 그러므로 (1)에서 어떤 것의 조각이 제인의 소유로 지정된 것이다' 제인의 것으로 의도되었다는 뜻이다. (1)에서 *for*는 **주어**가 **지표**로 이동하는지 아니면 **지표**가 **주어**로 이동하는지(제인이 케이크를 가지러 올 때의 경우)에 대해서는 중립적이다. 사실, 제인에게 케이크 조각이 건네지거나 보내지지 않을 수도 있다; 아니면 어떤 이유에서든지 케이크를 가지려고 움직이지 않을 수도 있다.

*For*는 *responsible*(책임 있는), *responsibility*(책임), *blame*(비난하다), *set aside*(제쳐

두다), *destined*(운명인), *allocate*(배정하다), *claim*(주장하다), *ear mark*(소유표시하다)과 같은 단어 뒤에 쓰이거나 *leave something... someone*(…에게 …를 남겨두다)과 같은 표현에 사용되어 위에 말한 바와 같은 소유표시(ear-marking)의 의미를 나타낸다. 몇 가지 예만 들자면, (2)에서는 어떤 일이 댄의 것으로 정해졌다거나 댄에게 배정되었다는 것을 말해준다. (3)에서는, *responsible*이 약간 다른 의미(즉, '…탓이다')로 쓰였다. 그러나 여전히 *for*는 소유표시를 하고 있다 — 이 경우에는 댄에게 책임 소유/소지가 있다(ear-marked for blame)는 것이다.

(2) Dan's responsible *for* getting mail out on time.
(댄이 우편물을 제시간에 내놓는 담당이다.)

(3) Dan's responsible *for* this mess. (이렇게 엉망진창이 된 것은 댄의 책임이다.)

[이 장에서는 (*forswear*에서와 같은) 접두사 *for*-는 다루지 않는다. 접두사 *for*-는 전치사와는 전혀 다른 기원을 가지고 있기 때문이다.]

2. *For* 대 *to*

*For*는 *to*가 표시하는 방식으로 **지표**가 목적지라고 표시하지 않는다. 그러므로 내가 누군가에게 "*This piece is for you*(이 조각은 당신을 위한 거예요)" 말한다면, 어떤 조각이 당신'에게'(at) 닿을 것이라는 것 이상을 말하는 것이다. *Bound*(...향하는)나 *leave*(떠나다)나 *head*(향하다)같은 단어 뒤에 오면 *for*는 **지표**가 목적지라는 것 말고는 별로 나타내는 게 없다는 것도 사실이다. 그러나 (4)–(6)의 예문에서도 *for*는 (*to*와는 달리) 여행의 종점 보다는 방향에 강조를 두고 있다. 여기서 '방향'은 '소유표시'/'배정(allocation)'의 비은유적 대응물이다.

(4) These packets are bound *for* the West. (이 소포들은 서부행이다.)

(5) They left *for* home an hour ago. (그들은 한 시간 전에 집으로 떠났다.)

(6) They're heading straight *for* the pass! (그들은 곧바로 통로로 향했다!)

그러므로 (4)에서 *for*는 어떤 소포들이 서부행으로 소유표시 되어 있고 이 소유표시 — 또는 경로 결정(route-determination) — 가 여행이 시작되기 전에 일어났다는 의미이다.

(5)에서 *leave*라는 동사를 사용하여 화자의 마음에 가장 중요하게 자리잡은 것은 여행의 시작점이지 종점이 아니라는 것을 명확히 보여준다. (5)의 의미에 *for* 자체가 기여하는 것은 '의도'라는 개념이다. 즉, (1)에서 *for*가 제인이 의도된 수령자(recipient)라고 말하고 있는 것처럼, (5)에서는 *for*가 집이 의도된 목적지라는 것을 말하고 있다. (6)에 대

해서도 역시 마찬가지로 말할 수 있다.

3. 소유표시 개념으로부터의 의미 확장

3.1 *For*: 서비스의 배정

서비스도 물건과 마찬가지로 배정될 수 있다.

(7) Could you carry this *for* me? (나를 위해 이것 좀 날라 주시겠어요?)

3.2 *For*: 감정의 배정

*For*는 *love*(사랑), *pity*(연민), *care*(보살핌), *contempt*(경멸), *disdain*(멸시), *hatred*(증오), *loathing*(혐오), *sorry*(미안한)와 같이 몇몇 '감정'을 나타내는 단어 다음에 쓰여서, 그 관련된 감정이 누구에게 또는 무엇에게 배정되는지를 보여준다.

(8) I really feel sorry *for* that guy. (나는 그 남자가 정말 안 됐다.)

3.3 '대응'을 나타내는 *for*

소유표시 개념이 미세하게 변형된 것으로 '대응(correspondence)' 개념이 있다. 다시 말하면, *for*는 **주어**와 **지표**가 어떤 의미로 들어맞는다는 것을 나타낸다. 여기에서는 **지표**가 수령자라는 암시가 위의 예문에서보다 적다.

(9) This is the shoe *for* that foot.
(이것은 저 발에 맞는 신발이다.) [일대일 소유표시]

(10) What's the word *for* cow in German?
(독일어로 '소'에 해당하는 단어가 뭐예요?) [대응자 짝짓기]

3.4 *For*: 결과를 이유에 연결시키기

*For*의 주요 기능 중 하나는 상황이나 행위를 이유에 연결시키는 것이다. 그런 경우에는 *on account of, because of, on the grounds of*(−이유로, −때문에, −근거로) 등으로 대체할 수 있다.

표 20.1

결과	←	이유
Bohemia is justly famous (보헤미아는 당연히 유명하다)		beer. (맥주)
He apologized (그가 사과했다)		being late. (지각한 것)
She was scolded (그녀가 야단맞았다)		being noisy (시끄러운 것)
He has a reputation (그는 평판을 가지고 있다)		doing nothing. (아무것도 하지 않는 것)
She gave me a present (그녀가 나에게 선물을 주었다)		my birthday. (내 생일)
I couldn't speak (나는 변명할 수 없다)	***for***	laughing. (웃은 것)
The show was cancelled (그 쇼는 취소되었다)		lack of interest. (관심의 결여)
They say they'll do it (그들은 그것을 할 거라고 말했다)		our sake. (우리)
I went out (나는 나갔다)		a newspaper. (신문)
We left happy (우리는 행복하게 떠났다)		we'd gotten our money's worth. (우리 돈 가치에 해당하는 것을 얻음)

(*She gave him a present **on** his birthday*는 *She gave him a present **for** his birthday*와 같은 뜻이 아니다. 앞 문장은 선물이 실제로 전달된 날을 말하는 것이고, 뒷 문장은 그렇지 않다. 오히려 *for*는 선물이 소유 표시된 이유를 말할 뿐 선물은 그의 생일 전이나 후에 전달될 수 있는 가능성을 열어두고 있다.)

3.5 *For*: 이유를 결과에 연결시키기; *for* 대 *of*

*For*는 결과(**주어**)를 이유(**지표**)에 연결시키는데도 사용된다. *Reason*(이유)라는 단어는, 평상시 영어에서 (또한 여기에서) 사용되듯이 의미가 매우 광범위하다. 예를 들어, 이유는 '원인'이나 '목적'이나 '동기'를 의미할 수 있다.

아래 예문에서 흥미로운 것은 결과와 이유의 순서인데, 표 20/1에서 본 것과는 정반대이다. 또한 주목할 점은 때때로 *grounds*(근거), *cause*(원인), *evidence*(증거), *reason*(이유) 같은 단어가 *for*의 지정된 **주어**로 보인다는 것이다.

표 20.2

이유/필수조건	→	결과
Adultery is grounds (간통은 근거이다)	for	divorce. (이혼)
He had good cause (그는 명분이 있었다)		his actions. (그의 행위)
To have status was his reason (지위를 얻는 것이 이유였다)		becoming a doctor. (의사가 되는 것)
This bow makes (이 인사는 되겠다)		a very nice playing style. (아주 좋은 공연 스타일)

*Of*와 *for*가 둘 다 가능한 곳에서는, *for*가 '소유표시'라는 강한 핵심의미 때문에 훨씬 더 강조적으로 쓰인다. 반면에 *of*는 강한 핵심의미가 없다.

아래 (11)에서 (모든 전치사 중에서 가장 추상적인) *of*는 *below freezing temperatures evidence*라는 어색한 명사구를 피하기 위해 *evidence*와 *below freezing temperatures*를 단순히 연결해 줄 뿐이다. (12)에서 *for*는 증거가 주장을 뒷받침하도록 구체적으로 소유표시 되었거나 뒷받침하는데 적합하다는 개념을 확실하게 전해준다.

(11) Frost is evidence *of* below freezing temperatures.
(서리는 온도가 영하라는 증거이다.)

(12) Do you have any evidence *for* that outrageous assertion?
(그 말도 안 되는 주장에 대한 증거라도 있습니까?)

이런 패턴이 보통 나타나는 곳에서 *for*의 **지표는 희망하는** 결과이다. 이것은 다음과 같은 곳에서 보인다.

- 다음과 같은 명사 뒤에서: *design*(디자인), *proposal*(제안), *scheme*(계획), *project*(프로젝트); *request*(요구), *plea*(탄원), *vote*(투표), *petition*(청원), *application*(지원), *claim*(청구), *demand*(수요), *majority*(대다수), *evidence* (증거), *argument*(주장), *case*(경우); *candidate*(후보), *contender*(경쟁자), *competition*(경쟁), *contest*(경연), *fight*(싸움), *campaign*(캠페인), *struggle*(고투), *battle*(전투); *have an eye/talent/knack/gift/genius/bent/predilection/desire/wish/hankering/longing*(안목/재능/요령/재능/천재성/경향/편애/욕망/소망/동경/갈망을 갖다)
- 다음과 같은 명사 앞에서: *sale*(판매), *hire*(채용), *lease*(임대), *cash*(현금), *use*(사

용), *details*(세부사항), *information*(정보)

- 다음과 같은 동사 뒤에서: *ask*(요청하다), *beg*(애원하다), *plead*(탄원하다), *petition*(청원하다), *vote*(투표하다), *apply*(지원하다), *look*(찾다), *search*(찾다), *wish*(희망하다), *long*(바라다), *yearn*(갈망하다), *pine*(연모하다); *opt*(선택하다), *watch*(보다), *wait*(기다리다); *aim*(겨냥하다), *plan*(계획하다), *arrange*(조정하다), *scheme*(꾀하다), *plot*(도모하다), *fight*(싸우다), *struggle*(분투하다), *strive*(애쓰다), *battle*(전투하다), *campaign*(캠페인을 벌이다), *contend*(경쟁하다), *compete*(경쟁하다), *play*(경기하다); *argue*(주장하다), *sell*(팔다, 예 *sell a car for £X*(차를 X파운드 받고 팔다), *rent (out)*(세를 놓다), *hire (out)*(채용하다), *lease (out)*(임대하다), *let*(세를 놓다), *be*(예 *be a candidate for*…의 후보가 되다)
- 다음과 같은 형용사 뒤에서: *(un)fit*(알맞(지않)은), *(un)suitable*((부)적절한), *set*(정해진), *bound*(…하게 된), *(un)ready*(준비(안)된), *(un)prepared* (준비(안)된)
- **지표**가 희망되는 결과일 때, *for*는 예를 들어 *enough/plenty/too little for our purposes*(우리 목적에 충분하다/넘치다/부족하다)에서와 같이 수량 표현 다음에 온다.

3.6 '기능'을 나타내는 *for* 대 '목적'을 나타내는 *to*

*For*는 **주어**가 물체이고 **지표**가 그것의 기능(function)일 때 사용된다.

(13) Chairs are *for* sit*ting* in. (의자는 앉으라고 있는 것이다.)

*For*의 이 용법은 **지표**가 희망하는 결과라는 것을 나타내는 용법과 밀접하게 연관되어 있다.

주어가 감각을 느낄 수 있는 객체이고 **지표**가 기능이 아닌 목적(purpose)이면 *to*가 대신 쓰인다.

(14) I sat down *to* rest. (나는 쉬기 위해 앉았다.)

(15)와 같은 예문은 이 '감각을 느낄 수 있는 **주어**(sentient Subject)' 규칙에 분명 예외로 보인다.

(15) Here is a chair *to* stand/**for standing* on.
(여기에 (위에) 설 수 있는 의자가 있다.)

그러나 (15)는 단지 다음 문장을 짧게 말하는 것과 같다.

(15[1]) Here is a chair *for you* to stand on.

(여기에 당신이 (위에) 설 수 있는 의자가 있어요.)

그러므로 (15)에서 **주어**는 결국 감각을 느낄 수 있는 *you*나 마찬가지다. ((15[1])의 *for*는 '소유표시'의 *for*이다.)

3.7 *For* = *as*?

*For*는 가끔 **주어**를 **지표**가 지정하는 범주에 배정하는데 사용된다. 때때로 이 용법은 **주어**와 **지표**가 어떤 면으로는 동급이라는 것을 암시하는 것과 매우 유사하다. 그러므로 그런 경우에는 전형적으로 동급을 나타내는 *as*로 대체하는 것이 가능하다.

(16) Do you take him *for* a fool? (너는 그가 바보라고 생각하니?)

(16[1]) Do you think of/regard him *as* a fool? (너는 그를 바보로 생각하니/간주하니?)

(17) I was almost shot *for* a moose. [1974년경에 British Columbia에서 들음.]

(나는 무스로 오해받아 거의 총에 맞을 뻔 했다.)

(17[1]) I was seen *as* a moose by someone and, because of that, almost shot.

(누가 나를 무스로 봤다. 그 때문에 나는 거의 총에 맞을 뻔 했다.)

(18) He takes her *for* granted. (그는 그녀를 당연한 걸로 생각한다.)

(18[1]) He regards her *as* something granted (to him).

(그는 그녀를 자기에게 주어진 것으로 생각한다.)

[즉, 주어진 것으로, 자기가 애써 얻지 않아도 되는 대상으로]

(19) (Take this) *for* example. ((이것을) 예로 (들어보자).)

(19[1]) Take this *as* an example. (이것을 예로 들어보자.)

3.8 순전히 문법적인 *for*가 있을까?

For...to 패턴은 때때로 '보문소(complementizer)'로 불린다. '보어(complement)'는, 간단히 말해서, 동사 다음에 나오는 문장요소이다. 즉, 문장을 채우거나 '보충해주는' 것이다. (20)에서 보어는 *(for) him (to) meet the deadline*이다.

(20) What I want is *for* him *to* meet the deadline.

(내가 원하는 것은 그가 마감시간을 지키는 것이다.)

*For...to*는 그렇다면 보어 *meet the deadline*을 문장의 '핵(head)'인 *What I want is*와 연결해 주므로 보문소라 불릴 수 있는 것이다.

(21)에서 *for*가 원형적인 소유표시 의미가 있다고 가정해 보자.

(21) That is *for* you *to* decide. (그것은 네가 결정할 일이다.)

여기에서 배정되는 것은 다음에서처럼 결정하는 행위이다.

(21[1]) That decision is *for* you. (그 결정은 당신 것입니다.)

(20)을 다시 보자면

(20) What I want is *for* him *to* meet the deadline.
(내가 원하는 것은 그가 마감시간을 지키는 것이다.)

여기에서 배정되는 것은 다음과 같이 마감시간을 지키는 행위이다: 보통의 전치사구 같은 어순이라면 보어는 다음과 같이 될 것이다.

주어:	전치사:	**지표:**
meeting the deadline [is]	*for*	him

여기까지는 설명이 잘 되는 것 같다. 그러나 (20)에서 **주어**(*meet the deadline*)는 왜 **지표**(*him*) **다음에** 오는가? 답의 일부는 '부정사 to'에 대해 논하는 21/3.1에서 주어진다. **주어**가 **지표 앞에** 온다면, 문장은 아주 다른 의미를 갖는다는 게 답의 다른 일부가 된다.

(20[1]) What I want is *to* meet the deadline *for* him.
(내가 원하는 것은 그를 위해서 마감시간을 지키는 것이다.)

다시 말해,

- 한 절의 문법적 주어가 동사와 보어 앞에 나오는 것이 영어에서 기본적인 경향이다.
- 이것은 (20)에서의 문장요소들의 어순을 설명해준다. 즉, *him*은 두 번째로 오는 *meet*의 문법적 주어이기 때문에 첫 번째로 나온다. *Meet* 다음에는 보어 *the deadline*이 온다.
- 반면에, 전치사의 **주어**가 그것의 **지표**보다 앞에 나오는 경향은 위에서 보았듯이 예외 없는 규칙(iron rule)과는 거리가 멀다(2/1.4－1.5를 참고하라).

그러나 (22) 같은 문장은 최소한 (20), (21)만큼 (8)과 의미적으로 공통점이 있다.

(22) It's difficult/hard/unusual (etc.) *for* me *to* cook a decent pancake.
(내가 팬케이크를 괜찮게 굽는 것은 어려운/힘든/의외의(등) 일이다.)

4. *For*와 '혜택'과 '지지' 개념

아래의 (23)−(25) 같은 예문은 '혜택(benefit)'이라는 개념이 *for*의 전반적인 의미에 함축되어 있다는 증거이다.

(23) I did it *for* him. (나는 그를 위해서 그것을 했다.)
(24) This compost is *for* roses. (이 퇴비는 장미를 위한 것이다.)
(25) The Charter of the United Nations, which you are now signing, is a solid structure upon which we can build *for* a better world.
(지금 당신들이 서명하는 유엔 헌장은 우리가 더 나은 세상을 만들기 위한 단단한 기초가 될 것입니다.) [Harry Truman, San Francisco, April 1945]

그러나 예문 (26)은 '혜택'이 *for*의 의미 중 필수적인 부분이라는 주장을 명백히 반박하는 증거로 보인다.

(26) Smoking is bad *for* you. (흡연은 당신에게 나쁘다.)

한 가지 대안적인 견해는 '혜택'이라는 개념이 *for* 자체의 의미자질이 아니라 *for*를 사용하는 특정한 상황에서 유추되는 것이라는 것이다. 이 급진적인 견해를 반박하는 사실로는 *for*가 지표가 이유(reason), 희망하는 결과(desired end), 또는 기능(function)이라는 것을 표시하는데 사용된다는 것이다. 왜냐하면 이 모든 것이 '혜택'이라는 개념과 매우 유사한 것처럼 보이기 때문이다. 더욱 확실한 것은 *good*이나 *bad* 같은 유도적인 단어가 들어있지 않은 (27)과 같은 문장이 (개연성이 적긴 하지만) 데일이 로빈에게 소유표시되었거나 데일이 (은유적으로) 로빈을 어떤 식으로든 지지한다는 것을 표시한다는 점이다. (로빈이 관직에 출마하는 경우라든지.)

(27) Dale is *for* Robin. (데일은 로빈을 지지한다.)

지지(support)라는 것은 일종의 혜택이므로 '혜택'이 *for*의 최소한 유사중심적인 (near-central) 잠재 의미라는 결론이 정당화될 수 있겠다.

5. 불량한 용법?

5.1 '거리'를 나타내는 *for*

(27)에서 *for*는 소유표시와 아무런 관련이 없어 보인다.

(27) The forest used to stretch/We walked *for* miles.
(그 숲은 몇 마일이나 뻗어있었다/우리는 몇 마일이나 걸었다.)

반면 '배정' 개념이 (28)−(30)에 상당히 표면화되어 보인다.

(28) There's space/room *for* two more chairs in this room.
(이 방에 의자 두 개를 더 놓을 공간이/여유가 있다.)

(29) There's enough pasture *for* one horse.
(말 한 마리를 먹일 충분한 목초지가 있다.)

(30) There's enough wire *for* one fence.
(울타리 하나를 칠 수 있는 충분한 철조망이 있다.)

(28)−(30)의 어떤 문장의 주어도 선모양 단위를 나타내는 어휘(linear unit word)가 아니다. 예를 들면

(30^1) ?We have enough feet/yards/meters **for** a wire fence.
(?철조망을 칠 수 있는 충분한 피트/야드/미터(길이)의 철사가 있다.)

5.2 주장을 한정하는 *for*

또 다른 불량 의미는 (31)−(33)의 예문에 나타나는데 여기에서는 *for*가 자기와 자기의 지표가 속해있는 주장을 '제한하거나(hedge)' 한정한다. 그러므로 (31)은 '그녀가 자기 나이의 다른 아이들에 비해서는 연주를 잘 한다는 것이지 자기보다 나이가 많은 사람들과 비교해서는 모르겠다'는 뜻이다.

(31) She plays the violin well *for* her age.
(그녀는 자기 나이에 비해 바이올린을 잘 연주한다.)

(32) Ben Nevis is a high mountain, *for* Britain.
(벤 네비스는 영국에 있는 것 치고는 높은 산이다.)

(33)이 (31)이나 (32)에 정확히 어떻게 연관되는지 명확하지 않다; *for all I care*는 그러

나 주장을 한정한다(qualify).

(33) You can stay forever, *for* all I care.
(당신이 영원히 머물러도 좋아요. 나는 상관없어요.)

5.3 고정구에서의 *for*

아래의 보기 (34)는 (for = 'as'인) 위의 (16)−(19)와 관련되어 있다. 즉, *for my part*는 '[이 일에 있어] 나로서는(as my part [in this affair])'이라는 뜻일 것이다.

(34) *For* my part, I'll give it a try.
(나로서는, 한번 시도해 볼 것이다.)

그러나 (35)−(37)은 위에서 본 어떤 의미와도 명확히 연결되는 것 같지 않다.

(35) She looked *for* all the world like a queen.
(그녀는 진짜 여왕 같았다.)
(36) We'll manage to do it this time *for* sure.
(우리가 이번에는 확실히 그것을 해 낼 것이다.)
(37) Are you *for* real?
(너 정말이야?)

(35)에서 *for all the world*는 'anyone would think(누구든 그렇게 생각할 것이다)', 'to all the world(누구에게나)' 정도의 의미이고 프랑스어의 *pour tout le monde* (= 'for everyone')이라는 표현에서 기원한다.

6. 시간

6.1 시간의 길이

아래 (38)에서 *for*의 용법은 *We walked **for** miles*에서 *miles*가 여행한 거리를 나타내는 데서 보이는 용법과 연관이 있다. (38)에서는 그러나 단위가 공간이 아니라 시간이다.

(38) Let's stay here *for* a week/the summer/ever/good.
(여기에 일주일동안/여름동안/영원히 머물자.)

의심할 여지없이, (38)에 나타난 *for*의 용법에 연관된 것이 (39)에서 보이는 용법이다. 여기서는 *for*가 의미적으로 완전히 추상적으로서, 지표가 시간 길이라는 것을 의미할 뿐이다.

(39) Last night's performance of that play was the first *for* 22 years.
(그 연극의 지난밤 공연은 22년 만에 처음이었다.)

6.2 N번째

여기에서, *for*는 거의 의미가 없어서 최소한 구어 영어에서는 생략되어도 될 정도이다.

(40) I'm telling you (*for*) the last time, here it is.
(너에게 마지막으로 말하겠다. 이거야.)

여기에 소유표시, 즉 'I'm telling you'라는 행위를 'the last time'라는 때에 소유 표시하는 요소가 어느 정도 있다고 할 수 있겠다.

6.3 X시에 맞춰

얼마 전에 아는 마을회관에서의 저녁모임에 아내와 함께 초대장을 받았는데 초대장 문구가 이렇게 쓰여 있었다.

(41) Come at 7:30 *for* 8:00. (8시에 맞춰 7시 반에 오세요.)

이것은 다음과 같이 이해하라고 의도된 것이었다.

(41[1]) Come at 7:30 *for* dinner at 8:00/*for* an 8:00 o'clock start.
(8시 저녁식사를 위해/8시에 시작하기 위해 7시 반에 오세요.)

다시 말해, 7:30부터 8:00까지의 시간은 모여서 얘기하고 8:00부터 앉아서 얘기하고 식사하는 시간이라는 것이다.

*For*의 이러한 용법은 위의 3절에서 본 용법과 유사하지만, (41[1])의 구조는 '행위+이유'이지 '결과+이유'가 아니다. 그러므로 (41[1])의 기능적 구조는 *Do it* ***for*** *me* [즉, '행위+이유']와 같은 구조이다.

Chapter 21 *To* 대 *with, for, against* 추가설명

1. 개요

*To*의 대표적 의미(→●)는 3장에서 논의하였다. 이번 장에서는 다음과 같은 점을 논의하겠다.

- 여태까지 다루어지지 않은 *to*의 이차적, 확장적 의미
- *be used to doing*(하는데 익숙하다)이나 *look forward to doing*(하기를 고대하다)에서와 같은 *to*의 부정사적, 동명사적 용법

2. 은유적 의미

2.1 은유적 주기와 보내기를 나타내는 *to*

주거나 보내는 것과 관련된 동사와 함께 쓰이는 *to*의 용법은 중심의미와 관련되어 있다. 이때 주고받는 것은 (편지와 같이) 형체가 있거나, 뭔가 형체 같은 것이 있거나, 전혀 형체가 없는 것일 수도 있다.

(1) Who shall we assign this grubby little job *to*?
(누구한테 이 지저분한 일을 시켜야할까?) [즉, job → who?]

(2)의 예문에서는 *to*가 거의 관용적으로 쓰인다.

(2) They had the pool all *to* themselves. (그 수영장은 완전히 그들 차지였다.)

아마 이런 표현은 다음과 같은 표현이 줄여진 형태로 언어 내로 들어온 것일 것이다, '*They had the pool as if (it had been) given* ***to*** *them*(마치 수영장이 그들*에게* 주어진 것처럼 수영장을 차지했다)'.

2.2 *Connect to* 대 *connect with*

*Connecting to*와 *connecting with* 사이의 미묘한 차이는 다음과 같다.

문자 그대로 X를 Y에(to) 연결한다는 것은 예를 들어 X를 Y에 묶거나, X를 Y에 스테이플로 박거나, X로부터 Y까지 밧줄로 연결하거나 하는 등을 의미한다. 다시 말해, 두 물체 사이에 어떤 종류든지 다음과 같은 과정으로 물리적 연결을 짓는 것을 생각하게 된다.

1. 밧줄과 같은 연결 끈(bond)이 필요한 과정
2. 두 물체의 한쪽에서 시작하는 과정 (연결끈의 한쪽 끝이 그 물체에 붙어있을 때)
3. 연결 끈의 한쪽 끝이 (다른 쪽에 붙기 위해서) 다른 쪽 물체**로** 움직이는 것을 포함하는 과정

다시 말해, X가 Y'에(to)' 연결되어 있다고 말하면, 우리는 *to*를 그 중심적 의미, 즉 X →Y라는 의미에 맞게 사용하는 것이다. 더구나 우리는 (연결 끈이 형성될 때) 이동을 생각할 때나, 연결 끈이 형성된 후 그것을 건너 한 방향으로 뭔가(예 전기)를 이동시키는 것을 생각할 때 *to*를 이런 식으로 사용하는 경향이 있다.

*Connect with*에 대해서는, 연결 끈이 양쪽 끝에서 동시에 형성된다고 생각한다든지, 또는 연결된 두 물체의 동일한 지위를 강조하고 싶다든지, 아니면 양방향으로 이동이 있다면 우리는 다음과 같이 말한다, 예 *link/connect this computer* ***with*** *that one*(이 컴퓨터를 저 컴퓨터**와** 연결하다), *our club is associated with several others in this area* (우리 클럽은 이 지역의 다른 몇 개의 클럽과 연합되어 있다).

2.3 추상적 '가족' 관계를 나타내는 *to* 대 *with*와 *for*

2.3.1 '연결'의 변형

연결(connection)이라는 개념과 관련된 여러 종류의 중요한 추상적 관계가 있다. 소속, 부속(appurtenance), 대응(correspondence), 혈연(kinship), 연관(pertinence). *To*는 이런 관계를 표현하는 전치사 중에서 가장 흔하다.

(3) This belongs *to* her. (이것은 그녀의 것이다.)

['소유(possession)'. *Belong with*는 소유가 아닌 적절한 위치를 가리킨다.]

(4) There's nothing *to* him but skin and bones.
(그에게는 가죽과 뼈 밖에 안 남았다.) ['부속']

(5) Is that all there is *to* it? (그게 다예요?) ['부속']

(6) The odds are five *to* one against. (확률은 5대1이다.) ['대응']

(7) By pairing items, I mean to show that they correspond *to* each other.
(품목을 2개씩 묶음으로써, 그것들이 서로 대응함을 보이고자 한다.)

(8) I'm related *to* that bonehead but only faintly.
(내가 저 멍텅구리하고 친척이긴 하지만 아주 먼 친척이다.) ['혈연']

(9) I don't see how that pertains *to* what we've been talking about.
(나는 그것이 우리가 말 한 것과 어떻게 연관되는지 모르겠다.)

(10) What's five francs *to* me? (5프랑이 나한테 무슨 소용이에요?) ['연관']

우리는 (19장에서) *with*도 소유와 부속의 관계를 표현하는데 쓰이고 (예 *a house with a swimming pool*(수영장이 있는 집)), 또 (20장에서는) *for*가 어떤 문맥에서는 대응의 관계를 표현하는데 쓰이는 것을 보았다(예 *the word* ***for*** *fish in Russian is ryba,* 러시아어에서 *fish*에 해당되는 단어가 *ryba*이다). 우선 *to*와 *with*를 비교해 보고 다음에 *to*와 *for*를 비교해 보자.

2.3.2 *To* 대 *with*

부속 표현에서의 *to*와 *with*의 의미 차이는 이 두 전치사의 중심의미의 차이에 기인한다. 그러므로 *to*(→●)는 **주어**와 **지표**사이의 '접촉'을 함의한다. *With*는 '근접성(+ 또는 − 접촉)'을 함의하고 **주어**와 **지표**가 같은 부류에 속한다는 개념에 일조하는 경향이 있다.

그러므로 "A belongs **with** B(A가 B와 같이 속한다)"를 문자적 의미로 말한다면, A와 B가 같은 부류(예 내가 여행갈 때 가져가기를 원하는 것들)에 속하므로 A가 B 근처에 놓여야 한다는 뜻이다. 은유적으로 말한다면, A와 B가 같은 부류에 속한다는 것만을 의미하는 것이다.

"A belongs **to** B(A가 B에 속한다)"라고 말하면, 개념상으로 더욱 가깝고 덜 대칭적인 종류의 부속을 생각하는 것이다. 우선 A가 장갑이고 B가 사람이면 "A belongs to B(A가 B에 속한다)"라고 말한다고 A와 B가 같은 부류라는 의미가 아니다. 오히려 A가 B에 부속되어 있고 종속되어(subordinate) 있다는 뜻이다(이 경우에는 A가 B의 소유물이다).

2.3.3 *To* 대 *for*

20장에서 보았듯이 *for*는 **주어**가 어떤 기능(예 *a match is **for** starting fires*(성냥은 불을 지피는 용이다))을 담당한다는 것을 의미할 수 있다. *For*는 또한 **주어**가 **지표**를 어떤 식으로든 장려하거나 혜택을 준다는 것을 암시한다(예 *The drug is **for** people with headaches*(그 약은 두통이 있는 사람들을 위한 것이다)). 더불어, 바로 위의 문단에서 재언급했듯이, *for*는 대응 표현에 사용된다(예 *The word **for** 'fish' in Russian is 'ryba'*(러시아어에서 'fish'에 해당되는 단어가 *'ryba'*이다), 또는 *This is the lace **for** that shoe*(이것이 저 신발에 맞는 신발 끈이다)). 그러나 이러한 대응의 표현은 '기능'이라는 개념(예 *'Ryba' is the word **for** saying 'fish' in Russian*, *'Ryba'*는 러시아어에서 'fish'을 말하는데 쓰는 단어다)이나 '혜택'이라는 개념(예 *This is the lace that's best **for** that shoe*(이것은 저 신발에 가장 적합한 신발 끈이다))에 의해 윤색되는 것 같다.

*To*는 '기능'이나 '혜택'이라는 개념과는 아무 관계가 없다. *To*가 표현하는 종류의 **주어**와 **지표**와의 대응은 위에서 설명하였듯이 단순히 일방적인 연결이다.

2.4 은유적 가리킴을 나타내는 *to*

우리가 X를(at) 또는 X로(to) 가리킬 때는 손가락을 길게 펴서 우리 손가락에서 시작해서 X에서 끝나는 한 선, 즉 →X 를 암시한다.

우리가 물리적인 가리킴(pointing)과 원칙적으로 공통점이 있다고 생각하는 몇가지 추상적인 관계, 예 '원인 돌리기(attribution)', '참고/지칭(reference)'이 있다.

(11) *To* what do you attribute his dishonesty?
(그가 정직하지 않은 게 무엇 때문이라고 생각합니까?)

(12) Are you referring *to* his work? (그의 연구를 지칭하시는 겁니까?)

2.5 은유적 제시를 나타내는 *to* (대 *against*)

우리는 마치 군인이 점검을 받기 위해 상관 앞에 나서듯이 가끔 사고와 사물이 모두 스스로를 우리에게 나타낸다(present)고 생각할 때가 있다.

(13) I can't think of it now but it'll come *to* me.
(지금은 그것에 대해 생각할 수 없지만 나중에 생각날 거예요.)

(14) It seems/appears *to* me that nothing has been done.
(내가 보기에는 아무 일도 되어 있지 않다.)

(15) The craziness of that rule ought to be plain *to* anyone.
(그 규칙이 이상하다는 것은 누구에게나 자명할 것이다.)

(16) Unbeknownst *to* me, I had already lost it.
(나도 모르는 사이에 그것을 이미 잃어버렸다.)

(17) Was it familiar/new/accessible/useful/relevant/credible/visible *to* you?
(당신한테 그것이 익숙해요/새로워요/접근하기 쉬워요/유용해요/관계있어요/믿을 만해요/보여요?)

(18) The door of opportunity is open *to* one and all.
(기회의 문은 개개인 누구에게나 열려 있다.)

위의 마지막 예문에 관해서, 우리는 문이 어떤 사람에게 닫혀있다고 말할 수도 있다. 이것은 열린 문이 또는 다른 어떤 물체가 우리의 주의 앞에 나타나는 것과 마찬가지로, 닫힌 문이 어떤 사람에게 나타난다고 생각할 수 있기 때문일 것이다. 덧붙여서, 의미상 똑같이 적절하거나 더 적절한 다른 전치사가 있는데도 불구하고, 반대표현에 사용되는 전치사와 같은 전치사를 취하는 경우도 가끔 있다. 그러므로 순전히 의미적인 입장으로는, *that door was closed against me*(저 문이 나에 대해 닫혀있다)는 *that door was closed to me*(저 문이 나한테 닫혀있다)처럼 최소한 의미상으로 적절하게 쓰인 듯 하고 대부분의 사람들도 그렇다고 말할 것 같다. 그러나 *against*는 적극적인 방해물이라는 개념을 강조하는 데 쓰일 수 있다.

(19) They found the door/gate/way barred *against* them.
(그들은 문/관문/길이 그들에게는 닫혀있다는 것을 발견했다.)

X is subject/exposed/vulnerable to Y(X는 Y에 종속된다/노출되어있다/약하다)도 '제시(presentation)'라는 은유를 표현하는 것 같다.

2.6 적절함을 나타내는 표현으로서의 *to* (대 *for*)

위에 말한 *to*의 의미보다 더욱 추상적인 것은 몇 가지 은유적 표현에 보이는 '어울림(going together)'이라는 의미이다.

(20) Your behavior should be appropriate *to/for* the occasion, not like it usually is. (당신의 행동은, 평소와는 달리, 그 상황에 아주 적절할 겁니다.)

(21) This room is well-suited *to/for* use as a study.
(이 방은 서재로 사용하기에 아주 적당하다.)

(22) This is 'dedicated software'; it's *for* precisely the use I have demonstrated and *for* no other.
(이것은 '전용 소프트웨어'이다. 내가 지금 설명한, 정확히 그 용도에만 쓰이고 다른 용도에는 쓰이지 않는다.)

(20)－(21)에서의 *to*의 의미적 기여는 같은 문맥에 사용될 수 있는 *for*와 대조해 보면 가장 잘 드러난다.

▸ *For*가 더해주는 의미는 (20)에서처럼 **지표**에게 어떤 식이든 혜택이 된다든지, (21)－(22)에서처럼 최소한 **주어**가 **지표**에 전적으로 헌신되었다(dedicated)는 희미한 암시이다. 예를 들어, 어떤 책이 어떤 종류의 독자를 위한 것이라고 말할 수 있는 것처럼, (예를 들어) 어떤 방이 어떤 특별한 용도를 **위한**(for) 것이라고 말할 수 있다.

▸ (20)－(21)에서, *to*는 '혜택(benefit)'처럼 따뜻한 느낌이나 '헌신'처럼 강조적 의미를 함축하지 않는다. 이 예문들에서 *to*의 **주어**와 **지표**의 관계는 '*pin the tail on the donkey*(당나귀 꼬리 달기)'라는 옛 아이들의 파티 게임을 연상시킨다. **지표**는 꼬리가 없는 당나귀 그림 포스터에 비유될 수 있고, **주어**는 눈을 가린 어린이들이 알맞은 장소에 핀으로 꽂아주려고 하는 종이로 만든 꼬리에 비유될 수 있다.

이와 같은 희미한 '당나귀 꼬리달기' 의미는 *confess to a crime*(범죄를 자백하다)이나 *testify/attest to the truth of something*(어떤 일의 진실을 증언하다)과 같은 표현에서도 보인다. (23)과 같이 *to*의 덜 추상적인 용법이 끼어든다면 *about*이 가장 추상적인 *to*을 대체할 수 있다.

(23) He confessed *to* no one *about/*to* his crime.
(그는 아무에게도 자기 범죄를 고백하지 않았다.)

2.7 은유적 수령의 *to* (대 *for*)

바로 위에서 논의한 차이와 비슷한 *to*와 *for*의 의미적 차이가 어떤 다른 문맥에서는 더욱 강하게 나타난다. 예를 들어, (24)에서 *to*는 단순히 데일이 친절한 대우의 수령자(recipient)라는 것을 의미할 뿐이다. 이로 인해 데일에게 어떤 혜택이 있거나 변화가 있다는 암시는 없다. (24[1])에서 *for*는 로빈이 어쩐지 데일을 이롭게 하거나 심지어 향상시킨다는 의미를 갖고 있다.

(24) Robin is good *to* Dale. (로빈은 데일에게 친절하다.)

(24[1]) Robin is good *for* Dale. (로빈은 데일에게 이롭다.)

마찬가지로, *Robin is bad for Dale*(로빈은 데일에게 해롭다)은 로빈이 데일을 어떤 식으로든 — 아마도 인격적으로 — 더 나쁘게 만든다는 뜻이다. *Robin is bad to Dale*(로빈은 데일에게 못되게 군다)은 로빈의 행동에 대해 말하는 것이지 이것이 데일에게 끼치는 영향에 대해 말하는 것이 아니다.

어떤 단어들은 *to*나 *for*, 혹은 둘 다 같이 나타난다. *an advantage*(이익), *advantageous*(이익이 되는); *a benefit*(혜택), *beneficial*(혜택을 주는); *essential*(필수적인); *a help*(도움), *helpful*(도움이 되는); *a necessity*(필요), *necessary*(필요한); *(dis)agreeable*(마음에 (안)드는). *To* 대신에 *for*를 사용하거나 아니면 반대로 하면, 문맥마다 더하든지 덜하든지의 정도차이는 있겠지만 위에 기술한 비슷한 의미적 효과가 어느 정도는 나타난다. 예를 들어, (25)는 의미가 중의적이다. (25[1])나 (25[2]), 심지어 (25[3])로도 해석될 수 있다.

(25) Dale was very disagreeable *to* Robin. (데일은 로빈의 비위에 거슬렸다.)

(25[1]) Dale behaved very disagreeably *to/toward* Robin.
(데일이 로빈의 비위에 아주 거슬리게 행동했다.)

(25[2]) Dale's very behavior was very disagreeable *to/for* Robin.
(바로 데일의 행동이 로빈의 비위에 아주 거슬렸다.)

(25[3]) Dale was very disagreeable *for* Robin. (데일은 로빈의 비위에 거슬렸다.)

- (25[1]): *To*나 *toward*는 확실히 방향성이 있는 행동의 경우에 사용된다. 로빈에게 끼친 영향은 명확하지 않다.
- (25[2]): *For*는 감정적 효과를 강조한다. *To*는 단순히 로빈이 수령자라는 것을 표시한다.
- (25[3]): 이 예문의 의미는 (25[2])의 의미와 비슷하나 로빈이 수령자라는 것을 훨씬 강조한다 — 즉, '로빈 생각에 데일이 아주 거슬렸다(For Robin [In Robin's opinion], Dale was very disagreeable)'.

다른 단어들은 *for*보다는 *to*와 같이 주로 나타난다, 예 *damaging*(해를 끼치는), *injurious*(유해한), *hurtful*(상처를 입히는); *grateful (to s'one)*((…에) 감사하는), *(un)friendly*((불)친철한), *hostile*(적대적인), *(un)kind*((불)친절한), *(un)true*(진실한/거짓인); *false*(거짓인), *faithful*(충실한); *welcome*(환영하는). 이 단어들은 **지표**에 대한 효과가 확실히 부정적인 경우(*damaging, injurious, hurtful*)이거나 문법적 주어의 행동에 초

점을 둔 경우(*true, faithful, false, (un)friendly, (un)grateful, hostile, (un)kind*)가 대부분인 것 같다.

*For*가 사용되든지 *to*가 사용되든지 밑바탕에 깔린 은유는 영향(influence)이라는 것이 이전될 수 있는 물질(transmissible substance)이라는 것이다. 이 은유는 (26)에서의 *to*의 피상적인 관용적 용법에 바탕이 되는 것 같다.

(26) Let's drink *to* her continued good health.
(그녀의 지속적인 건강을 위해 건배합시다.)

즉, (특히 덜 과학적이던 예전에는) 건배하는 것은 희망과 격려를 전이시키는 행위라고 생각했을 것이다.

대체로 *to*는 단순히 전이(transmission)의 최종 목적지를 표시하는 것이고, *for*는 의도와 효과를 암시하는 좀더 풍부한 의미를 갖고 있는 듯하다.

이와 같이 거의 유사한 *for*와 *to*의 용법이 비모국어 화자가 영어에서 마스터하기 가장 어려운 면 중 하나일 것이다. 다행히 그 차이가 그다지 중대하지는 않다. 그리고 *to*와 *for*가 전적으로 유사한 의미로 쓰이는 표현이 최소한 하나는 있다.

(27) It's getting on *for/to* half past eight.
(8시반이 다 되어 가네요.)

2.8 *To* 대 *of*

가끔 *be a good friend/daughter/son to someone*(...에게 좋은 친구/딸/아들이다)와 같은 표현을 *friend...of* 대신 들을 때가 있다. 이와 똑같은 용법이 여기에도 있다.

(28) You have been a perennial thorn in the side *to* John Major.
(당신은 존 메이저에게는 옆구리에 박힌 영원한 가시나 마찬가지였어요.)
[영국인 인터뷰 진행자, *Midday News*, BBC2, 23.6.96]

또다시 *to*는 **지표**가 어떤 의미로는 수령자 — 여기서는 영향을 받은 사람 — 이라는 개념을 전한다. *To*는 그러므로 **주어**와 **지표**의 관계를 역동적으로 나타낸다. 반면에 *of*는 그런 역할을 하지 않는다. 그래서 (29)와는 대조적으로 (29[1])는 데이브가 그 친구관계에 적극적이었다는 점을 강조한다.

(29) Dave has been a good friend *of* mine. (데이브는 나의 좋은 친구였다.)
(29[1]) Dave has been a good friend *to* me. (데이브는 나에게 좋은 친구였다.)

3. 은유에서 관용어로, 부정사에서의 to

3.1 시간적 패턴과 통사적 패턴

예문 (30)은 보는 것이 먼저 시작하고 그 다음에 멈추는 것이 일어났다는 것을 의미하지만, 예문 (30[1])은 멈추는 것이 보는 것 이전에 일어났다는 것을 의미한다.

(30) I stopped look*ing*. (나는 보기를 멈췄다.)

(30[1]) I stopped *to* look. (나는 멈춰서 보았다.)

(30[1])에 나타난 일의 순서는 다음과 같이 나타낼 수 있다.

1 2

STOP → LOOK

→ LOOK과 →●이 시각적으로 닮았다는 것이 단지 우연일까?

우리는 우리 일생을 통해 반복적으로 다음과 같은 것을 경험한다. 이동은 그것이 시작한 **다음에** 완결된다. 결과적으로, '종점'이라는 개념은 우리 마음속에서 '시간상으로 다음(later in time)'이라는 개념과 고정적으로 연관된다. 'To'의 도상에서, 화살표의 왼쪽 끝은 이전 시간을, 화살표의 오른쪽 끝은 나중 시간을 나타낸다. (당연히, 왼쪽→오른쪽 방향은 임의적이다.) *To*가 (전부는 아니더라도) 많은 부정사 구문에 기여하는 의미가 정확히 바로 이 의미이다. (부정문(negatives)은 다음과 같이 이해되어야 한다는 것을 유념하라. *didn't stop to look* = not[STOP → LOOK]).

*OED*는 *to*는 원래 "부정사(infinitive)로 표현된 행동이나 조건을 향한 이동, 방향, 성향, 목적 등을 표현했다"고 말하고 있다. 예를 들어, (30[1])에서, 우리가 보는 것은 목적의 표현, 즉 →●라는 의미와 분명히 닮은꼴이다.

*OED*는 계속해서 기록하기를, 고대 영어 시대로부터 시작하여 to는 동사 앞에 더욱더 많이 쓰이게 되었다. 이 같은 *to*의 용법의 확장(broadening) 또는 '일반화(generalization)'는 결국 부정사 구문에까지 이르게 되는데 부정사구문의 의미는 성향(inclination)이나 목적의 개념과는 거의 연관이 없다.

*OED*는 그 다음에 덧붙이기를: "어느 정도까지는 ... 부정사가 주어나 직접 목적어일 때, *to*는 자기의 모든 의미를 상실하고 부정사를 단순히 '표시(sign)' 또는 접두(prefix)하게 되었다. 그러나 자동사나 수동태 다음에 올 때는 *to*는 여전히 [하나의] 전치사이다."

*OED*에 흥미로운 예문이 나오는데 직접 목적어인 부정사와 (31) 자동사 다음에 나오는 부정사이다(32).

(31) choose *to* speak (말하기로 하다.)

(32) proceed *to* speak (나서서 말했다.)

*OED*는 이를 다음과 같이 분석하였다.

- (31)에서 *to speak*는 '말하기' 또는 '연설'을 의미한다. 즉, 어떤 사람이 침묵하거나 동작으로 표현하는 대신 말하기를 선택한다는 뜻이다.
- (32)에서 *to speak*는 '말하기"로(to)"' 또는 '연설"로(to)"'를 의미한다. 즉, 어떤 사람이 말하기 (행위)'로(to)' 또는 다시 말해 연설'로(to)' 나선다는 뜻이다.

그러므로 *OED*는 (31)에서의 *to*가 ((32)의 *to*는 아니지만) *go to town*에서 우리가 아는 *to*와의 모든 의미적 연관성을 상실했다고 본다. 그러나 필자는 동의하지 않는다. (31)은 시간 순서에 있어 (30[1])에 꽤 잘 부합하기 때문이다. 그러나 OED가 *to*에 그 전치사적 의미가 전혀 또는 거의 없는 부정사 구문이 있다고 말하는 것이 틀렸다고 말하는 건 아니다. 전적으로 '문법화(grammaticized)'된 *to*의 예는 아주 많기 때문이다. 다음 예를 보면 충분하다.

(33) It seems *to* have fallen. (그것은 떨어진 것 같다.)

요점은, 역사적으로 말해, (33)과 같이 문법화된 용법은 역시 *go to town*과 같은 용법에서부터 생겨난 *stop to smoke*와 같은 용법에서부터 여러 단계를 거쳐 생겨났다는 것이다. 이 모든 단계가 현재 여전히 영어에 남아있다.

3.2 *Like to*

이런 저런 동사의 의미 때문에 몇 가지 궁금증이 생긴다. 예를 들어, 북미 영어 화자인 나한테는 (34)와 (35)가 의미에 있어 미묘하게 다르다. 필자가 *like to*를 사용할 문맥에서 영국 사람들이 *like...ing*를 선호하여 사용하는 것을 처음 들었을 때 약간 잘못된 것으로 느껴졌다.

(34) I like swimm*ing* here. (나는 여기서 수영하는 것을 좋아한다.)

(35) I like *to* swim here. (나는 여기서 수영하고 싶다.)

- 나는 내가 실제로 이미 수영을 하고 있거나 그것을 경험하는 와중에 있다(예를 들어, 방금 풀장에서 나왔지만 수영한 감각을 아직 생생히 기억하고 있다면)고 상상할 때만 아마 (34)를 말할 것이다. 그러므로 (34)에서는 그 장소에서 수영한 경험이 좋아하는 것 이전에 시작한다. 이것은 (30)의 *I stopped looking*에 표현된 순서, 즉 보는

것이 멈추는 것 이전에 시작한다는 순서와 같은 것이다.

- 예문 (35)는 내가 수영을 하고 있지 않고 수영 중이라고 상상하지 않더라도 어떤 풀장(또는 아무 장소)에 대한 나의 일반적 감정을 전하려 할 때 말할 것이다. 그러나 사건의 순서는 (30[1]) *I stopped to look*에서처럼 그렇게 고정된 것은 아니다. 즉, 좋아하는 것이 시간적으로 수영하는 것 이전에 오지 않는다. 그러나 좋아하는 것이 수영하는 이유라는 의미에서 개념적으로 선행할 것이다.

영국 영어에서도 *like + to* 패턴이 선호되는 문맥은 (36)에 예시되어 있는데 여기서는 기본적인 논리적, 시간적 패턴이 좀더 분명하게 드러남을 주목하라.

(36) Yes, I would like *to* join you.
(네, 나는 당신과 함께 하고 싶어요.) [1. liking, 2. joining]

3.3 *Fail to*

Fail 다음에 오는 부정사는 (30[1])에 나타난 기본 패턴에서 현저히 벗어나 있다고 말할 수 있다. (37)에서처럼 실패한 것이 결과이고, 따라서 실패가 어떤 의미로도 선행하지 않는다는 면에서 그렇다. 그러나 *to*의 **지표**(즉, ‘finding a house')는 그 희망했던 종점을 나타내는데, 그것 없이는 애초에 시도도 하지 않았을 것이다. 짧게 말해, **지표**는 매우 추상적인 것일지라도 여전히 하나의 종점이다.

(37) We failed *to* find the house.
(우리는 그 집을 찾는데 실패했다(찾지 못했다).)

4. *To* + 원형부정사 대 *to* + 동명사

어부를 위한 한 영국의 TV쇼(*Screaming Reels*, 3.10.93)에서 진행자가 다음과 같은 어구를 말한 적이 있다.

(38) ...the obsession *to* catch a fish... (물고기를 잡겠다는 집착)

필자의 생각에 보통은 *obsession* ***with*** *catch**ing***이라고 말할 것 같다. 왜 그는 이렇게 표현했을까? 필자의 견해는 다음과 같다.

- *To*는 목표 방향을 표현하는 ‘고전적’ 전치사이다. 이는 →●라는 기호가 명확하게 말해준다.

- 화자가 (38)과 같은 어구를 말할 때, 그는 물고기가 아직 잡히지 않았을 때의 단계를 언급하고 있는 것이다. 즉, 집착(obsession)은 이미 존재했으나 물고기를 잡는 것은 미래에 있다. **주어**(집착)와 **지표**(물고기 잡는 것)의 시간적 관계는 위의 *stop to look*에서 본 것과 정확히 같은 것이다.
- 만일 그가 물고기를 잡는 중이었고 그리고 나서 이와 같은 집착을 느꼈다면, 필자의 짐작에 그는 *obsession with catching*이라고 말했을 것이다. 그러나 필자의 생각에는 이 시점에서 물고기를 잡는 중이었든 아니든 보다는 다음 질문이 더 흥미로운 것이다. 그는 왜 **to catching*이라고 안 하고 *to catch*라고 했을까?

우리가 "왜 규칙동사의 과거시제는 *-ed*로 끝납니까?"라는 질문에 당연히 대답하는 것처럼 "그게 그냥 원래 그런 거지요"라고 단순히 말할 수 없다. 우리가 (38)에 대해서 "그게 그냥 원래 그런 거지요"라고 말할 수 없는 이유는 *to*가 때로는 *-ing*형보다 먼저 올 때가 있기 때문이다. 필자의 생각에, 아래의 (39)－(40)에 왜 *to*가 아니라 *-ing*형이 쓰였는지를 이해하는 것은 쉽다. 각각의 경우에 *to*의 **지표**는 목표 같은 것도 아니고, 시간적으로 **주어**보다 뒤에 오는 것도 아니다. 사실, (40)에서 미지근한 맥주를 마시는 것은 최소한 그것에 익숙한지에 대한 질문이 있기 전에 일어난 것이어야 한다.

(39) A section of our fence is *prone to* fall*ing* down in a wind.
(우리 울타리 일부는 바람에 쓰러지기 일쑤다.)

(40) I'm still not 100% *accustomed/used to* drink*ing* warm beer.
(나는 아직도 미지근한 맥주를 마시는데 100% 익숙하지 않다.)

((39)－(40)과 같은 경우에 *-ing*형을 사용하는 것은 비교적 새로운 것이다. 특히 노년층은 *I was accustomed/used* **to** *do it*이라고 말할 것이다.)

더 대답하기 어려운 질문은 "왜 (41)에 *-ing*형이 쓰였는가?"라는 것이다.

(41) I'm looking *forward to* hav*ing* next week off.
(다음 주에 쉬는 걸 고대하고 있어요.)

필자는 잠시 주의를 환기하여 우리가 *-ing* **지표**를 다른 전치사와 함께 사용하는 논리적 배경을 지적함으로써 이 질문에 대답해 보려고 한다. 이미 앞 장에서 예문을 들었기 때문에 여기서는 세 개만 들도록 하겠다.

(42) *In* trying to help him she only hurt herself.
(그를 도와주려다가 그녀는 오히려 다치기만 했다.)

(43) He got *out of* having to oversee that course.
(그는 그 과정을 감시해야 하는 일에서 빠져나왔다.)

(44) *From* being too dry it's gone to being too wet.
(기후가 너무 건조하더니 (지금은) 너무 축축하다.)

- (42)－(44)에서 전치사의 동사구 **지표**는 행위(acts)보다는 활동(activities)이나 심지어 상황(situations)으로 이해된다. 그리고 *-ing*가 이것이 그렇다는 것을 보여주는 종점이다.
- 영어(그리고 일반적으로 언어)에서, 활동이나 상황은 일상적으로 마치 물리적 개체인 것처럼 말한다 — 예를 들어, (42)와 (43)에서처럼 둘러싸임이나 (44)에서처럼 장소인 것처럼 인식된다. 따라서 오로지 시간 전치사보다는 장소 전치사나, 아니면 진짜 오로지 활동이나 상황에 대해 말할 때만 사용하도록 마련된 어떤 제3 부류의 전치사를 사용한다.

(41)로 돌아가 보자. *look forward to doing*에서 *-ing*형이 의미하는 것은 누군가가 어떤 **행동을** 경험하고자 하는 것이 **아니라**, 아주 짧은 시간동안이라도 그 속에 있을 수 있는 어떤 **상황을** 경험하고자 하는 것이다. 그러므로 **지표**가 공을 단 한번 치는 것일지라도 (공을 치는 것은 지나가는 순간의 일이다), (45)를 말할 때 염두에 두고 있는 것은 그 **순간 속에 있었다**(being in the moment)는 것이다.

(45) I look *forward to* hitt*ing* the ball just one time.
(나는 한번만이라도 공을 치기를 고대한다.)

(46)에서처럼 *to*가 *-ing*형이 따라오지 않을 때는 '그 순간 속(in-the- momentness)', 즉 그 경험의 한 가운데에 있다는 것을 기꺼이 환기시키는 표현이 전혀 없다.

(46) I hope *to* hit the ball just one time.
(나는 한번만이라도 공을 치기를 희망한다.)

To＋동명사 구문이 '그 순간 속'을 표현할 수 있는 잠재력 때문에 앞으로 올 몇 십 년 동안 그 수가 엄청나게 증가하게 될 것이다.

Chapter 22 구동사의 전치사와 방향부사

1부: 구동사란 무엇인가

1. 들어가는 말

1. 여러 가지 용어가 있지만 그중 가장 많이 알려져 있는 구동사(phrasal verb)라는 용어를 사용하겠다. 다어 동사(multi-word verb), 복합동사(compound verb), 비연속동사(discontinuous verb), 동사 + 불변화사 구문(verb-particle construction) 등의 용어를 사용해도 좋겠다.
2. 보통 구동사를 논할 때, 전치사나 방향부사나 이와 비슷한 성질을 지닌 것들을 불변화사(particle)라고 부르는 것이 관례이다. 이 장에서도 그 관례를 따를 텐데 왜냐하면 구동사의 의미를 분석할 때 그 문법역할을 설명하는 것이 중요하기 때문이다. 즉, 어떤 단어가 부사의 역할을 하는 단어가 아니라는 것을 분명히 설명해야 할 경우에 대비해 '전치사'라는 용어를 따로 구별해 남겨둘 필요가 있기 때문이다.
3. 언어학자에 따라서 구동사가 정의상 은유적인지(예 Dixon 1982), 아니면 일부는 문자적인지에 대한 의견이 다르다. 필자는 두 번째 견해, 즉 동사 + 불변화사의 문자적 결합 중 어떤 것은 개별 동사와 같은 식으로 기억에 저장되는 경향이 있다는 견해가 더 옳다고 생각한다. 그러나 이 장에서는, 같이 쓰인 불변화사 중 최소한 하나는 은유

적으로 사용된 구동사에 대해서만 논의하려고 한다. 문자적인 의미에 대해서는 앞의 장에서 충분히 논의되었다고 믿기 때문이다.

4. 구동사에 관해서는 영국 영어와 북미 영어가 크게 다르지 않다. 대다수의 구동사가 동일한 형태와 동일한 의미를 가지고 있다. 이것은 구동사의 의미가 동사와 전치사의 보통 의미에서 비관용적으로 도출되었다는 것을 시사하는 것 같다.

2. 구동사 분류하기

이전 장에서는 동사와 밀접하게 연어 되어 사용되는 수십 개의 불변화사들의 예를 분석하였다. 이번 장에서는 이전 장에서 주장한 전치사의 의미가 다수의 관용적 또는 유사관용적 구동사의 의미를 파악하는데도 도움이 된다는 것을 증명하고자 한다.

독자에게 유용하도록 비교적 흔한 보통 구동사에 초점을 두려고 하나, 이 동사들의 수가 너무 많아 그 일부분만을 검토하게 될 것이다. 구동사 전체 목록과 주석과 용례를 보고자 하는 독자는 시중에 나와 있는 몇몇 좋은 구동사 사전을 참고하길 바란다. 개괄적으로 연어(collocation) 형태를 보고자 하면, *BBI Combinatory Dictionary*(1997)가 사용하기 쉽게 되어 있다.

구동사를 의미적, 통사적으로 분류하는 데는 다수의 흥미로운 분류법이 있다. 예를 들면 다음과 같다.

2.1 의미적 분류

2.1.1 관용성

동사+불변화사 구는 관용성에 따라 분류될 수 있다.

- 비관용적: *put up your hand*(손을 올리다), *grow up*(자라다)...
- 유사관용적: *knock someone out*(때려눕히다)
- 관용적: *put up (with someone)*(= '참다(tolerate)'), *do someone in*(= '죽이다(kill)'), *take (someone) in*(= '속이다(deceive)').

2.1.2 구성요소의 수

구동사는 또한 은유적으로 쓰인 구성요소의 수에 따라 분류될 수 있다.

0 요소: <u>*Put down*</u> *your hands*라는 명령문에서, 대부분의 문맥에서 어떤 단어도 은유적으로 쓰이지 않는다.

1 요소: *Cut up the onions*에서 *up*만이 확실히 비문자적이다.

2 요소: *His remark really cut her up*에서는 *cut*도 비문자적이다. 아니, 전체 구 *cut up*이 은유적으로 쓰인다.

이와 같은 분류방법과 관련되어 구동사 **전체**가 은유적으로 쓰였는지 여부를 보는 다음과 같은 방법이 있다.

2.1.3 은유의 종류

구동사는 (1) 생생한 일회성의 사건, 활동, 사건의 연속이라는 전형적인 영상으로부터 도출되는 것과 (2) 추상적인 체계의 은유 표현으로 분류될 수 있다. 첫 번째 유형은 이 구동사들이 부분적이 아니라 전체적으로 은유적이라는 면에서 두 번째 유형과 더욱 다르다. 이 두 유형들을 차례로 살펴보자.

1. 생생한 일회성의 사건, 활동, 사건의 연속이라는 전형적인 영상에서 나온 구동사

그럴듯한 정도가 다양한 이런 대다수의 '생생한 영상 관용구' 부류를 설명하는 데 세상의 지식이 도움이 된다. 몇 가지 예를 들면 다음과 같다.

Bump someone off (= '살인하다(kill someone)'): 대부분의 모국어 화자에게 이 구는 어떤 사람을 절벽 같은 것의 끝에서 부딪혀 밀어 떨어뜨리는 것 같이, 기본적으로 운동 영상을 떠올리게 할 것이라고 생각한다.

Kiss someone off (='지워버리다(dismiss someone from one's circle of relationships)')는 *kiss someone goodbye*(작별 키스를 하다)나, 아마도 *brush someone off*('개인적인 접근에 냉정히 반응하다(respond coolly to a personal approach)')와도 연관되어 있을 것이다. 두 번째 표현은 '무시된(brushed off)' 사람을 옷의 소재에 어울리지 않는 어떤 것, 즉 떨어내어 제거할 수 있는 것과 동일시한다. (*brush/laugh off an insult*(모욕을 대수롭지 않게 웃어/넘기다)) 참고.)

Beam someone up(구조하다)은 TV 공상과학 시리즈 *Star Trek*(스타 트랙)에서 유래한다. 그 이야기에서, 새로운 행성을 탐험하러 모선을 떠난 인물은 어려움에 처했을 때 궤도를 돌거나 곁을 맴돌고 있는 모선에 무선으로 연락하여 일종의 에너지 광선을 통해 안전한 곳으로 이동되도록 요청할 수 있다. 아마 이 구절은 스타 트랙 보다 더 오래 기억에 남아있을 것이다. 그렇다면, *beam*이 무슨 의미였는지 ― 무엇을 사용해서 사람을 구조했는지, 그것이 큰 기둥이었는지 광선이었는지 ― 가 잊혀진 후에도 '안전한 곳으로 이동시키다(transport to safety)'라는 의미는 유지될 것이다. 그러면 *beam someone up*은 가장 순수한 의미에서의 관용어가 될 것이다.

Chip in(= '기여하다(add a contribution)')는 포커 게임에서 유래된 것이 거의 확실하다. 포커는 돈을 걸 때 테이블 중앙에 칩(chip, 플라스틱 동전)을 쌓는 게임이다. 다시 말해, 게임에 거는 돈에 보태는 것이 'chip in'이다.

Strike up a conversation(대화를 시작하다)과 *strike up the band*(밴드 연주를 시작하다)는 매일 불을 지피는 일이 보통 부싯돌과 철을 부딪쳐서 불꽃을 만들던 시절에서 유래한다. *Strike*는 따라서 시작과 연관되어 있고, 그 행동의 성격상 활발함과 연관되어 있다. 그러나 *strike up*이 사용되는 이 두 표현은 *up*의 의미가 관용적으로 은유적이란 사실 때문에 생생한 영상 관용어(vivid image idioms) 부류와 관습적 은유(conventional metaphor) 표현의 중간 단계이다. 따라서 다른 많은 표현에서처럼(예 *talk something up* = '말로 설득하다(verbally promote something)', *chat a girl up* = '여자에게 말을 걸어 관심을 끌다(try to get a girl interested in you by talking to her)'), *up*은 어떤 긍정적인 목표를 향해 발전해간다는 개념을 더해준다. 17장에서 주장했듯이, 이 관습적 은유는 다음과 같은 현저한 일상의 사실에서 유래한 것이 거의 확실하다. 하루는 우리가 일어나면서(get **up**) 시작되고, 건물은 완성이 진행되면서 올라가고(go **up**), 용기에 담긴 것의 높이는 용기가 채워지면서 올라간다(go **up**).

(영어에서 *OED*처럼) 개별 어휘의 역사에 대해서 정보를 제공하는 훌륭한 자료들이 있는 반면에 구동사의 역사에 대한 유용한 정보는 훨씬 적다. 많은 생생한 영상 관용어의 경우에, 몇 세대 또는 몇 백 년 전에 이 구절들을 고안해낸 사람들이 머릿속에서 도대체 무슨 생각을 한 건지에 대한 구체적인 증거를 찾는 것은 거의 불가능할 것이다. 그러나 이 구절들이 그 고안자나 최초 사용자들에게 공감이 되는 은유 표현으로 시작했을 것이라고 가정할 수 있다.

2. 전치사가 추상적인 관습적 은유를 표현하는 구동사

여기서 좋은 예는 바로 위해서 논의한 구동사 *cut up*과 같이 *up*과 함께 사용하는 완료동사이다. 이 부류의 구동사들에서 전치사가 무엇을 의미하는지에 대한 감을 얻기 위해 현대 용법에서의 의미 패턴을 고찰할 필요가 있다. 다시 말해, 특정 관용어구에서 어떤 특정 단어의 사용이 이미 증거가 충분한 어떤 의미 패턴과 부합한다고 여겨지면(예 *up*은 '완료, 완성'과 동일시된다는 것), 그 단어가 우리가 고려하고 있는 구의 의미에 어떻게 기여하는지에 대해 추측해 보는 것은 정당한 일이다. 이것이 이 장에서 가장 자주 사용되는 방법이다.

2.2 통사적 분류와 의미/통사적 분류

2.2.1 고정 정도

구동사는 어떤 특별한 의미로 사용될 때 특정 명사구와 반드시 융합되는(fused) 것을 볼 수 있다. 예로, *turn over a new leaf*(마음을 고쳐 새 생활을 시작하다), *let off steam*(울분을 토하다, 긴장을 풀다), *lay down the law*(독단적으로, 명령조로 말하다), *bring up the rear*(뒤를 맡아보다)등이 있다. 또는 아주 좁은 범위의 명사구와 연어될 수도 있다. 예로, *put on airs/the dog*(젠체하다/으스대다, 아마도 *put on clothes*(옷을 입다)에서 유머러스하게 한번 확장된 것)과 *strike up a conversation/the band*(대화/밴드를 시작하다). 아니면 광범위하게 연어될 수도 있다. 예로는 *come across an old friend/an interesting book/a new justification*(오랜 친구/재미있는 책/새로운 변명을 우연히 만나다/찾다), 등등이 있다.

2.2.2 명시적 지표와 암시적 지표

구동사는 명시적(explicit) **지표**가 있나 없나에 따라 구별할 수도 있다.

- 첫 번째 그룹에 분명히 속하는 구동사는 *take after*(닮다)처럼 항상 **지표**가 언급되어야 한다. 예 "She takes after her mother(그 여자는 어머니를 닮았어요.)."
- 두 번째 그룹에는 *put the cat out*(고양이를 내놓다), *set in*(시작하다, 예 *It looks like the rain has set in*(비가 시작된 것 같다)), *come to*(의식을 찾다, 예 *After being knocked out, the boxer didn't come to for ten minutes*(그 권투선수는 쓰러진 후 10분 동안 의식이 돌아오지 않았다)에서처럼), *time goes by*(시간이 흐르다)와 같은 표현들이 있다.

그러나 이전 장들에서 지적했듯이, **지표**가 없는 경우에는 보통 암시적(implicit) **지표**가 있다. 예를 들어, 집 밖 말고 어디 밖으로 고양이를 내놓을 수 있겠나? 예를 들어, "Could you put the cat out of *the house*?(고양이를 ***집*** 밖으로 내 놓으실래요?)"나 "He took his hat off *his head*(그는 모자를 ***머리***에서 벗었다)"처럼 누구나 짐작할 수 있는 사실을 명기하면 보통 쓸데없이 아는 체하는 것처럼 들리기 마련이다(Dixon 1982:11-13 참고).

*Set in*에서 *in*이나 *knock out*에서 *out*은 관습적 은유의 표현이다. '안에' 있다는 것은 현재 존재하거나, 유행하고 있다는 뜻이고 (예 *in her house/her office*(집에/사무실에), *in fashion*(유행하여), *in existence*(존재하여), 등), '밖에' 있다는 것은 떨어져 있거나, 없거나, 유행이 아니라는 뜻이다(예 *She's out [of the house/her office]*(그녀는 집/사무실에 없다), *knocked out*(쓰러진), *out of fashion*(유행에 뒤떨어진), *The light went out*

(전기가 나갔다), *They took out the bridge* [= 'destroyed'](그들은 다리를 무너뜨렸다), 등)

*Time goes by*에서 암시적 **지표**는 시간이 지나쳐 간다고 생각되는 지점이다. 따라서 *as time goes by*(시간이 지나가면)라는 표현은 분명히 'as time goes by us(시간이 우리를 지나가면)'이라는 뜻이다.

*Come to*의 의미도 부분적으로 비슷하다. 그러므로 사람이 기절하거나(*swoon away*), 졸도하거나(*faint away*), 죽는다(*pass away*)는 것은 **멀어져**(away) 가는 것이다. '의식을 찾다(*come to*)'는 것은 의식적 존재가 '멀어져(away)' 있다가 지금 여기로 돌아오는 것이다.

2.2.3 구성요소의 수와 유형

Dixon(1982:14)은 불변화사와 명사구의 수와 위치에 따라 다음과 같은 분류를 한다. 이 방법은 전체 영역을 한눈에 볼 수 있는 장점이 있다. p = 불변화사, N = 명사구

1. p: *turn <u>in</u>* (= '잠자리에 들다(go to bed)')
2. pN: *come <u>by s'thing</u>* (= '손에 넣다(acquire N)')
3. Np: *put <u>s'one up</u>* (= '숙박시키다(provide N with accommodation)')
4. NpN: *hold <u>s'thing against s'one</u>* (= 'N을 원망하다(bear a grudge against N)')
5. ppN: *go <u>in for s'thing</u>* (...하려고 마음먹다, 열중하다)
6. NppN: *put <u>s'thing down to s'thing</u>* (='X를 Y 탓으로 돌리다 (attribute X to Y)')

좀더 복잡한 구동사(예 NppN)에서는 pN은 사실상 하나의 전치사구라고 보는 것이 거의 모든 전문가들이 동의하는 부분이다. 이 문제는 이 장의 후반부에서 각 구동사를 분석할 때 하나씩 개별적으로 다룰 것이다. 불변화사가 어느 정도로 왼쪽(동사)과 결합해 있는지, 오른쪽(명사구 **지표**)과 결합해 있는지를 판단하는 문제 자체도 통사론 학자들 사이에서 상당히 논란거리가 되는 문제라는 것을 밝혀 두고 싶다.

어떤 경우에는 답이 명백해 보인다. "Go to town"의 *go to* 같은 표현에서는 *to*가 *go*보다는 *town*과 직접 구를 이루고 있는 비왼쪽 결합(non-left bonding)이 나타난다. 따라서 *go to*는 이런 경우에 구동사가 아니다. 반대로, "He turned in at midnight(그는 한밤중에 들어왔다)"의 *turn in at midnight*에서는 *in*은 왼쪽과 결합하는 반면(즉, 부사이다), *at*은 오른쪽과 결합한다(즉, 순수 전치사이다).

극단적인 왼쪽 결합(left bonding)의 좋은 예는 "He's finally come to(마침내 그의 의식이 돌아왔다)"에서 *come to*(='의식을 되찾다(regain consci- ousness)')의 *to*이다.

이러한 결합의 한 가지 신호는 *to*는 보통 명시적인 **지표**가 있어야 하는데, *come to*에서는 **지표**가 나타나지 않는다는 것이다(*come to oneself?/consciousness?*); *come to one's senses*(제 정신 차리다)라는 표현이 있긴 하지만 *come to*와는 좀 다른 의미이다.

Bolinger(1971)는 불변화사가 오른쪽보다 왼쪽과 더 강한 결합을 보이는지 여부를 결정하는 방법을 9가지나 서술하고 있는데, 그중 오류가 없는 방법은 하나도 없다는 것은 시사하는 바가 크다. 예를 들어, 방법 1은 단일한 동사로 대체할 수 있냐는 기준이다. ("Count him out"에서처럼) *count out*은 *exclude*로 대체될 수 있으므로 이 기준을 만족시킨다. 그러나 Bolinger도 지적하듯이, (구동사가 아닌) *eat dinner*는 *dine*으로 대체될 수 있으므로 이 기준을 만족시키는 반면, ("He broke out with/in a rash(그는 발진이 생겼다)"에서처럼) 엄연한 구동사인 *broke out*은 대체동사인 *erupted*가 너무 과장된 의미를 가지고 있어 이 조건을 만족시키지 않는다.

다른 전문가들은 다른 테스트—예를 들어, '전치(fronting)' 테스트—를 선호한다. 따라서 *I gave a book <u>to John</u> and I gave nothing to Bill*(나는 존에게 책을 주었고 빌에게 아무것도 주지 않았다)이라는 문장을 전치하여, *<u>To John,</u> I gave a book; to Bill, I gave nothing*(존에게는 책을 주었고, 빌에게는 아무것도 주지 않았다)이라고 말할 수 있다. 이 테스트에 따르면, 불변화사가 명사구에 붙은 전치사라는 것을 보여주기 때문에 *give...to*는 구동사가 아니다. 흥미롭게도, *rely on*(의존하다), *cope with*(대처하다), *depend on*(의존하다)은 전치 테스트를 포함하여 여러 가지 구동사 테스트를 통과하지 못한다, 예 *On her, I could never rely*(그 여자한테는 절대로 의존할 수 없어요). 그러나 *fill in*(채워 넣다)과 같은 '고전적인' 구동사는 전치 테스트를 통과한다, 예 **In this form, I filled.*

2.2.4 불변화사의 소분류: 방향 부사와 '부전치사'

Dixon의 분류는 불변화사를 더 세밀하게 하위분류해 볼 수 있다. 하위분류의 한 가지 방법은 다음과 같다(Bolinger 1971 참고).

1. 방향 부사(directional adverbs): *Drop down the gun*(총을 내려놓아라)에서 *down*은 방향 부사이다. 우선, *drop down*은 *let fall*로 바꿔 말할 수 있다. 또한 뭔가가 총을 따라 아래로 움직일 수는 없으므로 *the gun*은 **지표**가 아니고, *down*도 전치사가 아니다. Bolinger가 좋아하는 구동사 테스트인 '한정명사 테스트(definite noun test)'에 의하면 *drop down the gun*의 *drop down*은 문자적 구동사이다. 이 테스트의 핵심은 불변화사가 *the*가 수식하는 명사의 양쪽에 올 수 있으면 그 불변화사는 왼쪽에 있는 동사와 결합할 가능성이 높다는 것이다. 이 테스트에 의하면, *drop down the gun* 또

는 *drop the gun down*이라고 할 수 있으므로 *drop down*은 구동사이다. (*Go to the market*이라고는 하지만 *go the market to*라고는 못한다는 것을 주목하라. 즉, *go to* 는 한정명사 테스트를 통과하지 못하므로 구동사가 아니다.)

2. 부전치사(adpreps): Bolinger에 의하면, *climb up the flagpole*(깃대를 타고 올라가다)의 *up*은 왼쪽, 오른쪽과 다 결합할 수 있는 '부전치사'이다. 그 증거 중 하나는 불변화사를 다음과 같이 중복하여 말해도 괜찮다는 것이다 : *Climb up, up the flagpole!* (쉼표로 표시되는 멈춤은 *up*이 왼쪽으로는 *climb*과, 오른쪽으로는 *flagpole*과 결합한다는 것을 보여준다.) *Up*이 *flagpole*과 오른쪽 결합(*rightward bonding*)한다는 것은 이것이 원형적 부류의 구동사는 아니라는 것을 뜻한다. 예상컨대 (*up*이 의미상 부분적으로는 전치사이므로), *climb up*은 한정명사 테스트는 잘 통과하지 못할 것이다. *?Climb the flagpole up. Drop down the gun*의 *drop down*은 Bolinger의 '부전치사 테스트'를 통과하지 못한다(**Drop down, down the gun*), 따라서 *climb up the flagpole*의 *climb up*과 같은 혼합어(hybrid)가 아니라 어엿한 구동사라는 것을 유념하라.

2.2.5 분리성

오른쪽, 왼쪽 결합 문제와 밀접한 관계가 있는 것이 *drop down the gun/drop the gun down* 같은 예에서 이미 소개된 분리성(separability) 기준이다. 즉, 구동사는 이 기준으로 두 그룹으로 나뉠 수 있다.

- 불변화사가 동사와 '분리될 수 있는' 구동사: 예 *drop X down/drop down X*(X를 떨어뜨려 놓다), *put some money by/put by some money*(돈을 모으다)
- 불변화사가 동사와 '분리될 수 없는' 구동사: 예 *look at X*(X를 보다)라고는 말하지만 *look X at*이라고는 말하지 않는다, *take after X*(X를 닮다)이라고는 하지만 *take X after*라고는 하지 않는다.

그러나 분리성은 지극히 복잡한 문제이다. 복잡한 요인 한 가지만 들자면, 대략적 규칙마저도 운율(prosody)[G]과 어순을 결정하는데 큰 역할을 하는 문맥에 의해 자주 뒤집힌다.

예를 들어, 분리될 수 있는 구동사는 목적어가 대명사일 때와 목적어가 명사일 때 다르게 행동한다고 알려져 있다. 예 *blow up the house/blow the house up*(집을 날려버리다). 그러나 *blow it up/*blow up it*. 즉, 부사는 대명사 다음에 와야 한다. 이런 많은 예 중에 Bolinger(1971:39)의 예 하나만 들어도 충분할 것이다. "I knew that the school board contemplated throwing out S*pan*ish in order to throw out *me*(나는 학교 이사회가 나를 쫓아내기 위해서 스페인어를 없앨 것을 고려했다는 것을 알았다).” 즉, *me*는 긴장감을 증폭시키고 *Spanish*와 적정한 대조적 균형을 이루기 위해 문장 끝 위치(보통 새롭거나 강조된 정보가 놓이는 위치)에 놓였다.

상당히 복잡한 불변화사 위치와 구 경계 위치에 대한 더 깊은 논의는 Bolinger나 다른 연구에 많이 소개되어 있다(예 Palmer 1974, Dixon 1982, Quirk et al. 1985, 또는 Greenbaum & Quirk 1990과 같은 좋은 학생용 문법책). 분리성에 대한 구별 정보는 좋은 구동사 사전을 보면 알 수 있다. 여하간, 구동사인가 아닌가? 또는 어떤 종류의 구동사인가에 대한 정확한 성격 규명은 개별 전치사의 의미를 규명하고자 하는 이 책의 목적을 성취하는데 꼭 필수적인 것은 아니다.

3. 구동사의 일반적 의미

구동사의 의미에 대해서 Bolinger(pp. 82-90, 132-140)가 행한 여러 가지 관찰 결과는 요약할 가치가 있다. (아래에, 예문 다음에 [B]라고 쓴 것은 Bolinger에서 가져온 예문이라는 뜻이다.)

3.1 불변화사의 의미

진정한 구동사의 불변화사는 **경로**를 표현해야 하지만 동시에 어떤 문맥에서는 종점에 초점이 오는 것을 허용해야 한다. 따라서 순수 장소 전치사는 구동사의 불변화사가 되지 않고 (예문 (1)) 순수 방향 부사도 구동사의 불변화사가 되지 못한다(예문 (2)).

(1) *She pushed *near* the table the wall.
(*그녀는 탁자를 벽 가까이로 밀었다.) [불변화사 위치의 **near*]

(2) *He dropped *downward* the ball.
(*그는 공을 아래로 떨어뜨렸다.) [불변화사 위치의 **downward*]

두 개 이상의 불변화사가 있으면 **경로 다음 종점**의 순서로 배열된다. 이 순서는 비구동사 구문에서도 마찬가지인데, (3)에서 *up*은 경로를, *in between*은 종점을 표시한다.

(3) The line of the fold goes *up in between* [the breasts].
(주름선이 [가슴] 사이로 올라갑니다.) [Vivienne Westwood, 영국 패션 디자이너]

종점/결과를 암시하는 불변화사는 두 개가 같이 잘 나오지 않는다.

(4) *They broke the door *down out*. (*그들은 문을 부숴 던져 버렸다.) [Bolinger]

(5) *We cut the lines *away off*. (*우리는 선을 멀리 잘라 내었다.) [Bolinger]

완료형 *up*은 잠재적 경로 방향 초점의 *up*이라기 보다는 종점/결과 초점의 은유적 확장이다. 완료형 *up*은 따라서 종점의 은유적 성취, 구체적으로, '완성'또는 어떤 의미에서 철저함을 표현한다. 만일 유리잔이 다 찼다(filled 'up')면, 그 결과는 물의 높이가 문자 그대로 위(up)이다 — 유리잔이 관련된 종점, 즉 가장자리까지 차 있다 — 는 것이다. 당근이 잘게 썰어졌다면(chopped 'up'), 당근이 완전히 썰어졌거나 최소한 필요한 만큼까지 썰어졌다는 뜻이다. 따라서 완료의 'up'은 *up*의 종점 의미가 확장된 것이기 때문에 다른 종점 불변화사와는 함께 쓰이지 않는다.

(6) *He burned *up out* the wart. (*그가 나무옹이를 태워서 도려내었다.)

이런 제한은 완료가 아닌 문자적 방향성(literal-directional) *up*에는 적용되지 않는다.

(7) Use a spoon to lift the hot egg *up out of* the bowl.
(숟가락을 사용하여 뜨거운 달걀을 볼에서 꺼내 올려라.)

상태 동사(stative verbs)는 그 본성상 '동작(motion)' 또는 은유적으로 '변화' 또는 '행위(action)'보다는 '종점'(또는 은유적으로 '결과')을 전경화한다(foreground). 그러나 보통은 상태를 나타내는 동사가 구동사로 사용될 때 역동적(dynamic) 의미를 취하는 경향이 뚜렷하다. 예를 들어, (8)은 청자(hearer)를 단순히 가청거리에 있어서 듣게 된 사람이 아니라 능동적으로 듣는 사람(listener)으로 나타낸다.

(8) Please *hear* me *out*. (내 말을 끝까지 들어주세요.) [Bolinger]

(아마도 우리는 *listen to me out*이 좀 어색하기 때문에 *hear me out*이라고 하는 것 같다.)

마찬가지로, 주로 상태 동사인 *stand*도 많은 구동사구에 쓰이는데 *stand up to s'one*에서처럼 '저항하다(resist)'와 같이 강한 동작성 의미로 쓰인다 (Gibbs et al. 1994를 참고하라).

마지막으로, 주어가 '종점/결과' 같은 개념과 양립할 수 없는 상태 동사들(예 *know*와 *seem*)은 전혀 구동사를 이루지 않는다.

3.2 동사의 의미적 기여

구동사의 불변화사는 동사가 지칭하는 행동으로부터 **야기되는** 조건을 표시하는 경향이 매우 강하다. 다시 말해, 경로 전치사가 어디에 사용되든 종점 또는 은유적으로 최종 상태/결과(end state/result)에 초점이 있다. 이 경향은 불변화사가 목적어 명사 다음에 나올 때 더 강해진다. 때때로, 특히 *get*에서는 불변화사의 두 위치 사이의 의미차가 꽤 뚜렷하다.

(9) Get *in* (= 'deliver') that report. (그 보고서를 제출해라.) [Bolinger]
(9[1]) Get that report *in* (= 'delivered'). (그 보고서가 제출되도록 해라.) [Bolinger]

3.3. 구동사의 심리적 실체

궁극적으로, 주어진 동사+불변화사 구가 단일 어휘 항목인지 구동사인지를 결정하는 것은 언어학자가 책상에 앉아 분석하여 결정할 문제가 아니라 경험적인 문제이다. 사실, 구동사의 심리적 실체(psychological reality)를 입증하는 증거가 있다.

첫째로, 말실수(slips of the tongue) 증거는 화자가 동사와 불변화사를 심리적으로 하나의 단어로 묶어 생각한다는 것을 보여준다. 예를 몇 개만 들자면 ...*go over*ing the exercises...(연습문제를 검토하다), Are we *set asid*ing the rule?(우리가 규칙을 무시하고 있나요?)(Bolinger:115-116), He *go back*s(그는 되돌아간다), She *wash up*ped the dishes(그녀가 설거지했다), I'd *forgot about*en doing that(그것을 해야한다는 것을 잊어버렸다)(Aitchison 1987:109-110). 이런 종류의 극단적인 예는 *doff/don* [*do off/on*] *a hat*(모자를 쓰다/벗다)(Bolinger ibid)과 같이 이미 정착된 결합물들이다.

둘째로, 구동사로부터 파생된 많은 명사들의 존재 — 예 *a* (*sexual*) *turn on*((성적) 흥분), (*women's*) *make up*((여성의) 화장) — 가 또한 불변화사가 동사와 강력히 결합하고 있다는 것을 보여준다.

4. 1부의 결론

언어학자들은 동사+불변화사 표현들이 구동사인지 아닌지, 어떤 종류의 구동사인지에 대한 해답이 연속선상에 놓인 문제라는데 동의하는 것 같다. 다시 말해, 어떤 표현은 구동사의 모든 조건을 다 만족시킬 수도 있고, 다른 표현은 대부분의 조건을 만족시킬 수도 있고, 또 기타 여러 가지 경우가 있을 수 있다. 그러나 특정한 동사+불변화사가 어떤 표현 범주에 속하든지 간에 단어 단계에서부터 위(from the word up)로 분석할 수도 있고 문장이나 구 단계로부터 아래(from sentence and phrase level down)로 분석할 수도 있다. 이제부터는 '단어단계에서 위로' 분석으로 방향을 돌려보도록 하겠다.

2부: 대표적 구동사

의미와 형태에 대한 초기 관찰

1. *It*과 *one*을 포함하는 관용구(예 *break it up* = '모임을 해산하다(disband a gathering)', *knock it off* = '하던 것을 멈추다(stop what you're doing)', *put one over on somebody* = '속이다(trick someone)')는 *it*이나 *one*이 원래 영상에 대해 거의 실마리를 주지 않기 때문에 확신하기가 특별히 어렵다. 아주 최근에 언어에 유입된 표현 경우에 두 개의 유사한 형태가 존재한다 — 하나는 완전한 **지표**가 있는 형이고 다른 하나는 아마도 파생된 것으로 *it*이 있는 형이다, 예 *Step on the gas/Step on it* = '가속하다, 서두르다(go faster, hurry up)'. *Make one's way to (a place)/make it to (a place)*(...(장소)로 가다)와 *Shut your mouth/Shut it*(영국 영어, 입을 다물다)도 아마 이 그룹에 속할 것이다.
2. 잠재적으로 더 당혹스러운 문제는 (특히, *bear, bring, come, do, get, go, hit, make, pull, put, stand, take* 등) 소위 '기초(primary)' 동사를 포함하는 관용구이다. 여기서 문제는 동사의 의미를 정확히 규정짓는 것이 어렵다는 데 있다. 정말로 구동사의 관용성에 있어서 가장 어려운 측면은 보통 불변화사의 의미보다는 동사의 의미가 불확실하다는 데 기인한다.
3. 다수의 불변화사는 구동사에 전혀 나오지 않는 것 같다.
    - *during* 같은 순수하게 시간적인 전치사
    - *before* 같은 거의 순수하게 시간적인 전치사
    - *onward* 같이 종점이 아니라 방향을 전경화하는 부사
    - 원형적으로 경로가 아니라 **주어**와 **지표**의 일종의 배열을 기술하는 전치사 (예 *near, beside, alongside*)

   드문 경우는 다음과 같다.
    - 매우 추상적인 전치사: *with*, *for*, *of*
    - 새로운 전치사, 특히 *by*와 *side*로부터 결합된 전치사: 예 *between* ('by + tween'), *beside*, *beneath*, *below*, *alongside*, *beside*, *inside*, *outside*

이중 하나 이상의 범주에 속하는 불변화사는 틀림없이 구동사에 포함되지 않을 가능성이 특히 크다.

덧붙여 말하면, 매우 유사한 의미를 가진 불변화사들 중에 선택할 수 있다면, **가장 덜 구체적인** 의미를 가진 불변화사가 더 흔히 구동사에 결합된다. 따라서 *from*은 고전적 구동사에 전혀 나타나지 않는 반면 ('부터(from)'를 포함하는) *away*는 흔하다. (여하튼, *from*은 종점 보다는 시작점에 초점이 있다.) *Over*도 흔한 반면에, 의미적으로 더 분명한 *above*는 구동사에 드물게 나타나거나 아예 없다. 마찬가지로, 다방면에 쓰이는 *by*는 흔하고, 덜 유연한 *near*는 드물거나 아예 없다.

구동사에서 불변화사의 빈도수 문제는 상당 부분 경우에 따라 다른 것으로 보인다. 따라서 구동사에서 *up*과 *down*이 둘 다 흔하지만, *up*(주로 완료 의미로)이 둘 중에 더 흔하다. 정말로 *up*이 모든 불변화사 중에서 구동사에 가장 흔히 나타나는 것 같다. 또 완료 의미를 나타낼 수 있는 *out*은 명확히 완료적 의미가 없는 *in*보다 더 흔하다. 다수의 은유적 확장의미를 가진 *over*는 꽤 흔한 반면, 확장의미가 훨씬 적은 *under*는 구동사에 나온다 해도 아주 드물다.

4. 다음에는 본장의 1부에서 언급된 모든 유형의 구동사의 예를, 어느 정도 관용적이기만 하면, 다 포함시켜 보았다.

5. 구동사 분석

About(around도 참고)

About('around')의 예전 의미는 *gad about*('사교적으로 매우 활발하다(be sociably very active), 친구와 재미를 찾아 여러 장소를 다니다(go to lots of different places in search of company and fun)')과 같은 몇몇 구동사에 잘 보전되어 있다. 여기서 *about*은 *wander around the garden looking at different flowers*(여러 가지 꽃을 보면서 정원을 돌아다니다)에서의 *around*와 비슷하다 *Gadding about*의 좀더 여유 있고 우아한 형태는 'swanning about(멋 부리고 사교활동하다)'이다. 우아하다는 개념은 물론 우리가 백조를 서두르지 않고 우아한 생물로 보는데서 비롯되었다.

come about(='일어나다(happen, transpire, come to pass)'): 보통의 구동사와는 달리 여기서는 동사가 가장 명확한 의미를 전한다. 왜냐하면 오고 도착하는 것(coming and arriving)이 일어나는 것(happening)과 자주 연관되기 때문이다 — 예 *It came to pass/happened that...*(...가 일어났다), *What became of him?* (='What happened to him?(그한테 무슨 일이 일어났나요?)'), 프랑스어의 ('arrive'와 'happen'의 의미의) *arriver*, 등등. *About*은 사건이 '바로(directly)' 일어나지 않는다는 의미를 더해준다 – 즉,

그것이 빨리 일어나지도 않고, 즉시 일어나지도 않고, 분명히 예측 가능한 방식으로 일어나지도 않는다는 것이다. 이 모든 것이 *stride about the room*(방안을 활보하다)에서처럼 *about*이 원형이나 곡선이나 다방면인 경로와 연관되어 있다는 데서 비롯된다.

Across

*Across*는 몇몇 구동사에 나타난다. *Across*는 문자적 경로 전치사 의미로부터 직접 파생된 의미를 항상 더하는 것으로 보인다.

come across a fine wine/a new idea(= '좋은 와인/새로운 아이디어를 알게 되다(encounter or become aware of more or less by chance)'). 문자적으로, *come across*는 목적어를 (cross의 의미대로) 대체로 직각으로 만나는 것을 나타낸다. 그 근본 영상은 (문자그대로) 어떤 것을 추구한다는 것(pursuing)은 생생한 형태의 찾는 것(seeking)이라는 사실과 아마 연관되어 있을 것 같다. 당신이 일부러 어떤 것을 '좇아(after)' 추적하거나(tracking) 추구하거나(pursuing) 쫓거나(chasing) 따르거나(following) 또는 찾는(seeking)다면 당신의 경로는 당신이 따라가는 것의 경로와 대체로 일치할 것이다. (따라서, '일직선상의 연속선에서 나중에 오는(later-in-linear-sequence)'의 전치사인 *after*는 *seek*(찾다), *follow*(따르다), *chase*(쫓다)와 같은 동사와 같이 쓰인다.) 반대로, *across*의 사용은 지표를 추적하거나 추구하거나 일부러 쫓아가는 것이 아니라 경로를 우연히 건너갔다('crossed')는 것을 암시한다.

get a message across to someone(= '전달하다(convey to)'). 어느 두 사람 사이에서나 문자적 간격이 존재한다. 만일 무언가가, 메시지처럼 매우 추상적인 것이라도, 한 사람에게서 다른 사람에게로 가면, 그것은 어떤 간격을 건너는 것이다. *Get*은 결과를 강조하는 고전적인 동사이다. 따라서 *get a message across to someone*은 어떤 결과, 즉 메시지가 두 사람 사이의 간격을 건너가는 것을 성취했음을 의미한다. 여기서 *across*는 '한쪽에서 다른 쪽으로(from one side to the other)'을 뜻한다. *To*는 종점/수령자를 명시한다.
Put a message across(메시지를 전달하다)에서처럼 *get* 대신에 *put*으로 대체하면, 결과보다는 행위가 강조된다.

After

*After*는 소수의 구동사에만 나타난다.

take after someone(= '선천적으로 닮다(resemble by inheritance)'): 바로 위에서 언급했듯이 ('come across'를 참고하라), *after*는 따르는(following) 동사와 자연스럽게 같이

쓸 수 있는 전치사이다. 따른다는 개념은 우리가 관습적으로 인생을 여행이라고 생각하는 것과도 잘 맞아떨어진다. 즉, 어떤 사람 같다는 것은 인생 여정에서 그를 따르는 것이라고 생각된다. 이 구동사에서 진정으로 관용적인 요소는 *take*일 것이다. 아마도 여기에서의 용법은 역시 여행과 관련이 있는 *overtake*(따라잡다)와 *take off* (= '갑자기 떠나다(leave abruptly)')과 같은 표현의 용법과 연관이 있을 것이다.

Along

*Along*도 소수의 구동사에서만 쓰인다.

get along with someone(= '관계가 원만하다(have a good relationship with)'). (6/3.1을 참고하라.)

Get on with someone(…와 잘 어울리다)이라고도 쓸 수 있다는 것을 주목하라. *Along*은 경로의 방향을 강조하고 *on*은 이동/진행을 강조한다. (*Along*과 *on*이 둘 다 가능할 때는 *along*이 조금 더 가벼운 어감으로 쓰인다.)

Around

Around — 또는 특히 영국 영어에서는 *round* — 는 구동사에 별로 나타나지 않는다.

get around to doing X(예 *the dishes*)((설거지 등) X를 할 여유가 나다). *To*는 (은유적) 종점, 여기서는 접시를 닦는 행위를 명시한다. *Around*는 종점까지의 길이 직선이 아니라는 개념을 더해준다. 따라서 사람들이 어떤 일을 할 여유가 났다(get around to doing something)는 것은 그 일을 최우선 순위에 두고 '바로(directly)' 하지 않기 때문이다.

put a rumor around/about(소문을 유포하다). 여기서의 기본 영상은 돌아다니는(goes 'around') 소문이 '유포, 순환되고 있다(in circulation)'는 것이다.

Aside (By: *put by*와 Away: *put away*도 참고하라.)

*Aside*는 본래 단순히 '왼쪽이나 오른쪽으로 가깝게(near to the left or right)'라는 뜻이었다. 지금은 주로 인간 **주어**와 관련하여 쓰이지만 의미에 있어 절대로 전적으로 위치와 상관있는 것은 아니다. 따라서 *to put an object aside*는 '물건을 왼쪽이나 오른쪽으로 치워 **놓고** (최소한 당분간) 거기에 더 이상 관심을 두지 않는다(put an object either to the left or right side and pay no more attention to it (at least for the time being))'는 뜻이다. 은유적으로 어떤 것을 제쳐둔다(put something aside)는 것은 그것을 무한정

연기한다는 뜻이다(예 *The government has put aside its plans to raise interest rates* (정부는 이자율을 인상하려던 계획을 미루었다)).

At

*At*은 명백히 '목표물(target)'이라는 개념을 전하는 많은 구동사에 사용된다.

따라서 당신이 '누구를 나무라면(get at someone)', 그가 당신의 공격적인 말의 목표가 된다. 당신이 누구를 보면(look at, stare at(노려보다) 등), 그가 당신의 시선의 목표물이 된다. 당신의 어떤 일에 착수하면(work at), 그 일이 당신의 노력의 목표물이 된다.

Good at skiing(스키를 잘 타다)에서와 같은 표현에서의 *at*의 사용은 (매우 추상적이기는 하나) *at*의 목표물 표시 기능의 확장일 것이다. 다시 말해, 당신이 스키를 잘 타면(good at skiing) 그것이 당신 재능의 초점이 된다.

그런데, *look/stare...at*(보다, 노려보다)는 구동사의 주요 테스트를 통과하지 못한다. 전치 테스트(fronting test, *At what did you look?*)와 다른 테스트들이 *at*은 동사보다는 지표와 더 강한 결합을 한다는 것을 보여준다.

Away

*Away*는 구동사에 꽤 흔하게 사용된다. 그러나 비기초동사(non-primary)와 쓰일 때는 전형적으로 '끝없이(without end)'라는 의미(예 *while away the hours*(시간을 보내는 동안))를 더하거나, 또는 확장되어 *He gaily whistled away*(그는 유쾌하게 휘파람을 부르며 지나갔다)에서처럼 '멋대로(with abandon)'라는 의미를 더한다. 이것은 *away*에는 종점 초점(endpoint focus)이 잠재적으로 결여되어있다는 것과 전적으로 일치한다. (기호 ●→는 종점 표시가 없다.)

get away with murder(살인을 하고도 벗어나다). 보통처럼 *away*는 '…에서 먼(farther from)'을 뜻한다. 그러나 여기서 이 의미는 어떤 행위의 바람직하지 않은 결과로부터 멀어진다(distant from, 따라서 모면한다(escaping))는 개념을 표현하는데 사용된다. *With*는 예를 들어 강도가 돈을 많이 가지고 범죄현장에서 문자 그대로 벗어나는(get away) 것과 같이, 도망갈 수 있을 뿐만 아니라 그러면서 뭘 얻는다는 개념(즉, 은유적 소유)을 더해준다. 여기에서의 주요한 질문은 누군가 살인을 하고도 벗어난다면 정확히 뭘 '가지고(with)' 벗어나는 것일까? 아마도 이 표현을 고안해낸 사람은 살인자가 (예 복수나 살해욕 같은) 일종의 욕구충족을 얻고 탈출한다는 것을 염두에 두었을지 모른다. 아니면 단순히 살인이라는 전체 행위가 구체화된 것일 수도 있다.

put something away(= '보관장소에 넣다, 보관하다(stow, store)'). 이 구동사는 *away*와 *aside*의 중심의미와 직접적으로 관련되어 *put/set aside*와 대조된다. 즉, *aside*는 '근접성'을 함의하는 반면, *away*는 '근접성 감소(decrease in nearness)'을 함의한다. 따라서 연장들이 보관되었으면(put away) 그것들은 더 이상 바로 사용할 수 없다. 그러나 그것들을 제쳐두었으면(put aside) 그것들은 그런대로 사용할 수 있다.

By

come by something(= '우연히 손에 넣다(acquire, perhaps not by plan)'). 이 표현의 의미는 다소 미묘하다. '오는 것(coming)' — 즉, 다가오는 것(approaching) — 을 소유하게 되는 것(gaining possession of)과 동일시하는 것은 대체로 이해할 만하다. 우리는 예를 들어 ***come** into possession of something*(소유하게 되다)라고도 한다. 그러나 단순히 근접성을 나타내는 *by* 같은 불변화사가 쓰인 것은 처음에는 놀랍게 여겨진다. 이것의 근본 영상은 사람이 어떤 대상 **가까이로**(by) 다가가는 경로 — 즉, 쉽게 그 물건을 보고 사용할 수 있을 만큼 가까이 — 를 나타내는 것으로 생각된다. '계획하지 않았다(not by plan)'의 뉘앙스는 *by*가 기여하는 의미, 즉, 그 대상이 바로 그 경로에 있지 않고 단지 가까이에 있다는 의미로부터 파생된 것 같다.

get by (on a minimum wage)(= '(최소한의 봉급으로) 근근이 버티다(survive on)'). 4/11을 참고하라.

put money by (for a rainy day)((어려울 때를 대비해) 저축하다). 여기에서 *for*는 명사구와 오른쪽으로 결합하는데, *for*의 일반적인 기능 중 하나인 이유를 표시한다. 예 'in case there is a rainy day (= '어려울 때를 대비하여(in case there are hard times)'). *By*를 사용하는 배후의 기본 영상은 대상이 바로 사용되거나 소비될 수 있게 사람 바로 앞에 놓여 있지 않다 — 필요하면 얻을 수 있을 정도로 가까이에 한쪽으로 놓여있다 — 는 것이다.

Stand by (for action)(행동할 준비를 하고) 대기하다)에도 아주 비슷한 의미가 포함되어 있다. 이 표현의 문자적 의미는 최소한 '싸움터 **가까이에** 머무르다(stay **near** your battle station)'라는 것이다.

*Put/Set X aside*는 기본 영상에 있어 *put X by*와 거의 동일하지만, 옆으로 치워진 것(what is put or set aside)은 사실상 더 이상의 관심을 받지 않는다는 가능성이 더 부각된다.

stand by someone (against a common foe)((공공의 적에 맞서) ...를 지지하다). 문자 그대로 누구 옆에 서 있다는 것은 그 가까이에 서 있다는 뜻이다. 어떤 사람을 도와주는 사람은 원형적으로 가까이 있기 때문에 *stand by someone*은 '(어려울 때) 도와주다(aid someone (in time of difficulty))'라는 뜻이다. 덧붙여, *stand by someone*이 (*against a common foe*(공공의 적에 대항하여)에서처럼) *against*와 연어된다는 사실에서도 볼 수 있듯이, *stand*는 '저항하다(resist)'라는 역동적인 의미를 포함하고 있다.

Down과 up (Up도 참고하라.)

*Down*은 매우 중요한 일군의 체계적 은유에서 *up*과 대조된다. 예 '많음은 위고 적음은 아래이다', '활동은 위이고 죽음은 아래이다(active is up, defunct is down)'. 이것과 또 다른 체계적 은유는 17/3-6에서 자세히 논의되었다. 여기서 기억을 상기시키고자 몇 개의 예문만 들지만 어느 정도는 이전의 논의를 계속하고자 한다.

bear down (on)(내리누르다). *Bear*의 관련 의미는 "압력을 행하거나 이전시키다(to exert or transmit pressure)" [*SOED*]이다. 중력의 도움 때문에 당신이 만일 어떤 것을 문자 그대로 *bear* ***down***하면 당신은 그것을 특히 세게 내려누르는 것이다. 따라서 은유적으로 어떤 것을 내려 누르는 것은 극도의 물리적인 힘(즉, 노력)을 들이거나/고, *Let's really bear down on this problem*(이 문제를 정말 한번 해결해 봅시다)에서처럼 정신적 힘(즉, 집중력)을 들인다는 것을 의미한다.

한 가지 관련된 표현은 *crack down (on)*(단호한 조처를 취하다)이다. 이것은 아마도 예를 들어 뭔가 딱딱한 것을 깨려면 문자 그대로 그것에 압력을 내려 가해야 쉽다는 것에서 파생되었을 것이다. *X is a hard nut to crack*(=X는 어려운 문제이다(X is a difficult problem))과 *a difficult case to crack*(공략하기 어려운 경우)과 같은 표현들은 우리가 문제를 집중적 압력을 가해야 깨어져 열리는 견과류 같은 사물과 은유적으로 동일시한다는 것을 증명한다. 여하튼, *a police crackdown on car thieves*(경찰의 차도둑 집중 소탕)는 경찰이 차 도둑에 대해 '압력(pressure)'을 가하는 노력을 말한다. (또한 *police break car thief ring*(경찰, 차 도둑 패거리를 소탕하다)이라는 표현을 주목하라.)

Buckle down(본격적으로 착수하다)은 *bear down*(내리누르다)과 *get down to work/business/serious talk*(일/비지니스/심각한 토론에 착수하다)과 같은 표현과 일맥상통한다(17/3.5.1−5.2를 참고하라). 흥미롭게도, 일에 착수한다(getting 'down')는 개념은 흥미로운 일에 진지하게 달라붙는 것으로 확장되어, *(Let's) get down*이라는 표현을 예를 들어 디스코 음악의 가사나 클럽에서 자주 들을 수 있다.

*Up*은 대조적으로 *my thoughts were all up in the air*(내 생각은 다 비현실적이었다/불확실했다)와 같은 표현에서 볼 수 있듯이 꽤 부정적일 수 있다. 이것은 '눈높이보다 위(up from eye-level)'라는 의미의 *up*이다. **이런** 의미의 *up*과 반대되는 것으로서 *down*은 뚜렷하게 긍정적이고, 예를 들어 *She has her feet on the ground*('그녀는 합리적이다(is sensible)')에서처럼 현실적이고 실용적인 의미를 함축한다. 이런 의미에서의 하향성은 몽상보다는 실용적인 일과 연상된다. (즉, *get down to work*에서의 긍정적인 의미에 반하여 *have one's head in the clouds*(비현실적이다)와 *be in cloud cuckoo land*(몽상적이다)의 부정적인 의미이다).

put something down (to a certain cause)(= '(특정 이유 탓으로) 돌리다(attribute)'). *Put down*은 보통 '써 놓다(write down)'라는 의미로 쓰이곤 한다. 두 가지 이유에서 이것은 놀라운 일이 아니다. (1) 대부분의 쓰기는 눈높이 아래에 있는 종이 위에 하는 것이기 때문이다. (2) 우리는 언어나 아이디어를, 내려놓고 떨어뜨리고(예 *drop a hint*(힌트를 주다)), 골라놓고(예 *pick out a nice phrase*(좋은 구절을 골라내다)), 줍고(예 *Did you pick up on what he said?*(그가 말한 것을 알아들었어요?)), 빠뜨리고(예 *leave out the last sentence*(마지막 문장을 빠뜨리다)), 집어넣고(예 *put in a different word here*(여기에 다른 단어를 넣다)), 건네줄(예 *put across your message*(당신의 메시지를 전달하다)) 수 있는 유형의 단위로 이루어져 있다고 체계적으로 생각하고 말하기 때문이다(Reddy 1979/93을 참고하라). 더구나, 글쓰기(writing)는 한때는 지금보다 훨씬 더 격식을 갖춘 일이었다. 몇 백 년 전까지만 해도 비교적 소수의 사람들만이 글쓰기를 할 수 있었고, 그들 중 많은 사람은 누군가 그들에게 돈을 지불하여 쓸 가치가 있다고 생각하는 것만을 종이에 적어내리는(put down) 일에 종사하는 필경사들이었다. 무언가를 글로 적어둔다는 것은 그것에 중요성을 부여하는 행위였다. 따라서 예를 들어 어떤 것이 다른 어떤 것의 원인이었다고 글로 기록하는 것은 매우 결정적인(definite) 것이었다. 이것이 아마 *put effect X down to cause Y*(결과 X를 원인 Y 탓으로 돌리다)라는 표현의 기원일 것이다. (*To*가 *point to*(가리키다), *refer to*(참조하다) 등에서처럼 '가리킴/사상(pointing/mapping)'의 기능이 있다는 것을 주목하라.)

put/keep/hold someone down(억누르다, 제지하다). *Down*의 이 용법은 긍정적인 *up*의 '눈높이까지' 의미와 대조된다. *Down*의 이런 의미와 관계되어 부정적으로 연상되는 것은 똑바로 서있기 보다는 엎드려 있거나(lying prostrate, groveling) 기거나(creeping, crawling) 굽실거리거나(cringing) 머리를 조아리는 것(kow-towing)이다. 이런 의미에서 아래에 있다(being down)는 것은 서 있을 수 없다는 것을 함축한다. *Up*과 사용되어 대

조되는 표현은 많이 있지만 그 중 *hold your head up high*(머리를 높이 들다), *chin up*(턱을 들다), *raise up the poor*(가난한 자를 높이다), *lift your spirits*(사기를 높이다) 등이 있다.

'하향성'은 명백히 모든 언어에서 부정인 연상을 일으킬 수 있다(Marks 1996). 예를 들어, 각각 'down'과 'under'를 의미하는 라틴에서 온 접두사인 *de*-(예 *depress*(우울하게 하다), *debase*(저하시키다), *defeat*(물리치다))와 *sub*-('defeated(패배한)'라는 의미를 가진 *supine*(무기력한), *suppress*(억누르다), *subdue*(억제하다))을 주목하라.

talk something up/down(좋게/폄하해 말하다). *To talk something up*(긍정적으로 말하다)은 좋은 점을 부각시킨다는 의미이다. *To talk something down*은 그 반대이다. 이 두 구동사 '좋은 것은 위이고, 나쁜 것은 아래이다'라는 체계적 은유 표현이다. 학습자의 관점에서 어려운 점은, 어떤 아이디어의 긍정적, 부정적 표현이 각각 다른 동사를 포함할 수 있다는 것이다. 예를 들어, *play down/blow up an incident* (= '사건의 중요성을 축소하다/과장하다(minimize/exaggerate the importance of and incident)').

live down(과거를 잊다). 당신이 부끄러운 과거 일에 연루되었었다는 사실을 잊고 산다면(live down) 사람들도 그것을 잊을 것이다. 이런 의미에서의 *down*은 바로 위에서 논의한 표현에서 보는 것과는 다른 식으로 *up*의 '눈높이까지' 의미와 대조된다. 여기서는 '*up*은 '보이므로(visible)' '현재적이고(current)', *down*은 '안 보이므로(invisible)' '죽은(defunct)' 것이다. 마찬가지로, *die down*은 '침체되다(become much less active)'라는 뜻인 반면에 *flare up*은 '활기를 띠다(become much more active)'라는 뜻이다.

한 가지 까다로운 점은 똑같은 동사와 쓰이지만 *up*은 한 체계의 은유를 표현하고 *down*은 다른 체계의 은유를 나타낼 수 있다는 것이다.

예를 들어, *sober down*은 (너무 들떴다가) '흥분을 가라앉히다(become less gay)'라는 뜻이다. 여기에서 *down*은 활동이나 강도가 감소된다는 것을 암시하고 '활동은 위이고, 비활동은 아래이다(active is up, less active is down)'('많음은 위이고, 적음은 아래이다'의 특별한 형태)라는 은유의 표현이다. 그러나 반면에 *sober up*은 (좀 몽롱했던 상태에서) '술이 깨다, 정신을 차리다(get fully sober)'라는 뜻이다. 여기에서 *up*은 '철저히(thoroughly)'라는 완료의 의미를 가지고 있고 따라서 *sober down*에서의 *down*과 직접적인 대조를 이루지는 않는다.

기본적인 체계적 은유가 무엇인지를 알면 많은 수의 동사 + *down*/동사 + *up* 조합의 의미를 감 잡는데 도움이 된다. 그러나 또한 수많은 조합에서의 뉘앙스는 하나하나 따로 익혀야 한다.

For

*For*는 구동사에 흔히 쓰이지는 않다. 아래에서 논의한 표현들조차도 — 예 *care for*(좋아하다)와 *look for*(찾다) — 일반 구동사 테스트를 통과하지 못한다. 다시 말해, ***For which*** *boyfriend did she fall hardest/care most?*(그녀는 어느 남자친구를 가장 좋아하나요?) ***For that treasure****, unlike the other, I decided never to search*(그 보물은, 다른 보물과는 달리, 절대로 안 찾기로 했다)라고 말할 수 있다. *For*의 의미를 이해하는 데 추가적인 도움이 될까하여 어쨌든 표현 한 가지를 포함시켰다.

fall for someone(...를 좋아하게 되다). 여기에서 *for*는 실제로 그 의미를 총망라하여 보여준다.

- 추상적인 '소유표시' 기능 (*This is for you*에서처럼)
- 행동이나 상태의 '목적'을 표시하는 기능 (*live for love*에서처럼)
- '혜택'의 심리적으로 확실한 의미 표시 (*This is good for you*에서처럼)

종종 그렇듯이 *for*는 *to*와 미묘하게 대조된다. 따라서 *to*는 — 그러나 for는 아니다 — *fall to enemy arms*(적군에 투항하다)라는 구에 적절하다. 왜냐하면 '소유표시'나 '혜택'이나 '목적'이 적절한 의미가 아니기 때문이다.

In/into

지표가 표현되기 않고 암시될 때에는 *into*보다는 *in*이 구동사에 쓰인다. **지표**가 명시될 때에는 불변화사는 항상 *into*인 것 같다.

take someone in(받아들이다, 속이다). 이 'VNp' 또는 'VpN' 표현의 가장 비관용적 의미는 *X took in refugees*(X는 난민들을 받아들였다)에서처럼 '안식처를 주다(give shelter to)'라는 뜻이다. 반대 표현은 *X turned two refugees out*(X는 난민들을 돌려보냈다)이다. 문맥에 따라서, 암시된 **지표**는 X의 집/나라 안/밖에(in(to)/out X's home/country) 있을 수 있다.

가장 관용적 의미는 '속이다(deceive/trick)'이다. 필자가 알기로는 이 표현의 의미적 기원에 대한 뚜렷한 증거는 없다. *Take*는 원래 잡는 것(catching)과 관계가 있었을 것이다. 그리고 (속이는 사람(또는 사기꾼)이 희생자가 자기를 신뢰하도록 함으로써 그 사람을 속인다는 의미에서) *in*은 '…소유로(into one's hands/into one's possession)', 또는 '…신뢰로(into one's confidence)'의 줄임말일 것이다.

do someone in(= '죽이다(kill)'). 이것은 의미 기원을 결정하기 쉽지 않은 또 하나의

'VpN' 구동사이다. 중요한 질문은 "in(to) what?(무엇 안에(으로)?)"이다. 아마도 그들의 무덤 안으로(in(to))일 것이다.

turn someone in(고발하다), *send in an application*(지원서를 접수시키다), *put in for* (신청하다), *call in outstanding debts*(미불된 빚을 회수하다). Bolinger(1971:60)는 또 다른 언어학자(L. A. Hill)를 인용하면서 이 모든 표현에서 암시된 **지표**는 "상응하는 사람이나 당국(the proper person or authority)" 같은 것이라고 제안한다. 따라서 *turn someone in to the police/school authorities*(경찰/학교 당국에 고발하다), *send an application in to a likely employer/government office, put an application in to a likely employer/government office*(적절한 고용주/관청에 지원서를 내다)와 같은 것이 있다. 반대의 관점에서는 *the bank called in [to itself] outstanding debts*(은행이 미불된 빚을 회수했다)가 있다.

*Give in to someone or something*은 'X에게 양보하거나 굴복하다(surrender or yield to X)'라는 뜻이다. 이것은 아마 *give way to*(길을 양보하다)와 관련이 있을 것이다. 즉, 굴복하는 것의 한 형태는 반대편 사람이 자기 마을이나 거주지에 — 또는 더 뚜렷이 심리적으로는 자기의 개인적 저항 수단을 뚫고 — **들어**오도록(in) 허락하는 것이기 때문이다. *Give* 자체는 굴복하는 사람이 문자 그대로 자기의 재산이나 최소한 공물을 바치거나 또는/그리고 은유적으로 어떤 그 이상의 동의를 해 준다는 사실을 반영하는 것이다. ('Up'에 있는 *give up*을 참고하라.)

Off

다른 문맥에서와 마찬가지로 구동사에서도 *off*는 의미에 있어 *on*과 대조된다.

bring it off (= '얻는 데 성공하다(succeed in achieving something)'). 이것은 일회성의 생생한 영상 은유로 보인다. "Off what?(무엇으로부터 떨어져?)"이라고 물을는지도 모르지만 *it*의 모호성 때문에 대답은 불명확하다. 아마도 기본 영상에서 *it*은 바라는 대상일 것이고, *off*의 **지표**는 *the spot where it is*(그것이 있는 장소)와 같은 것이다. 따라서 그 바라는 대상을 그 장소에서 떼어 가지고 오는 것은(bring off) 그것을 소유하게 되는 것이고, 환유적으로는 성공한다는 것을 의미한다.

cross/strike/write off(지우다/제명하다). 이 각각의 표현의 은유적 기원을 이해하기 위해서는 "off what?(무엇으로부터 떨어져?)"이라는 질문을 해야 한다. 각각의 경우에 대답은 "some kind of list(어떤 목록 같은 것)"이다. 따라서 *cross someone off your list of friends*(어떤 사람을 친구 목록에서 지우다), *strike an incompetent doctor off the official register*(무능한 의사를 공식 등록명부에서 지우다)라고 말할 수 있다. *Write off*는 그렇게 간단명료하지는 않지만, 사실 '자산 목록에서 지우다(remove from one's list of assets)'라는 뜻이다. 기본적으로, 이 세 개의 표현 모두가 *put the cat out*(고양이를 내놓다)라는 표현과 같은 범주에 속한다. 다시 말해, **지표**를 명시하면 쓸데없이 아는 체 하는 것처럼 들리기 때문에 **지표**를 명시하지 않는다.

fly off the handle(= '자제력을 잃다(lose one's self-control)'). 이것은 곡괭이나 도끼를 휘두르는 것처럼 한때는 흔한 행위에서 파생된 단순명료한 생생한 영상 은유이다. 이 일을 해 본 사람이라면 그 손잡이가 마르기 쉽고 그렇게 되면 곡괭이/도끼머리가 갑자기 손잡이에서 빠질 수 있다는 것을 알 것이다. 자연히, 이 점에서 옆에 있던 사람뿐만 아니라 사용자한테도 위험요소가 존재한다.

(Planes) take off((비행기가) 이륙하다)라는 표현은 *off*가 **주어**(비행기)와 **지표**(지면)의 '분리'를 함의할 때만 이것과 관련이 있다. 그러나 *take* 동사의 의미는 이동, 여행과 관련된 다른 비슷한 표현(예 *The birds took wing/to the air*(새가 날개를 펴고 공중으로 날아갔다)와 *He takes to the road*(그가 길을 떠난다))이 있음에도 불구하고 모호하다.

(*The bomb went off* (폭탄이 폭발했다)에서처럼) *go off*도 *fly off the handle*과 관련이 있어 보인다. 즉, 폭발하는 폭탄이 날아가는 도끼 머리처럼 지면에서 **떨어져(off)** 공중으로(**up** into the air) 날아가는 것으로 생각될 수 있다. (*Blow **up***(폭탄이 터지다)라고도 말한다는 것을 주목하라.)

get off on something(= '흥분하다(get thrills from something)'). 여기에서 *on*의 **지표**는 *ride on a horse*(말을 타다), *get high on cocaine*(코카인을 해서 흥분하다)과 같은 탈것이다. *Get off*는 아마 *get off the ground*와 관련 있을 것이다. (*Take off*가 새나 비행기나 로켓과 쓰였을 때와 비교하라.) 다시 말해, *get off (on)*와 *get high* (*on*)은 비슷한 관습적 은유(conventional metaphor)를 표현한다.

첫째, '좋은 것은 위이다' 고로 '기분이 좋은 것은 위이다(feeling good is being up)' (예 *feel up*(기분이 좋다), *my feet didn't touch the ground all day*(하루 종일 들떠있었다), *over the moon*(흥분한), *on cloud nine*(환상적인), *my spirits rose*(기분이 들떴다), *high spirits*(흥분한) 대 *feel down (in the dumps)*((우울하여) 기분이 나쁘다), *my spirits dropped*(풀이 죽다), <u>*de*</u>*pressed*(우울하다)).

아마 또한 '현실과 분리되어 있는 것은 위이다(being separated from reality is being up)'(예 *He has his head in the clouds, He's as high as a kite*(그는 비현실적이다) 대 *She has her feet on the ground*(그녀는 현실적이다), *get down to work*(일에 착수하

다)).

hit it off with someone(= '빨리 친해지다(quickly make friendly acquaint- ance)'). 이 관용어에서 *hit*은 갑작스럽다는 개념만을 더해주는 것 같다. *Off*는 *Goodbye! I'm off*(안녕! 나는 떠나), *off the spot*(바로 그 자리에서), *drive off*(운전해 떠나다)에서처럼 아마 움직이기 시작한다는 것과 관계가 있을 것이다. 대조적으로 *with someone*은 전적으로 비관용적이다.

*Strike*는 *strike up a good working relationship*(좋은 일 관계를 시작하다)과 같은 표현에서처럼 *hit*과 비슷한 의미를 더해주는 것 같다. 그러나 이 장 초반에서 언급했듯이 *strike up*은 불을 피우는 행위에서 비롯되었을 것이다.

knock it off(= '즉시 멈추다(stop right now)'). 이것은 생생한 영상 은유이자 '떨어지면 보이지 않고 현재적이 아닌 것(off is out of view, not current)'이라는 체계적 은유이기도 하다. 이것은 아마 시끄럽게 뭔가를 치고 있는 아이에게 화가 난 부모가 말할 만한 것이다. 이 표현의 기원은 탁자 같은 물건 윗면에서 쓰러진(knocked off) 물건이 갑자기 사라질 때와 같은 것이다. 따라서 '바로 멈추다(stop right now)'라는 의미이다. 모호한 대명사인 *it*이 주로 문제되는 요소이다.

put off a show(= '쇼를 연기하다(postpone)'). 이 표현의 반대는 *put on a show*(쇼를 올리다)이다. 이 두 표현 다 '붙어(on) 있는 것은 보이고 현재적이고 일어나고 있는 것이고, 떨어져(off) 있는 것은 보이지 않고, 비현재적이고 일어나지 않는 것(on is visible, current, happening; off is out of view, not current, not happening)'이라는 체계적 은유의 표현이다. 많은 관련된 표현 중에 *turn the lights on/off*(불을 켜다/끄다)가 있다. *Put off*는 '취소하다(cancel)'(call off로 표현되는 뜻)보다는 '연기하다'라는 뜻이라는 점에서만 관용적이다.

show off(자랑하다). 이것은 좀더 관용적인 구동사 중에 하나이다. 여기에서의 *off*의 용법은 역사적으로 *give off light*(빛을 뿜어내다)에서 보이는 용법과 관계가 있을 것이다. 이러한 짐작을 뒷받침하는 하나의 증거는 성공적인 자랑거리가 '스타'라고 불린다는 것이다. 우리는 또한 찬란하고 빛나고 화려한 공연 대 지루하고 빛이 없는 공연에 대해 말하기도 한다.

take someone off (= '흉내 내다(parody someone)'). 이것은 *take someone off their pedestal*(= '촉망받는 사람을 깎아내리다(counteract the admiration in which someone is/may be generally held)')이라는 표현의 축약형으로 볼 수 있다. (아래의 *send up*을

참고하라.)

On

구동사에서의 *on*은 항상 *off*의 반대는 아니다. *off*는 *on*^{c}가 아니라 *on*^{t}와 대조되기 때문이다(4장을 참고하라).

let on(*Don't let on that you can't come*(당신이 못 온다는 것을 말하지 말라)에서처럼 '발설하다(reveal)'). 여기에서의 주요 은유는 *on*^{t}을 포함하고 있다. 즉, ***on***인 것(what is on)은 예를 들어 탁자 위에 진열되어 있는 것처럼 전형적으로 내보이게 된다는 것이다. 따라서 어떤 것을 'on'이 아니면 그것을 숨기는 것이며 진열하지 않고 보이지 않게 한다는 뜻이다. 일부 화자 마음속에는 *on*^{c}에서 파생된 추가적인 은유가 있을 수도 있다. 다시 말해, 만일 개가 줄에 묶여있다면 그 개를 다시 뒤로 잡아당기지 않음으로써 놓아줄 수 있다(let it go **on**). 만일 비밀이 있는데 발설하지 않으면(let on) 그것을 숨기고 있는 것이다.

put someone on(= '사실이 아닌 것을 말해 사람을 놀리다(tease them by telling them something that is not true)'). 이것은 *on display*(진열된)와 같은 표현과 의미적 연관성이 있을 것이다. 여기서 'on'이라는 것은 *up*이라는 것과 동등하고 *up*은 또한 가시성을 함축하기 때문이다. *Hold someone up to ridicule*(놀리다)과 *send someone up*(놀리다)을 비교해 보라.

Out

완료의 *out*(예 *think something out*)은 3/7.3에서 자세히 논의되었다. 다른 관련된 의미는 3/7.4를 참고하라. 좀더 추측하기 어려운 구동사로 다음 여섯 가지가 포함된다.

turn something out(= '생산하다(produce)'). *Out*은 '밖은 볼 수 있고 존재하는 것(out is visible, in existence)'이라는 은유 표현이다. *Turn*은 (환유적으로) 공장에는 도는 것(turn)이 많다는 사실과 관계가 있을지 모른다. 예를 들어, 분쇄기에서 크랭크를 돌리는 것이 가루를 생산하고, 병뚜껑 씌우는 기계의 크랭크를 돌리는 것이 마개가 씌워진 병을 생산하는 등이다.

put someone out(= '기분 나쁘게 하다(put someone in a bad mood)'). 이 표현의 의미적 기원에 대한 힌트는 많이 있다. 가장 명백한 것은 오래된 문헌에서 완전한 표현 *put someone out of humor*(*be out of sorts*(기분이 언짢은) 참고)를 찾을 수 있다는 것이다.

다른 힌트는 *in a good mood*(기분이 좋은), *in a funk*(두려워하는), *in a deep depression*(우울해하는), *in a state of gloom/ecstasy*(우울/황홀해하는)와 같은 표현들이다.

make out(해내다). *Make out*이라는 표현은 'do(하다)'와 비슷한 의미일 수 있지만, *I made out pretty well*(나는 잘 해내었다)에서처럼 '성공(success)'을 가정하고 있다. *Make*가 쓰이는 대부분의 구동사와 마찬가지로 *make*는 만든다는 개념과는 별 관계가 없기 때문에 이 표현은 관용적이다. 게다가 *out*에 대한 **지표**도 없다.

start out (on a journey)(여행을 시작하다). *Out*은 여행이 종종 거처와 같이 닫힌 공간 안에서부터나, 캠프, 정착지, 마을, 도시와 같은 경계가 있는 공간에서부터 시작된다는 사실에 기인하는 것 같다.

run out of(부족하다, 없다). *Run out of bread*(빵이 떨어지다) 같은 표현은 처음에는 좀 이해가 안 갈 수도 있다. 그러나 우리는 의례히 상황을 갇힌 공간인 것처럼 생각하거나 말하곤 한다. 그러므로 어떤 사람이 문제/응급상황/곤경 등에(**in** trouble/an emergency/a quandary 등) 처해있을 수 있다. 더구나, 소유도 때때로 그 안에 있거나 있을 수 없는 어떤 상황인 것처럼 말할 수 있다. 예 *We're in the money* 대 *be* ***out of*** *bread/money*(빵/돈이 있다 대 없다). (또는 좀더 추상적으로 말해, *be out of luck/time*(운/시간이 없다)). 그러나 *run*의 의미는 어떤가? 첫째로, 우리는 보통 시간을 통과하여 움직인다고 말하곤 한다, 예 *As we leave the second millenium*(두 번째 천년을 지나면서). 둘째로, 19세기말까지도 *overstep*(도를 넘다)과 *step over*(넘다), *outrun*(앞지르다)과 *run out of*(모자라다) 같은 표현이 일정 문맥에서는 동의어로 쓰일 수 있었다. 따라서 *run out of bread*(빵이 떨어지다)은 *outrun [our] bread*(빵을 앞지르다)에서 파생되었을 수도 있다. *Outrun bread*는 '우리가 시간을 통과해 움직이면서 빵을 뒤에 두고 왔다(as we have moved through time we have left our supply of bread behind)'라는 의미일 수 있다.

이 설명이 맞는다면 *cheat/swindle/talk someone out of something*(속여서/말로 설득해서 무언가를 못하게 하다)에서의 *out of* 용법이 유사한 은유 기원을 갖을 것이다.

tire out(지치게 하다). 이러한 구동사에서 *out*은 또 다른 이유로 여러 뉘앙스를 더할 수 있다. 첫째, *out*은 종종 일종의 '죽은 상태(defunctitude)'을 암시한다(예 *die out*(멸종되다)). 누가 지쳤다면(tired 'out') 그의 에너지가 없어졌고 '시스템이 나갔다(out of one's system)'는 뜻이다. 더불어서, *out*은 일종의 경계를 넘어서는 변화를 표시하는데 사용된다(예 *out of shape*(형체가 망가진)). *Tired out*(지쳤다)는 것을 보는 또 하나의 관점은

사람이 자신의 에너지의 한계를 넘어섰다(exceed)는 것이다. (*Exceed*가 'go out of'라는 뜻의 라틴어에서 왔다는 것을 주목하라.) 아마 *tired out*에서 유추하여, 구어에서는 (특히 미국 영어에서) *I'm all sung out*과 같은 표현이 쓰인다. 이것은 '더이상 노래 부를 수 없다, 내가 노래 부를 수 있는 한계를 넘어섰다'는 뜻이다.

Over

*Over*는 다양한 뜻을 가진 자유자재인 전치사로서 많은 구동사에 나타나 이런저런 의미로 쓰인다(10장을 참고하라).

그러므로 *run over someone*에서 *run over*는 전체로는 '차로 치다(hit with a car)'라는 고정적인 의미를 나타내지만 *over*는 문자 그대로 경로 전치사로 쓰인다.

Do something over(다시 하다)에서 *over*는 '다시(again)'를 의미한다 — 아마 이 의미의 은유 기원은 어떤 물건을 뒤집을 때(turn over), 새로운 면이 드러나면서 새로운 시작의 가능성을 열어준다는 사실에 기인한 것 같다. 또한, 어떤 것을 뒤집는 것은 보통 쉽게 반복할 수 있는 작업이다. 그래서 *do something over and over*(= '계속해서 다시(again and again)')라는 표현이 있다.

Make someone over(= '화장, 머리 등을 통해 사람을 변신시키다(give someone a full cosmetic treatment, a new hairdo 등)'). *Over*는 *do something over*('again')에서 가지고 있는 의미와 비슷한 것 같다. 또한 *all over*(전체적으로)와 *look someone over*(봐주다)에서와 같이 '완전 커버(complete coverage)'의 의미를 더해준다.

Turn something over (in your mind)/think something over(숙고하다, 생각하다)에서, *over*는 이런 완전 커버 의미를 더해주는 것 같다. 그러나 더 기본적인 것은 아마 어떤 물건을 잡고 그 물건의 모든 다른 면을 보려고 이쪽 저쪽으로 돌리는 (즉, 여러 번 반복해서 돌리는) 영상일 것이다. 여기서 관련된 것은 생각하는 것(thinking)을 종종 일종의 물리적 조작인 것처럼 말한다는 것이다, 예 *hold that thought for a moment*(잠시만 그 생각을 보류하다), *I can't grasp it, I don't get it, I didn't catch what you said*(이해하지 못한다) 등등.

pull over(= '갓길에 차를 세우다(turn a vehicle to the side of the road and stop)'). *Pull*의 이 용법은 사람들이 차가 아니라 말이 끄는 마차를 타고 다니던 때에 생겼을 것이다. 확실히, 말의 속도를 줄이기 위해서는 고삐를 당겨야 한다. 아마 *over*는 '이쪽/저쪽으로(off to this/that side)'라는 뜻의 *over there*의 *over*일 것이다.

*Over*는 몇 가지의 복합동사의 일부분으로 나타난다, 예 *oversee*(감독하다), *overstep*(도

를 넘다), *overlook*(간과하다), *overtake*(추월하다)인데, 이들은 (동사와 불변화사와의 어순이 바뀐) *see over*(너머 보다), *step over*(넘다), *look over*(훑어보다), *take over*(양도받다)와 의미가 다르다.

Oversee(감독하다) 대 *see over*(너머로 보다): *See over*에서의 *over*는 *Can you see over the fence?*(울타리 너머로 볼 수 있어요?)에서처럼 원형적인 경로 전치사이다. *Oversee*는 더 복잡하다. *Over*라는 것은 '더 위(more up)'라는 것을 함축하고, 더 위라는 것은 '더 크고, 높고, 강한(bigger, more exalted, more powerful)' 것을 의미한다. *Oversee*에서의 *over*는 (*superiority*의 *super*처럼) 이런 은유의 표현이다. 또한 일을 감독하는(oversee) 사람은 보통 스스로가 그 일을 하지는 않는다는 것을 주목하라. *See*의 경우에는, 누가 어떤 행동이나 과정을 감시하거나 통제하기를 원하면 그 사람은 그 일의 진행상태에 대해 알고 있을 필요가 있다. 원형적으로, 보는 것이 그 일을 하는 가장 확실한 방법이다. 환유적으로 보는 것은, 어떤 행동이나 과정이 제대로 진행되게 하기 위해 감독자가 해야 하는 다른 모든 일뿐만 아니라, 모든 진행 상황을 알고 있기 위해 필요한 모든 수단을 나타낸다.

Overtake(추월하다) 대 *take over*(넘겨받다). 누가 무언가를 '넘겨받으면(take over)' 그 사람이 우선 하는 것은 그것을 **갖는**(take) 것이다. 여기에서 *over*의 의미는 아마 *Bring it over here*(그것을 이리로 가져 와라)에서 보이는 것일 것이다. 반면에 누가 무언가를 '추월하면(overtake)' 그가 우선 하는 것은 그것을 '넘어가는(go over)' 것, 또는 최소한 그 뒤에서 앞으로 가는 것이다. *OED*는 *overtake*가 원래 초기 중세 영어에서 "도망자나 짐승을 쫓아가서 잡는데(to the running down and catching of a fugitive or beast of chase)" 적용되었던 것으로 보이며, 아마 말에서 '내리는 것(descending or falling upon)'을 함의했을 것이라고 기록하고 있다. 따라서 이 복합동사에서의 *over*는 지금의 경우보다 *over*의 '보다 높은(higher than)' 이라는 의미와 더 잘 부합한다. *Overtake*의 예전 의미는 'take'의 개념이 더 두드러지는데 북미 영어에 여전히 살아남아 있다. 북미 영어에서 *overtake*는 보통 'passing(추월하기)'에 비해 너무 극적으로 들린다.

Overlook(간과하다) 대 *look over*(살피다). *Overlook*에서 *over*는 '다른 쪽보다 높고 한쪽에서 다른 쪽까지(higher than and from one side to the other)'라는 중심의미를 가지고 있다. 그 기본 영상은 틀림없이 시선이 **지표**보다 약간 높이 있고 **지표**를 접촉하지 않은 채 그 너머까지 계속된다는 것이다. 따라서 문자 그대로 *overlook*(간과하다)은 것은 보지 않는다는 뜻이다. *Look over*라는 구동사에서 *over*는 *all over*나 *think over*에서 본 *over*처럼 '완전 커버(complete coverage)' 의미를 가지고 있다.

Overstep(도를 넘다)과 *step over*(넘다) 둘 다에서 *over*는 '다른 쪽보다 높고 한쪽에

서 다른 쪽까지(higher than and from one side to the other)'를 의미한다. 그러나 *step over*(넘다)는 *step over that puddle*(웅덩이를 넘어 건너라)에서처럼 문자 그대로 사용되는 반면, *overstep*은 *overstep the bounds of decency*(점잖게 행동하는 선을 넘다)에서처럼 '한계를 넘어 너무 많이 가다(go too far, go beyond a limit)'이라는 뜻으로 은유적으로 사용된다. (*over-run a time limit*(제한시간을 넘기다), *overcook dinner*(너무 많이 익히다) 등 참고)

*Over*의 '완전 커버' 의미는 접촉에 관해 확실하다는 점을 주목하라. 그러나 이런 접촉은 *walk all over the field*(들판 전체를 걸어다니다)에서처럼 전적으로 표면적이다. *Through*의 중심의미는 '안으로(into)', '중심을 지나(via the center)', '다른 쪽 밖으로(out the other side)'의 단계를 포함한다. 게다가, *through*는 비교적 직선의 경로를 암시하는 것 같다. *Into*는 관통(penetration)의 깊이를 강조한다. 이러한 의미들이 동사 + *over*, 동사 + *through*의 결합과 동사 + *into* 결합 사이의 체계적 의미 차이를 뒷받침한다. 동사 + *out* 조합과의 대조는 좀 덜 체계적이다.

Look something over = '여러 면을 철저하지 않게 겉으로만 보다(look at different sides but only superficially, probably not thoroughly)'. 그러나 강조사(intensifier)를 첨가하여 *really look it over* 처럼 쓸 수 있다. *Look through something*(훑어보다) = '철저히는 아니지만 시작부터 끝까지(maybe not thoroughly but from beginning to end)', 단계별로 그리고 곁길로 자꾸 빠지거나 우회하지 않다(즉, 지엽으로 흐르지 않다). *Look into something* = '깊숙이 보다, 조사하다(look deep into, investigate)'. *Look something out* = (영국 영어에서) '위치를 찾아내다, 찾다, 내놓다(to locate it, to look for something, find it, and get it out)'.

Think something over = '한 주제의 여러 국면에 생각을 집중하다(focus one's thoughts on different sides of a topic)'. *Think something through*='어디선가 시작해서 단계적으로 끝까지 생각하다(start at some kind of beginning and think by steps to the end)'. (대조적으로 'gain an *in*sight(직관을 얻다)'는 좀더 심층적이지만 아마 덜 체계적일 것이다.) *Think something out* = '광범위하게 생각하다, 좁은 한계 넘어서까지 생각하다(think extensively, think beyond narrow limits)'. 여기에서의 기본 영상은 구겨진 종이를 열어 펴서 그 표면 전체가 보이도록 하는 것 같은 것이다.

Talk over something = '한 주제의 표면을 말로 돌아다니다(wander verbally about the surface of a topic)'. *Talk something through*='한 주제의 여러 면에 대해서 단계별로 얘기하다(talk about different aspects of a topic in sensible stages)'. *Talk something out* = '더 이상 말할 것이 없을 때까지 한계를 넘어 얘기하다(talk beyond limits until there is nothing more to be said).'

Through

*Through*는 진정한 구동사에는 매우 드물게 나타난다. 그러나 앞에서 *over* 대 *through*에 대해서 말한 것을 참고하라.

Up (*Down*도 참고)

*Up*은 완료형을 비롯한 많은 구동사에 대해 말한 17장에서 자세히 논의하였다. 따라서 여기에서는 특별히 관용적으로 보이는 표현 몇 가지만 다루도록 하겠다.

chalk it up to experience(좋은 경험으로 생각하다). 흥미롭게도, 이것은 *put it* ***down*** *to experience*(경험으로 삼다)를 다른 방식으로 말하는 것이다. 그러나 각각의 표현의 기원은 다르다. 동사로 판단할 때, *chalk it up to experience*는 원래 일종의 내기나 운동 경기에서 점수 기록하는 데서 기인했을 것이다. 진짜로 (기계나 전자 점수 기록판이 나오기 전에는) 점수 계산은 종종 사람들이 볼 수 있도록 크고 높은 칠판 위에 기록되었다. 그런 경우에 사람들이 *chalk that up/for Smith*(스미스 점수로 기록하라)라고 말하는 것이 일반적이었을 것이다. (사람이 **지표**일 경우에 '혜택'이라는 개념이 더 적절하기 때문에 *for*가 더 자연스러웠을 것이다. 필자는 사람들이 농담으로 *Score one* ***for*** *experience*(경험에 1점을 주라) 같이 말하는 것을 들은 적이 있는데, 최소한 나한테는, 한쪽 편에는 사람이 다른 한편에는 경험 또는 인생 자체가 아마 불공평한 경쟁에서 서로 겨룬다는 개념이 떠오르게 된다.) 여하튼 이 모든 표현들은 인생이 경쟁이라는 개념에 바탕을 둔 것이다.

come up with something(생각해내다). 여기에서 *come*이 나타내듯이, *up*은 '눈높이까지(up to eye-level)' 의미(*go up in smoke*에서의 '위로 멀리(up and away)' 의미와 대조)를 가지고 있다. 눈높이까지 올라온다는 것은 가시성과 접근성의 증가를, 그리고 확장되어 현재성(currentness)과 존재성(existence)을 함축한다. 이 *with*는 *man with a hat*(모자를 쓴 남자)과 같은 표현에 보이는 *with*이다. 이것은 소유를 표시한다.

관련 있는 표현들로는 *take/bring your complaint up with the manage- ment*(불만을 관리인에게 말하다)(여기서 *with*는 '동반격' 의미), *bring up*(대 *drop*) *a topic*(주제를 제기하다/포기하다)과 *take up a challenge*(도전을 받아들이다)을 포함한다. '가까운 것은 위이다(near is up)'(따라서 '접근 가능하고 사용할 수 있는 것은 위이다(accessible, usable is up 등)')라는 은유 표현에 *on*이 포함될 수도 있다. 무엇 위에 있다(on something)는 것은 위에 있는 것(being up)이기 때문이다(예 *take on board a suggestion*(제안을 받아들이다)과 *take on* [대 *lay off*] *new workers*(새 일꾼을 고용하다/해고하다)).

get up to something(= '활동적이다, 말썽을 일으키다(be active, make mischief)'). 이 *up*은 상향성이 활동(activity)와 연관되어있다는 예이다. 그러나 기본 영상은 아이들 중 하나가 가서는 안 될 곳에 **올라간**(getting **up**) 것이다. 구체적으로, 당신이 물건들을 아이들 손이 닿지 않는 곳에 보관한다면 당신이 할 일 중 하나는 문자 그대로 그것들을 올려 놓는 것(put the things up)이다. *To*는 단순히 이동의 종점을 표시한다. *Put someone up to something*(…을 부추기다)도 비슷한 기원을 가지고 있을 것이다. *uppity*(도도한) = '*sassy*(건방진), *impertinent*(무례한)' 참고.

give up(= '항복하다, 포기하다(surrender)'). 어떤 사람이 자신을 때린 사람에게 항복한다면(give themselves up to) 승리자가 — 문자적이 아닐지라도 은유적으로 — 윗사람이다(superior, 라틴어로 '더 높은(higher)'). 그래서 *up*을 사용한다. 패한 사람들이 무엇을 줄 수 있을까? 그들이 소유하고 있는 값진 것들, 그들 자신, 그들의 운명. (이 표현은 전쟁에 관한 제네바 협정 훨씬 이전에 시작되었다는 것을 기억하라.)

좀더 체계적인 의미는 '눈높이 위로 멀리(up and away from eye level)'을 의미하는 *give up*의 *up*에서 파생된다. 다시 말해, *up*은 '닿지 않는 위, 사라짐(up out of reach, gone)'을 암시한다. 이 두 의미 이외에도 *up*은 완료 의미도 가지고 있다.

또한, *give up smoking*(금연하다)과 같은 구의 의미는 행위와 행동(예 흡연)을 말할 때 그것이 마치 움직이고 만질 수 있는 대상인 것처럼 말하는 체계적 은유를 반영한다. *Give* 자체에 관해서는, 준다는 것은 더 이상 가지고 있지 않다는 뜻이므로, *give up smoking*은 추상성을 제거하면 '더 이상 담배 피우지 않는다'는 것을 함의한다.

laugh/live/whoop/yuk it up(크게 야단법석을 떨다, 열의를 돋우다). 이들은 상향성이 '더 높은(higher)' 에너지와 연상되는 표현들이다. (*work up a crowd*(군중을 부추기다)와 *work up the energy/determination to go on*(계속할 수 있는 에너지/결단력을 돋우다) 참고). 그러므로 예를 들어, *live it up*은 '인생이 파티인 것처럼 살다; 파티에 있는 것처럼 행동하다(live life as if it were a party; behave like one were at a party)'라는 뜻이다. *It*은 *It's raining*에서처럼 비인칭 대명사이고, 구체적으로 '처한 상황(the circumstances one is in)'처럼 다소 정의내리기 어려운 것 대신에 쓰인다.

live/measure up to a standard of behavior(기준에 맞게 부끄럽지 않게 살다). 이 *up*은

선과 악을 수직 척도의 양끝으로 생각하는 습관에서 비롯된다. *To*는 단순히 한 방향이나 다른 방향으로 가는 행동 전개의 종점이나 목표를 나타낸다.

make someone up(= '화장하다(apply cosmetics to)'). 추측하기로는 이 표현은 주로 *make*의 의미가 그렇게 분명하지 않기 때문에 관용적인 것 같다. 이 표현이 영상이나 모습의 '구성(construction)'과 관계가 있을까? 그렇다면, *up*은 완료적이다.

make up (for doing wrong)(= '(잘못한 것을 보상하다(compensate)'). 여기서 다시 *make*의 모호함 때문에 관용성이 생기는 것 같다. 아마 기본 개념은 사람이 보상적인 결과를 만드는 — 좀더 정확히는, 생산하는 — 한 가지 행위나 일련의 행위를 통해 보상한다는 것이다. 그렇다면, 여기에서 *make*는 *2 and 2 makes* (= 'produces') *4*(2 더하기 2는 4이다)에서와 대체로 같은 의미이다. *Up*은 *fill the bottle up to the mark*(표시한 부분까지 병을 채우다)의 의미와 대체로 비슷한 뜻이다. 보상으로 제공되는 것은 '위로' 평가되어야 한다(*measure 'up'*), 즉 기대에 부응해야 한다.

*For*는 (*for doing wrong*에서처럼) 행위를 이유와 연결시키는 기능이 있다. *Do something for money*(돈 때문에 무슨 일을 하다)에서도 같은 기능을 볼 수 있다.

make up with someone(= '화해하다(re-establish good relations)'). 이것은 또다시 주로 *make*의 모호함 때문에 완전히 관용적으로 보인다. 아마 *make*와 *up*은 둘 다 *make up for*(보상하다)와 대체로 같은 의미를 지닐 것이다. 두 표현 다 결국은 어떤 문제가 있은 후에 좋은 관계를 회복하는 것과 관계가 있다.

make up a story(= '지어내다(invent)'). 여기에서 *make*는 가장 기본적인 '만들다(construct)'의 의미를 보존하고 있다. *Up*은 완료뿐만 아니라 *build up*(세우다) 대 *tear down*(무너뜨리다)에서 보는 것처럼 덜 추상적인 의미를 가지고 있다.

put someone up(= '받아들이다, 잠자리를 제공하다(give shelter to)'). 이것은 *turn someone out*(내보내다)의 반대이다. 그러나 왜 *put someone* ***in***이 아니고 *put someone* ***up***일까? 아마도 예전에는 침실이 집이나, 더 적절하기로는 여관의 위층에 있었기 때문일 것이다.

send someone up(= '놀리다, 속이다(parody, spoof)'). 영국에서는 이것은 대체로 유사한 표현인 *take someone off*(흉내 내다)(위를 참고하라)보다 더 흔하게 쓰인다. 아마 이 표현은 *hold someone up to ridicule*(놀리다)과 같은 계보에 속할 것이다.

stand up to someone(='저항하다(resist)'). 여기에서 *stand*는 의미에 있어 역동적이다.

사람에게 있어서 선다는 것은 에너지를 필요로 하기 때문에 아주 약한 사람은 서는 것이 불가능하다는 것을 주목하라. 여하간, 원형적으로 사람은 자신의 적을 누워서 대적하지는 않는다. *Up*은 *stand*(서다)의 의미를 증폭시키지만 *come up to* [= 'approach(다가가다)'] *someone*의 *up*과 관계가 있을 수도 있다. (가까이 다가오는 것은 무엇이나 더 커 보인다는 것을 기억하라.) *To*는 서는 행동의 방향을 표시하고, 경로 전치사이기 때문에 이동을 암시한다 ― 이 경우에는 문맥에 따르면 다가오는 것을 향한 힘의 이동을 말한다.

take up golfing(= '소일거리로 골프를 시작하다(start golf as a regular pastime)'). 이 표현의 은유적 기원은 *come up with something*(생각해내다)와 비슷하다. 또한, 한 행동(예 golfing)이 물건으로 비유되는데 이것은 이 책 전반부에 반복적으로 나온 '구체화'[G] 은유이다.

6. '*Be* + 전치사구' 표현들

관용구에서 *be*는 구체적인 행동이나 존재방식을 규정하지 않기 때문에 관용어 표현의 근본 의미에 대해 힌트를 주지 못한다. 전치사들은 그러나 비교적 명확하게 문자적인 의미와 관련지을 수 있는 의미를 가지고 있는 경향이 있다.

be after something(뒤쫓다). 당신의 무언가를 뒤쫓고 있다면 그것을 얻으려고 노력하는 것이다(예 *I'm after a better job*(좋은 직장을 찾고 있다)). 이 표현은 물리적으로 동물이나 사람을 뒤쫓는 개념에서 기인했을 것이다. 뒤쫓는 경우에는 쫓김을 당하는 것이 먼저 오고 나서 쫓는 자가 나중에(**after**wards) 온다.

be against something(= '대하다(be opposed to)'). 이것은 관용적이 아니다.

be against it/the wall(어려움에 처하다). 이 표현의 기원은 아마도 누군가를 총살하기 위해 벽 앞에(against) 세워두는 생생한 영상일 것이다. 일반화하자면, 벽이나 무엇에 기대어(against) 서 있는 것은 심각한 상황에 처했다는 의미이다.

be along later(나중에 오다). 이 표현은 *go/come/walk along*(같이 가다/오다/걷다)의 비역동적인 형태이다. 그러므로 *Ann will be along later*(앤은 나중에 올거야.)의 뜻은 나중에 Ann이 길(route)을 따라서 와/가서 도착할 것이라는 뜻이다. 준관용어(semi-idioms)에서는 흔하듯이, 경로 전치사는 종점 초점(endpoint focus)을 갖는다.

be around(주변에 있다, 오다). 이 구의 한 가지 의미는 거의 관용적이지 않다. 즉, *I'll be somewhere around there*(내가 거기 어딘가에 있을 거예요.)에서 *around*는 '가까움(near)'의 의미를 더해주고, 특히 **지표**를 기준으로 한 위치의 방향 문제에 대해서는 해답을 열어 놓는다. *I'll be around some time*(내가 언젠가 올게요)에서처럼 그 여행이 곧 일어나지 않을 것이고 그 길이 직선이 아니라는 암시와 함께, *around*의 더 관용적인 의미는 '오(왔)다((have)come)'라는 뜻이다. 이런 뉘앙스는 *around*가 경로 전치사이고 길이 곧지 않다는 것을 명시하는 데에서 연유한다.

be at something(='뭔가를 하고 있다(be doing something)'). 보통 때처럼 *at*은 목표물을 표시하는 기능이 있다. 그래서 *She's been at it all morning*(그녀는 오전 내내 그것에 매달리고 있다)에서, 어떤 활동이 **주어**의 관심과 에너지의 목표물이거나 강력한 관심의 초점이 된다. *At*은 *be good/bad at skiing*(스키를 잘/못 탄다)에서와 같은 의미를 지니고 있다.

be away(='사라지다(gone)') *She's away now*(그녀는 지금 없어요)에서와 같이 이것은 *away*의 기본적인 함의, 즉 명시되거나 암시된 **지표**에서부터 '증가하는 거리(increasing distance)'를 보여주는 확실한 예이다. 경로 전치사로서 *away*가 단지 분리만을 표시하는 것이 아니라 분리 정도가 증가하는 것을 의미하기 때문에, 누가 **멀리** 있다(is **away**)고 말하는 것은 누가 없다(is **out**)라고 말하는 것보다 그가 더 오래 없다는 것을 나타낸다.

be down(우울하다). 여기에서 근저에 있는 은유는 유전적으로 타고난 것일지도 모른다(Marks 1996). 여하튼, 우리가 습관적으로 슬프거나 다른 '낮은(low)' 상태를 아래(down)와 연상 짓는 것은 다수의 표현에 반영되어 있다, 예 *low spirits*(기분이 언짢다), *I'm at a spiritual low point*(정신적으로 저조하다), *I'm in an energy trough*(에너지가 떨어져 있다), *come down with the flu*(독감에 걸리다) 등.

be down and out(완전히 망하다). *Down*은 패배를 암시한다. *Out*은 예를 들어, 직장에 종사, 일상의 생활 등, 현재 진행되고 있는 것에서 제외된다는 것을 암시한다.

be in for a bad/good time(나쁜/좋은 일에 참여하다). 반대 표현은 '밖에(out)' 있거나 뭔가에서 배제되는 것일 것이다. 밀접하게 연관된 표현은 *You're in for it now!* (= You're in for trouble now!(너 지금 문제에 휘말린 거야.))

be off(떠나다). *I'm off*는 '떠난다(I'm leaving)'라는 뜻이다. 여기에서 *off*는 *off this spot/place*(이 지점/장소에서 떨어져)에서처럼 통상적인 '분리' 함의를 갖는다. (*The cheese is off*(치즈가 상했다)와 *The light/game is off*(불이 나갔다, 게임이 끝났다)와 같은 표현처럼 다소 다른 의미에 대해서는 4/9.2.1을 참고하라.)

be out for the count(지다). 이 표현은 권투에서 유래되었다. 즉, 권투선수가 규정 카운트(즉, 심판이 세는 10초) 동안 '의식이 없으면(out, unconscious)' 그는 그 경기에서 지는 것이다.

be over an illness(병이 낫다). 이것은 '인생은 여정이다(life is a journey)'라는 많은 체계적 은유의 하나이다. 이 표현의 핵심은 당신의 무언가를 넘어서(over) 있으면 그것은 당신 뒤에 있는 것이고, 즉 끝난 것이다.

be past it/be past your prime(내리막길이다). 이것 또한 '인생은 (편도) 여행이다(life is a (one-way) journey)'의 은유 표현이다. 기본 아이디어는 당신이 인생의 황금기를 지나면 그것은 영원히 지나간 것이라는 것이다.

be up(좋다). 이것은 *be down (in spirits)*(우울하다, 저조하다)의 반대이다. 많은 관련된 표현 중 하나는 *Things are looking up* (= '일이 잘되어 간다(looking better').

be up for something(…할 준비가 되어 있다). 테니스 경기 같은 것을 위해 일어난다(be up for)는 것은 테니스를 매우 하고 싶어 한다는 뜻이다. 상투적으로, 어떤 행동을 할 준비가 된 사람은 누워 있기보다는 서 있기 마련이다. *Up*은 '높은(high)' 에너지와 '높은' 기운이라는 개념도 더해 준다. 관련된 표현은 *be in a high state of readiness*(만반의 준비가 되어 있다)가 있다.

be up to something(달려 있다): 위의 2절에서의 *Up*: *get up to something*(활동적이다, 말썽을 일으키다)을 참고하라.

be up with the times(시대에 맞춰가다) : 이것은 *keep abreast of* (처지지 않고 따라가다), *keep pace with*(보조를 맞춰가다)와 좀더 직접적으로 *keep/catch up with*(따라잡다) 같은 표현과 연관이 있다. 이 모두가 '인생은 여행이다'라는 은유 표현이다. *Be/keep/catch up with*에서의 *up*은 가까이 있는 물체가 멀리 있는 것보다 더 커(따라서 더 높아) 보인다는 사실에서 비롯된다. 이것은 *a beggar came up to me*(거지가 나한테 다가왔어요)의 '접근(approach)'의 *up*이다. *With*는 단지 '동반'을 표시한다.

Be with it(= '조류에 맞다, 시대에 뒤떨어지지 않다(be with a trend, not be out of fashion')의 의미도 마찬가지이다.

Chapter 23 주요 추상 개념들

1. 도입

잘 알려져 있다시피, 영어의 전치사는 물리적 대상, 그들의 배치, 방향 등등을 비롯한 많은 주요 개념 표현에서 중요한 역할을 한다.

예를 들어, 묘사할 수 없는 전치사인 *of*와 *for*는 '부분성'(*of the chair*), '소속'(*of ours*)와 '소유표시' (*for you*) 등 중요한 개념들을 표현한다. 묘사적이거나 준묘사적인 전치사들 역시 비교적 투명한 *from this we conclude*(이것으로부터 결론짓다, *from*이 **지표**를 시작점으로 해석함)에서부터 분명히 관용적인 *done by someone*(누군가가 한, *by*는 **지표**가 동작주임을 표시함)까지 수십 개의 비시간적 추상 개념들을 표현하게 되었다.

물론, 전치사들은 종종 중심적이거나 유사중심적인 문자적 의미와 관련한 시간 개념도 표현한다. 그래서 *in*과 *from*은 각각 시간의 **지표**를 틀(예 *in August*(8월에))이나 시작점(예 *from now on*(지금부터))으로 성격 짓는다.

이 장에서는 Dirven(1993)의 다섯 개의 비공간적/비시간적 개념의 다양한 전치사 대표형에 대한 연구에서 영감을 받아, 27개의 추상 개념의 전치사 표현을 재검토하는 일을 하고자 한다.

2. 개념 목록

다음에 나오는 목록에서 특별히 밀접하게 관련된 개념들은 같이 묶이었다.

1. 동반/부속물(Accompaniment/Accessory)
2. 활동/사건(Activity/Event)
3. 추가(Addition)
4. 동작주(Agent)
5. 배정/사상(Allotment/Mapping)
6. 근거/필수(Basis/Prerequisite)
7. 소속/부속/순간 소유(Belonging/Appurtenance/Possession-at-the-moment)
8. 원인(Cause)
9. 환경(Circumstance)
10. 구성요소/재료(Constituent/Ingredient)
11. 접촉(Contact)
12. 지속(Continuation)
13. 소유표시/배분(Ear-marking/Allocation)
14. 증거/논리적 근거(Evidence/Logical Grounds)
15. 관심의 초점(Focus of attention)
16. 기능(Function)
17. 영상(Image)
18. 충격(Impact)
19. 시간상 사건의 연결(Linkage of Events in Time)
20. 양태(Manner)
21. 수단/방법/도구(Means/Method/Instrument)
22. 목적/이유(Purpose/Reason)
23. 수령자(Recipient)
24. 상태(State)
25. 목표물(Target)
26. 주제(Topic)
27. 가치평가(Valuation)

3. 주요 개념어 목록

1. 동반/부속물 (관련 개념: '추가')

together: 예 *walking together*(= '동행하여 같이 걷다(walking in each other's company)').

*Together*도 '같은 집단에(in the same set)'이라는 더 추상적인 의미를 가질 수 있다. 예 *these two things go together*(이 두 물건은 잘 어울린다).

with: **지표**가 사람을 지칭할 때 *with*는 단순히 '가까이(near)' 보다는 보통 '−와 함께(in the company of)'를 의미한다. 예 *in the garden with someone*(−와 함께 정원에). **지표**가 사물을 지칭할 때는 *with*가 종종 **지표**가 부속물임을 표시한다. 예 *in the garden with a book*(책을 가지고 정원에). 나무는 동행자는커녕 부속물이라고도 상상하기 힘들므로 다음 구는 좀 이상하게 들린다—*?in the garden with a tree*(나무와 함께 정원에?).

2. 활동/사건

at: 예 *at war*(전쟁 중), *at sea*(항해 중). **지표**는 환유에 의해 전체 활동 영역을 표시한다. 그래서 *at war*(전쟁 중)이라는 것은 장소나 특정한 활동(activity) 표현한 것 이상이다. 그것은 예를 들어 *at one time Prussia was at war with most of its neighbors*(한때 프러시아는 대부분의 이웃 국가와 전쟁 중이었다)에서와 같이 총체적으로 사회적, 정치적, 경제적인 성향을 표시한다.

in: 예 *in doing that, he caused a lot of damage*(그것을 하면서 그는 많은 손해를 끼쳤다). 이러한 같은 문장(co-text)에서 *in*은 **지표**가 틀로 해석되는 경우에만 **지표**가 활동이라는 것을 표시한다. 틀은 내부가 있을 정도로 커야 하므로 이것 자체가 **지표**를 '확장시키는(stretch)' 경향이 있다. 구체적으로, **지표**가 동사구일 때, *in*은 시간이 지점(즉, 사건)으로 해석되는 것에서 틀(즉, 활동이나 과정)로 해석되는 것으로 확장시킨다. *In doing that*은 *While doing that*(그것을 하는 동안)으로 바꿔 쓸 수 있다.

on: 예 *on seeing us, he burst out laughing*(우리를 보자 그는 웃음을 터뜨렸다). *On*은 **지표**를 틀로 해석하지 않기 때문에, *in*처럼 동사 **지표**를 확장시키지는 않는다. 따라서 *on seeing us*는 *seeing us*를 비교적 짧은 동안의 일, 즉, 활동이나 과정이 아니라 사건(event)으로 해석한다. *On seeing us*는 *When he saw us*(그가 우리를 봤을 때)로 바꿔 쓸 수 있다.

3. 추가 (관련 개념: '동반')

이 개념을 전하는 전치사는 모두 (*near*와는 달리) '접촉'을 배제하지 않으면서 '근접성'을 함의한다. (*Under*와 *behind*와는 달리) 어떤 것도 내포의미가 부정적이지는 않다.

on top of: 이 복합 전치사는 *On top of everything else that had gone wrong, it* *began to snow*(다른 모든 게 잘못된 데다 눈까지 왔다)에서처럼 '축적(accumulation)'을 강조한다.

with, along with, together with: '추가(addition)''라는 개념은 *ice-cream with fudge topping*(퍼지 토핑을 얹은 아이스크림)에서처럼 '부속물'이라는 개념이나, *She came with a friend*에서처럼 '동반(accompaniment)'이라는 개념과 밀접하게 관련되어 있다. *Along with*는 약간 더 강조적이고 어느 정도 비형식적인 형태이다(예 *I'll have coffee along with my cake*(커피를 케이크와 같이 먹겠다)). 이것은 '부속물'보다는 '동반'이나 '추가'를 표현하는 것 같다(예 *ice-cream along with fudge topping*은 좀 어색하게 들린다). *Together with*는 이보다 더 강조적이다. 이것도 *along with*와 마찬가지로 **지표**가 필요 없다고 표시하는 것 같다.

4. 동작주 (관련 개념: '원인', '수단')

by: 문자적인 의미로 *by*는 동작주를 길옆의 지점으로 기술하는 것 같다(예 *written by Shakespeare*(셰익스피어가 쓴)). 많은 현대 인도-유럽어에서 *This was written by Shakespeare*(이것은 셰익스피어가 쓴 것이다)와 같은 수동태 문장의 논리적 주어가 경로 전치사의 **지표**(예 *by Shakespeare*)로 나타난다. 언어마다 다양한 의미를 가진 전치사들을 사용하지만 그 의미가 아주 광범위하게 다른 것 같지는 않다. 영어와 가깝게 관련된 언어인 네덜란드어는 'through'라는 의미의 전치사를 사용한다. (약간 덜 가까운 언어인) 독일어는 특히 무생물 동작주일 때는 'through'라는 의미도 가능한 'from'이라는 의미를 가진 전치사를 사용한다. (흥미롭게도, 프랑스어에서와 같이 꽤 많은 유럽 언어들에서 'through'라는 의미의 전치사를 선호한다.)

'동작주(agent) 표시'에 있어 이렇게 놀라울 정도로 비슷한 의미를 가진 경로 전치사를 사용한다는 것은 수동태 표시로서 *by*를 사용하는 것이 장소 전치사로서의 의미('가까이(near)')가 아니라 경로 전치사로서의 의미('가까이 지나감(passing near)')에서 유래되었다고 가정하는 데 어느 정도의 근거를 제공한다. 또한 우리는 습관적으로 행위가 장소가 아니라 이동인 것처럼 말한다(예 *put a proposal to someone*(누구에게 제안서를 내다), *launch a campaign*(캠페인을 시작하다), *proceed with the discussion*(토론을 계속하다), *go 'oink'*('꿀꿀' 소리를 내다)…). 따라서 영어, 네덜란드어, 독일어, 프랑스어의 한 가지 공통점은 이것이다 — 사건이나 결과 상태(resultant state)(예 *someone being arrested*(누가 체포된 것))를 동작주에서 시작했거나 또는 동작주를 통과하거나 가까이 지나간 경로의 종착점(culmination of a path)으로 말할 수 있다.

(독일어) : He was arrested from a policeman.
(그는 경찰에게 체포되었다.)

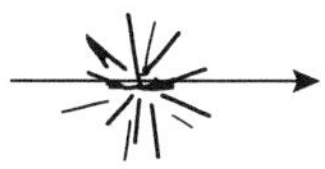

(네덜란드어/독일어/프랑스어) : The house was destroyed through an explosion.
(그 집은 폭발하여 무너졌다.)

(영어) : He was arrested by a policeman.
(그는 경찰에게 체포되었다.)

영어의 *by* 용법에서 한 가지 흥미로운 점은, *from*이나 *through*가 결과가 동작주로부터 비롯되었다는 것을 꽤 분명히 말해주는 것과 비교해 볼 때, *by*는 상당히 부정확해 보인다는 것이다. 아마 *by*가 수동태에 사용되는 것은 부분적으로는 *by*가 관련 개념인 '수단(means)'을 표시하는 데 사용된 데서 비롯되었기 때문일 것이다(예 현대영어에서 *Come in by the side door*(옆문으로 들어오다), *Come by car*(차로 오다), *Prepare by roasting*(구워서 준비하다)). 그러나 *OED*는 역사적으로 *with*를 비롯하여 몇 가지 다른 영어 전치사가 동작주 표시 기능을 수행했다는 것을 기록하고 있다.

from: 미국 영어와 영국 영어에서 수동태와 매우 비슷한 문장에서 *from*을 듣게 된다.

(1) The Slovenian forces are being attached *from* federal forces.
(슬로베니아 군대가 연방군에 의해 귀속되고 있습니다.)
[*BBC Morning News*; 유고슬라비아로부터 슬로베니아에 진군한 직후, 저공비행하는 연방군 폭격기에 의한 폭탄 투하에 대한 음성해설]

(2) *Tin Toy* was inspired *from* home videos that my sister took.
(틴 토이는 내 여동생(누나)이 찍은 가정용 비디오를 보고 영감을 얻은 것입니다.)
[미국 만화영화가]

(3) I was treated very well *from* the police. (경찰이 나를 아주 잘 대해줬어요.)
[영국인 범죄 희생자, *Midweek* BBC Radio 4]

이 화자들은 이 각각의 상황에 ●→ 의미의 전치사 사용을 장려하는 뭔가가 있다는 명백한 사실 때문에 *by* 대신에 *from*을 썼을 것이다. 우선 예문 (1)을 보면, 유고슬라비아 연방군이 문자 그대로 폭탄의 출처이다. (2)에서는 만화영화가가 *from*을 선택한 것은 빛이 촛불에서 나오는 것처럼 영감이 외부로부터 온다고 보통 생각하는데서 비롯되었을 것이다. (그래서, *I got the idea from so and so*(그 아이디어를 누구누구에게서 얻었어요) 라고도 말한다.) (3)에서는, 범죄의 희생자가 경찰이 동작주가 아니라 친절한 말과 따뜻한 차와 기타 등등의 출처라고 생각했기 때문일 것이다.

다음에 두 개의 예문이 더 있다.

(4) If the baby [porpoise] goes away [from its mother], it stands under much greater threat of predation, of being stranded, of getting lost *from* the mother.
(새끼 [돌고래]는 [어미한테서] 멀어지면; 어미한테서 떨어져 길을 잃고 홀로 남겨져서 공격당할 위험이 훨씬 커집니다.)

[미국인 동물학자, *The private life of dolphins*, Channel 4, U.K.]

여기에서 화자는 어미 돌고래와 새끼가 문자 그대로 분리되는 것을 염두에 두었을 것이다.

(5) We are satisfied *from* the briefing that we have received.
(우리는 우리가 받은 브리핑에 만족합니다.) [Jack Straw, 영국하원, 1.4.96]

여기에서 *from*은 만족을 브리핑에서 온 실체적인 부산물로 기술한다. 이것은 명백히 감정과 그 원인을 기술하는 자연스러운 방법이다. *Of*가 'from'을 의미했던 예전에는 *of*가 이러한 문맥에 보통 사용되었다.

마지막 예문은.

(6) I hate to refer to that three putt we witnessed *from* Nick.
(우리가 목격한 닉이 친 세 개의 퍼트에 대해 언급하기 싫군요.)

[골프 해설, BBC2, 20.7.96]

여기에서 표준적인 어법은 아마 *three putt by Nick [that] we witnessed*일 것이다.

5. 배정/사상 (관련 개념: '수령자')

'소유표시'와 '배정' 사이에는 명확한 구별점이 없다. 따라서 이 두 개념을 표현하는데 사용되는 전치사들(각각 *for*와 *to*)은 근소한 뉘앙스 차이만 있을 뿐 때로 서로 바꿔 쓸 수 있다.

to: 배정(allotment): 예 *allot/attribute Y to X, put Y down to X, to each his own*(Y를 X에 배정하다, Y를 X 탓으로 돌리다).

사상(mapping): *X corresponds to Y*(X는 Y에 해당한다).

6. 근거/필수

on: *On*은 종종 **지표**가 어떤 의미로는 근거(basis)라는 개념을 더해준다. *We rely on X*(우리는 X에 의존한다), *work on a government grant*(정부 지원금으로 일한다), *X depends on Y*(X는 Y에 달려있다). 이 용법은 *X is on the table*(X는 탁자 위에 있다)에서 보이는 의미의 명백한 은유적 확장이다.

7. 소속/부속/순간소유 (관련 개념: '동반')

of: *Of*는 종종 (특히 사람이나 동물보다는 사물에 대해 말할 때) '부분 대 전체(part to whole)'의 관계를 표현하는 데 사용된다. 예 *the roof* [부분] *of the house* [전체](집의 지붕).

on: *On*은 영어의 일부 비표준 방언에서 '순간소유(possession-at-the-moment)'를 표시하는데 *with* 대신에 사용된다(*She never 'ad no money on 'er*(그녀는 돈을 가진 적이 전혀 없다)[(사라진 소녀의 어머니[BBC1, *Evening News*, 12.4.97]. 표준 영어 화자에게 이것은, 뚜렷이 묘사적인 전치사가 다소 비묘사적인 전치사 대신에 쓰일 때 그렇듯이, 노골적으로 거칠지는 않다고 해도 지나치게 약식으로 들리는 경향이 있다.

to: *To*는 때로 *this knob belongs to that TV*(이 꼭지는 저 TV에 맞는 것이다)에서처럼 일종의 소속(belong)을 표시한다. 더 자주, *to*는 '배정과 사상'을 표현한다(위를 참고하라).

with: *With*는 '전체 대 부분'의 관계를 표현하는 데 자주 사용된다. 예 *a man* [전체] *with a red nose* [부분](코가 빨간 남자).

8. 원인 (관련 개념: '동작주', '이유', '환경')

by: *By accident/coincidence*(우연히)와 같은 표현은 '원인(cause)'과 '환경(circumstance)'이라는 개념의 중간지점을 표시한다. 틀림없이 이것은 *by*가 **지표**를 기원으로('원인'에 알맞음) 해석하지도 않고 **주어**를 주변으로('환경'에 알맞음) 해석하지도 않는다는 사실 때문이다. 오히려, *by accident*와 같은 고정구는 아마도 *come in by the front door/get there by bike*(앞문으로 들어오다/자전거로 거기에 가다)에서처럼 *by*의 'by route/means of(길로/수단으로)'라는 의미에서 파생되었을 것이다.

from: *From*은 *die from TB*(결핵으로 죽다)와 같은 경우에서처럼 원인을 출처(source)로 해석하는데, 이전 영어에서 쓴 *of*를 대체한 것이다. 구체적으로, TB는 여기서 죽음으로 끝나는 경로의 시작점으로 해석된다. 똑같은 기본 영상이 다음에 나오는 *from* 용법의 기초가 된다.

(7) That company, Burmah Shave, must've sold a lot of merchandise *from* [= 'because of'] those signs.
(그 회사, Burmah Shave는 그 선전간판 덕분에 많은 물건을 팔았을 겁니다.)
[네브래스카의 농부, BBC Radio 4, *Coca Cola Colonialism*, 27.7.96]

(8) People who can't afford all these wonderful things are given a sense of discontent *from* not being able to buy them.
(이 모든 훌륭한 것들을 가질 여유가 없는 사람들은 그것들을 살 수 없기 때문에 불만족을 느끼게 됩니다.) [Bill Bryson, Ibid.]

of: 예 *die of TB*(결핵으로 죽다). 이것은 *of*의 사라진 의미가 살아남은 것이다.

out of: 예 *do it out of a concern for X*(X를 걱정해서 …하다), *do it out of love/desperation*(사랑해서/절망해서 …하다). *Out*은 지표(절망)를 결과의 출처가 되는 한정된 공간으로 해석한다. 우리가 습관적으로 감정이 지점이 아니라 한정된 공간인 것처럼 말한다는 사실 때문에, *out*은 *from*보다 정신 상태나 감정을 나타내는 지표와 함께 더 일반적으로 쓰인다. (*Out of*의 *of*는 *of*가 'from'을 의미했던 시대로부터 살아남은 것이다.)

over: 예 *fight/argue over a chocolate bar*(초콜릿을 두고 싸우다). *over*는 순수한 의미의 '원인'보다도, 지표가 논란거리라는 것을 표시한다. 이런 은유적 용법의 기원은, 아마도 특별히 극적인 싸움에서 보통 그렇듯이, 두(또는 이상의) 당사자가 쟁점이 되는 대상을 두고 대치하고 있는 영상일 것이다.

'원인'을 표현하는 *over*와 관련된 용법은 다음과 같다.

(9) The street was closed *over* fears of toxic waste.
(그 거리는 독성 폐기물에 대한 공포로 폐쇄되었다.)
[ITV *Evening News*, 29.5.96. U.K.]

여기에서 결과(the street being closed)와 원인(fears of toxic waste)은 마치 그 결과가 원인 근처 — 그리고 위 — 에 떠도는 사물인 것처럼 말해진다. *Over*의 이 용법은 뉴스캐스터의 언어에서 가장 흔히 보이는데, 아마도 *over*가 *because of/owning to/due to*보다 더 짧고 생생하기 때문일 것이다.

through: 특히 구어체 영국 영어에서 특별히, (10)－(12)의 'because of'나 (13)의 'through the action/agency of(…행동/매개를 통해)'로 대체할 수 있는 *through*의 용법이 있다. 이러한 경우에 **지표**는 어떤 사건이나 연쇄 사건의 완성으로 가는 경로의 중간 공간이나 몸체로 해석되는 것 같다.

(10) A lot of birds die *through* ingested oil
(많은 새들이 기름을 먹고 죽는다.) [영국인 새 구조원, 26.2.96, ITV *News at 10*]

(11) We won't really be able to start till 25 past *through* late arrivals
(우리는 늦게 도착했기 때문에 25분까지 시작하지 못할 거예요.) [필자의 동료]

(12) Sunderland equalized *through* Michael Gray.
(선더랜드는 마이클 그레이 때문에 동점이 되었다.)
[*Meridian Tonight*, ITV 6.11.95, U.K.]

with: 예 *quake with anger*(화가 나서 치를 떨다). *With*는 경로 전치사가 아니기 때문에 **지표**/원인이 지속적인 영향을 끼치는 것으로 해석된다. 그래서 *with*를 *anger*(화) 같이 감정을 나타내는 단어와 사용한다－즉, 감정은 순간적으로 왔다가 가는 것이 아니다.

9. 환경 (관련 개념: '상태', '시간상 사건 연결, 양태')

by: 예 *by accident/coincidence*(우연히). *By*의 원형적 의미는 (*with*와 마찬가지로) '근접성'을 함의한다. 물리적 환경이란 정의상 물리적으로 가까운 것이기 때문에, *by*가 **지표**가 환경이라는 것을 표시하는데 쓰인다는 것이 놀라운 일은 아니다. 그러나 *by*는 *with*보다는 이 '환경 표시(circumstance marking)' 기능에 덜 자주 쓰인다.

with: *With*는 가장 중요한 '환경' 전치사이다, 예 *He did it with his eyes wide open*(그는 눈을 크게 뜨고 그 일을 했다), *I can't sleep with all this noise*(이 소음 때문에 잠을 잘 수가 없다).

under: *Under*는 때때로 환경에 대해 말할 때 쓰인다. 예 *under these conditions* (이런 조건에서). *On these conditions*라고도 쓴다는 것을 주목하라. 우리는 조건이 **주어**를 덮고 있다(그리고 어떤 의미에서는 짐이 되고 있다)고 생각할 때 *under*를 사용하는 반면, 조건이 어떤 행동의 기반이라고 생각할 때 *on*을 쓰는 경향이 있는 듯하다(즉, *This car will stand up under/*on difficult conditions*(이 차는 어떤 어려운 조건에서도 견딜 것이다) 대 *I will do it on/?under condition that...*(…조건일 때에만 그 일을 하겠어요)).

10. 구성요소/재료

from: *Cheese is made from milk*(치즈는 우유로 만든다)에서, *from*은 지표를 출처(즉, 원료)로 해석한다. 게다가, *from*은 주어가 그 이전 장소(즉, 상태)로부터 상당히 움직였다(즉, 변화했다)는 것을 표시한다.

of: *Of*는 절대 이동을 함의하지 않는다. 따라서 *of*는 변화를 암시하지 않는다. 그래서 우리는 탁자의 재료가 나무와 크게 다른 무언가로 가공되지 않았을 때 탁자가 나무로(*of*) 만들어졌다(a table is made *of* wood)고 말한다.

out of: *Out of*는 *from*의 더 생생하고 구어적인 대용어이고, *Cheese is made from/out of milk*(치즈는 우유로 만들어졌다)와 같은 문장(co-text)에서 *into*의 반의어이다. (*Milk can be made into cheese*(우유는 치즈로 만들 수 있다) 참고.)

with: *With*의 사용은 구성요소(constituent)가 철저히 가공되지 않았다는 것을 암시한다. 만일 구성요소가 철저히 가공되었다면 *from*이나 *out of*가 더 정직한 대용어이다. *With*는 그 자체로는 단순히 지표가 하나의 재료(ingredient)이거나 여러 재료 중 하나라는 것을 표시한다. 예 *made with real fruit juice*(진짜 과일 주스로 만들어진). (위의 '동반'/'부속물'을 참고하라.)

11. 접촉 (관련 개념: '충격')

많은 전치사는 '접촉(contact)'을 함의하지도 않고 함의하지 않지도 않는다, 예 *in, through, under, over, along*. 예를 들어, A가 B안에(in) 있으면, (예로, B가 물이라면) A와 B는 접촉하고 있을 수도 있고, (예로, B가 새장이고 A가 새라면) 접촉하지 않을 수도 있다. 그 밖의 많은 전치사는 접촉이 없음을 함의하거나, 예 *near, over, below, beyond,* 아니면 강조된 분리를 함의하기도 한다, 예 *from, off, by, along, next to, beside*와 같은 일부 전치사는 접촉에 대해 대체로 중립적이다.

두 개의 전치사만이 분명히 '접촉'을 함의하는데, 그것은 *against*와 *on*(*to*)이다.

against: *Against*는 문자적이거나 은유적인 강요와 저항 둘 다에 대해 말할 때 일반적으로 사용된다, 예 *stand against the waves/moral decay*(조류/도덕적 부패에 저항하다). *Hold it/a grudge against someone*(...에 대해 불만을 갖다)라는 표현에서, *against*는 '반대'라는 뜻 이외에도 감정의 강도가 상당하다는 개념을 더해준다.

ont: *On*[t]은 접촉을 표시하는 기본 전치사이다. 많은 다양한 은유적 접촉에 대해서는 4장에서 기술하였는데, 몇몇은 꽤 추상적이다(예 *a talk on ecology*(생태학 강연)에서처럼 '주제'). 더욱 확실하고 매우 흔한 표현은 *keep an eye on something*(...을 감시하다)(시각적 접촉)와 같은 것이다.

onto: *Onto*는 *on*보다 드물게 은유적으로 쓰인다. *Onto*가 은유적으로 쓰일 때는 문자적 의미(경로 전치사 + 강한 종점 초점의 'on')를 충실히 반영한다, 예 *How did we get onto this topic?*(우리가 어쩌다 이 주제에 대해 말하게 되었죠?).

12. 지속/재개/반복

along, along 대 on[c]: *On*[c]와 비교하여, *along*은 '지속(continuation)'이나 그와 관련된 개념을 표현하는데 있어 비교적 사소한 역할을 한다. 그 중심의미에 기초하여 볼 때, *along*은 '동작(motion)' 더하기 '동반'을 표현하는데 알맞다(예 문자적: *walk along with us*(우리와 함께 걷다), 은유적: *sing along with us*(우리와 함께 노래하다)). 매우 예외적으로만 *along*은 순수한 '지속'을 표현하는 듯하다. 그렇다면 *along*과 *on*이 둘 다 같은 표현에 쓸 수 있다면, *along*이 좀더 격식을 차리지 않은 어조로 들린다(예 *walk on/along down the road*(길을 따라 걸어가다)). *On*은 *After pausing for breath, we floundered on/?along through the hip deep snow*(숨을 고르기 위해서 멈춘 뒤, 우리는 엉덩이까지 찬 눈 속을 허우적거리며 나갔다)에서처럼 이동이 수고스럽거나 다시 시작하는(resumptive) 것일 때 특히 적절하다.

away: *Away*는 *I'm ready for questions. Ask away.*(질문에 답할 준비가 되어 있습니다. 마음껏 질문하시죠.)에서처럼 특별한 종류의 '지속'을 의미하는 데 사용될 수 있다. 여기에서 *away*는 '제한 없이(without restriction)' 같은 뜻이다. '지속'의 표시는 *away*의 원형적 의미(● →)에는 종점이 없다는 사실로부터 비롯된다. Rice(연도미상)는 *away*의 이용법이 (1) 자동사와 목적어가 생략된 타동사에만 한정되고 즉, **Ask away question/*Ask questions away,* (2) *away*가 이동 동사(verbs of motion)와 쓰일 경우에는 문자 그대로의 경로 전치사로 해석될 수 있기 때문에 이동 동사와는 잘 쓰이지 않는다는 점을 주목한다.

on[c], on[c] 대 away: *On*[c]의 전형적인 예는 *go on*(계속 가다), *sing on*(계속 노래하다), *get on with someone*(어울리다)이다. Rice(연도미상)는 몇 가지 흥미로운 뉘앙스를 지적한다. "*Away*는 활동이 '제한 없이(unfettered)' 계속되는 것을 나타내는 반면에, *on*은 방해나 멈춤이 있을 것을 예상함에도 불구하고 계속함을 나타내고, 따라서 더 수고스럽거나 목적 지향적인 재개 진행성(resumptive progressivity) 의미를 전한다." 예를 들어(Rice의 예는 아님), *He thought for a bit and then talked on*(그는 잠시 생각하고 나서 계속 말했다[= 그는 전에 말하고 있었다] 대 *He thought for a bit and then talked away*(그는 잠시 생각하고 나서 말을 해 나갔다[= 제한 없이; 또한 아마도 전에 말하고 있지 않았을 것이다]. 말한 김에 덧붙이자면, '수고스러운(effortful)' 지속의 뉘앙스는 *on*[c]('지속')

와 on^{t}(‘접촉’)가 일종의 친족관계라는 것을 암시한다. 왜냐하면 ‘접촉’ 더하기 ‘지속’은 ‘마찰’을 암시하고 ‘마찰’은 ‘노력’을 함의하기 때문이다.

마지막으로, Rice(연도미상)는 on^{c}이 지속 동사(continuous verbs)와는 거의 쓰이지 않는다는 것을 지적한다.

over: Rice(연도미상)는 *over*가 ‘다시’ 정도의 뜻으로 쓰일 때, 주로 일부러 한 행동을 한번 다시 반복(repetition)하는 것을 표시한다고 지적한다. 또한 *over*는 “그 활동이 교정할 목적으로 반복되고 있고 두 번째에는 약간 다른 방법으로 마무리된다/되었다는 의미를 전한다”고 덧붙인다. 예 *I had to type it over*. Rice는 더 나아가 (1) *again*은 *I had to type it again*[필자의 예문]에서처럼 이러한 뉘앙스가 없고, (2) *over*는 *again*과는 달리 비교적 소수의 동사와 사용된다는 것도 주목한다. 예를 들어, *over*는 교정과 반대되는 의미의 동사(예 *fail, ruin, spoil...*)와 잘 쓰이지 않고 결과를 암시하지 않는 동사(예 *want, like, believe, seem...*)와도 잘 쓰이지 않는다.

13. 소유표시/배분 (관련 개념: ‘배당/사상’, ‘수령자’)

for: 예 *This is (ear-marked/reserved/intended) for you*(이것은 당신 것으로 표시되었다/남겨졌다/의도되었다). *For*는 종점 초점이 없다. 그래서 마치 기차가 멕시코시행이라고 말하는 것이 그 기차가 실제로 멕시코시에 도착했다는 뜻이 아닌 것과 마찬가지로, 누구의 것으로 소유 표시(ear-marking)하는 것이 그 사람이 실제로 그것을 얻는다는 것을 의미하지 않는다.

14. 증거/논리적 근거 (관련 개념: ‘원인’, ‘이유/ 목적’)

from: 예 *from his accent we can conclude that he is a foreigner*(그의 어투로 판단하여 우리는 그가 외국인이라고 결론 내렸다). *From*은 증거(evidence)를 경로의 시작점으로, 결론을 종점으로 해석한다.

off: 구어체 미국 영어에서 *off*가 같은 식으로 사용되는 것을 들을 수 있다.

(13) Let’s not rush to proclaim that Tyson is what he was — not yet, not *off* this.
(서둘러서 타이슨이 옛날의 타이슨이라고 선언하지 말자 — 아직은 아니다, 이것 때문에 그러지는 말자.) [즉, *International Herald Tribune*, 18.3.96]

(14) We can’t reminisce *off* this [win], we got a tough match to come
(이번 승리로 추억에 잠길 수는 없다, 어려운 경기가 남아있다.)
[미국인 농구 선수, 30.5.96]

여기에서 다시 우리는 *from*과 *off* 사이의 사용영역의 차이를 보게 된다.

15. 관심의 초점

about: 문자 그대로 장소나 경로 전치사로서 *about*은 '사방 근접성(nearness on all sides)'를 함의한다. *Wild about X*(...에 대해 흥분하다), *fight about X*(−대해 싸우다)와 같은 표현에서 *about* 용법의 기원은, 아마도 사람의 생각이나 관심은 흥미의 초점에게('to') 끌리고 그 주위에('about') 머무르게 된다는 생각에서 비롯되었을 것이다.

at: *At*은 자주 *look/point/aim/shoot at*(...를 보다/가리키다/조준하다/쏘다)에서처럼, '목표물 표지어(target marker)'로서의 의무를 한다. *Be good at skiing*(스키에 능하다)과 같은 표현에서처럼 '지점 초점(point focus)'도 연관되어 있는 듯하다.

in/into: *In*은 *specialize/be interested in art*(예술을 전공하다/예술에 관심이 있다)에서처럼 이런 저런 의미로 '깊이'를 표시한다. *Look into the matter*(문제를 조사하다) 같은 표현에서 *into*는 문제나 비밀의 중심을 관통한다는 역동적 개념을 더해준다.

on: *On*은 **지표**와의 '접촉' 개념을 더해준다, 예 *keep an eye on X*(X를 감시하다), *look/gaze on a scene*(장면을 구경하다). *On*의 '표면 접촉' 전치사로서의 역할에 맞게, 'keeping an eye on(지키다)'은 보통 '깊은' 관심을 필요로 하지는 않는다('접촉'을 참고하라.)

over: 예 *think over*(검토하다), *look over*(훑어보다). 여기에서 *over*의 관련된 의미는 아마도 *turn over the book*(책을 뒤집다)(이것은 다른 면을 본다는 개념을 더해준다)과 또한 *walk over a hill*(언덕을 넘어 걸어가다), *walk all over the place*(온갖 곳을 걷다)(이것은 광범위한 범위라는 개념을 더해준다)에서 나타나는 것일 것이다. *Over*는 '심층 초점(in-depth focus)'의 의미를 전하지는 않는다.

to: 예 *look to Jane*(제인을 바라보다). *To*에 의해 표현된 '수령자(recipient)' 개념('수령자'를 참고하라)은 *at*에 의해 표현되는 '목표물(target)' 개념보다 훨씬 따뜻하다. 따라서 *to*는 **주어**가 **지표**와 일종의 정서적인 관계가 있음을 표시하는 문맥에 더 잘 어울린다. *He looked to Jane for guidance*(그는 제인에게 안내를 기대했다). 더욱이, *to*의 이러한 용법은 목적을 나타내는 문맥에서 흔하게 쓰이는 듯하다(예 *look to X for guidance/help/understanding*(X에게 안내/도움/이해를 기대하다)).

toward: *Toward*는 종점이나 분명한 초점이 아니라 방향성을 두드러지게 한다. 이런 이유 때문에 *pray toward Mecca*(메카를 향해 기도하다)는 자연스러운 영어인데 반해서 **pray to/at*은 그렇지 못하다. *Toward*는 *attitude*(태도) 처럼 광범위한 정신적 방향성을 나타내는 어휘와 같이 쓰일 수 있다(예 *His attitude toward work is bad*(그는 일에 대한 태도가 나쁘다)). 물론 *to*가 더 짧고 방향성을 나타낼 뿐만 아니라 종점도 밝혀주기 때문에 이러한 대부분의 문맥에서 더 일반적으로 쓰인다.

16. 기능 (관련 개념: '목적', '이유')

for: For는 *Chairs are for sitting on*(의자는 위에 앉으라고 있는 것이다)에서처럼 기능(function)을 소개한다.

17. 영상

of: *Of*는 주어와 지표의 관계가 개념적으로 매우 밀접하다는 것을 나타내는데 자주 쓰인다. 예를 들어, *a picture/thinking of you*(당신 사진/생각); *an understanding/the notion of ecology*(생태학의 이해/개념)에서 주어는 지표의 영상(image)이거나 정신적 구성물이다.

18. 충격 (관련 개념: '접촉')

against: *Against*는 원형적 의미가 '힘(force)'을 함의하는데, 흔히 강력한 접촉에 대해 말할 때 쓰인다, 예 *bump one's head against a door*(문에 머리를 부딪치다).

into: *Into*는 '관통(penetration)'을 함의하기 때문에, *run into a lamp post*(가로등 기둥을 들이받다), *crash into the ground*(땅에 추락하다)처럼 특히 관통하는 힘의 충격(impact)을 나타낼 때 사용된다.

on(to): *On*(*to*)는 강력한 충격을 나타낼 때는 자연스럽지 않다. 그러나 *onto*는 그 자체 의미에는 없는 '힘'이라는 개념을 명시적으로 더해주는 동사와 같이 사용할 수 있다. 예 *The bowl crashed onto the floor*(볼이 바닥에 떨어져 깨졌다).

19. 시간상 사건의 연결 (관련 개념: '환경')

at: 예 *at that he exploded*(그가 감정이 폭발했을 때). *At*은 지점 초점의 전치사로서 거의 정확한 시간적 일치라는 개념을 더해준다.

by: 예 *by night/day/wind and weather*(밤에/낮에/어떤 날씨에도). *By*의 이 용법은 독일어에도 나타나므로(예 *bei Nacht* 'by night') 독일인의 영국 이주 이전으로 거슬러 올라갈지도 모른다. *By*의 현재의 공간적 의미에서 볼 때 이 오래된 용법은 완전히 관용적으로 보인다. 이점을 말했으니, 공간적 *by*는 근접성(proximity)을 표시한다는 것을 기억하자. 예를 들어, 어떤 일이 낮에(by day) 일어난다고 말하는 것은 일의 발생과 낮 시간이 함께 일어난다는 것이다.

in (대 on): 예 *In/*On trying to force open the window, he damaged the frame in several places*(창문을 억지로 열려다가 그는 창틀을 몇 군데나 손상시켰다). *On*과는 달리 *in*은 동사 **지표**를 비교적 지속적인 틀로 해석한다. 다시 말해, 행위(act)가 아닌 활동(activity)으로 해석한다. *On*은 **지표**가 내부를 가지고 있는지 여부에 대해 아무것도 나타내지 않는데, 동사 **지표**를 내부를 가질 수 있을 만큼 더 큰 것으로 '확장(stretch)'시키지 않는다. 오히려, 동사 **지표**를 비교적 작은 것 — 즉, 활동보다는 행위로 — 해석한다.

on: 예 *on arrival/receipt*(도착하자/받자마자). *On*은 '접촉'을 함의하기 때문에 한 사건이 다른 사건 바로 다음에 일어난다는 개념을 더해준다. 더불어, *on*은 *A depends on B*(A는 B에 의지한다)와 *I rely on her*(나는 그녀를 의지한다)와 같은 표현에서 보이는 것과 같이, **지표**를 행동의 기반으로 묘사한다(예 *On receipt of the good, please tender payment*(물건을 받자마자 지불해 주세요)).

20. 양태 (관련 개념: '방법', '도구', '환경')

at: 예 *at speed*(속도를 내어), *at a snail's pace*(달팽이 속도로). 이러한 *at*의 용법은 '양태(manner)'가 영어 전치사 체계에서 중요한 요소가 아니라는 것을 나타낸다. 오히려, '양태'의 암시는 구체적으로 *speed*나 *pace*의 의미에서 파생된 우연이다.

in: 예 *in a hurry/rush/style*(급하게/서둘러서/우아하게). 환경(circumstances)은 **지표**가 '들어갈(in)' 수 있는 주변(surroundings)으로 언급된다. 따라서 *in style*은 양태(예 *They did everything* ***with*** *style*(그들은 모든 것을 우아하게 했다)) 보다는 환경(예 *They lived* ***in*** *style/luxury*(그들은 우아하게/화려하게 산다))에 대해 뭔가 말하는 것이다. 흥미롭게도, 예의(manners)와 양식(fashion)은 환경으로 말해진다(예 ***in/*with*** *a brusque manner/fashion*(무뚝뚝한 태도/투로)).

with: *With*는 '양태, 스타일'의 표준적 표지어지만, *with*는 또한 '도구(instrument)'(예 *with a hammer*(망치로))와 '환경'(예 *We can't go, not with all this rain*(우리는 이 빗속에는 갈 수 없어요); *He did it with his eyes wide open*(그는 눈을 부릅뜨고 그 일을 했다))의 **지표**와 보통 같이 쓰이기도 한다. 두 번째 예문은 '환경'과 '양태/스타일' 개념이 어떻게 서로 섞일 수 있는지를 보여준다. 양태/스타일의 순수한 예는 *with style/flair/panache/ exuberance/zest/reluctance*(우아하게/안목있게/당당하게/풍성하게/열심히/주저하며)이다.

21. 수단/방법/도구 (관련 개념: '양태', '동작주')

'수단(means)'은 '방법(method)'/'(은유적) 길((metaphorical) route)'와 '도구(instrument)'

와 혼합되는 다소 일반적인 개념이다.

by: 동사 앞에서 *by*는 평범한 방법 표지어이지만(예 *by cutting*(잘라서)) 또한 몇몇 명사 앞에 나오기도 한다(예 *by bus/design*(버스를 타고/디자인에 의해)). 전형적인 구조는: **일반적** 결과적 행동을 의미하는 동사구 **주어**(*Split the wood better*(나무를 더 잘 쪼개라)) + *by* + **특정한** 결과적 행동을 의미하는 **지표**(chopping straight down(똑바로 내려자름))이다.

이 부분이 바로 방언마다 다른 전치사를 택하는 영역이라는 사실이, '수단'과 '방법'과 '도구'의 개념이 서로 그리고 '동작주' 개념과 연관되었다는 것을 보여준다.

(15) ... these people who are meeting each other *by* [= 'by way of, via'] these little mini-puppets (이 작은 꼬마 꼭두각시 인형을 통해 서로 만나는 이 사람들) [미국인 중역, *Tomorrow's World*, BBC1, 7.6.96]

영국 영어 화자는 *by* 대신에 *through*를 쓸 수도 있다. 그러나 두 전치사 다 우리가 결과를 수반한 행위(actions-with-results)을 중간 단계를 '통해서(through)'나 '지나서(by)' 가는 은유적 길인 것처럼 말하는 경향이 있음을 반영한다.

through: *means*(수단)이라는 단어는 개념적으로뿐만 아니라 어원적으로 *medium*(매개)이나 *middle*(중간)과 관련되어 있다. 아래의 기본 영상은 수단은 시작점부터 종점까지 가기 위해 통과하여 건너가거나 지나가는 공간이라는 것이다. 그래서 우리는 수단에 대해 말할 때 종종 *way*(길)이라는 단어를 쓴다(*Is there any way to do this?*(이것을 할 방법이 있어요?)). 따라서 (16)에서와 같이 '수단'을 표시하기 위해 *through*를 쓴다, (17) 참고.

(16) I got the promotion *through* ['by means of'] lots of hard work.
(여러 힘든 일을 통해서 승진하게 되었다.)

(17) We came *through* the Channel Tunnel.
(우리는 채널 터널을 통과해서 왔다.)

via: *I did it via lots of hard work*(나는 많이 열심히 일함으로써 그것을 해냈다). *Via*는 *way*나 *route*라는 뜻으로 라틴어에서 빌려온 형태로 'by way of'로 번역할 수 있다. 그래서 *via*는 **지표**를 은유적 길 위에 있는 중간단계로 표시한다.

with: 예 *cut it with a knife*(칼로 자르다). 여기에서, *with*의 **주어**는 결과적 행동('cut it')이고, **지표**는 도구('a knife')이다.

22. 목적/이유 (관련 개념: '목표물', '기능', '이유')

for: 사람들은 (행위의) 목적(purpose)을 가지고 있지만, 사물은 기능을 가지고 있다. 목적이 명사구에 의해 표현되면 *for*가 사용된다. 예 *He went out for a breath of fresh air* [즉, 사람 'he'; 행위 'went out' (그는 신선한 공기를 마시기 위해 밖으로 나갔다)]. *For*는 또한 상황에 대한 이유(reason)를 나타내는데 쓰인다. *Rome is famous for its fountains*(로마는 분수로 유명하다).

to: 목적이 동사구로 표시되면, '목적지(destination)' 전치사인 *to*가 사용된다, 예 *She went out to get bread*(그녀는 빵을 사러 나갔다). 여기에서, *to*는 행위('going out')에 대한 목적('get bread')을 소개한다.

23. 수령자 (관련 개념: '소유표시/배분', '배정', '목표물')

to (대 for, at): *To*는 지표를 수령자(recipient)로 규정한다. 소유표시(예 *this is for her* (이것은 그녀 것이다))는 주려는 의도를 함축하지만 주는 행위는 일어나지 않을 수도 있다. 수령자와 목표물의 주요한 차이점은 목표물은 본래부터 부정적이거나 최소한 중립적인 상황이라는 것이다(예 *leap/throw/talk/stare/look at X*(X에게/를 뛰어들다/던지다/말하다/노려보다/보다)).

24. 상태 (관련 개념: '환경')

at: *At*은 '장소'보다는 '상태(state)'(예 *at rest*(휴식 중), *at peace*(평화 중), *at war*(전쟁 중))를 나타내거나 '장소'와 함께 '상태'(예 *at sea*(항해 중))를 나타내기 위해 다수의 명사 지표 앞에 쓰인다.

on: *On*과 쓰이는 많은 표현들이, 예를 들어 *a/the*가 없기 때문에, 처음 보기에는 *at*과 쓰이는 활동 표현들과 비슷하게 보인다(예 *on guard*(당번인)). 그러나 이러한 *on* 표현들은 한두 가지 점에서 두드러진다. 첫째로, 모두 전치사의 주어가 어떤 의미에서 가시적이거나 두드러진다는 것(마치 주어가 단상위에 오른 것처럼: *They were on show/display/trial/sale/guard/duty*(그(것)들은 쇼/진열/재판/할인판매/보초/당번 중이었다))을 암시한다. 이러한 구들의 일부는 뚜렷한 '수동태' 느낌을 준다. 다시 말해, 전치사의 주어가 어떤 암시된 행위의 대상이다, 예 *They were on show/display/sale/trial*(그(것)들은 쇼/진열/재판 중이었다).

The vase is for sale(그 꽃병은 판매용이다)에서 *for*는 '소유표시' 기능을 담당함을 주목하라(즉, '꽃병이 판매를 위해 표시되었다'). *The vase is on sale*(이 꽃병은 할인판매 중이다)에서 '가시성'이 암시되는데, 이것이 이 구가 가지는 보통 강조된 의미의 기반

이 된다(즉, 그 꽃병이 특별 가격에 판매중이다).

in: *In*은 상태, 특히 정신적, 감정적 상태를 나타내는데 아주 흔히 사용된다. *in trouble/a mess/a fix/a quandary/a trance/a rage/love*(문제/혼란/곤경/진퇴양난/분노/사랑 등에 빠진). 때때로 상태는 명사의 성질 때문에 역동적 특징을 가진다(*in search of*(...를 찾아서), *in a panic/fury*(공포/분노에 빠져)).

under: 예 *under attack/fire/pressure/repair/control/examination/scrutiny*(공격/화재/압력/수리/통제/시험/조사 중). 이러한 표현들은 *my car died on me*(차가 멈췄다), *I'm working on a new project*(새로운 프로젝트 건으로 일하고 있다)와 같은 표현에서 보이는 관점과 정반대이다. 여기에서, 주어는 부담도 아니고(my car...on me), 어떤 기반 위에(on) 행동하는 동작주도 아니다(I...working on a new project). 오히려 행동이 행해지는 대상이 주어이다. 그래서 관점이 뒤바뀌고 *under*가 사용된다).

25. 목표물 (관련 개념: '관심의 초점', '수령자')

at: *At*은 기본적인 '목표물(target) 표지어'이다, 예 *throw at*(−에 던지다). *Laugh at*과 *be surprised at*과 같은 표현에서 *at*은 관련 개념인 '초점'을 더해준다.

on: 반대로, *on*은 '초점이나 강력한 접촉이 꼭 있을 필요 없음(not necessarily focused or forceful contact)'이라는 개념을 더해준다. 예 *compliment someone on their clothes*(옷에 대해 칭찬하다). *At*은 여기에서 매우 부적절하다. 왜냐하면 *at*은 '목표물'(잠재적으로 공격적인 개념)이나 '강한 초점'(초연하고 냉정한 개념)을 나타내기 때문이다.

26. 주제

about: *On*이 점점 흔해지기는 하지만 그래도 여전히 *about*이 가장 흔한 '주제(topic) 표지어'이다.

of: 예 *We thought of you*(우리는 당신을 생각했어요). (위의 '영상'을 참고하라.)

on : 예 *speak on the environment*(환경에 대해 말하다). *On*은 '접촉'을 함의하기 때문에 단지 '근접성'만을 함의하는 *about*보다 더 강조적인 주제 표지어이다.

over: ('관심의 초점'을 참고하라.)

27. 가치평가 (관련 개념: '순위' [개념 목록 참고])

1. 두드러지는 체계적 은유는 '좋은 것은 위이고 나쁜 것은 아래이다'이다. 여러 전치사가 이 은유를 다양한 방식으로 표현한다.

above 대 beneath: 예 *above reproach*(나무랄 데 없이), *beneath contempt*(경멸할 가치조차 없는).

down 대 up: 예 *I'm feeling up/down today*(오늘 기분이 좋아요/나빠요), *The quality is going up/down*(질이 좋아지고/나빠지고 있어요).

on 대 off: *On*은 '상향성'를 암시하는 반면(예 *on the table*), *off*는 '하향성(downness)'를 암시한다. '위는 좋고 아래는 나쁘다'라는 체계적 은유에 의해, *She's really on the ball*(그녀는 정말 유능하다), *I feel on top of the world*(최고로 기분이 좋다), *The cheese is off*(치즈가 상했다), *I'm having an off day*(오늘은 한가하다/일이 잘 안 된다)와 같은 표현들이 있다.

over 대 under: 예 *overjoyed*(매우 기쁜), *over the moon*(= '황홀한(ecstatic)') 대 *under pressure/stress/the weather*(압력/스트레스를 받는/기분이 언짢은)

2. 또 하나의 두드러지는 체계적 은유는 '중심적인 것은 안이고, 주변적인 것은 밖이다(central is in, peripheral is out)'이다. 위와 아래처럼 안과 밖도 반대의 값을 가지고 있다 — '좋은 것은 안이고 나쁜 것은 밖이다'.

in 대 out: 예 *in/out of fashion*(유행을 타는/뒤떨어진), *in/out of business*(성업/폐업 중), *in/out of the picture*(중요한/중요하지 않은).

3. 다음 세 개의 은유 표현은 별로 흔하지 않다. 처음 두 개는 은유적 위치와 관계가 있고, 세 번째 것은 은유적 방향이나 지향성과 관계가 있다.

In front of 대 behind:

- '가시적인 것은 앞에 있고, 불명료하고 차단되어 있는 것은 뒤에 있다(Visible is in front, obscured, blocked is behind)'. (예 *to be behind the eight ball* = '나쁜 상황에 놓여있다, 불행이 연이어 겹치다(be in a bad situation, have continuous bad luck)').
- '성공적인 것은 앞에 있는 것이고, 성공적이지 않는 것은 뒤에 있는 것이다(Being Being successful is being in front, being unsuccessful in being behind)'. (예 *to be in front of* [= '선두의(leading)'] *the opposition*(반대편보다 앞서는), *to be behind in a competition/in one's work* 등(경쟁/일 등에서 뒤지다).

Forward 대 backward: *Forward*는 종종 진행과 연관된다. *Backward*는 반대와 연관된다(예 *a backward child* = 지진아(a child who learns slowly).

주석을 붙인 참고문헌

* 는 괜찮은 입문서를 원하는 독자를 위해 추천할 서적을 나타낸다.

*AITCHISON, Jean. 1987. *Words in the Mind: An introduction to the mental lexicon.* Oxford: Blackwell.

전치사에 대해서는 별로 많이 다루지 않았으나 아주 읽기 쉬운 어휘 의미론 입문서이다.

The BBI Dictionary of English Word Combinations. 1997(1986). Comp. by Morton Benson, Evelyn Benson and Roberty Ilson. Amsterdam: John Benjamins(두 번째 수정본).

전치사를 포함하여 현재 사용되는 연어에 대해 아주 유용한 안내서이다.

BOLINGER, Dwight. 1971. *The Phrasal Verb in English.* Cambridge, MA: Harvard University Press.

상당히 복잡한 구동사의 통사와 운율에 대한 훌륭한 입문서이다.

BREAL, M. 1908. *Essai de semantique.* Paris: Hachette(1897 초판).

시간이 흐름에 따라 단어 의미가 어떻게 변했는지를 말해주는 초기의 매우 영향력 있는 문헌이다.

BRUGMAN, Clausdia. 1981. *The Story of **Over**.* MA thesis University of California at Berkeley. Reprised at length in Lakoff 1987. Available from the Indiana University Linguistics Club, 310 Lindley Hall, Bloomington, Indiana 47405, USA.

*Over*와 *above*에 대한 필자의 분석은 주로 Brugman의 논문에 바탕을 둔다.

Cobuild. Collins Cobuild English Dictionary. 1995. London: Harper Collins.

전치사에 관한한, 이 사전의 강점은 전치사의 현대적 용법을 반영했다는 데 있다. 그러나 다양한 용법들이 의미적으로 어떻게 관련되는지는 보여주지 않는다. 사실 전치사의 의미는 아주 미약하게 기술되어 있다.

COLEMAN, Linda and Paul KAY. 1981. 'Prototype semantics: The English verb lie', *Language* 57:1:26-44.

전치사에 관한 것은 아니지만 이 책을 쓰는데 도움을 준 어휘 의미의 이론에 대한 설명이 분명하게 서술되어 있다.

CUYCKENS, Hubert. 1993. 'The Dutch spatial preposition in: A cognitive semantic analysis'. In Cornelia Zelinsky-Wibbelt(Ed.), pp. 27-71.

*DANSEI, Marcelo. 1990. 'Thinking is seeing: visual metaphors and the nature of abstract thought'. *Semiotica* 80: 221-237.

DIRVEN, René. 1993. 'Dividing up physical and mental space'. In Cornelia Zelinsky-Wibbelt(Ed.), pp. 73-97.

DIRVEN, René and Martin PÜTZ. (Forthcoming.) *The Construal of Space in Language and Thought.* Berlin: Mouton de Gruyter.

DIXON, R.M.W. 1982. 'The grammar of English phrasal verbs'. *Australian Journal of Linguistics* 2:1-42.

DUNDES, A. 1972. 'Seeing is believing'. *Natual History* 81:9-12.

FILLMORE, Charles. 1975. 'An alternative to checklist theories of meaning' *Proceedings of the First Annual Meeting of the Berkeley Linguistics Society*, 123-131. Berkeley, CA; Berkeley Linguistics Society.
언어학에서 원형 이론에 대한 중대한 논문이다.

*GIBBS, Raymond. 1994. *Poetics of Mind: Figurative thought, language, and understanding.* Cambridge: Cambridge University Press.
마음의 구조가 깊이 은유적이라는 실험 심리학의 증거를 개관하는 아주 흥미로운 조사연구이다.

*GIBBS, Raymond, Dinara BEITEL, Michael HARRINGTON and Paul SANDERS. 1994. 'Taking a stand on the meanings of stand: Bodily experience as a motivation for polysemy'. *Journal of Semantics* 11:231-251.

GREENBAUM, Sidnay and Randolph QUIRK. 1990. *A Student's Grammar of the English Language.* Harlow: Longman.

HAWKINS, Bruce. 1993. 'On universality and variability in the semantics of spatial prepositions'. In Cornelia Zelinsky-Wibbelt(Ed.), pp. 327-349

HOTTENROTH, Priska-Monika. 1993. 'Prepositions and object concepts'. In Cornelia Zelinsky-Wibbelt(Ed.), pp. 179-219.

*LAKOFF, George and Mark Johnson. 1981. *The Metaphors* We Live By. Chicago/London: University of Chicago Press (in paperback).
이 책은 '관습적' 은유와 '체계적' 은유의 개념의 개요를 서술한다. 이런 개념들을 의지하지

않고는 전치사의 많은 의미를 이해할 수 없다.

LAKOFF, George. 1987. *Women, Fire and Dangerous Things: What categories reveal about the life of the mind.* Chicago/London: University of Chicago Press (in paperback).
(Eleanor Rosch가 개발한) 원형 이론(prototype theory)이 언어학 및 인지이론 전반에 적용될 수 있다고 주장하는 책이다. 매우 유익하다. 무엇보다, 저자는 관습 은유와 체계적 은유 개념을 다듬고 전치사적 의미에 대한 견해를 소개한다. 저자의 이론 체계를 구성하는 주요 요소들을 구체화하는데 일조한 다른 학자들의 저서들이 참고문헌에 소개되어 있다.

*LACKOFF, Geroge. 1993. 'Contemporary theory of metaphor'. In Andrew Ortony (Ed.), pp. 202-251.
저자가 사용한 주요 핵심어를 새롭게 정리한 유용한 최신판이다.

LANGACKER, Ronald. 1982. 'Space grammar, analyzability, and the English passive.' *Language* 58:1, 22-80.
제10장에서 수동태의 *by*에 대한 필자의 논의와 관련된 논문이다.

LINDKVIST, Karl-Gunnar. 1978. *AT vs ON, IN, BY: On the early history of spatial AT and certain primary ideas distinguishing AT from ON, IN, BY.* Acta Universitatis Stockholmiensis. Stockholm Studies in English, XLVIIII. Stockholm: Almqvist and Wiksell International.
아주 우수한 전통적인 학술 연구로, 고딕어, 노르딕어, 고대 영어, 중세 영어와 초기 현대 영어의 예문들로 뒷받침하여 의미론에 대한 아주 유익한 정보를 제공하는 문헌이다.

LINDNER, Susan. 1981. *A Lexico-Semantic Analysis of Verb-Particle Constructions with **Up** and **Out***. PhD dissertation, University of California at SanDiego. Available from the Indiana University Linguistics Club.
1800개 이상의 동사-불변화사 구문을 분석하였다. 아주 자세한 설명으로 *up*, *out*, *down*을 이해하는데 필자에게 아주 유용했다. 필자가 지나갈 때 마침 문이 열려 있었던 인디애나 대학교 도서관 관계자에게 감사의 말을 전한다.

LINDSTROMBERG, Seth. 1991b. '(Re)Teaching prepositions', *English Teaching Forum* 29:2, 47-50. United States Information Agency.

LINDSTROMBERG, Seth. 1996. 'Prepositions: Meaning and method'. *English Teaching Journal* 50:3, 225-236.

*MARKS, Lawrence. 1996, 'Perceptual metaphors'. *Metaphor and Symbolic Activity* 11:1, 39-66.
필수적인 체계적 은유는 관습적이라기보다는 자연스럽다는 증거를 보여준다. 또한 은유와, 예컨대 제유(synesthesia)의 관계를 논의한다. 이 학술지는 지금은 *Metaphor and Symbol*로 불

린다.

*ORTONY, Andrew(Ed.). [1979] 1993. *Metaphor and Thought,* 2nd edition. Cambridge: Cambridge University Press.
중요한 논문들을 모은 것으로 제2판이다.

Oxford English Dictionary. 1991. Oxford: Clarendon Press.
필수적인 어휘서이다. 특히 역사적 발달에 대한 정보와 고찰이 풍부하다. 이 사전과 이것의 속편격인 한 두 개의 사전들(특히 *The Shorter Oxford English Dictionary*)은 의미들의 상호 연관 관계를 밝히려고 사전편집자들이 상당히 고심했다는 것을 보여주는 유일한 사전처럼 보인다.

*PINKER, Steve. 1994. *The Language Instinct: The new science of language and the mind.* Harmondsworth, UK: Allan Lane/The Penguin Press.
뛰어난 읽을거리이지만, 전치사 연구에 직접적으로 관련은 없다.

QUIRK, Randolph, Sidney GREENBAUM, Geoffrey LEECH and Jan SVARTVIK. 1985. *A Comprehensive Grammar of the English Language.* Harlow: Londown.
이 책의 제목만 보면 설명 중심적일 것 같은데, 이 책은 오직 의미론만 다루고 있다.

PALMER, Frank. [1974]. 1988. *The English Verb.* Harlow: Longman.

RAUH, Gisa (Ed.). 1991. *Approaches to Prepositions.* ZTubingen: Gunter Narr.
이것은 영어와 독일어의 논문들을 묶은 것으로 전치사에 대한 참고문헌이 있다.

*REDDY, Michael. [1979] 1993. 'The conduit metaphor'. In Andrew Ortony, (Ed.), pp. 164-201.
체계적, 관습적 은유의 중요한 논문이다.

RICE, Sally. 1993. 'Far afield in lexical fields: The English prepositions'. *ESCOL* '92, 206-217, M. Bernstein(Ed.).

RICE, Sally. Forthcoming. 'Prepositional prototypes'. In *The Construal of Space in Language and Thought.* Rene Dirven and Martin Putz (Eds.) Berlin: Mouton de Gruyter.

RICE, Sally. No date. 'Aspects of prepositions and prepositional aspect'.
영어의 상 동사 형태(즉, 지속상과 완료상)를 보충하는 방식으로 전치사의 용법(특히 *after*, *away*, *on*, *over*)를 흥미롭게 논의하였다.

*SANDRA, Dominiek and Sally RICE. 1995. 'Network analyses of prepositional meaning:

Mirroring whose mind, the linguist's or the language user's'. *Cognitive Linguistics* 6:1, 89-130.
전치사 의미를 추상적이고 단의적으로 보지 않고 다의적인 것으로 보는 시각을 뒷받침하면서 또한 연구 방법론을 제시한 실험적 보고서이다. 서론부분은 전치사의 의미론에 관한 중요한 이론적 관점을 탁월하게 개괄해서 제공하고 있다.

TAYLOR, John. 1993. 'Prepositions: Polysematicization and disambiguation'. In Cornelia Zelinsky-Wibblet(Ed.), pp. 151-175.

Zelinsky-Wibblet, Cornelia (Ed.) 1993. *The Semantics of Prepositions: From mental processing to natural language processing.* Berlin: Walter de Gruyter.
다양한 이론적 관점을 제시하고 자연언어 의미론과 기계 번역에 대한 연구를 포함하는 논문을 모은 것이다. 훌륭한 참고목록 자료이다.

용어의 주석과 색인

1/1.1은 제1장, 1.1절을 의미한다.

경로 전치사(Preposition of path): 2/1.6

과장법(Hyperbole)은 '과장(exaggeration)' 대신 언어학자들이 쓰는 용어이다. 과장법은 의사소통에서 흔하게 사용된다. 과장되게 사용되던 단어들이 결국 점차로 새로운 의미를 갖게 되는 예들이 많다. 은유적 표현들 역시 과장적이다. 따라서 *thrilling*(황홀한)은 분명 한때는 'emotionally piercing (감정적으로 날카로운)'란 의미의 'drilling (날카로운)' 같은 것을 의미했다. (Riveting(관심을 사로잡는)이 지금은 강한 의미의 fascinating(마음을 사로잡는)의 흔한 동의어임을 참조)

관습적 은유(Conventional metaphor)는 우리가 세상에 대해 생각하는 방식 중에 너무 기본적인 것이라서 이를 표현하는 다양한 단어와 구를 은유로 여기지 않게 되는 은유를 일컫는다. 은유 '적음은 아래이다(less is down)'를 예로 들 수 있다. 사람들은 보통 이런 은유의 표현(예 incomes fell(소득이 떨어졌다))을 결코 은유로 생각하지 않는다.

관용어(Idiom): 1/7, 2/8. 관용어는 보통 구(phrase)이다. 관용어 특징의 하나는 다양한 부분들의 의미를 안다고 해서 구 전체의 의미를 추측할 수 있지 않다는 것이다. 예를 들어, *at*과 *once*의 의미를 아는 것이 *at once*가 'immediately(즉시)'를 의미함을 추측할 수 있는 것이 아니다.

구동사(Phrasal verb): 2/10-11, 22

구전치사동사(Phrasal prepositional verb): 2/10.3

구체화(Reification): 3/5.2. '구체화하는' 것은 마음속에서 추상적 개념을 일종의 물리적 개체로 규정하는 것을 의미한다. 예를 들어, *run into difficulties*(난관에 봉착하다), *get around a problem*(문제를 해결하다), *a mental block*(정신적 블록)과 *a breakthrough*(돌파구) 같은 표현은 (아주 추상적인 종류의 진전도 막는) 방해물을 마치 벽과 같은 물리적 개체처럼 생각하는 근본적인 습관을 나타낸다. Lakoff 외(즉, Lakoff와 Johnson 1980)는 구체화를 일종의 은유로 논의한다. 더욱이, 다양한 종류의 구체화는 인간의 사고 과정에 아주 근본적임을 보여주었다(Reddy 1979/1993 역시 참조).

내포(Connotation)는 단어가 직접적으로 의미하기보다는 함축하는 것을 말한다. 내포는 단어가 누군가에게 가지게 될 정신적인 연상(emotional association)을 나타내는 용어이다. 내포는 외연에 비해 사람마다 다르다.

다어 동사(Multi-word verb): 2/10, 제 22장 1부, 광의의 구동사를 달리 부르는 말이다.

다의성(Polysemy)은 한 단어가 두 개 이상의 의미가 있는 경우이다.

도상(Icon): 1/4, 의미를 암시하는 그림의 형태

도식적, 도식적 영상(Schematic, schematic images): 2/12

묘사할 수 없는 의미(Non-depictable meaning): 2/4, 전치사의 경우, 이 의미는 추상적 의미를 뜻한다.

묘사할 수 있는 의미(Depictable meaning): 2/4

문자적 의미(Literal meaning): 2/1, 2/3, 2/6. (전치사의 문자적 의미는 물리적 개체에 적용되는 의미이다)

밀접한 연어(Close collocation): 제 21장. *fro* 앞에 항상 *to and*이 오는 것처럼 항상 혹은 거의 항상 같이 연결되는 두 개 이상의 단어들

방향부사(Directional verb): 2/2

복합동사(Compound verb): 이 책에서는 *overlook* 같이 전치사 접두사가 있는 모든 동사

복합전치사(Compound prepositions): 9/1

부차적 의미(Secondary meaning): 2/7, 2/9(대은유적으로 확장된 의미), 2/12

불변화사(Particle): 2/2, 제 22장 1부

사용/용법(Use/usage): *use*(사용)이라는 용어는 때로 어떤 특정한 사람이 어떤 표현을 특정한 시간에 특정한 상황에서 사용하는 것으로 이해된다. 반면, *usage*(용법)는 때로 '사용의 일종으로, 많은 사람들이 어떤 특정 표현을 유사하지만 다른 상황에서 사용하는 방식'을 의미하는 것으로 이해된다. 나는 이들 용어를 이런 의미로 사용하려했지만 완전히 일관성 있게 사용할 수는 없었다. 한 가지, 용법이라는 용어는 문체상 다소 어구가 길고 복잡하다. 또한 *to use*라는 동사는 있지만 *to usage*라는 동사는 없다.

생산적인(Productive): 3/7.2. 단어, 어미, 접두사의 용법이 '생산적이다'라고 하면, 우선 모국어 화자가 기존의 의미와 부합되게 새로운 문맥에서 사용하는 것이고 둘째 다른 모국어 화자가 이런 새로운 적용을 의도된 대로 이해하는 것이다. 예를 들어 접미사 *-able*은 생산적이다. 그 이유는 (내 생각에) 형용사 *dribbleable*(똑똑 떨어뜨릴 수 있는)를 만들 수 있고, 어떤 추상적인 예술가가 그의 그림이 아주 *dribbleable*하기를 원한다고 말한다면, 이러한 그림에 대해 한 번도 들은 적이 없어도 영어를 잘 하는 사람들은 내가 무엇을 의미하는지 알 것이기 때문이다. *Breakwater*(방파제) (파도의 힘을 막거나(breaking) 완충하는 둑)처럼 *break-*가 있는 구문은 더 이상 생산적이지 않다. 만일 나무 한 줄이 'breakwind(방풍림)였다고 말한다면 모국어 화자들은 이를 이상하다고 여길 것이다. 오히려 이제는 *break* + 명사의 순서를 바꿔 *firebreak*(방화선)와 *windbreak*(방풍림)와 같은 복합명사를 만들어 낸다.

시간 전치사(Preposition of time): 2/1.2, 3/11

어순(Word order): 2/1.4, 2/1.5

연어(Collocation): 2/5. 어쩌다가 나타나는 것이 아니라 유의미하게 자주 함께 나타나는 두 개 이상의 단어들. 따라서 *interested* 다음에 *to*, *than*, *as*가 올 수 있고, *in*은 *interested* 이외의 많은 단어들이 그 앞에 올 수 있기는 하지만 *interested in*이 연어가 된다.

영역(Domain): '기원영역(source domain)'을 보라.

완료구동사(Perfective phrasal verbs): 2/11

외연(Denotation)은 함축보다는 단어가 직접적으로 의미하는 것을 나타내는 용어이다. 내포(connotation)를 보라.

운율(Prosody)은 발화의 리듬과 어조와 관련 있다. 제 22장 1부 1장.

X의 **원형(Prototype)**이란 사람들이 X성과 관련짓는 자질 모두를 보여주는 X의 예이다.

Eleanor Rosch는 적어도 그녀 연구에 관련된 많은 종류의 새 중에서 미국인들이 미국의 로빈(개똥지빠귀의 일종)을 '새'의 가장 좋은 보기로 간주한다는 설득력 있는 증거를 제시했다. 로빈이 가장 좋은 보기인 이유는 무엇인가? 분명 로빈은 날지만 (펭귄과 달리) 물 밑에서 수영을 못하고, (타조와 달리) 사람보다 작고, (깃털이 털처럼 생긴 키위와 달리) 깃털이 있고, (물떼새와 달리) 나무에 둥지를 틀고, (까마귀와 달리) 까악대며 울지 않고 노래하고, (부엉이와 달리) 구슬 같은 눈을 갖고 있기 때문이다. 사람들이 타조는 새가 아닌 것으로 생각한다고 말하는 것은 아니다. 예를 들어, 사람들이 *bird*라는 단어를 들을 때, 타조는 결코 생각하기 쉬운 새가 아니라는 것이다.

(*Of*를 제외한) 각 전치사의 다양한 의미는 (로빈처럼) 심리적으로 원형적이거나 (타조처럼) 심리적으로 주변적일 수 있다.

각 전치사의 심리적으로 비원형적인 의미는 단어로 바꾸고/바꾸거나 그림으로 나타낼 수 있는 원형과 관련된 것일 것이다. 마치 타조가 로빈과 공유하는 자질들을 단어로 나타낼 수 있고/또는 묘사할 수 있는 것과 마찬가지이다.

원형 의미(Prototypical meaning): 2/7, 2/12

위치 전치사(Locative preposition)(=장소 전치사(preposition of place))

위치 전치사(Preposition of location)(=장소 전치사(preposition of place): 2/1.1

은유(Metaphor): 은유의 특히 분명한 예들은 보통 물리적 개체와 물리적 행위와 관련된 단어나 구가 사실상 더 추상적이고 덜 구체적인 문제에 대해 말할 때 사용되는 표현들이다. 따라서 내가 "I see daffodils in the garden(정원에서 수선화를 본다)"이라고 말하면 나는 문자 그대로 보는(see)것이다. 당신이 뭔가를 말하고 내가 "I see what you mean(당신이 뭘 의미하는지 알겠다)" 라고 대답한다면, 나는 *see*를 은유적으로 사용하는 것이다.

의미의 은유적 확장(Metaphorical extension of meaning): 2/3, 2/8-10. 사람들이 단어나 구를 어떤 은유를 표현하기 위해 사용하는 것이 관습적이 되었기 때문에, 단어나 구의 의미가 영구적으로 확장되는 과정이다. 따라서 구 *surf the Internet*(인터넷 서핑을 하다)이 관습적이 되면, *surf*(파도타기하다, 서핑하다)의 의미가 확장되어 'use any system in an exploratory, extemporaneous fashion(어떤 시스템도 즉석으로 탐색하여 사용하다)'이라는 의미가 포함된다.

이동 전치사(Preposition of motion)(=경로 전치사(preposition of path): 2/1.6

이동 전치사(Preposition of movement)(=경로 전치사(preposition of path): 2/1.6

장소 전치사(Preposition of place): 2/1.1

전치사(Preposition): 2/1-3

전치사 동사(Prepositional verb): 2/9

전치사 접사(Prepositional prefixes): 1/8, 부록3

전치사의 주어**(Subject of a preposition)**: 2/1, 2/3 (추상화의 정도)

전치사의 지표**(Landmark of a preposition)**: 2/1, 2/3 (추상의 정도)

절의 주어(subject of a clause): 2/1. 어떤 경우에는 절의 주어가 전치사의 주어와 동일하지만, 반드시 그렇지는 않다.

종속전치사(Dependent preposition): 2/5

주변적 의미(=부차적 의미)(Skirt meaning (= secondary meaning): 2/7, 2/9

은유의 **기원영역(Source domain)**은 다양한 은유 표현이 도출되는 경험의 영역이다. 이들 표현이 적용되는 영역은 **목표영역(Target domain)**으로 불린다. 예를 들어, *I'm at a crossroads in my life*(나는 내 인생의 갈림길에 있다)'와 같은 표현의 경우 여행은 기원 영역이고 인생(과 그 과정)은 목표영역이다. 제 22장 2부 1.1

직시어(Deixis)는 *here, there, come, go* 등의 단어들이 상황이 달라지면 어떻게 다른 것을 지칭하는 지를 나타내는 용어이다. 따라서 내가 *I'm here*라고 말하면, 당신이 *I'm here*라고 말하는 것과 다른 장소를 언급하는 것이다.

체계적 은유(Systematic metaphor)란 한 언어에서 많은 다양한 표현들(즉, 단어와 구)로 나타나는 은유이다. 따라서 체계적 은유 '많은 것은 위이다'는 *high prices/temperatures*(고가/고온)..., *prices / temperatures go up*(가격/온도가_올라간다), *up / raise the stakes*(더 투자하다) 등과 같은 표현으로 나타난다. 체계적 은유의 다양한 표현은 관습적일 수도 있고 아닐 수도 있지만, 적어도 그 얼마간은 관습적이기 마련이다.

추상적 지표**(Abstract Landmarks)**: 2/1.8, 2/3

추측 가능한 의미(Guessable meaning): 2/8, 2/10.2

표준 방언(RP = Received Pronunciation): 영국 사전에서 표준으로 사용되는 영국 영어의 종류. 'Posh(상류층)' 영어, 'the Queen's English', 'Oxbridge English'라고도 불린다. 어떤 조사에 의하면 겨우 4% 정도의 영국인만이 표준형으로 말한다.

환유(Metonymy): 어떤 것을 그것 대신 그와 관련된 것을 언급하여 간접적으로 지칭하면, 환유이다. 예를 들어 *crown lands, a crown prosecutor*에서처럼 *crown*이라는 단어를 사용해서 영국 정부를 지칭하는 것이다.

전치사와 언어학 용어 색인

- 숫자는 장을 나타낸다. 즉, 9는 9장
- 9/1.2는 9장, 1.2절을 나타낸다.
- 시간 용법에 대한 절은 각각 '(t)'로 표시된다.
- 구동사에 나타나는 전치사와/방향부사에 대해서는 22장도 참고하라.

ABOUT: 11/1-3, 11/4 (t)
　around: 11/1-11/3, 12/7.4 (t)
　concerning: 11/3.2, 18/4.3
　of: 18/4.3
　near: 12/7.4 (t)
　pertaining to: 18.4.3
　relating to: 18/4.3
　on: 11/3.2
　near: 12/7.4 (t)
ABOVE: 10/2-3.1, 10/4.2, 10/4.4-4.5, 10/9.1
　below:13/1
　next to: 12/5
　over: 10/2-3.1, 10/5
ACROSS [path]: 10/6, 10/7.1, 10/9.2.7 (t)
　over:10/6.2, 10/7.1.2
　through: 10/7.1.1
　throughout: 10/9.2.7 (t)
ACROSS...(from) [place]: 8/2-3
　on the other side (of): 8/3
　opposite: 8/2-3
AFTER [sequence, incl. time]: 9/4.2
　in: 5/5.5 (t)
AGAINST: 6/2.2, 16/1-3, 16/4 (t)
　along: 6/2.2
　and: 1/9
　at: 16/2.8
　beside: 6/2.2
　by: 16/2.2
　for: 16/3.1, 19/3.2
　into: 16/2.6
　near: 16/2.2-2.3
　on: 16/2.3, 16/2.7
　onto: 4/4
　till/until: 16/4 (t)
　to: 21/5
　with: 1/9, 6/2.2.2, 16/1, 19/1, 19/3.2, 19/3.5.6
AHEAD (of): 4/3, 4/14.4 (t)
　forward: 4/3
　on: 4/3
ALONG: 6
　against: 6/2.2
　alongside: 6/2.3
　along with: 6/2.2.2, 6/3.2-6/3.3
　beside: 6/1-2
　besides: 6/3.3
　by: 15/4.3
　near: 6/1-2
　together with: 6/3.2
ALONGSIDE: 6/1, 6/2.3, 6/3, 6/3.4
　along: 6/1, 6/2.3
　beside: 6/1, 6/2.3
AMID(ST): 7/5
　among: 7/5
　in the middle/midst of: 7/5
AMONG: 7/1, 7/3-5, 7/7 (t)
　amid: 7/5
　between: 7/3-4
　in the middle/midst of :7/5
　inter-:7/6
　of: 7/3.1
APART (from): 19/1, 19/7, 19/8 (t)

together: 19/7
with: 19/1
AROUND: 11/1-3, 11/4 (t)
about: 11/1, 11/3, 12/7.4 (t)
by/past: 11/1, 12/2.2
by/near/nearby: 11/2.2.2
concerning: 11/3.2
near: 12/7.4 (t)
over: 11/1, 11/2.1.2
(A)ROUNDABOUT: 11/4
ASIDE: 22/*'By' (put money by/aside)*
AT: 15/1-4, 15/5 (t)
against: 16/2.8
along: 15/4.3
by: 15/4.3
in: 4/14.1 (t), 5/5.1 (t), 15/1, 15/2.6, 15/3.1, 15/4.1.1, 15/5 (t)
of: 18/2.6
on: 4/14.2 (t), 5/5.1 (t), 15/1-2.1, 15/4.1-4.2, 15/5 (t)
to: 15/4.2
toward: 15/4.2
with: 15/4.4
AT THE OTHER/OPPOSITE END (of): 8/4
on the other side (of): 8/4
AWAY (from): 3/1, 3.10-11, 3/12 (t), 4.8.1
from: 3/10.1
of: 18/1
off: 4/8.1
on[c]: 4/8.1
toward: 3/1
BACK: 4/3, 14/1-3, 14/4 (t)
backward: 4/3, 14/1.0-2.1
forward: 4/3
on[c]: 4/3, 14/1
toward: 14/4.1 (t)
in BACK (of): 9/3, 9/5
in the back/front of: 9/5
in front (of): 9/5
in THE BACK (of): 9/5
in back/front of: 9/5
in the front (of): 9/5
BACKWARD: 4/3, 14/1-3, 14/4 (t)
back: 4/3, 14/1.0-2.1
forward: 4/3
on[c]: 4/3
toward: 14/4 (t)
BEFORE 대 in front (of): 9/4.1-4.2
BEHIND: 9/2
in back of: 9/3
on the other side of: 9/2.1
BELOW: 13/1-3, 13/6
above: 13/1-2, 13/6
beneath: 13/2
next to: 12/5
on[t]: 13/1
on the bottom (of) 13/3
under: 13/2
underneath: 13/2
BENEATH: 13/1-3, 13/6.1
below: 13/1-2
on the bottom (of): 13/3
under: 13/1-2, 13/4
underneath: 13/1-2
BESIDE: 6/1-2, 6/3.5
against: 6/2.2, 6/2.2.1
along: 6/1-2
alongside: 6/2.3
besides: 6/3.3
near: 6/1-2
BESIDES: 6/3.3 (그리고 *along with*)
BETWEEN: 7/1-4, 7/7 (t)
among: 7/3-4
inter-: 7/6
BETWIXT (고어, 'between'): 1/8
BEYOND: 8/5, 8/7 (t), 12/2.3.2
past: 12/2.3.2
BY: 12/1-3, 12/7.1-7.3 (t)
against: 16/2.2
along: 15/4.3
around: 11/1, 12/2.2
at: 15/4.3
close (to): 12/2.1, 12/5
from: 23/4
in: 12/3.2
near: 12/2.1
next to: 12/2.1, 12/5
on: 1/7
past: 12/1, 12/2.3.1, 12/7.3 (t)
through: 12/3.3

with: 12/3.2, 19/3.5.2
in passives: 12/3.6, 23/4
CATTYCORNER: 8/6
CLOSE (to): 12/2.1, 12/4-6, 12/7.5 (t)
against: 16/2.2
by: 12/2.1
near: 12/2.1
next (to): 12/2.1, 12/5
to: 3/3.2 (about the *to* of *close to*)
compound prepositions(복합 전치사): 9/1
CONCERNING: 11/3.2, 18/4,3 ('About'도 보라)
Directional adverb(방향 부사): 2/2
DOWN: 17/1-2, 17/3.2, 17/4-5, 17/7.3 (t)
up: 17/2, 17/3.2, 17/4, 17/5, 17/6.3
DURING (t): 5/5.3, 10/9.2.2-9.2.4
in: 5/5.3
over: 10/9.2.3-2.4
throughout: 10/9.2.3
FOR: 20/1-5, 2-/6 (t)
against: 19/3.2
as: 20/3.7
for...to: 20/3.8
of: 20/3.5
to: 20/2, 20/3.6, 21/2.3.1, 21/2.3.3, 21/2.6-2.7
toward: 21/2.7
with: 19/3.2
FORWARD: 4/3
ahead: 4/3
backward: 4/3
on: 4/3
FROM: 3/1, 3/9, 3/11, 3/12 (t)
away: 3/1, 3/10.1, 18/1
of: 3/7.1, 3/9.1.3, 3/9.2.2, 18/1, 18/5, 18/7(t)
off: 3/9.3.1-3.2, 18/1, 18/5.3
off from: 3/9.1.2
on: 1/7
out (of): 3/9.1.2, 3/9.3.1, 19/3.5.4
to: 3/1
with: 19/3.5.4-5.5
Gerunds(동명사): 21/4
IN: 3/1, 3/4, 5/1-4, 5/5 (t),
after: 5/5.5 (t)
at: 4/14.1 (t), 5/5.1 (t), 15/1, 15/2.6, 15/3.1, 15/4.1.1, 15/5 (t)
by: 12/3.2
during: 5/5.3
inside: 5/3.1, 5/5.6 (t)
into: 3/4.2, 5/4
inward: 3/5
of: 18/2.6
on: 4/14 (t), 5/2.1, 5/5.1, 5/5.7 (t)
out: 5/2.1
outside (of): 5.3.2
to: 3/1, 3/4.1, 3/12 (t)
under: 5/2.4, 13/4.2
when: 5/5.7
while: 5/5.7
within: 5/3.1, 5/5.6 (t)
without: 5/3.2
IN BACK (of): 9/3
in the back/front of: 9/5
in front of: 9/5
IN FRONT (of): 9/1, 9/4
before: 9/4.1-4.2
in back of: 9/3, 9/5
in the back/front of: 9/5
IN THE MIDDLE/MIDST (of): 7/5
amid: 7/5
among: 7/5
Infinitives(부정사): 2/3, 21/3-4
INSIDE (of): 4/7, 5/3.1, 5/5.6 (t)
in: 5/3.1, 5/5.6 (t)
on the side, bottom, etc.: 4/7
outside (of): 4/7
within: 5/3.1, 5/5.6 (t)
INTER-: 7/6, 7/7 (t)
between: 7/6
among: 7/6
INTO: 3/4, 3/11-12, 5/4, 16/2.6
against: 16/2.6
in: 3/4.2
out (of): 3/1
to: 3/4.1
INWARD: 3/1, 3/5
in: 3/5
NEAR: 1/6, 6/1, 12/2.1, 12/5-6, 12/7 (t)
about: 12/7.4 (t)

against: 16/2.2-2.3
along: 6/1-2
around: 12/7.4 (t)
beside: 6/1-2
by: 12/2.1
close (to): 12/2, 12/4, 12/6
nearby: 12/2.1
next (to): 12/2.1, 12/5
off: 4/5.2
on: 16/2.3
to: 3/3.2 (the to of near to)
NEARBY: 12/2.1
near: 12/2.1
NEXT (to): 12/2.1, 12/5-6, 12/7.6 (t)
by: 12/2, 12/5
close (to): 12/2.1, 12/5
near: 12/2.1, 12/5
to: 3/3.2 (the to of next to)
nominalized (i.e., 'nounized') verbs)(명사화 (즉, '명사화된') 동사): 18/3.4-3.5
OF: 3/7.1, 3/9.2.2, 18/1-5, 18/6 (t)
about: 18/4.3
among: 7/3.1
at: 18/2.6
concerning: 18/4.3
for: 20/3.5
from: 3/9.1.3, 3/9.2.2, 18/1, 18/5, 18/7 (t)
in: 18/2.6
off: 18/1, 18/4.2, 18/5.3
out (of): 3/7.1 (the of of out of)
pertaining to: 18/4.3
relating to: 18/4.3
's: 18/2.2
to: 18/2.5, 18/7 (t); 21/2.8
with: 19/3.1.1
OFF: 4/5, 4/14.3 (t), 18/4.2
about: 4/9.1.1
away: 4/8.1
from: 3/9.1.2, 3/9.3.2
of: 18/1, 18/4.2, 18/5
off from: 3/9.1.2, 18/1, 18/5.3
on: 4/1, 4/8.1, 4/9.1.1, 4/9.2.0-9.2.2
out: 3/9.1.2, 3/9.3.1
near: 4/5.2
up: 17/6.1 (완료로서)
ON: 2/7, 2/9, 4/1-3, 4/6-13, 4/14 (t), 5/2.1, 13/7 (t)
about: 11/3.2
against: 16/2.3, 16/2.7
ahead: 4/3
at: 4/14.1 (t), 5/5.1 (t), 15/1-2.1, 15/4.1.1-1.2, 15/4.2, 15/5 (t)
away: 4/8.1
back: 4/3
backward: 4/3
by: 1/7
concerning: 4/9.1
forward: 4/3
from: 1/7
in: 4/14.1 (t), 5/2.1, 5/5.1 (t), 5/5.7 (t)
off: 4/1, 4/8.1, 4/9.1.1, 4/9.2-9.2.2
on top of: 4/6
onto: 4/4
out: 4/8.2, 5.2.1
over: 13/1
toward: 4/8.3
under: 13/1
ON ACCOUNT OF: 10/3 (re over)
ON THE BOTTOM (of): 4/7, 13/3 (대 under 등)
ON THE INSIDE/OUTSIDE (of): 4/7
ON THE OTHER SIDE (of): 8/3-4
across: 8/3
at the other/opposite end (of): 8/4
behind: 9/2.1
opposite: 8/3
ON TOP (of): 4/6, 12/5
above/below/next to: 12/5
on: 4/6
under: 4/6.2.2
ONTO: 4/4
against: 4/4
on: 4/4
OPPOSITE: 8/2-3
across...(from): 8/2-3
on the other side (of): 8/3
OUT (of): 3/1, 3/7, 3/11, 3/12 (t), 5/2.1

in/into: 3/1
from: 3/1, 3/7.1, 3/9.1.2, 3/9.3
off: 3/9.1.2, 3/9.3.1
on: 4/8.2, 5/2.1
outward: 3/8
up: 17/6.2 (완료로서)
with: 19/3.5.4
without: 19/4.1
OUTSIDE (of): 4/7, 5/3.2
inside (of) 4/7
on the side, bottom, etc.: 4/7
without: 5/3.2
OUTWARD: 3/1, 3/8
out (of): 3/8
OVER: 10/1-8, 10/9 (t)
above: 10/1.0-3.1, 10/5
across10/6.2, 10/7.1.2
around: 11/1, 11/2.1.2
during (t): 10/9.2.3-9.2.4
through: 10/7.1.2, 10/7.2.3, 10/9.2 (t)
throughout: 10/9.2.1 (t), 10/9.2.3 (t)
under: 13/4.1
Particles(불변화사): 2/2, 22 Part I
Passives(수동태): 12/3.6, 18/3.5, 23/4
PAST: 12/1
around: 11/1
beyond: 12/1, 12/2.3.2
by: 12/1, 12/2.3.1, 12/7.3 (t)
PERTAINING TO: 18/4.3 (대 about)
Phrasal verbs(구동사): 22
Possessives(소유격): 18/2.2
RE-: 14/2.2
RELATING TO: 18/4.3 (대 about)
ROUND: 11 (around도 보라)
ROUNDABOUT: 11/4
SUB-: 13/5.5
Style: 3/9.3.1-9.3.2, 18/2.2, 18/4.3
THROUGH: 3/1, 3/6, 3/11, 3/12 (t), 10/7,
by: 12/3.3
across: 10/7.1.2
over: 10/7.1.2, 10/7.2.3
in 'passives': 23/4 ('agent')
throughout: 10/9.2.6
THROUGHOUT (t): 10/9.2.1, 10/9.2.3
across: 10/9.2.7
during: 10/9.2.3
over: 10/9.2.1, 10/9.2.3
through: 10/9.2.6
TILL (t): 3/12
against: 16/4
to: 3/12
up till: 17/7.1
TO: 3/1, 3/4, 3/11, 3/12 (t), 20/2-3, 21
against: 21/2.5
at: 15/4.2
for: 20/2-3.6, 21/2.3.1-2.3.3, 21/2.6-2.7
from: 3/1
+ 'gerund': 21/4
+ 'infinitive': 21/3-4
into:3/1, 3/4.1
of: 18/2.5, 18/7 (t); 21/2.8
till: 3/12 (t)
toward: 3/1, 3/3.2
until: 3/12
with: 21/2.2, 21/2.3.1-3.2
TOGETHER: 19/1, 19/6, 19/8 (t)
apart (from): 19/7
together with: 6/3.2, 19/6.2
TOWARD(S): 3/1-2, 3/11, 3/12 (t)
at: 15/4.2
away (from): 3/1
for: 21/2.7
onc: 4/8.3
to: 3/1, 3/3.2
UNDER: 13/1-5, 13/7 (t)
above: 13/1
below: 13/1-2
beneath: 13/1.0-2.1
in: 5/2, 13/4.2
on: 13/1
on the bottom (of): 13/3
over: 13/4.1, 13/7 (t)
underneath: 13/1-2
UNDERNEATH: 13/1-4, 13/6.1
below: 13/1-2
beneath: 13/1-2
on the bottom (of): 13/3
under: 13/1-2

UNTIL = till (t): 3/12
against: 16/4 (t)
to: 3/12
up until: 17/7.1
UP: 2/8, 2/10-11, 17/1-6, 17/7 (t)
down: 17/2, 17/3.2, 17/4-5, 17/6.3
off: 17/6.1 (완료로서)
out: 17/6.2 (완료로서)
up till/until: 17/7.1 (t)
up to: 17/3.1, 17/4.4.2 (in come up to s'one에서처럼), 17/7.1 (t)
VIA: 10/8
-WARD(S): 3/2.2
WHEN: 5/5.7
WHILE: 5/5.7
WITH: 1/9, 19/1-4, 19/8 (t)
against: 1/9, 6/2.2.2, 19/1, 19/3.2, 19/3.5.6
along with: 6/2.2.2, 6/3.2-3.3
apart (from): 19/1
at: 15/4.4
by: 12/3.2, 19/3.5.2
for: 19/3.2, 21/2.3.1-3.3
from: 19/3.5.4-5.5
of: 19/3.1.1
out (of): 19/3.5.4
over: 19/8 (t)
to: 21/2.2, 21/2.3.1-2.3.2
together: 19/6
without: 19/3.1, 19/5, 19/8 (t)
WITHIN: 5/3.1, 5/5.6 (t), 19/5.3
in: 5/3.1, 5/5.6 (t)
inside: 5/3.1, 5/5.6 (t)
without: 5/3.2, 19/5.3
WITHOUT: 5/3.2, 19/3.2, 19/5, 19/8 (t)
in/inside: 5/3.2, 19/5.3
out (of): 19/5.1 (lack)
outside (of): 5/3.2, 19/5.3
with: 19/1, 19/3.1, 19/5, 19/8 (t)
within: 19/5.3

추상개념 색인

▸ 23장에 대한 참조는 모두 23장 3절에 번호를 매겨 소개한 개념들을 가리키는 것임.

▸ 시간 전치사에 대한 정보를 보려면, 3-5장, 7, 8장, 10-20장의 마지막 절을 볼 것.

▸ 다른 품사와 연어관계를 이루는 전치사(예: *win* + *over*와 *in the* + *context of*)는 *The BBI Dictionary of English Word Combinations*(Benson, Benson and Ilson, 1996)를 볼 것.

가용성(Availability): 3/7, 4.3
가치평가(Valuation): 17/4.3.5, 23/27, '순위(Rank)'도 보라
간접성(Indirectness):11/2.1.4, 11/2.1.6
결과(Result): 12/3.6, 20/3.5 (바라던 결과(desired result))
결여(Absence): 3/4, 4.2
결핍(Lack): 19/5.1, 22/Out of (run out of)
경쟁(Competition): 19/3.5.6
공동 분류(Co-classification): 19/2-3.2
관심의 초점(Attention, focus of): 15/3.2, 15/4.2, 17/4.5.1, 23/15
관심의 초점(Focus of attention): 23/15
구성물(Composition):('재료(Ingredient)'를 보라)
구성성분(Constituent):23/10
근거(Basis): 1/7, 4/9.1.6, 23/6
기능 Function: 20/3.6, 21/2.3.3, 23/16
논리적 근거(Logical grounds): 23/4, 23/14
당나귀 꼬리 달리(Pin the tail on the donkey): 21/2.6
더함(Moreness): 2/9, 10/9.1, 13/5.1, 13/6.2, 17/4.3
대상(Objects): 4/9.1.5
대응(Correspondence):20/3.3, 21/2.3.1, 21/2.3.3
도구(Instrument): 19/3.5.2, 23/21
동격(Apposition): 18/3.1-3.2
동급(Equivalence): 20/3.7
동반(Accompaniment): 19/2, 19/4, 19/5.1, 19/6, 23/1
동작주(Agent): 12/3.6, 18/3.4-3.5, 23/4
동일성(Identity): 18/3.1-3.2
명시성(Overtness): 3/7.4.3
목적(Purpose): 20/3.6, 23/22
목적 없음(Goallessness): 11/2.1.5, 11/3.1
목표물(Target: 15/3.2, 16/2.8, 23/25)
목표지향(Goal orientation: 20/3.6, 21/2
박탈(Privation): 3/7.4.4. 18/5.4, 19/5.1
반대(Opposition): 16/3.1
반복(Repetition): 10/4.6
방법(Method): 23/21
배정/배당(Allocation/Allotment): 20/1-3.6, 23/5
변화(Change): 3/11. 12/3.5
보다 나음(Betterness): 3/7.3.3
부분-전체 관계(Part-whole relations): 18/2.1, '소속(Belonging)'도 보라.
부속(Appurtenance): 21/2.3, 23/7
부속물(Accessory): 23/1
부정확성(Inexactitude): 11/3.3, 12.7.4
분리(Separation): 3/9.1.2 (Apart, From, Off, Out도 보라)
비율(Rate): 12/3.5
사망(Defuntitude): 3/7.4.2, 17/4.3.5
사상(Mapping): 23/5

상실(Loss): 17/5.1
상위성(Superordinacy):('소속(Belonging)' '순위(Rank)'를 보라)
상호성(Reciprocality): 19/2.4. 19/3.3
수령자(Recipient): 21/2.1, 21/2.7, 23/23
순간 속에 있음(Being in the moment): 21/4
순간적 소유(Possession-at-the-moment): 23/7
순위(Rank): 3/9.2.1, 9/4.3-4.4, 13/6.1, 17/4.3.2
소멸(Disappearance): 17/5.1
소속(Belonging): 18/2, 19/3.1, 21/2.3.1, 23/7
소유표시/배정(Ear-marking/Allocation): 20/1-3.6, 3/13
수단(Means): 1/7, 3/6.3, 10/8, 12/3.2, 23/21
시간의 장소(place in Time): 장 끝에 'Time' 절을 보라)
시간상 사건의 연결(linkage of events in): 19/3.5.1, 21/3.1-3.2, 23/19
안정성(Settledness)/비안정성/(Unsettledness): 17/5.2
암시성(Covertness): 13/5.4
양(Quantity):('더함(Moreness')
양방성(Bi-directionality): 19/2.4, 19/3.2-3.3, 21/2.2 대 '일방성(uni-directionality)' 19/3.3, 21/2.2
양태(Manner): 12/3.4, 19/3.5.3, 23/20
연속(Sequence): 9/4
연속선(Continuum): 15/2.1
영상(Image): 18/2.4, 18/4.3, 23/17
영상의 범위(Scale of image): 3/4.1.2, 15/2.4, 15/4.1.1
완료성(Perfectivity): 2/11 (Up, Out, Through, Down도 볼 것)
완성(Completion): 10/4.7, 10/7.2.2-2.3
원인(Cause): 3/6.3, 10/7.2.1, 18/5.2, 19/3.5.5, 23/8
원인 돌리기(Attribution): 21/2.4
은유(metaphors for): 3/12, 13/7, 14/4.2, 19/8
이유(Reason): 10/4.3., 20/3.4-3.5, 23/22
잔여(Remnance): 10/4.9
장애물(Obstacle): 10/4.1
저항(Resistance): 16/3.1
적음(Lessness): 17/4.3
적절성(Appropriacy): 21/2.6
전제조건(Prerequisite): 23/6
전체:부분 관계(Whole: part relations): 18/2.2, 19/3.1 ('소속(Belonging)'도 보라)
접근(Approach): 17/3.1, 17/4.4.2
접촉(Contact): 4/9.1.3-1.4, 23/11
재개(Resumption): 23/12(onc)를 보라
재료(Ingredient): 3/9.2.2, 18/3.7, 19/3.5.4, 23/10
제시(Presentation): 21/2.5
제한(Hedging): 20/5.2
존재화(Existence, coming into): 17/4.4.1
주제(Topic): 11/3.2, 18/4.3.5, 23/27,
중요성(Importance): 10/4.4 12/3.1, 13/6.1, 17/4.3.2
증가(Increment): 3/9.1.3
증거(Evidence): 23/14
지속(Continuation): 23/12
지지(Support: 20/4)
지칭(Reference): 21/2.4
직시어(Deixis): 3/7.4.1
짐(Burden): 4/9.1.2, 13/5.3
초과(Excess): 10/3.2.7, 10/4.8
추가(Addition): 4/6.2.1, 6/3.2-3.3, 10/4.5, 23/3
출현/가시화(Appearance/Coming into view): 17/4.4.1
충격(Impact): 16/2.6, 23/18
포함(Containment): 18/2.3(IN도 보라)
토대(Substrate): 4/9.1.5
통제(Control): 4/6.2.2, 10/4.4
해택(Benefit): 20/4, 21/2.3.3
현실에 발붙임(Groundedness in reality): 17/4.5.2
협력(Cooperation): 6/3.4, 19/3.2
확장(Extension): 3/7.3.1
환경(Circumstance): 13/5.2-5.3, 23/9
활동/사건(Activity/Event): 15/3.1, 23/32
회귀(Return)/보상(Requital): 14/2.2
회복(Repair): 23/12(over)를 보라

English Prepositions Explained

영어 전치사 해설

지은이 세스 린드스트롬버그
옮긴이 백미현 · 최혜원
펴낸이 조경희
펴낸곳 경문사
펴낸날 2011년 5월 30일 1판 1쇄
2021년 4월 5일 1판 5쇄
등 록 1979년 11월 9일 제1979-000023호
주 소 04057, 서울특별시 마포구 와우산로 174
전 화 (02)332-2004 팩스 (02)336-5193
이메일 kyungmoon@kyungmoon.com

값 24,000원

ISBN 978-89-6105-393-8